Viktor Suworow

DER TAG M

Aus dem Russischen
von Hans Jaeger

Mit 11 Abbildungen

Klett-Cotta

Klett-Cotta
Titel des russischen Originals:
Viktor Suvorov: Den' „M“

Printed in Finland
Schutzumschlag: Klett-Cotta-Design
Gesetzt aus der 10 Punkt Centennial von Fotosatz Janß, Pfungstadt
Auf säurefreiem und holzfreiem Werkdruckpapier gedruckt
und gebunden von Werner Söderström, Finnland

Die Deutsche Bibliothek – CIP-Einheitsaufnahme
Suworow, Viktor:
Der Tag M / Viktor Suworow. Aus dem Russ. von Hans Jaeger
– Stuttgart : Klett-Cotta, 1995
Einheitssacht.: Den' »M« ⟨dt.⟩
ISBN 3-608-91676-8

Gewidmet Bogdan Wassiljewitsch Resun, Offiziersanwärter in der Panzerabwehrbatterie des 637. Schützenregiments der 140. Schützendivision des 36. Schützenkorps der 5. Armee der Südwest-Front

INHALT

Mobilmachung ist Krieg

Marschall der Sowjetunion

B. M. Schaposchnikow

WENN DIE SOLDATENSTIEFEL KNARREN . . .

Es hat in der Geschichte
keinen einzigen Krieg gegeben,
dessen Entstehungsursachen und Ziele
von seinen Anstiftern und deren
wissenschaftlichen Lakaien nicht verzerrt
und verfälscht dargestellt worden sind.
(Sowjetische Militärenzyklopädie, Bd. 6, S. 554)

1.

Der russische Soldat hatte Lederstiefel.

Die Kommunisten nahmen dann einen Austausch vor – sie führten den »Ersatz« ein. Von da ab ging der sowjetische Soldat nicht länger in Lederstiefeln einher, sondern in solchen aus Segeltuch. Den »Hof«-Regimentern und -Divisionen in den hauptstädtischen Garnisonen allerdings billigte man ledernes Schuhwerk zu. Mochten die Ausländer ruhig denken, daß der Sowjetsoldat ein schönes Leben führte. Auch die sowjetischen Besatzungstruppen im sozialistischen Lager – in Deutschland, Polen, Ungarn – bekamen Lederstiefel. Jedermann sollte glauben, daß die Sowjetunion eine Supermacht sei. Indessen konnte die Supermacht sämtliche Soldaten wiederum doch nicht mit Lederstiefeln versorgen, und deshalb marschierte der Sowjetsoldat durch die Sowjetunion in Stiefeln aus Segeltuch. Doch eben das paßte nicht so recht. Im direkten und im übertragenen Sinn. Es paßt besonders dann nicht, wenn ein ehrenvoller internationaler Auftrag bevorsteht.

Im Sommer 1968 hatte mich das Soldatenschicksal als blutjungen Offizier in die Karpaten an die Grenze zur brüderlichen sozialistischen Tschechoslowakei verschlagen. Die Konterrevolution hielt das Land im Würgegriff, und unsere heldenmütige Sowjetarmee mußte eingreifen und dem Volk ihre Bruderhilfe anbieten; jedoch . . . in Segeltuchschuhen, nein, so ging das nicht. Es macht sich einfach nicht gut, wenn der zur Befreiung herbeigeeilte Krieger durch Europa im Stiefelersatz stampft. Eine peinliche Situation. Wir Offiziere haben natürlich feine Stiefel, ganz wie es sich gehört – solche die knarren und glänzen. Doch unsere braven Soldaten sind nicht anständig beschuht. Unterdessen vergehen wir vor Warten. Wir warten eine Woche in den Wäldern, dann eine zweite. Warten einen Monat, einen zweiten. Der August rückt heran. Wir haben das Warten in den Wäldern satt. Wenn unsere Führung doch endlich eine Entscheidung treffen würde, sei es die Rückführung unserer Divisionen in die Ausbildungslager und festen Unterkünfte oder der Befehl, dem Brudervolk internationale Hilfe zu gewähren ... Aber es fällt keine Entscheidung, und deshalb warten wir. Tagsüber Übungen bis zum Umfallen, abends dann das Essen am Lagerfeuer und das Knobeln: Rücken wir nun ein in die Tschechoslowakei oder nicht ... Und wieder Übungen vom Morgen und bisweilen auch vom Abend an ... Und erneutes Rätselraten.

Doch plötzlich tauchen eines Tages gegen Abend in der Waldschneise, an der unser Bataillon liegt, riesige Laster vom Typ »Ural 375« auf. Jeder beladen mit vielen Tonnen guter Lederstiefel: Greift zu! Und sie kippen die Stiefel auf die Schneise, so wie die Kipplaster das Gestein in die schäumenden Wasser des Jenissej schütten, wenn er eingedämmt werden soll. Es sind Massen von Stiefeln. Unzählige. Nein, natürlich ist es eine bestimmte Menge, aber doch keine genaue Zahl: Langt zu, es reicht für alle. Kompaniefeldwebel, wieviel Mann hast du? Hundertneunundzwanzig? Da sind deine hundertneunundzwanzig Paar! Größen? Seht selber zu. Tauscht mit den Nachbarn. Und du hier, wieviele hast du? Zweihundertsiebenundfünfzig? Da, nimm schon, der Haufen ist für dich!

Entlang aller Waldschneisen werden zu gleicher Zeit Tausende von Stiefelpaaren auf den Boden gekippt. Zig Tausende. Hunderttausende. Neues Schuhwerk für alle, in einer einzigen Nacht! Weg mit dem schlechten Segeltuchzeug, rein in die guten Lederstiefel! In unserem Waldstück sind wir keineswegs allein. Nach rechts hin liegt ein Bataillon und nach links ein Bataillon. Vor uns sind Artilleristen, weiter weg in dem Fichtenbestand ein anderes Bataillon und dann noch eins, und so geht es endlos fort. Alle Wälder, nah und fern, sind vollgestopft mit Truppen. Das sind nicht nur Bataillone, Regimenter, Divisionen – ganze Armeen sind von uns da: Die 8. Gardepanzerarmee bekommt neues Schuhwerk, die 13. Armee und noch eine andere, die hinter uns liegt. Für alle auf einen Schlag hat man kräftig Stiefel herangeschafft. Mit einer Reserve obendrein. Einem Überschuß. Und schon knarren entlang aller Schneisen, auf sämtlichen Lichtungen die feinen neuen Stiefelchen unserer braven Soldaten. Der Anblick tut wohl. Rindleder. Beste Qualität. Eine Augenweide. Aus staatlichen Vorräten. Mit einemmal hallen unsere Grenzwälder vom Knarren der Lederstiefel wider, fast wie vom Tirilieren der Vögel im Frühling. Und dieses Knarren führte zu Überlegungen und Schlüssen.

Unser Bataillonskommandeur versammelte sein Offizierskorps. Oberstleutnant Protassow war ein erfahrener Chef. Er schätzte keine überflüssigen Worte. »Genossen Offiziere«, sagte er, »wir wollen trinken und essen. Wer weiß, was hinter der nächsten Biegung vor uns liegt.«

Wir kletterten in den Schützenpanzerwagen, und ab ging's ins Nachbardorf. Doch in der Schenke dort sind schon die Artillerieoffiziere und trinken und die Pioniere und die Leute von der Politabteilung. Es ist gerammelt voll. Allen ist klar, daß unsere geliebte Heimat ihre Söhne nicht grundlos verwöhnt. Ist dem aber so, dann heißt es trinken. Vielleicht ein letztes Mal. Vielleicht werden wir Krieg führen müssen für die Freiheit des Brudervolkes in der Tschechoslowakei und unser Leben lassen im blutigen Kampf mit den Kapitalisten. Damals schwenkten wir unsere Fahnen für die Tschechoslowakei, für ihr freiheitsliebendes Volk, das nach unserer Hilfe lechzte, die wir ihm auch zukommen lassen würden. Selbstlos. Wir sind die Guten. Wir helfen allen. Wenn man uns ruft. Und wenn man uns nicht ruft, helfen wir auch. Kurzum, wir sitzen da und trinken. Noch ist der Befehl nicht da, aber schon ist es jedermann klar; uns, den Offizieren, und unseren Soldaten, der Frau an der Theke, die uns einschenkt, und dem alten Knaben, der sich in einer Ecke mit seinem Bierkrug niedergelassen hat. Der alte Mann möchte sich in unsere Gesellschaft drängen, ein paar kluge Worte mitreden, doch wir dürfen in solcher Situation mit der Zivilbevölkerung keinen Umgang pflegen, um keine militärischen Geheimnisse auszuplaudern; die Absichten unserer Führung.

Der alte Mann saß in seiner Ecke, hockte da und war schon ganz kribbelig. Ach, wie er darauf brannte, mit uns zu reden. Aber es wollte nicht klappen. Erst als wir bereits im Aufbruch waren, ließ er wie nebenbei fallen, gewissermaßen nur für sich selbst, aber doch so, daß es alle hörten:

»Genau wie einundvierzig.«

2.

Damit hatten wir überhaupt nicht gerechnet und verstanden es auch nicht. Gesagt aber hatte er es herausfordernd, auf eine Weise, die eine Antwort erheischte.

»Was hast du, Alter, was meinst du damit?«

»Das Knarren. Im Juni einundvierzig haben in dieser Gegend genauso die schönen neuen Lederstiefel der Roten Armee geknarrt.«

Das war der Augenblick gewesen, seitdem war es um meine Ruhe geschehen.

Nach dem »Befreiungsfeldzug« in die Tschechoslowakei ergab es sich, daß mich mein Militärdienst in dieselbe Gegend, in die Karpaten, führte. Zu Fuß und auf Rädern durchmaß ich das Gebiet diesseits und jenseits der Karpaten. Wenn sich die Gelegenheit bot, erkundigte ich mich bei den alten Leuten, den Ortsansässigen, den noch lebenden Augenzeugen: Wie war das damals gewesen? Und von vielen Zeugen wurde mir bestätigt: 1941 vor dem deutschen Angriff war die Rote Armee im Grenzraum mit neuem Schuhwerk, und zwar mit Lederstiefeln, ausgerüstet worden. Nicht nur in der Ukraine, auch in Moldawien, in Belorußland, in Litauen, in Karelien. Und außerdem hatte man 1941 in den Grenzraum Lederstiefel für jene Millionen von Soldaten geschafft, die im letzten Augenblick aus dem Landesinneren dahin verlegt werden sollten.

Unter dem Schutz des TASS-Kommuniqués vom 13. Juni 1941 schlossen Millionen von Soldaten aus dem Landesinneren zu den Grenzen auf, während die für sie bestimmten Lederstiefel bereits auf den grenznahen Bahnstationen entladen wurden. Auf der Station Schmerinka hatte man zum Beispiel Anfang Juni 1941 Lederstiefel ausgeladen und entlang der Strecke unter freiem Himmel gestapelt. »War es ein großer Haufen?« fragte ich. »Ach, bis zum Himmel«, antwortete eine alte Bäuerin. »Wie die Cheopspyramide«, sagte der Schullehrer. In Slawuta reichte der Stiefelberg nicht an eine Cheopspyramide heran, er war nur groß, etwa wie eine halbe Cheopspyramide. In Saleschtschiki wurde im Mai 1941 fast die gesamte arbeitsfähige Bevölkerung zum Entladen der Lederstiefel zusammengeholt, zur Gewöhnung an die unbezahlte kommunistische Arbeit. An Berge von Stiefeln erinnerte man sich in Kowel, Baranowitschi, Grodno.

Bei meinen Gesprächen holte ich zu Beginn weit aus: »Was wurde eigentlich auf den Bahnstationen vor dem Kriegsausbruch ausgeladen?« »Panzer«, antwortete man mir, »Kanonen, Soldaten haben sie ausgeladen, grüne Kisten und . . . Stiefel.« Ich will damit nicht sagen, daß meine Gesprächspartner auf die Stiefel besonderen Nachdruck legten. Wenn ein Mensch sein ganzes Leben neben einer Bahnstation zugebracht hat, konnte er alles mögliche auf den Schienen, den offenen Waggons, auf den Entladerampen sehen. Man kann sich gar nicht alles merken. Und dennoch war allein an der Tatsache des Ausladens von Stiefeln etwas Besonderes, Mystisches, etwas, das die Aufmerksamkeit der Menschen auf sich zog und sie dies ihr Lebtag in Erinnerung behalten ließ.

Die Menschen erinnerten sich an die Stiefel vor allem aus dreierlei Gründen: Erstens waren es viele Stiefel gewesen. Ungewöhnlich viele. Zweitens hatte man sie direkt auf den Boden gestapelt, bisweilen auf eine Segeltuchplane, doch es war auch ohne gegangen. Das war an sich schon ungewöhnlich. Drittens war dieses ganze wertvolle Gut den Deutschen in die Hände gefallen, und das ist genau der Punkt, den man im Gedächtnis behält.

Niemand von der ortsansässigen Bevölkerung wußte und hätte auch nicht wissen können, weshalb 1941 so viele Stiefel unmittelbar an die Grenze geliefert wurden. Auch mir war der Zweck unverständlich, warum 1941 an die sowjetischen Grenzsoldaten im Austausch gegen das Segeltuchschuhwerk gute Lederstiefel ausgegeben wurden. Was 1968 anbetrifft, so war alles klar: Wir waren auf dem Weg, die brüderliche Tschechoslowakei zu befreien. Aber damals 1941, was hatten da unsere Väter im Sinn? Im übrigen hat mein Vater den Krieg vom ersten bis zum letzten Tag mitgemacht und anschließend vom ersten bis zum letzten Tag den kurzen, erbitterten Krieg gegen die japanischen Truppen in China. Ich fragte ihn, wie für ihn der Krieg begonnen habe, wo, wann, in welcher Einheit, in welcher Division, welchem Korps? Mit was für Stiefeln?

Er hat es mir erzählt. Seinen Bericht habe ich später in Archiven überprüft. Nach meiner Dienstzeit in den Karpaten studierte ich an der Militärakademie und hatte die Möglichkeit (und auch den Wunsch), in den Archiven zu wühlen. Unterlagen über die Stiefelproduktion, die Lieferungen an die Rote Armee, über die Verteilung der Vorräte an Stiefeln und anderem Gerät galten zu jener Zeit als Verschlußsache. Ich hatte Zugang zu geheimen Materialien, gleichwohl gelang es mir nicht, unter den Millionen von Blättern auch nur eines, das ich brauchte, zu finden. Ich mußte meine Informationen körnchenweise zusammentragen. Ich sammelte und sammelte und kam aus dem Staunen nicht heraus: Der Krieg war längst vorbei, seit seiner Beendigung waren bald dreißig Jahre vergangen, aber Informationen über Lagerung, Auslieferung und Verteilung sowie über die Verluste an Soldatenstiefeln in den Vorkriegsjahren blieben auch weiterhin so wie bisher schon Gegenstand der Geheimhaltung. Warum?

In England sagt man: Die Neugier hat die Katze getötet. Diese Weisheit kannte ich damals noch nicht. Aber selbst wenn ich es gewußt hätte, würde ich doch mein Vorhaben nicht aufgegeben haben: Vielleicht führt die Neugier die Katze wirklich ins Verderben, aber ich bin schließlich keine Katze. Erst viele

Jahre später begriff ich, daß die Neugier nicht nur Katzen ins Verderben führt.

3.

Es stellte sich heraus, daß auf Befehl der Sowjetregierung an die Grenze nicht nur Millionen Paare von Lederstiefeln geschafft worden waren, sondern ebenso auch Millionen vollständiger Uniformausrüstungen, zigtausend Tonnen Ersatzteile für Panzer, Hunderttausende Tonnen Treibstoff für Flugzeuge, Panzer und Fahrzeuge aller Art, Millionen Munitionskisten mit Granaten und Patronen. Das alles wurde an den Grenzen aufgegeben, als der deutsche Angriff erfolgte. Und abermals stellt sich die Frage: Wozu hatte man all das an die Grenzen geschleppt, schließlich waren diese Vorräte bis 1939 weitab von den Grenzen gelagert gewesen. Warum konnten sie dort nicht bleiben? Kommt es zum Krieg, werden unsere Truppen die Verteidigung aufnehmen, und aus dem ungefährdeten fernen Hinterland wird man die erforderliche Menge an Versorgungsgütern heranführen, ohne in gefährdeten Regionen unnötige Überschüsse anzuhäufen.

Es gab viele Fragen, aber keine Antworten. Ich setzte meine Suche fort. Die Ergebnisse habe ich in meinem Buch »Der Eisbrecher« (Stuttgart 1989) vorgelegt. »Der Tag M« ist das zweite Buch. Für diejenigen, die den »Eisbrecher« gelesen haben, ist »Der Tag M« eine Fortsetzung dazu. Man kann den »Tag M« aber auch als selbständiges Buch lesen.

Im »Eisbrecher« habe ich absichtlich so gut wie kein Archivmaterial benutzt. Man hätte mir vorwerfen können, ich würde dieses und jenes zitieren, wie aber solle man nachprüfen, ob auch richtig zitiert worden sei und ob überhaupt ein derartiges Dokument in dem genannten Archiv existiere? Jetzt sind die Archive zugänglich, und eine Überprüfung ist möglich geworden. Deshalb benutze ich im vorliegenden Band sowohl in Archiven bewahrte wie auch offen publizierte Materialien. Das Schwergewicht liegt ohnehin bei dem jedermann zugänglichen, veröffentlichten Material. Ich möchte zeigen: Seht her, ich habe es mir nicht selber ausgedacht. Die Kommunisten sagen es selbst. Man muß ihnen nur aufmerksam zuhören.

Beim Studium des Archivmaterials und der offen zugänglichen Publikationen kam ich zu dem Schluß, daß der Transport von Millionen Stiefeln, von Munition und Ersatzteilen, daß die Verlegung von Millionen Soldaten, Tausenden von Panzern und Flugzeugen an die Grenze kein Irrtum, keine Fehlkalkulation gewesen sein konnte, daß es sich vielmehr um eine bewußte Politik gehandelt haben mußte, um einen Prozeß, in den viele Millionen Menschen involviert waren. Dieser Prozeß setzte auf Beschluß der sowjetischen Führung ein, aufgrund einer Empfehlung des Marschalls der Sowjetunion B. M. Schaposchnikow. Dieser Prozeß hatte die Vorbereitung der Industrie, des Verkehrswesens, der Landwirtschaft, des Staatsterritoriums, des Sowjetvolkes und der Roten Armee auf die Durchführung des »Befreiungs« -Krieges auf dem Gebiet Mittel- und Westeuropas zum Ziel.

Dieser Prozeß lautete mit einem kurzen Terminus *Mobilmachung*. Es war die heimliche Mobilmachung. Die sowjetische Führung bereitete die Rote Armee und das gesamte Land auf die Eroberung Deutschlands und ganz Westeuropas vor. Die Eroberung Westeuropas war das Hauptziel, weshalb die Sowjetunion den Zweiten Weltkrieg entfesselte.

Der endgültige Entschluß, den Krieg zu beginnen, wurde von Stalin am 19. August 1939 gefaßt.

WESHALB VERZICHTETE STALIN AUF SEINE STRATEGISCHEN FLIEGERKRÄFTE?

Ist erst eine Massenangriffsarmee
vorhanden, dann besteht die
Hauptaufgabe der Luftarmee in der
Unterstützung des Vordringens
dieser Armee, auf das alle Kräfte
zu konzentrieren sind.

Brigadekommandeur Alexander Laptschinski
(Die Luftarmee. Moskau 1939, S. 144)

1.

Stalin hätte den Krieg verhindern können.

Mit einem Federstrich.

Es gab viele Möglichkeiten dazu. Eine davon ist die folgende.

Im Jahr 1936 war in der Sowjetunion das schwere, schnelle Bombenflugzeug für große Marschflughöhen TB-7 entwickelt worden. Hier einige Kommentare dazu:

Generalmajor der Flieger P. Stefanowski, Testpilot für die TB-7: »Die tonnenschwere Maschine übertraf mit ihren Flugdaten in zehn Kilometer Höhe die besten europäischen Jagdflugzeuge jener Zeit.« (Dreihundert Unbekannte. Moskau 1968, S. 83)

Generalmajor der Flieger W. Schumichin: »In Höhen von mehr als 10 000 Metern war die TB-7 für die Mehrzahl der Jagdflugzeuge jener Zeit unerreichbar, und die Gipfelhöhe von 12 000 Metern machte sie auch für die Flakartillerie unverwundbar.« (Die sowjetischen Fliegerkräfte 1917–1941. Moskau 1986, S. 218)

Flugzeugkonstrukteur W. B. Schawrow: »Ein hervorragendes Flugzeug . . . Die TB-7 konnte erstmals, noch vor den USA und England, fünf Tonnen schwere Bomben tragen.« (Geschichte der Flugzeugkonstruktionen in der UdSSR 1938–1950. Moskau 1988, S. 162)

Professor L. Kerber: »Die Maschine verfügte über eine starke Abwehrbewaffnung aus 20-mm-Kanonen und 12,7-mm-schweren Maschinengewehren. Der große Bombenschacht konnte Bomben der schwersten Kaliber aufnehmen . . . Unerreichbar auf ihrer maximalen Gipfelhöhe sowohl für die Flakartillerie als auch für die Jagdflugzeuge jener Zeit, stellte die TB-7 das stärkste Bombenflugzeug der Welt dar.« (Tu[polew] – Mensch und Flugzeug. Moskau 1973, S. 143) »Ein epochales Flugzeug . . . Heute haben wir allen Grund zu der Behauptung, daß die TB-7 wesentlich stärker war als die berühmte amerikanische Fliegende Festung B-17.« (in: Die Spur am Himmel. Moskau 1971, S. 202)

Ausländische Beobachter teilen diese Bewertungen. John W. P. Taylor: »In Höhen von 26 250 bis 29 500 Fuß übertraf ihre Geschwindigkeit die der deutschen Jäger Me-109 und He-112.« (Combat Aircraft of the World. London 1969, S. 592) Vaclav Nemecek: »Dieses Flugzeug hatte ein erstaunlich langes Leben. Bis in die fünfziger Jahre hinein konnte man noch immer einige Maschinen in der Arktis antreffen, wo sie für den Frachttransport eingesetzt wurden.« (The History of Soviet Aircraft from 1918. London 1986, S. 134) Es bedarf keines Beweises, daß nur gute Flugzeuge ein langes Leben haben und lange fliegen.

Die hervorragenden Eigenschaften der TB-7 wurden westlichen Experten im Herbst 1941 vorgeführt. In Großbritannien und den USA wurde die Ankunft einer sowjetischen Regierungsdelegation unter der Leitung von W. Molotow erwartet. Man nahm an, daß die einzig mögliche Route über Sibirien und Alaska führen müsse. Aber Molotow flog in einer TB-7 direkt über das besetzte Europa nach England. Dabei ist zu bedenken, wer im Herbst 1941 den Himmel über Europa beherrschte, um den Grad des Vertrauens der sowjetischen Führung in dieses Flugzeug richtig zu beurteilen. Molotow brauchte nur Hitler in die Hände zu fallen, und schon wäre ein aufsehenerregender Prozeß irgendwo in Nürnberg nicht mehr zu umgehen gewesen. Dabei wären Verbrechen des internationalen Sozialismus ans Tageslicht gekommen, die die Welt auf Jahre hinaus hätten erschüttern können. Man hätte entdeckt, daß der internationale

Sozialismus nicht weniger Verbrechen produzierte als sein blutiger Bruder, der Nationalsozialismus, daß beide auf die Anklagebank in Nürnberg gehörten.

Aber Molotow war nicht besorgt, auf die Anklagebank zu geraten. Und auch Stalin hatte, als er Molotow ziehen ließ, keinen Prozeß über sein Regime befürchtet: Denn Molotow benutzte nicht irgendein Flugzeug, sondern die TB-7, wozu also sich aufregen? Und die TB-7 ließ sie nicht im Stich. Molotow überquerte Europa, gab ein Gastspiel in England, flog weiter nach Amerika und kehrte auf demselben Weg zurück, wobei er noch einmal die unter deutscher Besatzung stehenden Länder ungestraft überflog. 1942 überquerte Molotow abermals Europa und kehrte wieder wohlbehalten zurück. Nach dem Krieg untersuchte eine sowjetische Regierungskommission die Maßnahmen der deutschen Luftabwehr zum jeweiligen Zeitpunkt der Molotowflüge. Dabei stellte sich heraus, daß im Bereich der Flugroute weder Abfangjäger aufgestiegen, noch die Flakbatterien alarmiert worden waren, daß die Beobachtungsposten den Flug der TB-7 überhaupt nicht registriert hatten. Kurzum, die deutsche Luftabwehr verfügte über keine Mittel, um die TB-7 abzufangen, sie war darüber hinaus nicht einmal in der Lage gewesen, ihre Anwesenheit im eigenen Luftraum festzustellen.

Oberst (damals Hauptmann) E. Pussep, der oft die TB-7 über Deutschland geflogen hat (und nicht nur mit der kostbaren Person Molotows, sondern auch mit anderen Frachten), berichtete: »Die Flakartillerie erreicht eine solche Höhe nur unter Einbuße an Zielgenauigkeit, sozusagen beinahe als mattes Geschoß. Auch ein Jagdflugzeug wirkt dort oben wie eine verschlafene Fliege. Wer könnte mir etwas anhaben?« (M. Gallai, Die dritte Dimension. Moskau 1973, S. 330)

Demnach hatte man lange vor dem Krieg ein *unverwundbares* Bombenflugzeug entwickelt, und der Befehl zur Auslieferung von tausend TB-7-Maschinen im November 1940 war vorbereitet. Was blieb noch zu tun?

Unter den Befehl mußten sieben Buchstaben geschrieben werden: *I. Stalin*.

2.

Als die ersten TB-7 in unerreichbare Höhen flogen, kämpften die Konstrukteure der anderen Mächte, die über eine eigene Flugzeugindustrie verfügten, gegen die unsichtbare Höhenbarriere an. In der dünneren Luft sank infolge des Sauerstoffmangels die Leistung der Motoren. Ihnen ging buchstäblich die Puste aus wie Bergsteigern auf dem Gipfel des Mount Everest. Es gab einen durchaus erfolgversprechenden Weg, die Motorenleistung zu erhöhen, nämlich durch Nutzung der Abgase für den Antrieb eines Turbokompressors, der dem Triebwerk zusätzliche Luft zuführte. Das war einfach in der Theorie, doch schwierig in der Praxis. Bei Versuchsmaschinen, bei Flugzeugen, die für das Erreichen von Rekorden bestimmt waren, hatte man Erfolg. Bei serienmäßig hergestellten Maschinen dagegen gelang es nicht. Die einzelnen Teile des Turbokompressors arbeiten im glühendheißen Strom eines giftigen Gases bei einer Temperatur von über 1000 °C, während die umgebende Lufttemperatur minus 60 °C beträgt, anschließend folgt die Rückkehr auf die warme Erde. Die ungleichmäßige Erhitzung, die gewaltigen Unterschiede der Druckverhältnisse und Temperaturen bewirkten, daß sich die Einzelteile verzogen, und das Knirschen des Turbokompressors übertönte das Dröhnen des Motors. Die Schutzlacke und -farben verbrannten beim ersten Flug, am Boden schlug sich die Feuchtigkeit auf den erkaltenden Werkstücken nieder, und die Korrosion zersetzte die Mechanik. Besonders betroffen waren die Lager, sie schmolzen wie Wachskerzen dahin. Das mag noch hingenommen werden bei einem für Rekorde bestimmten Flugzeug: Von zehn Versuchen bricht einmal der Turbokompressor nicht durch – das ist dann der Rekord. Wie aber sollte es bei den Serienmaschinen weitergehen?

Gesucht haben alle, die Lösung fand Wladimir Petljakow, der Konstrukteur der TB-7. Petljakows Idee wurde wie ein außerordentliches Staatsgeheimnis gehütet. Die Lösung aber war von genialer Einfachheit. Die TB-7 besaß vier Propeller und sah äußerlich wie ein viermotoriges Flugzeug aus. Im Inneren des Flugzeugkörpers jedoch, hinter der Kabine für die Besatzung, hatte Petljakow einen zusätzlichen fünften Motor untergebracht, der keinen Propeller antrieb. Bei niedrigen und mittleren Höhen arbeiteten die vier Hauptmotoren, in großen Höhen wurde der fünfte Motor hinzugeschaltet, er setzte ein zentrales Versorgungssystem mit zusätzlicher Luft in Gang. Mit dieser Luft versorgte der fünfte Motor sich selbst und die vier Hauptmotoren. Deshalb konnte die TB-7 in Höhen aufsteigen, wo sie niemand mehr erreichte: Flieg über Europa, wirf deine Bomben auf wen immer du willst, und mach dir keine Sorgen um deine Sicherheit.

Hatte man tausend unverwundbare TB-7 zur Verfügung, ließ sich jede Invasion vereiteln. Dazu brauchte man lediglich Militärdelegationen bestimmter Staaten einzuladen und in deren Beisein irgendwo in der Steppe hinter der Wolga aus klirrender Höhe *fünftausend Tonnen Bomben* abzuwerfen. Und dabei zu erklären: Das betrifft nicht Sie. Das haben wir als Überraschung für die Hauptstadt desjenigen Staates parat, der beschließen sollte, uns anzugreifen. Zielgenauigkeit? Überhaupt nicht. Wo sollte sie herkommen? Wir lassen die Bomben aus schwindelerregender Höhe fallen. Aber den Mangel an Zielgenauigkeit machen wir durch wiederholte Angriffe wett. Täglich fünftausend Tonnen auf die Hauptstadt des Angreifers bis zum gewünschten Resultat, anschließend kommen die anderen Städte an die Reihe. Was glauben Sie, was aus den Städten des Gegners wird, bis er nach Moskau vorgestoßen ist? In der Luft ist die TB-7 nahezu unverwundbar, am Boden erreicht sie der Gegner nicht: Unsere Fliegerstützpunkte befinden sich weit hinter den Grenzen und sind gesichert. Über strategische Fliegerkräfte aber verfügen unsere präsumtiven Gegner nicht ... Und nun, meine Herren, wollen wir unsere Gläser auf den ewigen Frieden erheben!

Das hätten Stalins Diplomaten sagen können, vorausgesetzt, die Sowjetunion hätte tausend TB-7 gehabt. Aber Stalin hat auf die tausend TB-7 verzichtet ...

Kann man Stalins Motive begreifen?

Man kann es.

3.

Überträgt man die tausend TB-7 in die Sprache des Schachspiels, dann entsprächen sie einer Situation, in der man dem gegnerischen König Schach noch vor Beginn der Partie ansagen kann, und sollte sich der Gegner dennoch entschließen, die Partie zu beginnen, könnte man ihn nach dem ersten Zug mattsetzen.

Überträgt man die fünftausend Tonnen Bomben, die die TB-7 bei einem Flug ins Zielgebiet befördern konnten, in die Sprache der heutigen Strategie, dann sind das *fünf Kilotonnen*. Damit aber sind wir bereits bei der Terminologie des Atomzeitalters angelangt. Reichen fünf Kilotonnen nicht aus, kann man mit zwei Einsätzen zehn Kilotonnen heranschaffen. Und zwanzig Kilotonnen entsprechen dem, was ohne besondere Zielgenauigkeit über Hiroshima abgeworfen wurde.

Tausend TB-7 gleichen einer Atomrakete, die auf die Hauptstadt des Gegners gerichtet ist. Ihr Wirkungsgrad läßt für einen potentiellen Aggressor den Krieg sinnlos werden.

Folglich hätte ein Federstrich aus Stalins Hand unter dem Befehl zur Serienfertigung der TB-7 den deutschen Angriff auf sowjetisches Territorium verhindern können. Ich gehe noch weiter: Stalin hätte den ganzen Zweiten Weltkrieg verhindern können. Natürlich konnte er im August 1939 noch nicht über die gesamten tausend TB-7 verfügen. Doch über zweihundert, dreihundert, vierhundert, ja sogar fünfhundert Maschinen immerhin. Ein einziger Einsatz von zweihundert TB-7 bedeutet eine Kilotonne. Hätte er nur zweihundert TB-7 besessen, brauchte der Molotow-Ribbentrop-Pakt nicht unterzeichnet zu werden. Hätte man nur zweihundert TB-7 zur Verfügung gehabt, brauchte man nicht die Haltung von Großbritannien und Frankreich im Auge zu behalten, sondern hätte einfach Ribbentrop (oder sogar Hitler selbst) einladen und ihnen das vorführen können, was schon vorhanden war; dann hätte man aufzählen können, was noch hinzukommen würde, und anschließend einfach und klar die eigene Position dargelegt: Herr Minister (oder Herr Kanzler), unsere Beziehungen zu Polen sind nicht die allerbesten, aber der deutsche Drang nach Osten beunruhigt uns. Die Unstimmigkeiten zwischen Deutschland und Polen betreffen nicht uns, klären Sie Ihre Probleme also selbst, aber fangen Sie keinen großen Krieg mit Polen an. Sollten Sie angreifen, schicken wir fünf Millionen sowjetischer Freiwilliger nach Polen. Wir werden Polen alles geben, was es verlangt. Wir werden in Polen einen Partisanenkrieg organisieren und die Mobilmachung der Roten Armee einleiten. Und dann wären noch die TB-7 . . . Und zwar jeden Tag. Fünftausend Tonnen täglich können wir vorerst nicht aufbringen, das kommt später, aber tausend Tonnen pro Tag garantieren wir.

So hätte man mit Hitler im August 1939 reden können, wenn von Stalin rechtzeitig der Befehl zur Serienfertigung unterzeichnet worden wäre.

Um der Gerechtigkeit willen muß gesagt werden, daß Stalin den Befehl unterschrieben hat.

Doch dann hob er ihn auf.

Und unterschrieb wieder. Und hob ihn abermals auf.

Und nochmals . . .

Viermal wurde die Serienfertigung der TB-7 aufgenommen und viermal wieder eingestellt. (G. Oserow, Tupolews Sonderlager. Frankfurt/M. 1971, S. 47) Jedesmal, wenn der Befehl erlassen war, gelang es der Industrie, drei bis vier TB-7 fertigzustellen, dann wurde der Befehl aufgehoben. Und wieder begann alles von vorn und wurde erneut abgebrochen . . . Am 22. Juni 1941 gab es keine Serienfertigung der TB-7. Während der vier Anläufe war der Flugzeugindustrie die Fertigstellung und Auslieferung von insgesamt lediglich elf Maschinen anstelle der geplanten tausend TB-7 an die strategischen Fliegerkräfte gelungen. Gravierender war noch, daß nahezu alle elf Maschinen nicht über das entscheidende Detail verfügten – den zusätzlichen fünften Motor. Ohne diesen verwandelte sich der beste strategische Bomber der Welt in gewöhnliches Mittelmaß.

Nach Hitlers Angriff ging die TB-7 in Serie. Aber da war es schon zu spät.

4.

Man wird sich fragen, ob die sowjetische Industrie, falls Stalin den Befehl zur Fertigung von tausend TB-7 erteilt und nicht wieder annulliert hätte, zur Ausführung von Stalins Auftrag in der Lage gewesen wäre. Hätte sie bis Ende 1940 tausend Maschinen ausliefern können?

Der Mann, der die TB-7 entwickelt hatte, der Flugzeugkonstrukteur Wladimir Petljakow (nach dem tragischen Tod Petljakows wurde die TB-7 in Pe-8 umbenannt), zweifelte keine Minute daran. Alexander Mikulin, der die Triebwerke für die TB-7 konstruiert hatte, war ebenfalls vollkommen überzeugt, daß die sowjetische Industrie einem solchen Auftrag gewachsen war. Der Stellvertreter des Flugzeugkonstrukteurs A. Tupolew, Professor L. Kerber, führende Experten der Flugzeugindustrie wie S. Jeger, S. Leschtschenko, Je. Stoman, der Chefkonstrukteur des mit der Fertigung der TB-7 betrauten Werkes, I. Neswal, der Cheftechnologe dieses Betriebes, Je. Schekunow, und viele andere, von denen die Fertigstellung der TB-7 abhing, hielten den Auftrag in der vorgegebenen Zeit für ausführbar. Die Flugzeugkonstrukteure W. B. Schawrow und A. N. Tupolew waren der Auffassung, daß tausend TB-7 bis November 1940 ausgeliefert werden könnten. (G. Oserow, Tupolews Sonderlager, S. 47)

Diese Überzeugung der Konstrukteure und leitenden Industrieexperten war verständlich: Die TB-7 war nicht einfach aus dem Nichts aufgetaucht. Rußland ist die Heimat der strategischen Bombenflugzeuge. Das sage ich voller Stolz und ohne Ironie. Zu Beginn dieses Jahrhunderts, als man auf der ganzen Welt mit einmotorigen Flugzeugen flog, begann Rußland als erstes Land zweimotorige Maschinen zu bauen. Noch hatte man draußen diesen Schritt gar nicht richtig zu würdigen gewußt, da baute der große russische Ingenieur Igor Iwanowitsch Sikorski bereits das erste viermotorige schwere Bombenflugzeug, den »Ilja Muromez«. Schon in der Testphase überbot der »Muromez« den bisherigen Weltrekord an Reichweite. Hinsichtlich Reichweite, Bewaffnung und Bombenzuladung gab es über einige Jahre hinweg nichts Vergleichbares in der ganzen

Welt. Er besaß die für damalige Zeiten fortschrittlichste Navigationsausrüstung, ein Bombenvisier und den ersten elektrischen Bombenauslöser. Als Abwehrbewaffnung hatte der »Muromez« acht Maschinengewehre, und es gab sogar den Versuch, ihn mit einer 76-mm-Feldkanone auszurüsten. 1914 wurde Rußland zum ersten Land der Welt, das eine Einheit für schwere Bombenflugzeuge aufstellte – das Geschwader der »fliegenden Schiffe«. Nachdem die Kommunisten die Macht im Lande errungen hatten, wurde von ihnen die technische Entwicklung Rußlands vehement gebremst, weil Millionen der klügsten, tüchtigsten, begabtesten Menschen umgebracht oder aus dem Lande vertrieben worden waren. Zu den Vertriebenen gehörte auch Igor Sikorski.

Dennoch verfügte Rußland über ein gewaltiges technisches Potential. Die Entwicklung ging weiter. Trotz Terror und kommunistischer Unterdrückung blieb Rußland führend im Bereich der schweren Bombenflugzeuge. 1925 wurde durch das Konstruktionsbüro von A. N. Tupolew die TB-1 geschaffen, der erste Ganzmetallbomber der Welt, das erste Eindecker-Bombenflugzeug mit freitragenden Flügeln. Die ganze restliche Welt baute zu der Zeit nur Doppeldecker-Bombenflugzeuge aus Holz. Schon während der Testflüge überbot die TB-1 zwei Weltrekorde. Binnen kurzer Frist wurden 218 TB-1 gebaut, und auch das stellt einen Rekord dar. Es war das Mehrfache von dem, was es an schweren Bombenflugzeugen in allen anderen Ländern der Welt zusammengenommen gab. Der wachsenden Anzahl fertiggestellter Maschinen entsprechend, wurden Fliegerstaffeln, Fliegergeschwader, Fliegerbrigaden aufgestellt. 1930 brachte A. Tupolew einen noch stärkeren schweren Bomber heraus: Die TB-3 war der weltweit erste viermotorige Eindecker mit freitragenden Flügeln. Unter sämtlichen Flugzeugen jener Zeit – den militärischen wie den zivilen – war die TB-3 die größte Maschine. Vergleichbare Flugzeuge hatte kein anderes Land aufzuweisen, und zwar weder in der Fertigung noch im Entwurf. Tupolew aber nahm schon 1933 Experimente zum Betanken der TB-3 in der Luft auf. Mit der Maschine wurden mehrere Weltrekorde aufgestellt, einschließlich Höhenflüge mit Lasten von fünf, zehn und zwölf Tonnen Gewicht. Das Schema der TB-3 wurde zum klassischen Bauplan für diese Flugzeugklasse auf Jahrzehnte hinaus. Das Tempo der Auftragserfüllung war verblüffend: Die Auslieferung stieg auf drei TB-3 pro Tag. (Je. Rjabtschikow, A. Magid, Der Aufbau. Moskau 1978, S. 132) Die sowjetische Industrie übertraf ihren eigenen Rekord – binnen kurzer Frist wurden 818 TB-3 fertiggestellt. Da reichten nicht länger Geschwader und Brigaden aus. Am 23. März 1932 begann die Sowjetunion als erster Staat der Welt mit der Aufstellung schwerer Bombenfliegerkorps. Im Januar 1936 wurde die erste Luftarmee weltweit aufgestellt, im März die zweite und kurz darauf eine dritte. Kein anderes Land besaß damals Luftarmeen, ja nicht einmal Korps der strategischen Fliegerkräfte.

Eine Flotte von tausend schweren Bombenflugzeugen ist das, wovon Strategen träumen, und dieser Traum wurde erstmals in der Sowjetunion realisiert. Generale und Politiker aller Länder diskutierten über die Douhet-Doktrin von der entscheidenden Rolle der Luftstreitkräfte in einem modernen Krieg – Stalin diskutierte nicht . . .

Doch das ist noch nicht alles: Geplant war die Umrüstung der drei Luftarmeen mit den neuesten Bombenflugzeugen sowie die zusätzliche Aufstellung von drei Armeen in den Militärbezirken Belorußland, Kiew und Leningrad. (W. Schumichin, Die sowjetischen Fliegerkräfte 1917–1941, S. 185)

Noch während die TB-3 das Fliegen lernte, während sie »flügge« werden sollte, nahm etwa ein Dutzend Konstruktionsbüros den Wettstreit um das neueste strategische Bombenflugzeug auf, das später die tausend von Tupolew entwickelten TB-1 und TB-3 ablösen sollte. Tupolew selbst schlug den siebenmotorigen »Maxim Gorki« vor. Die Maschine tauchte bei Paraden auf und erregte durch ihre Abmessungen die Bewunderung der Menge. Nur wenige kannten ihre wahre Bezeichnung: TB-4. Pawel Suchoi präsentierte den einmotorigen Bomber DB-1 für Überreichweiten mit enormer Tragflächenspannweite. Das Flugzeug absolvierte (unter anderem Namen) mehrmals Flüge über den Nordpol nach Amerika. Begeistert empfing Amerika die sowjetischen Fliegerhelden, ohne zu erfassen, daß es sich um die Erprobung eines Bombenflugzeugs im Versuchsstadium handelte. Sergej Koslow entwarf den zwölfmotorigen »Giganten«, der Bombenlasten von mehreren Dutzend Tonnen tragen, aber auch Fallschirmjägereinheiten mit beliebig schwerer Bewaffnung samt Kampfpanzern in das Hinterland des Gegners befördern konnte. Ganz erstaunlich waren die Projekte von K. A. Kalinin. Viktor Bolchowitinow stellte das schwere Bombenflugzeug DB-A vor. Nach Aussehen und Charakteristik war es ein neues Flugzeug, dabei handelte es sich einfach um eine grundlegende Überarbeitung von Tupolews TB-3; ein klassisches Beispiel dafür, wie mit minimalem Aufwand auf der Grundlage einer älteren Maschine ein neues Flugzeug entwickelt werden kann. Die DB-A brach sofort vier Weltrekorde. Es war ein Flugzeug auf dem neuesten Stand der Technik, und doch konnte es in denselben Betrieben gefertigt werden, die die TB-3 bauten, und zwar ohne den Produktionszyklus umzustellen, ohne die Betriebsanlagen auszuwechseln, ohne Störung der eingefahrenen technologischen Prozesse, ohne Umschulung der Arbeiter und Ingenieure, ohne das in solchen Fällen übliche Absinken der Anzahl fertiggestellter Maschinen und sogar ohne Umschulung von Piloten, Technikern und Ingenieuren der strategischen Fliegerkräfte. Wenn die Zeit drängte, hätte man die DB-A in Serie auflegen und bis zum Beginn des Zweiten Weltkrieges die strategische Luftflotte vollständig erneuern können. Aber eben da tauchte ein wahres Wunder auf: Petljakows TB-7. Sie stellte alle anderen Maschinen in den Schatten.

Zum Zeitpunkt des Erscheinens der TB-7 war die Fertigung schwerer Bombenflugzeuge in der Sowjetunion so gut eingespielt wie die Autoproduktion bei Henry Ford. Ein Modellwechsel ist ein schmerzhafter Prozeß, aber immer noch einfacher, als etwas Neues aus dem blanken Boden zu stampfen. In jenen Schreckensjahren, als Millionen Menschen verhungerten, war das Land führend auf dem Gebiet der schweren Bombenflugzeuge, dennoch hat dieses Land, nachdem sich seine ökonomische Lage entscheidend gebessert hatte, freiwillig seiner führenden Stellung entsagt. Als niemand das Land bedrohte, riß es den verhungernden Kindern den letzten Bissen aus der Hand, und die schweren Bomber wurden gebaut. Nun ist Hitler in unmittelbarer Nachbarschaft aufgetaucht, alles riecht nach Krieg, doch die schweren Bombenflugzeuge werden nicht mehr gebaut. Die Frage kann daher nicht lauten, ob es möglich gewesen wäre, tausend TB-7 bis zum Kriegsbeginn fertigzustellen. Unsere Frage muß vielmehr einem anderen Tatbestand gelten: Warum wurde es gar nicht versucht?

Zum Zeitpunkt des Erscheinens der TB-7 hatte man in der Sowjetunion Konstruktionsbüros geschaffen, die Flugzeuge zu entwerfen verstanden, die ihrer Zeit vorauseilten; man verfügte über eine Industrie, die zur Massenfertigung von Flugzeugen in einem Umfang bereit war, der die Anforderungen in Friedenszeiten übertraf; man hatte Akademien eingerichtet, Lehranstalten für das fliegende und technische Personal, eine Theorie für den Kampfeinsatz war ausgearbeitet und Kampferfahrung in Lokalkriegen sowie bei grandiosen Manövern gewonnen worden; man hatte Flugplätze und Fliegerstützpunkte gebaut, für Ausbildungszentren gesorgt und Übungsgelände angelegt; man hatte die Organisationsstrukturen geschaffen, das Stammpersonal von den Kommandierenden der Armeen bis zu den Bordschützen, von den Ingenieuren für die Navigationseinrichtung bis zu den Photoauswertern der großen Fliegerstäbe vorbereitet; man hatte Flugzeugführer ausgebildet und Navigatoren, Bordingenieure, Techniker, Motorenwarte, Meteorologen, Funker, Luftfahrtmediziner usw. usf.; Kollektive waren entstanden und Traditionen geboren, Theoretiker und Praktiker waren herangezogen.

Und nach alledem trat dieses Land, das im Bereich strategischer Luftstreitkräfte führend gewesen war, in den Zweiten Weltkrieg ohne strategische Fliegerkräfte ein. Auf Stalins Befehl waren im November 1940 die Luftarmeen aufgelöst worden. Am 22. Juni 1941 gab es innerhalb der sowjetischen strategischen Fliegerkräfte keine Armeen mehr. Übriggeblieben waren lediglich fünf Korps und drei selbständige Divisionen. Deren Grundbewaffnung bestand aus der DB-3f. Das ist ein vortreffliches Bombenflugzeug – aber es ist kein *strategischer* Bomber. Außerdem gehörten zur Ausrüstung noch die TB-3. Sie waren als Transportmaschinen einsetzbar, als Bombenflugzeuge jedoch veraltet. Von der TB-7 aber waren, wie wir bereits wissen, nur elf Maschinen vorhanden. Diese Anzahl reichte nicht einmal aus, um eine einzige Fliegerstaffel auszurüsten.

Ohne die TB-7 hatten die strategischen Fliegerkräfte ihre strategische Funktion eingebüßt. Ja mehr noch, im Frühjahr 1941 bereitete ihnen Stalin einen vernichtenden Schlag. Bis dahin war die höhere Kommandoebene der strategischen Fliegerkräfte nur mit Offizieren besetzt worden, die sich im Kampfeinsatz hervorgetan, die am Himmel Chinas, in Spanien, in der Mongolei ihr Recht zu kommandieren bewiesen hatten. Sämtliche Kommandierenden der Luftarmeen waren Helden der Sowjetunion. Zu jener Zeit besaß dieser Titel ein weit größeres Gewicht als nach dem Krieg. S. P. Denissow, der Kommandierende der Zweiten Armee, hatte nicht nur einen, sondern sogar zwei Goldene Sterne [Medaille, die mit der Auszeichnung als Held der Sowjetunion verbunden war]. Damals konnte man solche Menschen an den Fingern einer Hand abzählen. Im Frühjahr 1940 führte Stalin die Generalsränge ein, doch mit den Sternen [Rangabzeichen der Generale] ging er nicht freigiebig um. Der Chef der Hauptverwaltung der Luftstreitkräfte wird Generalleutnant der Flieger, der Chef des Stabes der Luftstreitkräfte wird Generalmajor der Flieger. Trotz dieser Knauserei übersah Stalin nicht die Kommandierenden der Luftarmeen: Er billigte ihnen den Dienstgrad von Generalleutnanten der Flieger zu. Die Kommandierenden der Luftarmeen standen dem Rang nach auf gleicher Stufe wie der oberste Chef der Luftstreitkräfte und übertrafen darin sogar einige seiner Stellvertreter einschließlich des Stabschefs der Luftstreitkräfte. Stalin hatte Vertrauen zu den Führern der strategischen Fliegerkräfte: Der Kommandierende der 3. Armee, Generalleutnant der Flieger I. I. Proskurow, wurde Chef des militärischen Geheimdienstes GRU, bevor man ihm das Kommando über die gesamten strategischen Fliegerkräfte übertrug.

Doch nun hatte Stalin einen Entschluß gefaßt, und die Zerschlagung setzte ein. Dieses Thema verdient eine eigene Untersuchung. Hier seien nur ein paar Beispiele zur Illustration angeführt: Generalleutnant der Flieger S. P. Denissow wird von Stalin nach Transkaukasien geschickt, um dort das Kommando über die Fliegerkräfte dieses zweitrangigen Militärbezirks zu übernehmen. Er wird auch künftig keine seinem Dienstgrad entsprechende Verwendung finden; über den Kommandeur einer Division kommt er nicht hinaus. Generalleutnant der Flieger I. I. Proskurow wird im April 1941 verhaftet, schweren Folterungen unterworfen und im Oktober liquidiert. Das Kommando über die strategischen Fliegerkräfte aber wird *Oberst* L. A. Gorbazewitsch übertragen. (M. N. Koschewnikow, Führung und Stab der Luftstreitkräfte der Sowjetarmee im Großen Vaterländischen Krieg 1941–1945. Moskau 1977, S. 26) Der Oberst hatte sich zuvor nirgendwo ausgezeichnet (und sollte das auch in Zukunft nicht tun), doch Stalin hatte nicht nur keinen Bedarf an TB-7-Maschinen, er brauchte auch keine Kommandeure, die ihr Können in der Verwendung schwerer Bomber bewiesen hatten.

5.

Man möchte meinen, die allgemeine Lage entwickelte sich nicht derart, daß sich die TB-7-Bomber erübrigt hätten.

Wenn Stalin den Zweiten Weltkrieg verhindern will, dann wird die TB-7 gebraucht.

Wenn Stalin beschlossen hat, Hitler die Entfesselung eines Weltkrieges zu erlauben, selbst aber neutral zu bleiben gedenkt, dann hat er die TB-7 als Garanten dieser Neutralität sogar dringend nötig.

Wenn Stalin einen Verteidigungskrieg plant, dann darf man nicht die Befestigten Räume an der »Stalinlinie« aufgeben (siehe V. Suworow, Der Eisbrecher. Stuttgart 1989, S. 109 ff.), sondern muß sie verstärken. Dann muß man den Truppen befehlen, sich in die Erde einzugraben, wie es später bei Kursk geschehen ist. Man muß sich hinter unpassierbaren Minenfeldern vom Meer im Norden bis zum Meer im Süden verschanzen, und während der Gegner sich an unserer Verteidigung die Zähne ausbeißt, können unsere TB-7 in unangreifbarer Höhe fliegen und die deutsche Wirtschaftskapazität untergraben. In einem Verteidigungskrieg wird die TB-7 gebraucht.

Stalins Ressourcen sind unbegrenzt, die Hitlers dagegen nicht. Sollte es zum Krieg kommen, ist es für Stalin von Vorteil, diesen hinauszuziehen: Ein Zermürbungskrieg hätte tödliche Folgen für Deutschland. Damit sich die deutschen Ressourcen schneller erschöpfen, muß mit strategischen Bombardierungen das kriegswirtschaftliche Potential geschwächt werden. Ein hierfür besser geeignetes Instrument als die TB-7 ist nicht denkbar.

Wenn Stalin beschlossen hatte, die deutsche Invasion abzuwarten und anschließend seinen Gegenschlag zu führen (eine bei Historikern sehr beliebte Version, und das schreiben sie auch: Sein Plan habe darin bestanden, mit den Händen im Schoß geduldig abzuwarten, bis Hitler mit der Axt anklopfen würde, erst dann habe er antworten wollen), so kann man sich für diesen Gegenschlag nichts Besseres als tausend TB-7 vorstellen.

Doch die Geschichte der TB-7 widerlegt nicht nur die Legende von den Gegenschlägen, die Stalin angeblich vorbereitet hatte, sondern auch die Legende von Stalins Furcht vor Hitler. Warum gab er die TB-7 nicht in Auftrag, wenn er sich fürchtete? Je größer die Furcht, um so schneller hätte der Auftrag erfolgen müssen. Meine Leser dürften mir zustimmen: Wenn wir uns fürchten, nachts durch den tiefen Wald zu gehen, dann nehmen wir einen Knüppel in die Hand. Je größer unsere Angst, desto größer wählen wir den Knüppel. Und schütteln ihn kampfbereit. Ist es nicht so? Stalin wurde dieser Knüppel förmlich aufgedrängt. Sein persönlicher Referent, der Flugzeugkonstrukteur und Generaloberst der Flieger A. S. Jakowlew, bestätigt, daß der Leiter des Wissenschaftlichen Forschungsinstituts der Luftstreitkräfte, Generalmajor der Flieger A. I. Filin, sich nicht scheute, Stalin vor vielen Zeugen die Notwendigkeit der Serienfertigung der TB-7 zu beweisen. Mit Stalin zu streiten war ein Risiko an der Grenze zu selbstmörderischem Heldentum. »Filin beharrte auf seiner Meinung, er wurde von einigen anderen unterstützt. Schließlich gab Stalin nach und sagte: ›Also schön, was Sie für richtig halten, wird gemacht. Obwohl Sie mich nicht überzeugt haben.‹« (A. Jakowlew, Das Ziel eines Lebens. Moskau 1968, S. 182) Das ist einer von den Fällen, in denen Stalin seine Zustimmung zur Serienfertigung der TB-7 gab. Bald darauf wird Stalin es sich anders überlegen, seine Entscheidung rückgängig machen, und abermals werden sich tollkühne Männer finden, die sich mit ihm auseinandersetzen und zu beweisen versuchen . . .

Unsere Frage lautet: Warum muß man es Stalin beweisen? Wenn wir alle die unbestreitbaren Qualitäten der TB-7 und die Notwendigkeit ihrer Serienfertigung begreifen, warum sieht Stalin so einfache Dinge nicht ein? Dabei ist selbst dem größten Dummkopf klar, daß er sich im dunklen Wald mit einem Knüppel in der Faust wohler fühlt. Liefe dies alles nur auf Stalins mangelnde Einsicht hinaus, dann hätte er den Bau der TB-7 kurzentschlossen untersagt und wäre nie mehr auf diese Frage zurückgekommen. Aber Stalin hat achtmal seine Entscheidung in das direkte Gegenteil umgekehrt. Woher diese Zweifel? Es ist völlig untypisch für ihn. Millionen der tüchtigsten Bauern, der Ernährer Rußlands, ausrotten? Keine Spur von Zweifeln: Er unterschreibt – und was ist die Folge? Ein Jahr des Massensterbens. Den Kommandeursbestand der Roten Armee vernichten? Keine Bedenken. Einen Pakt mit Hitler unterschreiben? Keinerlei Probleme: Drei Tage wird verhandelt, dann knallen die Korken. Stalin kannte Bedenken, er konnte schwanken. Aber man möge mich korrigieren, falls ich mich irre: Etwas Derartiges hatte es noch nicht gegeben. Der Verzicht auf die TB-7 war die schwierigste Entscheidung, die Stalin in seinem ganzen Leben getroffen hat. Es ist die gewichtigste Entscheidung seines Lebens. Ich gehe noch weiter: Der Verzicht auf die TB-7 war überhaupt die schwerwiegendste Entscheidung, die im 20. Jahrhundert getroffen wurde. Denn es ging um die Frage, ob es einen zweiten Weltkrieg geben würde oder nicht. Als man dabei war, die Entscheidung über die TB-7 zu fällen, wurde zugleich auch über das Schicksal von vielen

Millionen Menschen entschieden. Stalins Überlegungen, als er viermal hintereinander die Aufnahme der Serienfertigung der TB-7 beschloß, sind nachvollziehbar. Doch als er ebensooft seine Entscheidung wieder aufhob, muß er von irgendwelchen Erwägungen geleitet worden sein! Warum unternimmt kein Historiker auch nur den Versuch, seine Vermutungen über Stalins Motive zu äußern?

6.

Die TB-7 hatte mächtige Gegner, und es ist an der Zeit, sie beim Namen zu nennen. Der Generalstab der Roten Arbeiter- und Bauernarmee wurde 1935 geschaffen. Bis zur deutschen Invasion waren vier Generalstabschefs abgelöst worden: die Marschälle der Sowjetunion A. I. Jegorow und B. M. Schaposchnikow, die Armeegenerale K. A. Merezkow und G. K. Schukow. Alle waren Gegner der TB-7 gewesen. Gegner nicht nur der TB-7, sondern gegen sämtliche strategischen Bombenflugzeuge überhaupt eingestellt waren viele angesehene Fliegergenerale, einschließlich P. W. Rytschagow, F. K. Arschanuchin, F. P. Polynin. Gegen die TB-7 war der Volkskommissar für Verteidigung Marschall der Sowjetunion S. K. Timoschenko. Ein leidenschaftlicher Gegner war Stalins Referent in Fragen der Luftstreitkräfte, der Flugzeugkonstrukteur A. S. Jakowlew. Und schließlich waren – begreiflicherweise – nahezu sämtliche sowjetischen Militärtheoretiker, angefangen bei W. K. Triandafillow, Gegner strategischer Bombenflugzeuge.

Am besten hat die Argumente gegen die schweren Bombenflugzeuge der hervorragende sowjetische Luftkriegstheoretiker Professor Brigadekommandeur Alexander Nikolajewitsch Laptschinski dargelegt. Er hat mehrere glänzende Arbeiten zur Theorie des Einsatzes der Fliegerkräfte geschrieben. Laptschinskis Ideen sind einfach und leicht zu begreifen. Städte, Betriebe, Abbau- und Lagerstätten strategischer Rohstoffe zu bombardieren ist gut. Aber noch zweckmäßiger ist es, sie unversehrt zu erobern und zur Verstärkung der eigenen Kampfkraft zu nutzen. Man kann das Territorium des Gegners in rauchende Trümmer verwandeln, aber ist es auch nötig? Verkehrswege und Brücken zu bombardieren ist immer nützlich – mit einer Ausnahme: wenn eine Invasion in das feindliche Territorium vorbereitet wird. In diesem Fall müssen die Verkehrswege und Brücken nicht bombardiert, sondern erobert werden, ohne dem sich zurückziehenden Gegner Gelegenheit zu geben, diese zu nutzen oder zu zerstören. Die Bombardierung der Städte hat ein merkliches Absinken der Durchhaltemoral in der Bevölkerung zur Folge. Das ist richtig. Wer wollte es bestreiten? Aber ein zügiger Vorstoß unserer Truppen zu den Städten des Gegners demoralisiert die Bevölkerung weit mehr als jedes Bombardement. Und Laptschinski empfahl Stalin, alle Kräfte der Roten Armee nicht auf die Zerstörung des gegnerischen kriegswirtschaftlichen Potentials zu konzentrieren, sondern vielmehr auf dessen Eroberung. Aufgabe der Roten Armee ist die Zerschlagung der Armeen des Gegners. Aufgabe der Fliegerkräfte ist es, unseren Armeen den Weg freizumachen und ihr zügiges Vordringen zu unterstützen. Laptschinski empfahl, nicht den Krieg zu erklären, sondern ihn mit einem plötzlichen Vernichtungsschlag der sowjetischen Fliegerkräfte gegen die Flugplätze des Gegners zu beginnen. Plötzlichkeit und Wucht dieses Schlages müssen so beschaffen sein, daß in den ersten Stunden die gesamten Fliegerkräfte des Gegners niedergehalten werden und deren Aufsteigen unmöglich gemacht wird. Sind erst die gegnerischen Fliegerkräfte auf den Flugplätzen niedergehalten, machen wir den Weg frei für die Panzer, und die angreifenden Panzer »überrollen nun die Flugplätze des Gegners«. Ziele unserer Fliegerkräfte sind weder städtische Wohnviertel noch E-Werke noch Fabriken, sondern das gegnerische Flugzeug, das nicht aufsteigen kann, die Feuerstellung, die das Vordringen unserer Infanterie behindert, die Fahrzeugkolonne mit dem Treibstoff für die feindlichen Panzer, das Pak-Geschütz, das sich im Gebüsch verbirgt. Anders ausgedrückt: Es gilt nicht *Flächen* zu bombardieren, sondern *Punktziele*, von denen viele beweglicher Art sind. Nicht im strategischen Hinterland muß die Bombardierung erfolgen, sondern im taktischen Nahbereich oder sogar direkt an der Frontlinie. Für diese Aufgabe aber braucht man keinen schweren Bomber, sondern ein leichtes, wendiges Flugzeug, das dicht an sein Ziel herangeht, um es zu erkennen, um es genau zu treffen, ohne die eigenen Stellungen zu tangieren, denn die eigenen Leute sind in unmittelbarer Nachbarschaft. Dazu braucht man ein Flugzeug, das entweder im Sturzflug aus der Höhe angreift oder sich seinem Ziel im Tiefflug nähert, bei dem seine Triebwerke fast die Spitzen der Bäume streifen.

Wenn wir das Haus unseres Nachbarn in die Luft jagen wollen, brauchen wir eine Kiste Dynamit. Haben wir jedoch vor, den Nachbarn umzubringen und uns sein Haus anzueignen, dann ist nicht die Kiste mit Dynamit vonnöten, dann muß ein billigeres, leichtes und treffsicheres Instrument her. Dieses andere Instrument ist es, was Laptschinski Stalin empfiehlt: einen leichten Sturzkampfbomber oder einen wendigen Jagdbomber. Ein strategisches Bombenflugzeug startet von entfernten festen Flugplätzen über riesige Distanzen, wir aber brauchen ein Flugzeug, das stets greifbar ist, das auf jedem beliebigen provisorischen unbefestigten Flugplatz stationiert werden kann, das mühelos die Flugplätze im Gefolge der angreifenden Divisionen und Korps wechselt, das die Anforderungen der Panzertruppen unverzüglich erfüllt. Wir brauchen ein leichtes Flugzeug, dessen Piloten selbst die Lage überblicken, blitzschnell auf deren Veränderungen reagieren und ihren Teil zu einem erfolgreichen Ausgang der beweglich geführten Kampfhandlungen beitragen.

Wladimir Petljakow hatte außer der schweren viermotorigen (genauer gesagt fünfmotorigen) TB-7 noch ein anderes Flugzeug entwickelt – den kleinen zweimotorigen, schnellen und wendigen Sturzkampfbomber Pe-2. Er war genau das, was Stalin brauchte. Und Stalin traf seine Entscheidung: »Die Zweimotorigen werden gebaut, und zwar so viele wie möglich.« (A. S. Jakowlew, Das Ziel eines Lebens, S. 182)

Kann man nicht leichte und schwere Bombenflugzeuge gleichzeitig bauen? Nein, sagte Laptschinski. Unmöglich. *Alle Kräfte, sämtliche Möglichkeiten* müssen auf die Lösung der Hauptaufgabe konzentriert werden: auf die Eroberung der absoluten Luftherrschaft, das heißt auf den Überraschungsschlag gegen die Flugplätze des Gegners. Gelingt dieser Schlag, dann besteht kein Grund, Städte und Fabriken zu bombardieren.

Stalin hatte lange zugelassen, daß sowohl der eine als auch der andere Flugzeugtyp gebaut wurde, dann aber begriff er: Man muß sich für eine Sache entscheiden.

Und er hat seine Wahl getroffen.

7.

Wenn wir der eisernen Logik Stalins nicht folgen können, dann ist es am einfachsten, ihn für verrückt zu erklären. Aber werfen wir einen Blick auf Hitler. Er ist *ebenfalls* ein Aggressor, und deshalb verfügt auch er nicht über strategische Fliegerkräfte. Hitler bereitet die blitzartige Eroberung Frankreichs vor, und deshalb müssen die Brücken nicht bombardiert, sondern erobert und erhalten werden. Diese Brücken brauchen die deutschen Panzerdivisionen für ihre zügige Angriffsoperation. Auch Paris braucht nicht bombardiert zu werden. Paris wird mit allen seinen Schätzen dem Sieger in die Hände fallen. Hitler braucht weder die Schiffswerften in Brest zu zerstören noch die Panzer- und Artillerie-Produktionsstätten in Cherbourg, Chaumont und Bourges noch die Flugzeugwerke in Amsterdam und Toulouse – sie werden zur Untermauerung der militärischen Stärke des Dritten Reiches beitragen.

Für einen Blitzkrieg braucht Hitler die Luftwaffe, aber nicht eine, die Städte und Fabriken zerstört, sondern eine Luftwaffe, die durch einen plötzlichen Angriff die französischen Fliegerkräfte auf den Flugplätzen niederhält, die mit Überraschungsschlägen das gesamte System der militärischen Führung lähmt. Er braucht eine Luftwaffe, die den Panzern den Weg frei macht und deren zügigen Vorstoß zum Atlantik sicherstellt. Er braucht eine Luftwaffe, die über dem Kampfgebiet hängt und die Anforderungen der Panzertruppen ausführt, eine Luftwaffe, die nicht gigantische *Flächen* attackiert, sondern *Punktziele*. Für den Blitzkrieg benötigt er einen relativ kleinen Sturzkampfbomber, der zwar nur eine geringe Last trägt, aber seine

Bomben genau ins Ziel bringt: die zweimotorige Ju-88 und sogar eine einmotorige Maschine, die Ju-87.

Später nahm dann der Krieg einen anderen Verlauf, aus dem Vorwärtsstürmen war ein langwieriger Krieg geworden. Es gab Städte, die für die deutschen Panzer unerreichbar blieben: London und Tscheljabinsk, Bristol und Kuibyschew, Sheffield und Magnitogorsk. Da hätte Hitler strategische Fliegerkräfte durchaus brauchen können. Aber die gab es nicht.

Laptschinskis Überlegungen, die lange vor Hitlers Machtübernahme formuliert wurden, hat sich Stalin zunutze gemacht. Zwar nicht 1941, wie es vorgesehen war, aber 1945. Stalins Sturzkampfbomber Pe-2 und die Jagdbomber Il-2 griffen in einem Überraschungsschlag die japanischen Flugplätze an, und die sowjetischen Panzerkeile zerfurchten die Mandschurei. Das Land fiel dem Sieger in die Hände. Man hatte die sowjetischen Fallschirmspringereinheiten in den chinesischen Städten nicht abgesetzt, um Brücken, Verkehrswege und Fabriken zu zerstören, sondern um deren Zerstörung zu verhindern. In einem solchen Krieg gab es keine Aufgaben für strategische Fliegerkräfte.

In den zwanziger Jahren und zu Beginn der dreißiger Jahre brauchte Stalin strategische Fliegerkräfte, damit niemand den Ausbau der sowjetischen Rüstungsindustrie stören konnte. Seit der zweiten Hälfte der dreißiger Jahre neigte Stalin immer mehr einem Kriegsszenarium zu, dessen Resultat nicht die Vernichtung des deutschen Wirtschaftspotentials, sondern dessen Eroberung sein würde. Im November 1940 beschloß Stalin endgültig, mit Deutschland so zu verfahren, wie er es wenige Jahre später mit Japan tat.

DIE SACHE MIT IWANOW

Dem Bourgeois Unglück gebracht,
Jetzt wird der Weltbrand entfacht,
Wir haben den Weltbrand im Blut,
Herr, gib Deinen Segen dazu.
Alexander Blok, Die Zwölf

1.

Ein Forscher widmet mitunter sein ganzes Leben der wissenschaftlichen Suche. Und plötzlich beschert ihm das Schicksal einen Erfolg: Er entdeckt den Namen eines Pharaos, von dem niemand bisher etwas wußte. Genau so ein Erfolg wurde auch mir zuteil. In verstaubten Archiven stieß ich auf Angaben über einen mächtigen Führer, den jedoch kaum jemand kannte, dessen Macht auf einem Sechstel der Erde gleichwohl grenzenlos war. Gewiß, mein Pharao stammte nicht aus versunkenen Zeiten, sondern er hat im 20. Jahrhundert gelebt. Dieser Pharao hieß Genosse Iwanow. Wer erinnert sich seiner? Wer hat ihn gekannt? Nichtsdestoweniger hatte dieser nämliche Genosse, nach den Quellen zu urteilen, eine unermeßliche Macht in seinen Händen konzentriert. Hier ein Beispiel: Am 25. September 1943 erhielten die Marschälle der Sowjetunion G. Schukow und A. Wassilewski, die Armeegenerale K. Rokossowski, N. Watutin, I. Konew und P. Malinowski die streng geheime Direktive zur gewaltsamen Überquerung des Dnjepr. Der Wortlaut des Dokuments beginnt streng und lakonisch: »Genosse *Iwanow* hat befohlen . . .«

Genosse Iwanow verfügte über hinreichende Macht, um gleichzeitig fünf Armeen in die Schlacht zu werfen. Oder auch zehn. Oder deren zwanzig. Die Direktive vom 25. September 1943 erging gleichzeitig an vier Fronten, die insgesamt 31 Armeen einschließlich vier Panzer- und vier Luftarmeen umfaßten. Das ist natürlich noch nicht alles. Während des Krieges verfügte Genosse Iwanow über siebzig Armeen der Verbundenen Waffen, achtzehn Luft-, fünf Stoß-, elf Garde- und sechs Gardepanzerarmeen. Dazu kamen noch die Armeen des NKWD, die der Luftverteidigung, eine selbständige Gardeluftlandearmee, zehn Pionierarmeen usw. usf., sowie dutzendweise selbständige Korps und Hunderte selbständige Divisionen. Und man muß zugeben, daß die Befehle des Genossen Iwanow von sämtlichen Marschällen und Generalen widerspruchslos, unverzüglich und bedingungslos ausgeführt wurden.

Es mag paradox erscheinen, und doch war ungeachtet dieser Machtfülle der Genosse Iwanow selbst in sehr hohen Sphären nur wenig bekannt. Ein Beispiel: Vor dem Krieg war A. A. Schkwarzew sowjetischer Botschafter (damals hieß das Bevollmächtigter Vertreter) in Berlin. Botschafter in Hitler-Deutschland zu sein bedeutete, ein sehr hohes Amt innezuhaben. Schkwarzew hatte jahrelang keine Ahnung von der Existenz des Genossen Iwanow. So passierte denn eines Tages auch eine dumme Geschichte. 1940 traf in Deutschland eine sowjetische Luftfahrtdelegation ein. Die sowjetischen Genossen besuchten Betriebe (einschließlich der unter die Erde verlegten), zu denen Außenstehende keinen Zutritt hatten, sie besichtigten die Konstruktionsbüros, und sie bekamen die neuesten Errungenschaften der deutschen Flugzeugtechnik zu Gesicht, sie kauften, woran sie Gefallen fanden, und baten die Botschaft (die damals noch Bevollmächtigte Vertretung hieß) und die Handelsvertretung, die Einkäufe zu bezahlen. (Dies führt wieder zu der Frage, wer wem mehr geglaubt hat: Die deutschen Herren verkauften den sowjetischen Genossen Baumuster sämtlicher neuester Flugzeuge, U-Boote, Flak- und Panzerabwehrgeschütze, während die sowjetischen Genossen ihnen keine Il-2, Pe-2, T-34, KW, BM-13 verkauften, ja ihren lieben deutschen Freunden solche Sachen nicht einmal zeigten.) Die sowjetische Delegation hatte also die Me-108, Me-109E, Me-110C, Me-209, Do-215, Ju-88, He-100 und noch viele andere interessante Maschinen ausgewählt. Die Deutschen versteckten ihre Geheimnisse nicht, und unsere Leute zeigten sich nicht geizig: Man suchte zwölf verschiedene Typen aus, nahm von jedem zwei bis drei Exemplare, mitunter auch bis zu fünf oder sechs Stück. Und außer den Flugzeugen beschlossen die sowjetischen Genossen noch, Muster von Motoren, militärischem Gerät, technischen Apparaturen und vieles andere mehr mitzunehmen. Botschaft und Handelsvertretung aber sollten die Bezahlung abwickeln. Da allerdings meinten die Genossen von der Diplomatie, so einfach ginge das nicht: Zuerst müsse man nach Moskau schreiben, sich mit dem Volkskommissariat für Verteidigung und dem Volkskommissariat für die Luftfahrtindustrie in Verbindung setzen, die ihrerseits die Bestellung an das Volkskommissariat für Handelsbeziehungen weiterleiten würden, dort würde die Sache von Experten beraten, die die Angelegenheit mit dem Volkskommissariat für Auswärtige Angelegenheiten abstimmen, wir ziehen die Finanzleute hinzu ... Da riß einem Mitglied der Luftfahrtkommission die Geduld: So viel Zeit haben wir nicht – jetzt jage ich ein Telegramm nach Moskau. Er setzte den Text auf, verschlüsselte ihn und wollte ihn an folgende Adresse übermittelt haben: »Moskau – Iwanow«. Nun war allerdings wirklich die ganze Botschaft empört, und selbst Genosse Schkwarzew entrüstete sich. So eine Anschrift gäbe es nicht, das wäre ja geradezu, als schriebe man »An den Opa – auf dem Dorf.« »Schickt es ruhig ab«, beharrte der Genosse aus der Delegation.

Lange stritt man sich hin und her. Schließlich wurde das Telegramm abgesandt.

Und erstaunlicherweise fand das verschlüsselte Telegramm in Moskau seinen Adressaten. Es funktionierte sogar sehr schnell. Und die Antwort kam. Umgehend. Sie traf die Botschaft wie ein Donnerschlag. Diese Antwort war kurz und bündig wie das Verdikt eines Revolutionstribunals. Der Adressat in Moskau, Genosse Iwanow, hatte so geschnauzt, daß die Flugzeuge umgehend gekauft und die Rechnungen vollständig beglichen wurden. Die kostbare Fracht aber verbrachte man eiligst an ihren Bestimmungsort. (Siehe hierzu auch A. S. Jakowlew, Das Ziel eines Lebens, S. 236.)

Genosse Schkwarzew und die anderen verantwortlichen Genossen konnten sich denken, wer sich in Moskau hinter dem bescheidenen Namen verbarg. Gewiß, aber natürlich, das war *er*. Hinter den Kremlmauern lebte und arbeitete unter dem Pseudonym Iwanow der Genosse Iwanowitsch höchstpersönlich. Er ist auch der Kater Wassiljew, er ist der Zeisig Tschischikow, er ist der Bankräuber Koba, er ist Bessoschwili (Verballhornung von Stalins Familiennamen Dschugaschwili mit der Bedeutung Teufelschwili), er ist der schmalzige Salin und der stählerne Stalin.

Stalin hatte viele Pseudonyme. Manche wurden abgestoßen, vergessen, getilgt, andere sind geblieben. Das Pseudonym »Iwanow« wurde bis zum Ende beibehalten und in außergewöhnlichen Situationen benutzt.

Das alles erwähne ich aus folgendem Grund: Eines Tages im Jahr 1936 versammelte Stalin Flugzeugkonstrukteure bei sich auf der nahegelegenen Datscha, er bewirtete sie mit allem, was kaukasische Gastfreundschaft gebietet, und stellte ihnen anschließend die Aufgabe, ein Flugzeug mit dem Namen »Iwanow« zu entwickeln. (Daß es das beste auf der Welt sein sollte, bedarf keiner Erklärung.)

2.

An dem Projekt »Iwanow« arbeiteten gleichzeitig viele Kollektive, darunter auch solche, die unter der Leitung von Tupolew, Neman, Polikarpow und Grigorowitsch standen. Damals arbeiteten unter der Gesamtleitung von Tupolew die Konstruktionsgruppen von Petljakow, Suchoi, Archangelski, Mjasischtschew, unter der Leitung von Polikarpow die Gruppen von Mikojan und Gurewitsch, unter Grigorowitsch arbeiteten Lawotschkin und Gruschin. Alles, was Stalin Tupolew, Grigorowitsch oder Polikarpow befahl, wurde automatisch auf die Konstrukteure in den Vasallengruppen übertragen. Kurzum, das ganze Denken der sowjetischen Flugzeugkonstrukteure war auf die Lösung einer einzigen Aufgabe konzentriert. Und dabei hatte man keineswegs Kooperation im Sinn. Ganz im Gegenteil: Es war ein harter Konkurrenzkampf, bei dem der Stärkste Sieger bleiben würde; über Zuckerbrot und Peitsche aber verfügte Genosse Iwanow in reichem Maße. Die Erklärung erübrigt sich, daß der »Iwanow« ein Kampfflugzeug war: Schließlich konnte Stalin nicht nahezu sämtliche Konstrukteure auf die Entwicklung eines Flugzeuges für die Bedürfnisse der zivilen Luftfahrt ansetzen.

Jedes Handbuch zur Geschichte der Luftstreitkräfte liefert erschöpfendes Material darüber, was bei dem Projekt »Iwanow« schließlich herausgekommen ist, und kommunistische Historiker legen großen Wert auf dieses Resultat. Ich aber fordere meine Leser auf, sich über eine andere Frage klar zu werden: nicht was dabei herauskam, sondern was *beabsichtigt* war. In der Geschichte der sowjetischen Luftstreitkräfte gibt es ein einziges Flugzeug, das unter Stalins Pseudonym entwickelt worden ist, wobei der Name für das Projekt nicht von den treuen Untertanen, das heißt von unten gekommen war, sondern auf Stalins eigene Initiative zurückging. »Der Projektname ›Iwanow‹ beruhte auf einer Anweisung Stalins (es war seine Telegrammanschrift).« (W. B. Schawrow, Geschichte der Flugzeugkonstruktionen in der UdSSR 1938–1950. Moskau 1988, S. 45) Das Flugzeug existiert noch nicht, die Konstrukteure haben noch nicht einmal den Bleistift zur Hand genommen, da hat Stalin dieser Maschine bereits seinen Namen gegeben. Es ist schließlich genau jenes Flugzeug, auf das Stalin seine Hoffnungen in dem heraufziehenden Zweiten Weltkrieg setzt, über dessen Notwendigkeit und Unausweichlichkeit er unentwegt und offen spricht. Gibt es ein anderes Flugzeug, in dessen Entwicklung Stalin ein vergleichbares Maß an Anstrengungen seiner Konstrukteure investiert hätte?

Die Maschine war auch noch, wie der Testpilot A. A. Schtscherbakow berichtet, unter der Bezeichnung S. S. (zu russisch: Stalinski sakas, das heißt »Stalinauftrag«) bekannt. (»Militärhistorische Zeitschrift« 1994, Nr. 5, S. 86)

Was brauchte der Auftraggeber?

Ist der »Iwanow« vielleicht ein strategisches Bombenflugzeug, geschaffen, damit einem potentiellen Aggressor die Lust auf einen Angriff vergeht? Nein, das ist es nicht. Das strategische Bombenflugzeug existiert bereits. Rufen wir uns ins Gedächtnis: Wir befinden uns im Jahr 1936, in dem Petljakows

Arbeiten an der TB-7 abgeschlossen sind. Wenn Stalin einen Krieg verhindern will, dann braucht er keine Konstrukteure zu versammeln, und er braucht ihnen nicht die Aufgabe zu stellen, ein neues Flugzeug zu entwickeln, dann muß er einfach die TB-7 in Serienfertigung geben. Auch sie könnte man »Iwanow« nennen oder direkt und offen »Stalin«. Was für eine Symbolik läge darin: Seht her, diesen Flug, unerreichbar hoch über den Wolken, diese unzerstörbare wuchtige Gewalt, diese Schlagkraft, diese Warnung für die Feinde, und was alles sonst noch die Dichter und Propagandaleute sich hätten ausdenken können. Aber nein, Genosse Stalin braucht kein Flugzeug zur Abwendung der Kriegsgefahr.

Vielleicht nimmt Genosse Stalin an, der künftige Krieg werde ein heiliger Verteidigungskrieg zum Schutz des Vaterlandes sein, und gab deshalb den Befehl, das beste Jagdflugzeug der Welt zu bauen, das unseren friedlichen Himmel verteidigen wird? Nein, auch davon geht Genosse Stalin nicht aus, denn das Land und die Rote Armee werden nicht auf einen Verteidigungskrieg vorbereitet. Ich will nicht einmal Papier für den Nachweis vergeuden, daß der »Große Vaterländische Krieg« auf einer Fehleinschätzung beruhte, auf einem Versäumnis, daß es entgegen Stalins Plänen und Absichten dazu kam. Wofür mir allerdings weder Zeit noch Mühen oder Papier zu schade sind, das ist der Nachweis der schlichten Tatsache, daß Stalin sich auf einen Krieg vorbereitete. Daß er dies gründlich wie kein anderer tat. Die gesamte Bevölkerung des reichsten Landes der Welt hauste zwanzig Jahre zusammengepfercht in kümmerlichen Behausungen, sie konnte sich nicht sattessen, stieß sich in Warteschlangen herum, wurde bis zum Kannibalismus und dem Verzehr von Leichen getrieben, und das alles nur, um die Armee auf den Krieg vorzubereiten. Natürlich nicht auf einen »Großen« und auch nicht auf einen »Vaterländischen« Krieg. Seht gut hin, unter den Anwesenden auf Stalins Datscha ist Nikolai Polikarpow. Im Jahr zuvor, auf der Luftfahrtausstellung in Mailand 1935, hat man Polikarpows I-15 *bis* offiziell zum besten Jagdflugzeug der Welt erklärt, Polikarpows I-16 wird bereits in Serienfertigung gebaut, ein weiteres ist in der Entwicklung. Polikarpow liegt an der Spitze im weltweiten Wettlauf um das beste Jagdflugzeug. Laßt Polikarpow in Ruhe, stört ihn nicht, lenkt ihn nicht ab, er weiß, wie man Jagdflugzeuge baut, bringt ihn nicht aus seinem Rhythmus. Der Wettlauf ist im Gange, und jede Stunde, jede Minute ist kostbar. Aber nein. Legen Sie das beiseite, Genosse Polikarpow. Es gibt Wichtigeres zu tun, als Jagdflugzeuge zu konstruieren. Genosse Stalin ist nicht an einem Jagdflugzeug für einen Verteidigungskrieg interessiert.

Wie stellt sich Stalin das ideale Kampfflugzeug vor, für dessen Entwicklung er seine besten Konstrukteure abzieht, die Erbauer der Bombenflugzeuge ebenso wie die der Jagdmaschinen? Stalin selbst hat seine Anforderung in wenigen Worten zusammengefaßt: ein Flugzeug für den leeren Himmel. Wenn das nicht vollkommen klar ist, will ich es mit vier Worten erklären: einen Schakal mit Flügeln.

3.

Um Stalins Vorstellungen zu veranschaulichen, müssen wir uns aus dem Jahr 1936 in Gedanken in den Monat Dezember 1941 an die Perlenstrände der Hawaii-Inseln versetzen. Es ist ein klarer sonniger Morgen. Die amerikanische Flotte liegt im Hafen. Um 7 Uhr 55 wird am Signalmast das blaue »Ankündigungs«-Signal gehißt, das von allen Schiffen der Flotte wiederholt wird. Anschließend werden die Ankündigungssignale auf allen Schiffen gleichzeitig eingeholt, die Pfeifen der Bootsmänner schrillen, die Nebelhörner auf den Zerstörern und Kreuzern ertönen, die Musikkorps auf den Schlachtschiffen dröhnen, und genau um 8 Uhr flattern die Göschen, die kleinen rechteckigen Kriegsflaggen auf dem Vordersteven, und die Staatsflaggen am Heck in die Höhe . . . So ist es bisher immer gewesen, doch wir sind genau an jenem Morgen des 7. Dezember 1941 angekommen, an dem das feierliche Zeremoniell nicht mehr beendet werden kann: Um 7 Uhr 55 werden die Ankündigungssignale aufgezogen, aber aus Richtung der aufgehenden Sonne kommt die erste Welle der japanischen Bombenflugzeuge, Torpedoflugzeuge und Jagdflugzeuge heran. Diese erste Welle umfaßt 183 Maschinen. Weniger als ein Viertel davon machen die Jagdflugzeuge zur Sicherung aus. Eine massive Deckung durch Jagdflugzeuge erübrigt sich in dieser Situation. Die japanische Luftarmada setzt sich im wesentlichen aus Eingreifflugzeugen zusammen – aus Bombern und den Torpedoflugzeugen Nakajima B-5N1 und B-5N2. Und genau diesen Flugzeugen gilt unser Interesse. Ihre Konstruktion und Charakteristik weist nichts Herausragendes auf, aber für einen Überraschungsschlag sind sie vorzüglich geeignet. Nach Aussehen, Abmessungen und Flugeigenschaften erinnert die Nakajima B-5N mehr an ein Jagdflugzeug als an einen Bomber. Das ermöglicht es ihr, so tief über dem Ziel zu fliegen, daß man von den Schiffen und vom Boden aus die Gesichter der Piloten erkennen kann; in solchem Tiefflug ist ein Verfehlen beim Abwurf der todbringenden Last nahezu ausgeschlossen. Die Nakajima B-5N ist ein Tiefdecker mit einem Doppelsternmotor und Luftkühlung. Bei einigen Maschinen besteht die Besatzung aus drei Mann: Flugzeugführer, Navigator und Bordschütze. Doch in der Mehrzahl sind es nur zwei; die Maschinen werden in dichten Pulks eingesetzt, wie wütende Wespenschwärme, weshalb man keineswegs in jedem Flugzeug einen Navigator braucht. Die Bombenzuladung liegt unter einer Tonne, aber jeder Angriff ist ein Schlag aus nächster Nähe. Die Abwehrbewaffnung der Nakajima B-5N ist relativ schwach – ein bis zwei Maschinengewehre zur Verteidigung der hinteren Hemisphäre. Ein Eingreifflugzeug braucht nicht viel Abwehrwaffen aus dem gleichen Grund, weshalb es auch keiner starken Sicherung durch Jagdflugzeuge bedarf: Die amerikanischen Maschinen haben weder die Zeit noch die Möglichkeit, aufzusteigen und den japanischen Angriff abzuwehren. Die Nakajima B-5N ist ein Flugzeug für den leeren Himmel, wo es entweder nur wenige oder überhaupt keine feindlichen Flugzeuge gibt.

Eine beachtliche Leistung haben die leichten Bomber Nakajima B-5N in Pearl Harbor erbracht, aber damit ist ihr Ruhmesblatt auch schon voll. Der Überraschungsangriff war nicht von hinreichender Wucht, um die amerikanische Flotte und die amerikanischen Fliegerkräfte auf lange Sicht aus dem Kriegsgeschehen herauszuhalten. In den nachfolgenden Kämpfen, als die Amerikaner sich von dem Schlag erholt hatten, als der gewöhnliche Krieg ohne Messerstiche in die Kehle des Schlafenden begann, tat sich die Nakajima B-5N nicht mehr sonderlich hervor. Die Produktion der Maschinen lief noch einige Zeit weiter; insgesamt wurden nur wenig mehr als 1200 Maschinen dieses Typs gebaut, und damit endet auch ihre Geschichte. Die Nakajima B-5N war für eine Situation entwickelt worden, in der sie von niemandem während ihrer Arbeit in der Luft behindert wurde. Die Nakajima B-5N war furchtbar für die Schwachen und Schutzlosen, sie war furchtbar, wenn sie in großen Pulks angriff, sie war furchtbar bei einem überraschenden Angriff. Sie war furchtbar wie ein Rudel blutrünstiger Hyänen, die sich weder durch besondere Stärke noch durch Schnelligkeit auszeichnen, aber über gewaltige Reißzähne verfügen und im Rudel Schwächere anfallen, Opfer, die den Angriff nicht erwarten und daher auf dessen Abwehr auch nicht vorbereitet sind.

Was aber hat das alles mit unserem sowjetischen »Iwanow« zu tun?

Nun, er ist nahezu eine völlige Kopie des japanischen Angreifers aus der Luft.

4.

Im Sommer 1936 konnte niemand ahnen, was sich in Pearl Harbor fünf Jahre später ereignen würde. Im Sommer 1936 gab es die Nakajima B-5N noch nicht. Es gab nur ein Projekt, über das die Japaner nichts hinausposaunten. Deshalb erübrigt sich auch die Vermutung, sowjetische Konstrukteure hätten die Japaner kopiert. Das Kopieren erfordert Zeit. Selbst wenn es gelungen wäre, die technische Dokumentation zu stehlen (und das hätte Berge von Papier bedeutet), hätte man für die Übersetzung (aus dem Japanischen!) noch viel Zeit gebraucht. Die Entwicklung der Nakajima B-5N in Japan und gleich mehrerer

Versionen des »Iwanow« in der UdSSR verlief fast parallel: Der erste Flug der Nakajima B-5N erfolgte im Januar 1937 und der erste Flug des »Iwanow« am 25. August desselben Jahres. Deshalb sprechen wir nicht von einem Nachbau, sondern von zwei selbständigen Entwicklungsprozessen, die einander in wesentlichen Punkten gleichen. Das ist noch nicht alles: Es gab den »Iwanow« von Neman, den »Iwanow« von Polikarpow, den »Iwanow« von Suchoi . . ., jeder Konstrukteur hütete eifersüchtig seine Geheimnisse vor den Konkurrenten, und dennoch deutete sich bei jedem sowjetischen Konstrukteur der gleiche Schakal mit Flügeln an: ein leichtes Bombenflugzeug, das nach Aussehen, Abmessungen und Flugeigenschaften eher einem Jagdflugzeug glich. Jeder sowjetische Konstrukteur entschied sich unabhängig von seinen Konkurrenten jeweils für dasselbe Schema: einen Tiefdecker mit luftgekühltem Doppelsternmotor. Jeder sowjetische Konstrukteur schlug seine eigene Version des »Iwanow« vor, und doch war jede Version ihren unbekannten heimischen Brüdern ebenso wie dem Bruder im fernen Japan der Idee und dem Zweck nach verblüffend ähnlich. Das ist auch kein Wunder: Man hatte allen Konstrukteuren die Aufgabe gestellt, ein Werkzeug für eine bestimmte Arbeit zu schaffen, nämlich jene Arbeit, die in einigen Jahren die japanischen Flugzeuge am Himmel über Pearl Harbor verrichten würden. Und da es sich um die gleiche Arbeit handelte, mußte auch das für ihre Bewältigung bestimmte Werkzeug bei jedem Konstrukteur relativ gleichartig ausfallen. Wird allen Schülern einer Klasse ein und dieselbe Aufgabe gestellt, dann müssen auch alle richtigen Lösungen einander gleichen. Außerdem hatte im Laufe der Arbeiten am Projekt »Iwanow« irgendjemandes unsichtbare, aber mächtige Hand jedem, der vom generellen Kurs abweichen wollte, die richtige Richtung gewiesen. Auf den ersten Blick scheint die Einmischung von höchster Ebene in die Arbeit der Konstrukteure bloß eine Laune des eigenwilligen Herrn zu sein. So hatten zum Beispiel einige Konstrukeure bei ihren Prototypen jeweils zwei Bordwaffenanlagen vorgesehen: eine zur Verteidigung der oberen hinteren Hemisphäre, die andere für die untere hintere Hemisphäre. Diese Konstrukteure wurden korrigiert – ein Feuerpunkt reiche aus; die untere hintere Hemisphäre zu verteidigen bestehe kein Grund. Einige Konstrukteure wollten die Besatzung und die lebenswichtigsten Teile der Maschine rundum mit Panzerplatten schützen. Sie wurden belehrt, daß man das Flugzeug lediglich von unten und an den Bordseiten schützen müsse. Die erste Version von Pawel Suchois »Iwanow« war eine Ganzmetallkonstruktion gewesen. Schlichter – befahl eine strenge Stimme. Schlichter. Die Flügel mochten aus Metall gefertigt sein, für den Rumpf genügte Sperrholz. Das werde die Geschwindigkeit reduzieren? Nicht weiter schlimm, dann wird sie eben reduziert.

Hat Stalin einen seltsamen Gechmack? Durchaus nicht. Das ist Stalins stählerne Logik: Wir versetzen dem Gegner einen Überraschungsschlag und halten seine Fliegerkräfte am Boden, anschließend fliegen wir im feindfreien Luftraum bei leerem Himmel. Ein gegnerisches Flugzeug am Himmel ist eine Seltenheit. Der Flugzeugführer wird von vorn durch die breite Frontplatte des luftgekühlten Motors geschützt, der sogar unempfindlich gegenüber Zylinderdurchschüssen ist. Folglich mußte man die Besatzung nur von unten und seitlich schützen. Angriffe auf unsere Maschinen von oben oder von hinten würden selten sein, eine Maschinengewehrlafette mußte reichen, durch unnötige Panzerung die Maschine schwerer zu machen bestand kein Grund. Die untere hintere Hemisphäre mit einem zweiten Maschinengewehr zu verteidigen war unnötig: Unser Ziel wird im Tiefflug erreicht, ein Jagdflugzeug des Gegners kann darunter nicht sein.

Einige Konstrukteure sahen drei Mann als Besatzung vor: Flugzeugführer, Navigator und Bordschütze. Und abermals wurden sie zur Räson gebracht: Zwei sind genug – die gegnerischen Flugzeuge werden von uns durch einen Überraschungsschlag am Boden zerstört, so bleibt dem Schützen in der Luft ohnehin nicht mehr viel zu tun übrig. Auch der Navigator hat nicht viel Arbeit, denn wir fliegen in dichten Pulks, wie wütende Wespen: Achte auf deinen Führer, flieg hinter ihm her, tu dasselbe wie er! Also lassen sich auch die Aufgaben des Navigators und des Bordschützen zusammenlegen, dafür wird das Gewicht der Bombennutzlast vergrößert. Die Verteidigungsmöglichkeiten werden reduziert, die Angriffskapazität verstärkt . . .

5.

Zwischen dem sowjetischen Prototyp des »Iwanow« und der japanischen Maschine für den Angriff aus der Luft gab es Unterschiede. Sie wurden dadurch diktiert, daß Japans Hauptanliegen die Kontrolle über den Ozean war, für uns aber die Kontrolle über das Festland. Deshalb wurde der »Iwanow« in der Version des Torpedoflugzeugs vorerst noch nicht entwickelt. Dagegen übertrafen seine Möglichkeiten zu Überraschungsangriffen auf gegnerische Flugplätze bei weitem alles, was jedes andere Land in seiner Bewaffnung hatte. 1941 setzte die Rote Armee eine völlig ungewöhnliche Waffe ein: die fahrbaren Mehrfachraketenwerfer BM-8 und BM-13, die als »Stalinorgeln« oder »Katjuschas« in die Geschichte eingegangen sind. Sie feuerten mit den Raketengeschossen M-8 (Kaliber 82 mm) und M-13 (132 mm). Eine Salve aus mehreren Geschützen war wie eine Feuerlawine, begleitet vom Heulen, Tosen und Krachen. Viele deutsche Soldaten, Offiziere und Generale haben die unheimliche Wirkung dieser Waffe bezeugt.

Die Raketengeschosse M-8 und M-13 wurden auch in vielen sowjetischen Flugzeugtypen zum Einsatz gebracht, vor allem bei der Il-2 und Il-10. Aber nur wenige erinnern sich, daß die Raketengeschosse ursprünglich für die »Iwanow«-Maschinen entwickelt worden waren, deren Pulks zu »fliegenden Feuerbatterien« werden sollten. Die Raketengeschosse waren eine furchtbare Waffe, besonders wenn sie plötzlich von mehreren Dutzend Flugzeugen zugleich aus äußerst geringer Höhe eingesetzt wurden.

Im Sommer 1936 war die Nakajima B-5N noch kein einziges Mal in der Luft gewesen, und man wußte nur wenig über sie. Die Konstruktionsmerkmale des japanischen Flugzeugs zeigten nichts, was auf sensationelle Rekorde schließen ließ und dadurch Stalins Aufmerksamkeit hätte auf sich ziehen können. Aber Stalin dachte bereits 1936 in denselben Kategorien wie die japanischen Admirale. Bereits 1936 befahl Stalin seinen Konstrukteuren, jenen Flugzeugtyp zu entwickeln, der eines schönen Morgens in Pearl Harbor aus den Strahlen der aufgehenden Sonne hervorbrechen sollte.

Es war genau das Szenarium, mit dem Stalin in den Krieg einzutreten gedachte.

DER BÖSE MOLOTOW UND DER GUTE LITWINOW

Hitler bereitet sich auf den Krieg vor . . .
Ein Schlag gegen den Westen könnte in
mehr oder weniger naher Zukunft
nur unter der Voraussetzung eines
Militärbündnisses zwischen dem
faschistischen Deutschland und Stalin
realisiert werden. Aber nur der
verwegenste Teil der russischen
Weißen Emigration kann an die
Möglichkeit einer derartigen Absurdität
denken oder versuchen andere
damit zu schrecken.

L. Trotzki, Juli 1933
(»Bulletin der Opposition« Nr. 35, S. 15)

1.

Um einen zweiten Weltkrieg ausbrechen zu lassen, mußte Stalin das scheinbar Unmögliche tun: einen Vertrag mit Hitler schließen und diesem damit freie Hand geben.

Stalin gab Hitler freie Hand. Er tat es nicht persönlich. Für derlei Geschäfte hatte Stalin einen Stellvertreter. Dieser hieß Molotow.

In der Stalinschen Machtpyramide nahm Molotow fest und dauerhaft den zweiten Platz unmittelbar hinter Stalin ein. Zu jener Zeit wurden Personen in führenden Stellungen bei offiziellen Anlässen und in der Presse nicht in alphabetischer Reihenfolge, sondern entsprechend der von ihnen eingenommenen Position im Machtgefüge des Systems aufgeführt. Die Liste der führenden Persönlichkeiten war ein Barometer von äußerster Präzision: Irgendein Versehen – und schon wird der Mann an das Ende der Liste geschoben oder gar überhaupt aus dem kommunistischen Olymp verbannt, und ab geht es in Richtung unterirdische Labyrinthe des Moskauer Untersuchungsgefängnisses, der Lubjanka. Das blutige Gerangel um die Macht schlug gleichsam über viele Jahre hinweg einen Bogen um den ersten und den zweiten Platz in dieser Hierarchie, die fest in Stalins und Molotows Händen waren. Der Kampf ging um den dritten, den vierten und alle nachfolgenden Plätze. Die Listen der Funktionäre tauchten beinahe jede Woche auf: Da findet in Anwesenheit der führenden Köpfe eine Parade statt, und die Liste mit ihren Namen wird veröffentlicht; ein paar Tage darauf gibt es einen Empfang, und abermals wird die Liste der Teilnehmer abgedruckt usw. Ich habe einmal hundert Listen der führenden Persönlichkeiten in der zeitlichen Abfolge ihres Erscheinens in der Presse zusammengestellt. Dann ließ ich auf dem Bildschirm des Computers die Listen durchlaufen, und ein erstaunliches Kaleidoskop kam dabei heraus: Stalin und Molotow verharren unbeweglich, aber alle anderen, die auf der Liste folgen, liefern sich eine permanente wüste Balgerei. Die Führer des Proletariats hüpfen und springen über die Stufen zur Macht, gerade so wie die Teufel im Reigen. Von Position sieben auf Nummer drei, von Platz drei auf Platz fünf, vom fünften auf den achten Rang, von dort geht es dann wieder hinauf, und ebenso eilends verschwinden sie, um überhaupt nicht mehr auf der Liste aufzutauchen. Man gewinnt den Eindruck, daß irgendeine starke Hand die Karten mischt; auch Schdanow huscht vorbei und Malenkow und Kaganowitsch, Jeschow ist untergegangen, und Berija taucht auf, dann verschwindet noch einer, und jetzt hat Chruschtschow alle verjagt, dann wird er vertrieben, anschließend liegen Wosnessenski, Bulganin, Mikojan miteinander im Clinch . . . Das wilde Treiben wird dem Betrachter noch eindringlicher bewußt, wenn er den »Säbeltanz« dazu auf volle Lautstärke dreht . . .

An der Spitze der Macht allerdings, dort wo Stalin und Molotow thronen, herrschen Ruhe und Stabilität.

2.

Die Verteilung der Pflichten zwischen Stalin und Molotow war so geregelt wie die Aufgaben des Vorgesetzten und seines Untergebenen in einem Ermittlungsgespann des NKWD: Zunächst liegt das Verhör in den Händen des jüngeren Ermittlungsführers, der ohne viel überflüssige Worte den Untersuchungsgefangenen mit der Peitsche traktiert, bis die Haut sich in Fetzen löst, der ihm die Zähne ausschlägt, der den Gummiknüppel auf Leber, Nieren und alles, was sonst noch da drinnen steckt, niedersausen läßt. Dann endet sein Arbeitstag; er geht, und das Verhör wird von seinem vorgesetzten Ermittlungsführer fortgesetzt. Der ist gut, mitfühlend, sogar freundlich und nimmt erstaunt zur Kenntnis, daß innerhalb dieser Wände in seiner Abwesenheit ein anderer die sozialistische Gesetzlichkeit mißachtet hat. Er verspricht, der Sache nachzugehen . . . Und der Untersuchungsgefangene, der nun Güte und Anteilnahme erlebt, erzählt bereitwillig, was man ihm angetan hat. Doch dann taucht wieder der vorherige Ermittlungsführer auf . . .

Im Tandem Stalin-Molotow spielte Molotow die Rolle des untergebenen Ermittlungsführers und Stalin die des Chefs. Betrachten wir Stalins Reden an der Schwelle des Terrors, auf seinem Höhepunkt und hinterher. Stoßen wir auf wütendes Gebrüll, die Forderung nach Blut und Skalpen? Mitnichten. Wir finden etwas ganz anderes. »Man spricht von Repressalien gegen die Opposition . . . Was die Repressalien anbelangt, so bin ich entschieden dagegen.« Das sagte Stalin am 19. November 1924 auf dem Plenum der kommunistischen Fraktion des Zentralrats der Gewerkschaften der Sowjetunion. (Werke, Bd. 6, S. 357) Oder ein anderes Zitat: »Ihr wollt das Blut des Genossen Bucharin? Wir werden es euch nicht geben!« Auch das sagt Stalin, und zwar auf dem 14. Parteikongreß 1926. (Stenographische Mitschrift des Rechenschaftsberichts auf dem 14. Parteikongreß. Moskau 1926, S. 508. – Diese Passage ist in der Werkausgabe Bd. 7, S. 284 gestrichen.) Irgendwelche böswilligen Menschen wollen das Blut von Bucharin sehen, aber der gute Stalin rettet den Genossen Bucharin vor den blutrünstigen Ungeheuern. Wie gütig ist doch dieser oberste Ermittlungsführer!

Ich weiß nicht, welche Ungeheuer nach Bucharins Blut

lechzten, aber erschossen wurde er jedenfalls auf Stalins Befehl.

Die Rollenverteilung zwischen Stalin und Molotow wurde nicht nur in der Innenpolitik eingehalten, sie galt auch in der Außenpolitik. Auf internationalen Konferenzen stellt Molotow die Forderungen, beharrt auf ihnen, verleiht ihnen Nachdruck. Sämtliche Forderungen kommen von Molotow, alle Zugeständnisse vom gutherzigen Stalin. Man nahm es für bare Münze: Westliche Diplomaten glaubten, daß alles Böse Molotows Werk sei, gäbe es diesen Falken nicht, stünde alles bestens. Kaum einer hatte begriffen, daß im Falle eines plötzlichen Ablebens Molotows – etwa vor der Jalta-Konferenz – Stalin zwar lange bekümmert gewesen wäre, doch anschließend wieder nur einen neuen ihm unterstellten Ermittlungsführer auf den freigewordenen Posten berufen hätte.

3.

Vor dem Krieg hatte Stalin das Land drei Etappen schwerer Prüfungen unterworfen: der Industrialisierung, der Kollektivierung und der Großen Säuberung. Jedesmal war Stalins Rolle die eines über allem thronenden Wesens gewesen, das aus unzugänglicher Höhe die Vorgänge überschaut, während Molotow (der seit 1930 zu allem anderen auch noch Regierungschef war) die täglichen unmittelbaren Führungsaufgaben wahrnahm. Stalin hatte die Leitung des Ganzen, Molotow dort, wo im gegebenen Augenblick die wichtigsten Geschehnisse abliefen, so wie auch in einem Krieg die Pflichten aufgeteilt sind: Der Befehlshaber hat die Kontrolle über sämtliche Truppen, während sein erster Stellvertreter von Nebenaufgaben abgezogen wird, um die Führung jener Einheiten zu übernehmen, denen die jeweils wichtigste Aufgabe zugefallen ist. Der Plan zur Industrialisierung war vom Parteikongreß aufgrund von Molotows Bericht angenommen worden (im Falle eines Mißerfolges traf Stalin nicht die Verantwortung dafür). Die Kollektivierung wurde von der »Dorfkommission« im Politbüro gelenkt, an deren Spitze ebenfalls Molotow stand. Für die »schwindelerregenden Erfolge« (siehe I. Stalin, Vom Erfolgstaumel befallen. »Prawda«, 2. März 1930; Werke, Bd. 12, S. 191–199) trug Stalin allerdings auch keine Verantwortung. Man muß dem obersten Ermittlungsführer zubilligen: Er war darauf bedacht, daß an dem untergebenen Ermittlungsführer nicht allzuviel Dreck hängen blieb. Dies geschah nur im äußersten Notfall. Wenn es sich irgendwie arrangieren ließ, wurde die Verantwortung den niedrigeren Ebenen des Machtapparates zugeschoben. Die Schuld für die »Ausschreitungen« bei der Kollektivierung wurde auf »einige Funktionäre auf Kreisebene« abgewälzt. (I. Stalin, Antwort an die Genossen Kolchosbauern. »Prawda«, 3. April 1930; Werke, Bd. 12, S. 202–228)

Völlig unbestritten ist Molotows Anteil an der Großen Säuberung. Schon rein formal gesehen war Jeschow lediglich einer der Volkskommissare in Molotows Regierung. Blickt man hinter die Kulissen der Säuberung, dann ist Molotows Rolle in einer Reihe von Fällen durchaus derjenigen Stalins vergleichbar. Marschall der Sowjetunion G. K. Schukow beschrieb Molotow als einen »starken Menschen, der zu seinen Prinzipien stand, keine Rücksicht auf irgendwelche persönlichen Überlegungen nahm, extrem starrsinnig, von extremer Härte, ganz bewußt ein Gefolgsmann Stalins, den er in dessen härtesten Maßnahmen unterstützte, unter anderem auch in den Jahren 1937–1938, weil dies seinen eigenen Ansichten entsprach. Er folgte Stalin aus Überzeugung, während Malenkow und Kaganowitsch darauf ihre Karriere aufbauten.« (»Militärhistorische Zeitschrift« 1987, Nr. 9, S. 49)

Dann war die Große Säuberung abgeschlossen. Die Schuld wurde auf Jeschow geschoben, Jeschow selbst liquidiert und die Säuberung nach ihm als »Jeschow-Zeit« bezeichnet. Molotow war dabei sauber geblieben und Stalin erst recht.

Die drei Etappen sind geschafft; ihr Ergebnis ist die Unterwerfung des Landes unter Stalin: Armee, NKWD, Schriftsteller und Historiker, Bauern und Musiker, Generale, Geologen, Diplomaten, jeder und alles steht unter Kontrolle. Die Landwirtschaft ist in den Händen der Partei: Hol dir aus den Dörfern, was du brauchst, zu einem Preis, den der Kreml diktiert – und notfalls auch umsonst; die Industrie produziert, die Armee ist gefügig, der NKWD-Apparat ist gesäubert und zur Erfüllung neuer Aufgaben bereit. Wie soll es weitergehen? Die dritte Etappe – die Große Säuberung – ist Ende 1938 abgeschlossen. Das Land tritt in eine neue Etappe ein.

Was führt Stalin jetzt im Sinn? In welche Richtung will er die Kräfte des Landes lenken? Die Hauptrichtung zu erkennen ist nicht schwer. Man braucht nur zu beachten, welche Aufgabe Molotow von Stalin gestellt wurde.

Im Mai 1939 ernennt Stalin Molotow zum Volkskommissar für Auswärtige Angelegenheiten unter Beibehaltung seines Amtes als Regierungschef.

4.

Man sollte meinen, nach der Großen Säuberung stünde der zweite Platz dem Chefideologen zu oder dem Oberinquisitor oder doch zumindest dem Chefplaner. Aber nein, an zweiter Stelle steht der Volkskommissar für Auswärtige Angelegenheiten. Dafür gibt es nur eine einzige Erklärung. Im Laufe von Industrialisierung, Kollektivierung und Großer Säuberung haben die Kommunisten »Gleichheit und Brüderlichkeit« im eigenen Lande hergestellt, und jetzt ist ihr Blick auf die Nachbarn gerichtet. Auch den Nachbarn muß ein glückliches Leben bereitet werden. Darin liegt der Sinn dieser neuen Etappe und der Sinn von Molotows neuer Funktion.

Man wird fragen, warum Stalin, falls er in der Tat den großen Befreiungskrieg vorbereitete, Molotow auf die Außenpolitik ansetzte. Logisch wäre für Molotow doch ein Platz an der Spitze der Armee oder der Rüstungsindustrie gewesen.

Den Einwand lasse ich nicht gelten. Stalin handelte richtig. Krieg ist nur eines der Instrumente der Außenpolitik. Kriege werden vor allem auf dem Felde der Politik gewonnen. Man muß nur gute, zuverlässige, reiche, mächtige und freigiebige Verbündete finden, man muß nur die Verbündeten in eine Lage manövrieren, die sie willens macht, in jeder beliebigen Situation zu helfen, ganz gleich, ob mit ihnen ein entsprechender

Vertrag unterzeichnet worden ist. Man muß nur sich selbst so darzustellen wissen, daß alle überzeugt sind, die Sowjetunion fürchte sich vor allen, sie sei ein unschuldiges Opfer, die Sowjetunion wolle den Frieden und nichts weiter als das, und wenn die Sowjetunion fremde Territorien erobere, wenn sowjetische Tschekisten Tausende von Menschen erschössen, so geschehe das im Interesse des Fortschritts. Die Diplomatie muß so funktionieren, daß Stalin zwar einen Vertrag mit Hitler unterzeichnet, aber jedermann Hitler für den Aggressor und Eroberer hält, Stalin dagegen für ein Opfer; daß jedermann glaubt, Stalin habe sich zu diesem Schritt gezwungen gesehen, ihm sei kein anderer Ausweg geblieben.

Haben die Diplomaten erst gewonnen, brauchen die Generale die Sache nur noch zu Ende zu führen. Wenn aber die Diplomaten verlieren, wenn die Welt in einem Land nur den Aggressor sieht, der darauf erpicht ist, seine Nachbarn zu unterwerfen, dann stehen den Generalen dieses Landes harte Zeiten bevor.

Molotow erwies sich als hervorragender Diplomat. Die gestellte Aufgabe erfüllte er, an der politischen Front war er der Sieger.

Ohne Sieg an der politischen Front ist ein Sieg auf dem Schlachtfeld entweder unmöglich oder nutzlos. Hitler hatte im Bereich der großen Politik schon verloren, noch ehe die Kanonen sprachen. Er hätte seine Konzentrationslager nicht verstecken, sondern der ganzen Welt herzeigen müssen, und zwar mit der Erklärung, sie seien um des Fortschritts willen da. Er hätte die Nachbarländer erobern können, doch diese Aktionen so darstellen müssen, als sei dies eine harte Notwendigkeit gewesen: Wir hätten es lieber nicht getan, aber wir waren dazu gezwungen. Er hätte sich Bundesgenossen auf der anderen Seite des Ozeans suchen müssen, reiche, mächtige und freigiebige Verbündete.

Und obendrein hätte er eine Komödie aufführen müssen, in der er, Hitler, als der liebe und gute Mensch auftrat, und wenn alles nur nach ihm gegangen wäre . . . Schlimm, daß an seiner Seite so ein halsstarriger, übler Bursche wie Ribbentrop stand.

In der großen Politik hätten Hitler und Ribbentrop von Stalin und Molotow lernen müssen.

5.

Kommt die Rede auf die Ernennung Wjatscheslaw Molotows zum Volkskommissar für Auswärtige Angelegenheiten, dann stellt sich unweigerlich die Erinnerung an seinen Vorgänger Maxim Maximowitsch Litwinow ein.

Man ist gewöhnt, Litwinow Gutes nachzusagen, seine Politik wird mit Wohlwollen bedacht: Ein guter Mensch war dieser Litwinow, von ganzem Herzen dem Westen zugewandt, er wollte den Frieden, suchte die Annäherung, unternahm alles Mögliche . . . Aber dann tauchte der böse Molotow auf und betrieb seine Politik der Annäherung an Hitler. Er war es, dieser böse Molotow, der alles verdarb.

Oberflächlich gesehen ist das richtig. Doch bei näherer Betrachtung stellt sich heraus, daß es eine Litwinowsche Politik im eigentlichen Sinn gar nicht gab und auch nicht geben konnte. Litwinow war ein Volkskommissar unter anderen in der Regierung Molotow, und er betrieb nicht seine eigene Politik, sondern die Molotows oder, genauer gesagt, Stalins Politik. Litwinow trat nicht im eigenen Namen auf, sondern namens der Sowjetregierung, an deren Spitze Molotow stand. In Wirklichkeit wurde die Außenpolitik nicht von der Regierung bestimmt, sondern durch Beschlüsse des Politbüros. Die führenden Köpfe des Politbüros aber waren Stalin und Molotow. Litwinow war weder Mitglied noch Kandidat des Politbüros, weshalb er auch zu Entscheidungen in außenpolitischen Fragen keinen Zugang hatte. Seine Rolle bestand in der Ausführung von Weisungen, die er von Stalin und Molotow erhielt.

Es fällt auch schwer, einer Interpretation beizupflichten, die Molotow pötzlich auf der internationalen Bühne anstelle von Litwinow auftreten läßt. Nein, Molotow hatte stets auf dieser Bühne gestanden, nur hatte man ihn vom Zuschauerraum aus nicht sehen können: Er befand sich ein wenig weiter oben, dort, wo im Puppentheater der Puppenspieler steht, der die Fäden zieht und die Texte spricht, die man im Zuschauerraum als Reden der Puppen aufnimmt.

Molotow hatte stets über Litwinow gestanden, zum einen als mächtiges Mitglied des Politbüros, zum anderen auch als Regierungschef über seinem Minister und als Erster Stellvertreter des Chefmechanikers für den Fleischwolf. Hätte Litwinow gewagt, auch nur einen Schritt von den Weisungen Stalins bzw. Molotows abzuweichen, wäre er dort gelandet, wohin viele seiner Kollegen unter den Diplomaten verschwanden. Litwinow selbst hat niemals eine selbständige Politik reflektiert und stets fügsame Ergebenheit gegenüber Stalin und Molotow bekundet.

Stalin, Molotow, Jeschow, Berija haben Millionen Menschen zu Komplizen ihrer Verbrechen gemacht. Vor jeder Verhaftung wandten sich die NKWD-Organe an die Vorgesetzten der Betroffenen mit der Anfrage, ob die Verhaftung angebracht sei. So war zum Beispiel für die Verhaftung eines Wissenschaftlers die Zustimmung der obersten Leitung der Akademie der Wissenschaften erforderlich, für die Verhaftung eines Schriftstellers mußte die Zustimmung der Führung des Schriftstellerverbandes vorliegen, für die Verhaftung eines Diplomaten wurde die Zustimmung des Volkskommissars für Auswärtige Angelegenheiten Litwinow eingeholt. 1937/38 wurden mehrere Stellvertreter Litwinows erschossen, die Botschafter der Sowjetunion in Japan, in Polen, in der Türkei, in Frankreich, in der Mongolei, in China, Rumänien, Norwegen, Finnland, und Hunderte von rangniedrigeren Diplomaten. In jedem einzelnen Fall hatte Litwinow zugestimmt, daß der Betreffende ein Volksfeind sei, daß er den Tod verdiene, und er hatte es mit seiner Unterschrift bestätigt. Man könnte mir entgegnen, Litwinow habe keine andere Wahl gehabt. Das trifft nicht zu. Es gab Menschen, die nicht nur ihre Unterschrift verweigerten, sondern darüber hinaus offen ihre Stimme gegen den Terror erhoben. Zum Beispiel schrieben 1938 D. G. Pawlow (später Armeegeneral) und G. I. Kulik (später Marschall der Sowjetunion) Stalin einen Brief, in dem sie gegen den Terror protestierten. Litwinow schrieb solche Briefe nicht, statt dessen unterschrieb er fügsam die Anforderungen des NKWD zur Verhaftung und Liquidierung seiner Kollegen und Untergebenen.

Litwinow war von Molotow nicht ohne Grund ausgewählt und vorgeschoben worden. Während sich die Ukraine infolge der von Stalin und Molotow organisierten Hungersnot in Todeskrämpfen wand, war die wohlgenährte Physiognomie Litwinows der beste Beweis dafür, daß nicht alle Menschen in der Sowjetunion hungerten. Als Stalin und Molotow nach der Plünderung des eigenen Landes in den Ländern des Westens militärische Technologie kauften, brauchte man entsprechende Beziehungen sowohl zu Amerika als auch zu England und Frankreich. Durch Litwinow wurde das erreicht. Aber nicht weil Litwinow so sehr darauf bedacht war, gestalteten sich die Beziehungen zum Westen so wunderbar, sondern weil Stalin und Molotow die westliche Technologie dringend brauchten. Im übrigen waren auch die Kontakte zu Hitler nicht abgebrochen worden.

Doch dann kam die Zeit, in der die Hilfe des Westens sich gegen den Westen richten sollte. Der nicht länger benötigte Litwinow erhielt den Laufpaß. Jetzt trat aus den Kulissen der böse Molotow hervor und erklärte die Komödie für beendet, die Zeit der Abrechnung sei gekommen; anstelle der Komödie begann eine Tragödie.

Doch damit ist die Geschichte des guten Litwinow noch nicht zu Ende. 1941, nach Hitlers Angriff, war man erneut auf die Hilfe des Westens angewiesen. Litwinow wurde aus der Versenkung geholt und zum Stellvertreter Molotows ernannt. Seine Aufgabe bestand darin, gute Beziehungen zu Großbritannien und den USA herzustellen und Hilfe anzufordern.

Diese Aufgabe hat der gute Litwinow bewältigt.

DER PROLOG AM CHALCHYN-GOL

Der in einem Lande
siegreiche Sozialismus schließt
keineswegs mit einem Male
alle Kriege überhaupt aus.
Im Gegenteil, er setzt solche voraus.
W. I. Lenin im September 1916
in: Militärisches Programm
der proletarischen Revolution
(Werke XXIII, Berlin 1964, S. 74)

1.

Am 19. August 1939 traf Stalin Entscheidungen, die die Weltgeschichte umkehren sollten. Eines Tages wird man die Archive öffnen, und wir werden viel Interessantes finden. Die Hauptsache aber wird nicht darunter sein, und zwar aus folgendem Grund:

»Wie oft habe ich euch gesagt, macht was ihr wollt, aber hinterlaßt keine Dokumente, laßt keine Spuren zurück.« Das sind Stalins Worte. Er äußerte sie öffentlich während einer Rede auf dem 16. Parteikongreß. (Werke XIII, S. 15) An dieser Stelle hat das Stenogramm »homerisches Gelächter aller im Saale« festgehalten. Der Kongreß lachte schallend – Genosse Stalin hatte zu scherzen geruht. Natürlich hatte Stalin nicht von sich selbst gesprochen, sondern von seinen Gegnern, die es sich angeblich zum Prinzip gemacht hätten, keinerlei Dokumente und Spuren zu hinterlassen. Aber der Kongreß hatte grundlos gelacht. Stalin unterstellte seinen Gegnern stets seine eigenen Absichten, Prinzipien und Methoden. Seine Gegner läßt Stalin nur wenig später erschießen. Und auch nahezu sämtliche Delegierten des 16. Parteikongresses läßt er exekutieren. Dokumente über seinen persönlichen Anteil dabei wird er allerdings nur in minimalem Umfang hinterlassen.

Kein anderer Diktator kann sich mit Stalins Fähigkeit messen, die Spuren seiner persönlichen Beteiligung an Verbrechen zu verwischen.

Wie das vor sich ging, berichtet Anastas Mikojan, der alle Rekorde im Überleben geschlagen hat. Er gehörte dem ZK von 1923 bis 1976 an, das heißt 53 Jahre, von denen er 40 Jahre lang Kandidat bzw. Mitglied des Politbüros war. Er schildert die Besprechungen bei Stalin: »Meist waren wir zu fünft. Wir kamen am späten Abend oder in der Nacht zusammen, selten in der zweiten Tageshälfte und in der Regel ohne vorherige schriftliche Benachrichtigung. Protokolle oder irgendwelche Aufzeichnungen über den Verlauf dieser Sitzungen gab es nicht.« (»Militärhistorische Zeitschrift« 1976, Nr. 6, S. 68)

Stalins persönlicher Referent Generloberst der Flieger A. S. Jakowlew: »Bei den Beratungen bei Stalin im engen Kreis gab es keine Stenographinnen, keine Sekretäre, Protokolle wurden nicht geführt.« (Das Ziel eines Lebens, S. 498)

Marschall der Sowjetunion D. F. Ustinow, während des Krieges Volkskommissar für die Rüstungsindustrie: »Bei den Sitzungen und Beratungen, die Stalin abhielt, gab es zumeist keine Protokollaufzeichnungen über die erörterten Fragen und die dazu gefällten Entscheidungen, und oft fehlte es an einer entsprechenden expliziten Formulierung der Beschlüsse.« (Im Namen des Sieges. Moskau 1988, S. 91)

Anders gesagt, Beschlüsse wurden gefaßt, aber nicht schriftlich fixiert. Wie bei der Mafia.

Marschall der Sowjetunion G. K. Schukow, während des Krieges Stellvertreter des Oberkommandierenden, d. h. Stalins: »Viele politische, militärische sowie den Staat allgemein betreffende Angelegenheiten wurden nicht nur auf den offiziellen Sitzungen des Politbüros des ZK und im Sekretariat des ZK diskutiert und entschieden, sondern auch abends bei Tisch in der Wohnung oder auf der Datscha I. W. Stalins, wo gewöhnlich die ihm am nächsten stehenden Mitglieder des Politbüros zugegen waren.« (Erinnerungen und Gedanken. Moskau 1969, S. 296)

Generaloberst B. Wannikow, zunächst Volkskommissar für die Rüstungsindustrie, danach Volkskommissar für die Munitionsindustrie: »Bei den Sitzungen und Beratungen bei Stalin gab es folgende Praxis: Fragen wurden erörtert und entsprechende Entscheidungen gefällt, aber häufig ohne Protokollnotizen . . . Von daher ist es klar, daß die Darstellung und Beurteilung vieler Ereignisse lediglich aufgrund von Dokumenten nicht ausreichend und nicht vollständig sein kann und in einer Reihe von Fällen sogar fehlerhaft sein muß.« (»Militärhistorische Zeitschrift« 1962, Nr. 2)

Besprechungen bei Hitler waren für ihre große Teilnehmerzahl bekannt. Fast alles, was Hitler sagte, wurde von Stenographinnen und einem Historiker für die Geschichtsschreibung festgehalten. (Siehe H. Picker, Hitlers Tischgespräche im Führerhauptquartier 1941–1942. Stuttgart 1965; Kriegstagebuch des Oberkommandos der Wehrmacht (Wehrmachtsführungsstab) 1940–1945. Frankfurt a.M. 1961–1965 u. a.) Besprechungen bei Stalin dagegen erinnern nicht nur an heimliche konspirative Zusammenkünfte von Verschwörern, sie waren es auch dem Geist und der Sache nach. Dabei wurden keine Dokumente und Spuren zurückgelassen. Dehalb werden wir, wie uns Stalin lehrte, nicht auf Worte schauen, die man uns ohnehin verheimlicht, sondern die Taten betrachten, die offen zutage liegen.

2.

Läßt sich ein unerfahrener Spieler mit einem Falschspieler auf ein Kartenspiel ein, dann unterläuft ihm für gewöhnlich nur der eine Fehler, daß er die Karten in die Hand genommen hat . . .

Im August 1939 trafen in Moskau eine französische und eine englische Militärdelegation zu Verhandlungen über ein gemeinsames Vorgehen gegen Deutschland ein. Die Regierungen Großbritanniens und Frankreichs wiederholten den Fehler des unerfahrenen Spielers. Sobald sie an einem Tisch mit Stalins Falschspielern saßen, hatten Großbritannien und Frankreich bei den Verhandlungen bereits verspielt.

Weder die britische noch die französische Regierung durchschauten Stalins Absichten. Stalins Plan war einfach: Frankreich und Großbritannien mußten dazu gebracht werden, Deutschland den Krieg zu erklären – oder Deutschland zu Aktionen zu provozieren, die Frankreich und Großbritannien zwingen würden, Deutschland den Krieg zu erklären.

Deutschland und Frankreich grenzen aneinander, während die Sowjetunion durch eine Barriere neutraler Staaten von Deutschland getrennt ist. Bei jeder beliebigen Verteilung, jeder beliebigen Kombination der Kräfte würden die entscheidenden Kampfhandlungen zwischen Deutschland und Frankreich unter aktiver Beteiligung Großbritanniens erfolgen, während die Sowjetunion formal zwar auf einer der beiden Seiten stehen konnte, faktisch aber gewissermaßen abseits vom europäischen Gemetzel bleiben und sich auf die Entsendung von Expeditionstruppen beschränken würde.

Die Unterhandlungen mit Stalin waren für Frankreich und Großbritannien in jedem Falle ein Verlustgeschäft. Die sowjetische Seite konnte für ihre politischen Ziele alles nutzen, angefangen bei der Mitgliederliste diplomatischer Delegationen.

Entsandten Frankreich und Großbritannien hochkarätige Vertreter nach Moskau, konnte Stalin zu Hitler sagen: Sei auf der Hut vor dem, was sich hier gegen dich zusammenbraut, komm und unterschreib unseren gemeinsamen Pakt, andernfalls . . . Schickten Großbritannien und Frankreich dagegen weniger gewichtige Delegationen nach Moskau, konnte Stalin Großbritannien und Frankreich mangelndes Verlangen, »den Aggressor zu zügeln«, unterstellen: Der sowjetischen Delegation gehört sogar unser Volkskommissar für Verteidigung, Genosse Woroschilow, an, und wen habt ihr hergeschickt?

Sobald Stalin die Zustimmung der britischen und der französischen Regierung zu Verhandlungen erhalten hatte, befand er sich in einer Lage, in der er nicht mehr der Verlierer sein konnte. Zwei Möglichkeiten boten sich an:

Entweder konnte die sowjetische Delegation ständig neue Forderungen vorbringen und die Sache so weit treiben, daß Großbritannien und Frankreich gezwungen wären, den Krieg gegen Deutschland zu beginnen, oder die Verhandlungen konnten platzen, und dann würde man Großbritannien und Frankreich sämtlicher Todsünden beschuldigen können, selbst aber mit Hitler jeden noch so schändlichen Vertrag abschließen.

Und die sowjetische Delegation stellte Forderungen: Wir haben keine gemeinsame Grenze mit Deutschland, unsere Truppen brauchen Durchmarschkorridore durch Polen.

Diese Forderung war unannehmbar für Polen und unnötig für die Sowjetunion. Sie war unannehmbar, weil Regierung und Bevölkerung Polens wußten, was Rote Armee und NKWD bedeuteten. Kurz darauf erlaubten Estland, Litauen und Lettland die Stationierung sowjetischer Garnisonen auf ihrem Territorium; und sie gerieten in eine kommunistische Sklaverei, die bei einer anderen Entwicklung der Dinge zu einem unbefristeten Joch hätte werden können. Die polnischen Befürchtungen waren begründet und wurden in der Folgezeit durch die Massenbestattungen polnischer Offiziere in sowjetischer Erde bestätigt.

Wenn Stalin den Frieden wollte, wozu brauchte er Korridore durch Polen? K. Je. Woroschilow, Marschall der Sowjetunion, Volkskommissar für Verteidigung und Mitglied des Politbüros, erklärte bei den Verhandlungen: »Da die Sowjetunion keine gemeinsame Grenze mit Deutschland besitzt, . . . gibt es keine Wege, um mit dem Aggressor in Berührung zu kommen.« (»Internationales Leben« 1959, Nr. 3, S. 157)

Was für ein Grund zur Freude! Sollten Woroschilow und Stalin tatsächlich nicht begreifen, daß das Fehlen einer gemeinsamen Grenze mit Deutschland einen Segen für ihr Land bedeutet? Vorausgesetzt natürlich, daß man sich verteidigen oder – besser noch – überhaupt nicht in den Krieg hineingezogen werden will.

Aber Stalin hatte keineswegs die Absicht, sich zu verteidigen oder gar völlig aus dem Kriegsgeschehen herauszuhalten. Die Korridore durch das polnische Territorium brauchte Stalin einerseits für die Sowjetisierung Polens, andererseits gaben sie ihm die Möglichkeit, Deutschland mit einem Überraschungsschlag in den Rücken zu fallen, falls dieses durch einen Krieg gegen Frankreich, Großbritannien und potentiell auch die USA geschwächt sein würde. Eine andere Nutzung der Korridore durch das polnische Staatsgebiet ist nicht denkbar.

Es gab noch andere Vorschläge von sowjetischer Seite: Man solle den Krieg gegen Deutschland nicht nur im Falle eines direkten deutschen Angriffs beginnen, sondern auch schon bei einer »indirekten Aggression«. Was unter einer »indirekten Aggression« zu verstehen war, wußten allerdings nur Genosse Stalin und seine Diplomaten. Hätte man die Vorschläge der sowjetischen Delegation akzeptiert, hätte Stalin (mit Fug und Recht) von Großbritannien und Frankreich ein militärisches Eingreifen als Antwort auf einen beliebigen außenpolitischen Schritt Deutschlands verlangen können. Die Auslegung der Formulierung war dehnbar, wenn man nur wollte, konnte alles, was immer gefiel, zur »indirekten Aggression« erklärt werden. Das Kriegsszenario hätte sich ungemein vereinfacht – als Antwort auf beliebige Handlungen Deutschlands wären Frankreich und Großbritannien auf Verlangen Stalins gezwungen gewesen, gegen Deutschland vorzugehen. Auch die Sowjetunion hätte militärisch eingegriffen, allerdings nicht von ihrem Territorium, sondern von polnischem Boden aus, was bequem und ungefährlich war.

In jedem Falle hätten sich die eigentlichen Kampfhandlungen zwischen Frankreich und Deutschland entwickelt, erst dann hätten frische sowjetische Truppen über polnisches Territorium die abschließenden Vernichtungsschläge in den Rükken Deutschlands geführt.

Großbritannien und Frankreich, seid ihr einverstanden mit dieser Version? Nein? Dann sind unsere Verhandlungen beendet, und ihr tragt die Schuld für deren Scheitern!

Die Delegationen Frankreichs und Großbritanniens gaben in dem Wunsch, die Ernsthaftigkeit ihrer Absichten zu beweisen, der sowjetischen Seite Informationen von äußerster Wichtigkeit, die Stalin nicht hätte erhalten sollen: Falls Deutschland Polen angreife, würden Großbritannien und Frankreich Deutschland den Krieg erklären.

Das war die Information, auf die Stalin so dringend gewartet hatte.

Hitler nahm an, daß er den Angriff gegen Polen, so wie die Besetzung der Tschechoslowakei, ungestraft durchführen könnte. Aber Stalin wußte jetzt, daß Hitler die Strafe ereilen würde.

So geriet der Schlüssel für den Beginn des Zweiten Weltkrieges in Stalins Hand.

Stalin brauchte Hitler nur noch grünes Licht zu geben: Greif Polen an, ich werde dich nicht hindern (aber Frankreich und Großbritannien werden dir den Krieg erklären). Am 19. August 1939 teilte Stalin Hitler mit, daß sich im Falle eines deutschen Angriffs auf Polen die Sowjetunion nicht nur neutral verhalten, sondern darüber hinaus Deutschland beistehen würde.

Daraufhin trifft Ribbentrop in Moskau ein und unterzeichnet am 23. August den Vertrag mit Molotow über den Angriff auf Polen.

3.

Der Zweite Weltkrieg hätte auch nicht stattfinden müssen. Die Entscheidung lag bei Stalin.

Stalin hatte zwei Möglichkeiten.

Erstens: Unabhängig von der Haltung Großbritanniens, Frankreichs oder Polens offiziell zu erklären, daß die Sowjetunion das polnische Territorium wie ihr eigenes verteidigen würde. Die polnische Regierung will keine sowjetischen Truppen auf polnischem Staatsgebiet? Kein Problem. Sobald Deutschland die polnischen Truppen geschlagen und die Regierung gestürzt hat, wird die Rote Armee polnisches Territorium betreten und gegen Deutschland kämpfen. Erst kurz zuvor hatte die Sowjetregierung offiziell erklärt: »Wir werden die Grenze der Mongolischen Volksrepublik wie unsere eigene verteidigen.« (»Prawda«, 1. Juni 1939)

Die Worte widersprachen nicht den Taten. Am selben Tag, dem 1. Juni 1939, wurde der Stellvertreter des Befehlshabers des Militärbezirks Belorußland Divisionskommandeur G. K. Schukow aus Minsk nach Moskau beordert. Am Morgen des 2. Juni wurde Schukow von R. P. Chmelnizki, dem Beauftragten für Aufträge von besonderer Wichtigkeit beim Volkskommissar für Verteidigung, empfangen, der ihm mitteilte, daß Marschall K. Je. Woroschilow ihn bereits erwarte. Nach einer kurzen Instruktion führte Schukows Weg in die Mongolei, wo er das Territorium der Mongolei gegen den japanischen Angriff so verteidigte, als handele es sich um sowjetisches Territorium.

Genauso hätte Stalin an seinen Westgrenzen handeln können, indem er offiziell und deutlich erklärte, ein Angriff auf Polen werde zu einem erbitterten und langen Krieg führen, auf den Deutschland nicht vorbereitet war.

Stalin hatte im August 1939 noch eine andere Möglichkeit – das Hinauszögern der Verhandlungen mit Großbritannien und Frankreich, denn auch das wäre für Hitler einer Warnung gleichgekommen: Greifst du Polen an, dann bedenke, daß du ganz Europa gegen dich haben wirst, wir sitzen hier in Moskau beisammen und halten Rat, wir brauchen nur eine Blockade über Deutschland zu verhängen . . .

Doch Stalin wählte einen dritten Weg: Fall du, Hitler, ruhig in Polen ein, ich werde dich unterstützen. Hitler griff an . . . und bekam die Kriegserklärung von Großbritannien und Frankreich.

Das, was Stalin brauchte.

4.

Am 19. August 1939 wurden noch andere Entscheidungen von historischer Bedeutung getroffen. In der fernen Mongolei bereitete Schukow einen Überraschungsschlag gegen die 6. japanische Armee vor. Die grundsätzliche Zustimmung zu einem Überraschungsschlag hatte Stalin bereits früher gegeben. Aber jetzt, da alles vorbereitet ist, braucht Schukow die endgültige Erlaubnis. Zu dem Zeitpunkt hätte es auch andere Möglichkeiten des Handelns gegeben. Die sowjetischen Truppen hätten zum Beispiel eine undurchdringliche Verteidigung beziehen, die Angriffsvorbereitungen aber rückgängig machen können. Der Angriff bedeutete ein Risiko. Im Falle eines Erfolges würde Japan eine Lektion über viele Jahre hinaus erteilt. Bei einem

Mißerfolg allerdings würde die ganze Welt darüber reden, daß Stalin die Rote Armee ihrer Führung beraubt habe und daß sie kampfunfähig sei. Zwar könnte man bei einem Mißerfolg Schukow erschießen, aber sein Blut würde die militärische Schande nicht tilgen.

Am Sonnabend, den 19. August, läßt Stalin Schukow nur ein einziges Wort als chiffrierten Befehl übermitteln: *Gut.* Wenige Stunden später führt Schukow seinen Überraschungsschlag.

Gewiß, in der Mongolei fiel der Zeitpunkt des Angriffs nicht mehr in den späten Abend des 19. August, sondern in die Sonntagmorgendämmerung des 20. August. Um 5 Uhr 45 flogen 153 sowjetische Bomber, gedeckt von einer entsprechenden Anzahl Jagdflugzeuge, einen überraschenden Angriff auf die Stellungen der japanischen Truppen. Gleichzeitig begann die Artillerie zu sprechen. Die Artillerievorbereitung war kurz (2 Stunden 45 Minuten), doch von bisher nicht dagewesener Wucht. Während der Feuervorbereitung führten die sowjetischen Fliegerkräfte den zweiten Schlag, und um 9 Uhr rissen Panzerkeile die japanische Verteidigungslinie auf. Der Plan war einfach. Schukow führte eine klassische Einkesselungsoperation durch – ein relativ schwaches Zentrum und zwei mächtige bewegliche Flankengruppierungen. Das Zentrum hält den Gegner hin, während die Stoßkräfte an den Flanken, ohne sich auf Verzögerungsgefechte einzulassen, unter Umgehung der Widerstandsnester zügig vorrücken und sich im Rücken des Gegners vereinigen. Drei Tage später schloß sich der Einkreisungsring um die japanischen Truppen, und deren Zerschlagung begann. Die Operation am Chalchyn-gol war hinsichtlich Planung und Durchführung eine glänzende Leistung. Schukow war ein Risiko eingegangen. Aber das Wagnis erwies sich als gerechtfertigt. Schukow hatte befohlen, die Flugplätze so nah wie möglich an die Frontlinie zu verlegen. So brauchten die Maschinen weniger Treibstoff zu tanken, konnten jedoch eine größere Bombenlast aufnehmen. Die Intensität der Nutzung von Luftunterstützung für das Heer war dadurch radikal gesteigert worden: Die Maschinen stiegen auf, warfen ihre Bomben ab, noch ehe sie ihre volle Steighöhe erreicht hatten, kehrten umgehend zurück, nahmen neue Bomben auf und starteten abermals. Als die sowjetischen Panzer bereits weit vorgestoßen waren, konnten die Fliegerkräfte sie ohne Verlegung der Flugplätze unterstützen. Schukow ließ Lazarette und Versorgungsbasen bis unmittelbar hinter das vorderste Kampfgebiet heranführen – so war der Nachschub an Munition, Treibstoff und allem Gefechtsnotwendigem reibungslos und schnell sichergestellt, der Abtransport der Verletzten erforderte nicht viel Zeit, nur wenige Minuten nach der Verwundung lag der Soldat bereits auf dem Operationstisch. Schukow schob seinen eigenen und alle anderen Gefechtsstände so dicht an die vorderste Linie vor, daß er persönlich den Kampfverlauf überblicken konnte; waren die Truppen weit vorgestoßen, brauchte er seinen Gefechtsstand nicht zu verlegen. Während die Angriffsvorbereitungen liefen, verbot Schukow nahezu vollständig jeden Funkverkehr. Die Verbindung erfolgte im wesentlichen per Draht in Form kurzer nur den beiden Sprechern verständlicher Befehle und Kommandos. Die Operation wurde unter strenger Geheimhaltung vorbereitet. Jeder Befehlsempfänger erhielt seine Anweisungen nur im Rahmen seiner eigenen Verantwortlichkeit und hatte weder eine Vorstellung vom allgemeinen Operationsplan noch vom Ausmaß und von der zeitlichen Abfolge des Angriffs. Viele wußten im übrigen nicht einmal etwas über den Angriff selbst. Schukow hatte nicht nur die japanische Aufklärung getäuscht, sondern vor allem auch seine eigenen Soldaten und Kommandeure. Sie waren bis zum allerletzten Augenblick der Meinung, daß man sich auf eine lange Verteidigungsphase einrichte. Wenn dies seine eigenen Soldaten und Offiziere glaubten, dann glaubte es auch der Gegner.

Die Desinformation trug üppige Frucht: In der gesamten zurückliegenden Geschichte Japans hatte es keine derart fürchterliche Niederlage gegeben. Die Zerschlagung der 6. japanischen Armee am Chalchyn-gol hatte strategische Folgen. Die japanische Aggression gegen die Sowjetunion und die Mongolei wurde gestoppt und in eine andere Richtung gelenkt. In den für die Sowjetunion kritischen Tagen des Jahres 1941 entschlossen sich die japanischen Generale, eingedenk der am

Chalchyn-gol bezogenen Lehre, die Sowjetunion nicht anzugreifen.

Chalchyn-gol – dieser Name ist mit dem ersten blitzartigen Krieg im 20. Jahrhundert verbunden, einem Blitzkrieg in reiner Form. Es war innerhalb der Militärgeschichte der erste richtige Masseneinsatz von Panzern für Angriffe in die Tiefe. Es war ein Beispiel für eine bisher nicht dagewesene Konzentration von Artillerie auf schmalen Frontabschnitten. Es war ein Musterbeispiel für die absolute Überraschung bei der Durchführung von Vernichtungsschlägen – in den ersten eineinhalb Stunden der Schlacht hatte die japanische Artillerie nicht einen einzigen Schuß abgefeuert, und kein einziges japanisches Flugzeug war aufgestiegen.

Chalchyn-gol war der Beginn von Schukows Aufstieg.

5.

Nach Schukows Rückkehr aus der Mongolei vertraute Stalin ihm mit Kiew den stärksten unter allen sowjetischen Militärbezirken an, und im Februar 1941 ernannte er ihn zu seinem Generalstabschef. In dieser Funktion bereitete Schukow den Krieg gegen Deutschland vor. An der deutschen Grenze wiederholte Schukow (nur in unvergleichlich größerem Maßstab) all das, was er gegen die japanische Armee erprobt hatte.

Schukow bildete zwei superstarke bewegliche Flankenstoßgruppierungen in den Grenzvorsprüngen bei Lemberg und Belostok (Białystok) und außerdem eine weitere Gruppierung für den Angriff auf Rumänien.

Schukow verlegte die Flugplätze unmittelbar an die Grenzen und zog auf ihnen jeweils hundert, bisweilen auch zweihundert Maschinen zusammen.

Unmittelbar an die Grenzen verlegte Schukow die Lazarette, Versorgungsbasen, Gefechtsstände. Er verlagerte an die Grenzen Hunderttausende Tonnen Munition, Treibstoff sowie Ersatzteile für Panzer und Flugzeuge.

Schukow verbot nahezu vollständig den Funkverkehr.

Er hielt seinen Plan absolut geheim, und kaum jemand in der Roten Armee wußte, was bevorstand.

Bei einem plötzlichen Angriff des Gegners mußte dies alles katastrophale Folgen haben. Schukows gesamte Aktivitäten Anfang 1941 werden als eine Serie von Fehlkalkulationen und schicksalhaften Irrtümern interpretiert. Aber 1942 wiederholt er alle diese »Irrtümer« bei der Vorbereitung des Vernichtungsschlages durch die beiden beweglichen Flankengruppierungen vor Stalingrad. Und wieder verlegt er die Flugplätze, Gefechtsstände, Versorgungsbasen und Lazarette an die vorderste Front.

Die Zerschlagung der 6. japanischen Armee am Chalchyn-gol, die »Irrtümer« von 1941 und die Vernichtung der 6. deutschen Armee bei Stalingrad – das ist Schukows Stil, der für ihn typisch ist, an den er sich stets hält. So hat er auch weiterhin gehandelt, und jede seiner Operationen ist gekennzeichnet durch Plötzlichkeit, Konzentration von Kampfkraft, zügige Durchbrüche in die Tiefe. Das ist seine Handschrift. Anfang Juni 1941 traf er gegen Deutschland die gleichen Vorbereitungen wie im August 1939 am Chalchyn-gol.

6.

Am 19. August 1939 gab Stalin Hitler grünes Licht: Greif Polen an! Für Schukow lautete der Befehl: Schlag die 6. japanische Armee! An diesem Tag traf Stalin auch noch andere Entscheidungen.

Allerdings bemühen sich die sowjetischen Historiker, den Nachweis zu führen, daß an diesem Tag keinerlei Entscheidungen getroffen wurden und daß überhaupt am 19. August 1939 eine Sitzung des Politbüros nicht stattgefunden hat. Jedes sowjetische Buch über den Ausbruch des Krieges hebt dieses Moment besonders hervor: An diesem Tag hat es keine Sitzung gegeben. Marschall der Sowjetunion A. M. Wassilewski hat mehrfach bei Reden vor Offizieren des Verteidigungsministeriums und des Generalstabs wiederholt: Merken Sie sich, am 19. August 1939 fand keine Sitzung statt. Der Leiter des Instituts für Militärgeschichte, Generalleutnant P. A. Schilin, pflegte seine Vorlesungen mit der Erklärung zu beginnen, daß es am 19. August 1939 keine Sitzung gegeben habe. Dasselbe taten andere Generale, Marschälle, Historiker, Ideologen. Wären keinerlei Informationen über eine Sitzung des Politbüros verfügbar gewesen, hätte man dies so auch sagen sollen: Wir wissen nichts darüber. Wäre auf der Sitzung nichts Entscheidendes geschehen, hätte es heißen müssen: Es gab eine Sitzung, aber nur harmlose Fragen wurden erörtert. Doch man hält sich an eine andere Version: Es hat keine Sitzung gegeben! Glaubt uns, es gab keine! Wir haben es nachgeprüft: Da war nichts! Wir haben die Archive gelüftet: Es hat keine Sitzung gegeben! Und damit es auch wirklich alle glauben, wurde eine zwölfbändige offizielle »Geschichte des Zweiten Weltkriegs« herausgegeben und darin erklärt: »An diesem Sonnabend, dem 19. August 1939, hat eine Sitzung des Politbüros überhaupt nicht stattgefunden.« (Bd. 2, S. 285) Unterzeichnet haben es: das Institut für Militärgeschichte beim Verteidigungsministerium der UdSSR, das Institut für Marxismus-Leninismus beim ZK der KPdSU, das Institut für Allgemeine Geschichte an der Akademie der Wissenschaften der UdSSR, das Institut für die Geschichte der UdSSR an der Akademie der Wissenschaften der UdSSR und persönlich die Marschälle der Sowjetunion A. A. Gretschko, W. G. Kulikow, S. K. Kurkotkin, der Flottenadmiral der Sowjetunion S. G. Gorschkow, das Mitglied des Politbüros A. A. Gromyko, der Erste Stellvertreter des Vorsitzenden des KGB, Armeegeneral S. K. Zwigun, die Armeegenerale A. A. Jepischew, S. P. Iwanow, Je.Je. Malzew, A. I. Radsijewski, S. M. Schtemenko, Generaloberst A. S. Scheltow, Gelehrte von Weltruf wie G. A. Arbatow, N. N. Inosemzew, P. N. Fedossejew und noch viele andere mehr. Als Berater wirkten an diesem zweiten Band mit (und widersprachen nicht): Mitglieder des Zentralkomitees, Generale, Professoren, Korrespondierende und Ordentliche Akademiemitglieder, unter anderem auch die Marschälle der Sowjetunion I. Ch. Bagramjan, P. F. Batizki, A. M. Wassilewski, K. S. Moskalenko, der Hauptmarschall der Panzertruppen P. A. Rotmistrow, der

Hauptmarschall der Flieger P. S. Kutachow, der Chef der GRU, Armeegeneral P. I. Iwaschutin, und viele andere dazu.

Die sowjetischen Führungskräfte waren klar und deutlich in zwei Gruppen aufgeteilt: in diejenigen, die Zugang zu dem Geheimnis hatten, und die anderen, die davon ausgeschlossen waren. Den niedrigen Rängen war es gleichgültig. Ob eine solche Sitzung stattgefunden hatte oder nicht, was machte das schon aus? Die Eingeweihten allerdings verwandelten sich bei der bloßen Erwähnung der Sitzung des Politbüros vom 19. August 1939 schlagartig in wilde Tiere. Hätte Marschall der Sowjetunion A. I. Jerjomenko Hörner gehabt, dann wäre ich in dem Augenblick von diesen Hörnern aufgespießt worden, als ich im Gespräch andeutungsweise die Sitzung vom 19. August erwähnte. Wenige Jahre darauf machte mich der hitzige Eifer betroffen, mit dem Marschall der Sowjetunion A. A. Gretschko von hoher Tribüne herab zu beweisen versuchte: Am 19. August 1939 hat es keine Sitzung des Politbüros gegeben. Das drängte unwillkürlich den Gedanken auf: Was macht Sie so nervös, Genosse Marschall der Sowjetunion? Beruhigen Sie sich. Aber er dröhnte gute zwanzig Minuten lang im gleichen Stile weiter: Es hat keine Sitzung gegeben! Es gab keine! Nein, es hat keine gegeben! Mir war damals beklommen zumute: So brüllt ein Mörder vor Gericht, er sei nicht in der Gasse gewesen, nein, er sei ganz bestimmt nicht dort gewesen, nein, nein, nein!

Fünfzig Jahre lang hat man uns zu beweisen versucht, eine solche Sitzung habe es nicht gegeben. Und auf einmal erscheint am 16. Januar 1993 in der »Iswestija« ein Artikel von Generaloberst D. A. Wolkogonow, in dem er bestätigt, daß eine Sitzung an diesem besagten Tag stattgefunden hat und daß er selbst die Protokolle in Händen gehalten habe.

Dmitri Antonowitsch Wolkogonow und ich vertreten unterschiedliche Auffassungen, doch ich bin ihm von Herzen dankbar für seine Unterstützung. Meines Erachtens hat General Wolkogonow eine wissenschaftliche Großtat vollbracht, als er aller Welt mitteilte, daß es an diesem Tag eine Sitzung gegeben hatte.

Gewiß schreibt General Wolkogonow, daß in den Protokollen nur zweitrangige Fragen erhalten geblieben seien. Kehren wir darum noch einmal zum Anfang dieses Kapitels zurück, und stellen wir uns die Frage: War Genosse Stalin daran interessiert, seine Absichten schriftlich zu fixieren?

Zu heftig war das Steuer der Außenpolitik an diesem Tag herumgerissen worden, zu abrupt hatte sich der Lauf der Weltgeschichte geändert, zu viele blutige Geschehnisse nahmen aus irgendeinem Grund ihren Anfang an diesem Tag. Deshalb bleibe ich bei meiner Überzeugung: An diesem Tag wurden Entscheidungen gefällt. Und sollte es uns verwehrt bleiben, sie schriftlich formuliert zu sehen, so liegen doch die Folgen dieser Beschlüsse vor aller Augen offen da.

Mit einer einzigen Zeitungszeile hat General Wolkogonow die sowjetischen Führer einschließlich Stalins wie auch die Mitglieder des Politbüros, die Marschälle, Generale und Leiter namhafter wissenschaftlicher Institute der Wahrheitsverschleierung überführt. General Wolkogonow hat aufgedeckt, daß alle diese Arbatows und Inosemzews, die Zwiguns und Iwaschutins, die Rokossowskis und Fedossejews, die Malzews und Kulikows Lügner und falsche Zeugen sind. Über die Sitzung des Politbüros haben sie nicht einzeln, sondern im Chor, das heißt absprachegemäß, gelogen. Wären tatsächlich am 19. August 1939 auf der Sitzung des Politbüros nur nebensächliche Probleme erörtert worden, hätte es sich dann für die Führer und Marschälle, die Koryphäen der Wissenschaft und die von ihnen geleiteten Institute gelohnt, so einhellig fünfzig Jahre lang zu lügen?

DAS MINISTERIUM FÜR DIE MUNITIONSINDUSTRIE

Ein paar Worte, Genossen,
über die Einstellung der sowjetischen
Schriftsteller zum Krieg . . .
Wir Schriftsteller, die wir hoffen,
in Zukunft an Quantität und
Qualität unserer Erzeugnisse den
einen oder anderen Produktionszweig
noch zu übertreffen, haben überhaupt
nicht die Absicht, einen Zweig zu
überholen – die Verteidigungsindustrie.
Erstens kann man sie ohnehin nicht
überholen, und zweitens ist das ein so
guter und lebenswichtiger Zweig,
daß man sich bei dem Versuch, sie zu
überholen, nicht wohl fühlen würde.

Michail Scholochow in seiner Rede auf dem 18. Parteikongreß (»Prawda«, 20. März 1939)

1.

In der Sowjetunion hatte es weder Minister noch Ministerien gegeben. Man hatte den kommunistischen Umsturz unternommen, um sich ein für allemal von der Staatsmacht zu befreien, unter anderem auch von Ministern und Ministerien. Den Umsturz hatte man geschafft, die Minister ausgerottet, die Ministerien auseinandergejagt, aber dann überlegte man sich, daß die Aktivitäten der Menschen, auch wenn es nun völlig freie Menschen waren, dennoch koordiniert werden müßten. So wurden anstelle der Minister Volkskommissare ernannt und anstelle der Ministerien Volkskommissariate eingerichtet. In Wirklichkeit hatte sich überhaupt nichts geändert, nur noch mehr Bürokratie war hinzugekommen. 1946, als jedermann begriffen hatte, daß die Weltrevolution ausgeblieben war, wurden die Volkskommissare und Volkskommissariate in Minister und Ministerien umbenannt. 1939 allerdings waren die Hoffnungen auf die Weltrevolution begründet, und deshalb bediente man sich einer revolutionären Terminologie und sprach von Kommissaren, Volkskommissariaten usw.

Viele Jahre lang hatte die Leitung der Rüstungsproduktion beim Volkskommissariat für die Verteidigungsindustrie gelegen. Am 11. Januar 1939 wurde dieses aufgelöst, und an seine Stelle traten vier neue Volkskommissariate, und zwar jeweils ein gesondertes für die Schiffbauindustrie, für die Rüstungsindustrie, für die Luftfahrt- und für die Munitionsindustrie.

Das Volkskommissariat für die Schiffbauindustrie wurde inoffiziell U-Boot-Volkskommissariat genannt. Theoretisch war dieses Volkskommissariat für den Schiffbau sowohl im zivilen wie auch im militärischen Bereich zuständig. In der Praxis verhielt sich die Sache indessen so: »Ab 1935 waren alle großen Werften auf den Bau von Kriegsschiffen umgestellt.« (»Militärhistorische Zeitschrift« 1982, Nr. 7, S. 55) Als Deutschland 1939 in den Zweiten Weltkrieg eintrat, besaß es 57 U-Boote. Die Sowjetunion allerdings, die, wie man uns versicherte, nicht die Absicht hatte, sich an diesem Krieg zu beteiligen, verfügte im September 1939 über 165 U-Boote. Waren es schlechte U-Boote? Nein, diese U-Boote entsprachen dem allgemeinen Standard. Einige U-Boot-Projekte wurden in sowjetischem Auftrag im faschistischen Deutschland durch die Bremer Schiffswerft »Deschimag« durchgeführt. (Es heißt, Stalin habe Hitler vertraut, aber man sollte darüber nachdenken, wer wem mehr vertraute . . .) Der U-Boot-Bau in der Sowjetunion erfolgte unter Einsatz modernster amerikanischer Technologie mit Beteiligung namhafter amerikanischer Ingenieure. Davon handelt das vorzügliche Buch von Antony C. Sutton »National Suicide. Military Aid to the Soviet Union«. (New Rochelle/N. Y. 1973. – Man sagt, Stalin sei leichtgläubig gewesen. Mir scheint, daß Roosevelt an dieser Eigenschaft in höherem Grade litt.) Außer amerikanischen, deutschen, englischen, italienischen und französischen Errungenschaften wurden im sowjetischen Schiffbau auch inländische technische Lösungen genutzt. Auch wir hatten fähige Ingenieure. Denken wir nur an das Zwerg-U-Boot M-400, das nicht mit der üblichen Kombination von Diesel- und Elektromotoren arbeitete. Das Boot besaß einen einzigen Motor, der mit einem künstlichen Gasgemisch angetrieben wurde. Das Schiff verband die Eigenschaften eines gewöhnlichen U-Bootes mit denen eines Torpedoschnellbootes. Es konnte sich unbemerkt seinem Ziel nähern, plötzlich auftauchen und als Torpedoboot angreifen. Es konnte sich aber auch leise unter Wasser an sein Ziel heranmanövrieren, unter Wasser seinen Angriff fahren, anschließend auftauchen und sich in hohem Tempo seinen Verfolgern entziehen. Oder denken wir an das Zwerg-U-Boot M-401 (das am 28. November 1939 auf Kiel gelegt wurde und am 31. Mai 1941 vom Stapel lief). Es verfügte über einen einzigen im geschlossenen Arbeitsspiel funktionierenden Motor. Und es gab noch andere Erfolge auf Weltniveau und Spitzenleistungen, die dieses übertrafen.

Vom Augenblick seiner Einrichtung an befaßte sich das Volkskommissariat für die Schiffbauindustrie mit rein militärischen Aufgaben. Ja mehr noch, viele Schiffe, die ursprünglich für die zivile Nutzung gebaut worden waren, erhielten jetzt eine Bewaffnung und wurden der Seekriegsflotte überstellt. Durch einen einzigen Beschluß des Rates der Volkskommissare vom 25. Mai 1940 wurden von den Kriegsflotten Passagier- und Handelsschiffe in folgenden Größenordnungen übernommen: von der Ostseeflotte 74 Schiffe; von der Schwarzmeerflotte 76 Schiffe; von der Nordflotte 65 Schiffe; von der Pazifikflotte 101 Schiffe. Gleichzeitig gingen die Betriebe des Volkskommissariats für die Schiffbauindustrie zur Arbeit in zwei verlängerten Schichten über, was praktisch die Umstellung auf Kriegswirtschaft bedeutete. Mit dem Ergebnis, daß die Sowjetunion am 22. Juni 1941 über 218 einsatzbereite und 91 im Bau befindliche U-Boote verfügte.

Neben U-Booten wurden Überwasserkriegsschiffe gebaut, letztere darüber hinaus auch im Ausland zusammengekauft. Da war zum Beispiel vor dem Krieg im Schwarzen Meer ein Kriegsschiff aufgetaucht, das durch seine schnittige Form und den ungewöhnlichen Anstrich Aufsehen erregte. Die Leute, die nicht wußten, zu welcher Schiffsklasse dieses Schmuckstück gehörte, nannten es den »Blauen Kreuzer«. Aber es war kein Kreuzer, sondern ein Zerstörerführer. Sein Name war »Taschkent«. Bei Schiffen, die der Aufnahme in die »Sowjetische Militärenzyklopädie« gewürdigt wurden, lautet der Text dort für gewöhnlich: »gebaut auf einer unserer heimischen Werften«. Von der »Taschkent« wird dies nicht gesagt, lediglich Baujahr und Jahr der Indienststellung sind angegeben – 1940. Die übliche Formulierung fehlt, weil die Zierde und der Stolz der Schwarzmeerflotte, der Zerstörerführer »Taschkent«, im faschistischen Italien gebaut worden war. (Und wieder stellt sich die Frage, wer hat wem mehr vertraut?)

Natürlich war der Zerstörerführer »Taschkent« ohne Bewaffnung gekauft worden. Mussolini hätte Stalin auch die Bewaffnung verkauft, aber zu jener Zeit gab es weltweit kein Schiffsgeschütz, dessen Charakteristik einem Vergleich mit der sowjetischen 130-mm-Schiffskanone standgehalten hätte, weshalb die Waffenbestückung in Nikolajew erfolgte.

Italien war nicht das einzige Land, das Stalin Kriegsschiffe vekaufte. Im Mai 1940 wurde der halbfertige deutsche Kreuzer »Lützow« nach Leningrad überführt, wo er am Ausrüstungskai der Baltischen Werft festmachte. Jetzt mußte sich Stalin bereits sputen. Ein Kreuzer ist ein gewaltiges und kompliziertes Objekt, sein Ausbau erfordert Jahre, die Zeit reichte nicht mehr, um Änderungen in das Projekt einzubringen und eine sowjetische Bewaffnung einzubauen. Also beschloß man, das deutsche Projekt völlig unverändert zu Ende zu führen, einschließlich einer deutschen Bewaffnung. Und Deutschland lieferte diese Bewaffnung.

2.

Wenn man dies liest, weigert man sich, es zu glauben: im Mai 1940! Zur Zeit des deutschen Blitzkriegs in Westeuropa. Die englische Flotte blockierte die deutsche Schiffahrt. Hitler mußte entweder gegen Großbritannien kämpfen, und dafür brauchte er eine starke Flotte, oder er mußte den Frieden mit England suchen, und auch dafür mußte er über eine starke Flotte verfügen: Das aufgebrachte Großbritannien würde mit einem schwachen Gegner nicht verhandeln, sondern verlangen, daß er sich aus den besetzten Ländern zurückziehe. Auf dem Gebiet der Überwasserkriegsschiffe lag Hitler gegenüber Großbritannien weit zurück, und in dieser kritischen Situation verkauft er halbfertige, das heißt seine modernsten Schiffe!

Verblüffend ist auch das Verhalten Stalins: Er hat seine Neutralität erklärt, aber er ist selbst dabei, eine riesige Seekriegsflotte aufzubauen, und kauft noch Kriegsschiffe bei den kriegführenden Mächten auf.

Die Erklärung für diese erstaunlichen Tatsachen ist einfach: Bereits 1940 litt Deutschland unter einem beängstigenden Mangel an strategischen Rohstoffen; die Seewege waren blokkiert, weshalb Hitler strategisch wichtige Rohstoffe in ausreichender Menge und Sortierung nur von Stalin kaufen konnte. Im Austausch dafür sah sich Hitler gezwungen, Technologie und Kampftechnik, einschließlich der neuesten Flugzeuge, Geschütze, Schiffe, Nachrichtenübermittlungsanlagen, Feuerleitgeräte usw. zu verkaufen. Stalin kannte die kritische Lage der deutschen Wirtschaft und hätte Hitler auch den Verkauf strategischer Rohstoffe verweigern können. In diesem Fall wäre der Krieg in Europa schnell erloschen. Aber Stalin wollte den Krieg breitflächig entfachen, er wollte, daß Frankreich, Großbritannien, Deutschland und alle übrigen Staaten sich in diesem Krieg gegenseitig aufrieben, um sich deren Schwäche nutzbar zu machen und in dem erschöpften Europa seine eigene Ordnung einzuführen. Eben dafür baute Stalin auch seine Seekriegsflotte aus, dafür kaufte er überall, wo dies möglich war, Kriegsgerät auf, dafür versorgte er Hitler mit strategischen Rohstoffen.

Man könnte fragen, warum die zweihundert U-Boote Stalins und die ganze übrige Seekriegsflotte nicht die Leistung erbrachten, die man von der stärksten U-Boot-Flotte der Welt hätte erwarten können? Die Antwort ist einfach: Es war eine Angriffsflotte. Es war ein für den Angriffskrieg geschaffenes Instrument, in einem Verteidigungskrieg aber war es nur schwer oder gar nicht zu verwenden. Auf dem 18. Parteikongreß hatte der Kommandierende der Pazifikflotte, N. G. Kusnezow, ausgeführt: »Die Flotte muß sich wandeln, sie muß sich ebenso verändern wie die gesamte Rote Arbeiter- und Bauernarmee, sie muß zur stärksten Offensivflotte werden.« Kusnezow hatte auf dem Kongreß unmittelbar nach Michail Scholochow gesprochen. Scholochow wird später für seinen tiefen Humanismus den Nobelpreis erhalten. Damals jedoch, auf diesem Parteikongreß, wurde er seiner richtigen Einstellung zur Rüstungsindustrie und anderer Verdienste wegen zusammen mit Kusnezow in das ZK übernommen, Kusnezow außerdem zum Volkskommissar für die Seekriegsflotte ernannt. Er war der Fähigste unter allen sowjetischen Flottenführern. Nach dem Krieg erhielt er den Rang eines Flottenadmirals der Sowjetunion. In der sowjetischen Geschichte wurde dieser Titel nur drei Männern verliehen. Kusnezow hat sein auf dem Parteikongreß gegebenes Versprechen gehalten und die sowjetische Seekriegsflotte in die stärkste Angriffsflotte umgewandelt. Für einen Verteidigungskrieg allerdings brauchte man Schiffe mit anderen Eigenschaften: U-Bootjäger, Räumschiffe, Küstenschutzschiffe, Netzsperrenleger. Auf Kusnezows Befehl hin waren die Vorräte an Granaten, Torpedos, Minen und Treibstoff für die Schiffe an die deutsche und die rumänische Grenze verlegt worden: nach Libau (Lijepaja) und in die Donauhäfen. Dort fielen diese Vorräte auch den Deutschen in die Hände.

Die Grenze verlief so dicht vor Libau, daß die Gefechte um die Stadt bereits am 22. Juni 1941 begannen. An eine Verteidigung Libaus gegen Angriffe vom Festland her hatte niemand zuvor gedacht. In Libau waren unter anderem drei Viertel der Treibstoffvorräte für die Ostseeflotte gelagert (und gingen dort verloren).

Nicht nur das gesamte System der Stationierung der sowjetischen Seekriegsflotte war den Erfordernissen eines Angriffskrieges angepaßt, nicht nur die Zusammensetzung der Flotte wurde unter dem Gesichtspunkt der Angriffsplanung vorgenommen, sondern auch die Bewaffnung der Schiffe war auf die

Teilnahme an einem Angriffskrieg zugeschnitten. Während die sowjetischen Schiffe über eine starke Artillerie-, Minen- und Torpedobewaffnung verfügten, besaßen sie nur eine äußerst schwache Flak-Abwehr. In einem Angriffskrieg brauchten die Schiffe keine starke Flak-Bewaffnung, weil die sowjetischen Generale und Admirale damit rechneten, mit einem plötzlichen vernichtenden Schlag gegen die Flugplätze des Gegners und das Niederhalten seiner Fliegerkräfte den Kampf zu beginnen.

Entgegen dieser Planung kam es zu einem Verteidigungskrieg; nicht wir hatten als erste den Vernichtungsschlag geführt, sondern dieser Schlag war gegen uns geführt worden. Der Gegner hatte die Luftherrschaft, die sowjetischen Truppen und Kriegsschiffe aber verfügten nur über eine schwache Flak. Bei einem Luftangriff im August 1941 war zum Beispiel der Zerstörerführer »Taschkent« schwer getroffen worden. Er wurde repariert, im Juni 1942 erneut durch gegnerische Luftangriffe schwer beschädigt und im Juli durch die deutsche Luftwaffe versenkt. Aber das ist nur ein Beispiel unter vielen. Von der Flotte wird noch zu sprechen sein. Hier geht es darum, daß das Volkskommissariat für die Schiffbauindustrie in Wirklichkeit ein Volkskommissariat für den militärischen Schiffbau war und den Auftrag zum Bau von Schiffen mit maximaler Angriffs- und minimaler Abwehrkapazität hatte, um die sowjetische Kriegsmarine zur stärksten Angriffsflotte aufzurüsten.

3.

Das Volkskommissariat für die Luftfahrtindustrie war ebenfalls theoretisch für die Produktion sowohl militärischer als auch ziviler Flugzeuge zuständig. Aber uns fallen Dutzende Namen von hervorragenden Jagdflugzeugen, Bombern und Jagdbombern ein, die die Flugzeugindustrie zu Tausenden produzierte; ein ziviles Flugzeug aus dieser Zeit zu nennen gelingt indessen nicht so leicht.

Es gab ein Flugzeug, das man bis zu einem gewissen Grad als Zivilflugzeug bezeichnen könnte, aber auch das war nicht bei uns, sondern in Amerika entwickelt worden. Es war die beste Transportmaschine der Welt – die C-47. Sie wurde bei uns in Lizenz gebaut, und zwar als Passagiermaschine und als Luftlande- und Transportflugzeug. So ist sie auch eingesetzt worden: in einer militärischen und in einer zivilen Version; der Einfachheit halber wurden freilich alle fertiggestellten Flugzeuge fabrikseitig mit einem grünen Anstrich versehen, um sich das spätere Überstreichen zu ersparen.

Das Volkskommissariat für die Rüstungsindustrie bedarf keiner Kommentierung, doch das Volkskommissariat für die Munitionsindustrie ist etwas Originelles. Originell deshalb, weil selbst während des Krieges die aggressivsten Staaten – wie wir sie zu bezeichnen gewöhnt sind – ein eigenes Ministerium für die Munitionsindustrie nicht aufwiesen. In Deutschland unterstand zum Beispiel selbst nach Beginn des Zweiten Weltkrieges die Produktion von Waffen und Munition nicht zwei getrennten, sondern einem einzigen Ministerium. Die Sowjetunion dagegen hatte bereits in Friedenszeiten ein Ministerium (Volkskommissariat) geschaffen, das sich ausschließlich mit dem Problem der Munitionsherstellung befaßte.

4.

Als das Volkskommissariat für die Munitionsindustrie eingerichtet wurde, war die Sowjetunion von niemandem bedroht. Japan besaß eine starke Luftwaffe und Kriegsmarine, aber Japans Landstreitkräfte waren relativ schwach, zudem führte das japanische Heer einen wenig aussichtsreichen Krieg in China. Japan verfügte nur über begrenzte Mengen an strategisch wichtigen Rohstoffen. Die sowjetische Aufklärung hatte zwar schon zu jener Zeit der Regierung gemeldet, daß sich Japan zu einem größeren Krieg zwecks Eroberung von Rohstoffquellen entschließen könnte, doch seien die Japaner in erster Linie an jenen Regionen interessiert, in denen Abbau und Aufbereitung dieser Rohstoffe bereits eingeleitet seien, da Japan diese Rohstoffe sofort benötige. Mit anderen Worten, Japan würde um die Kontrolle über die südlich gelegenen Territorien kämpfen und nicht seine Nase in die Weiten Sibiriens stecken, wo zwar unerschöpfliche Reserven lagerten, aber ihre Auffindung, der Abbau und die Aufbereitung viele Jahre und einen riesigen Aufwand erforderten. Bereits 1936 war die sowjetische militärische Aufklärung zu dem Schluß gekommen, daß Japan vor der Eroberung südlicher Territorien gezwungen sein würde, unter allen Umständen die Pazifikflotte der USA zu neutralisieren, die die einzige Bedrohung für die Expansion Japans in die südlichen Meere darstellte. Kurzum, die sowjetische Aufklärung und der Generalstab der Roten Armee glaubten nicht an einen ernsthaften japanischen Angriff auf Sibirien und fürchteten ihn deshalb auch nicht.

Der sowjetische Generalstab, die Sowjetregierung und Stalin selbst waren Anfang 1939 auch nicht sonderlich wegen eines möglichen deutschen Angriffs besorgt. Es gab keine gemeinsame Grenze mit Deutschland, weshalb Deutschland auch nicht unmittelbar angreifen konnte. Die Einrichtung eines Volkskommissariats für die Munitionsindustrie im Januar 1939 war keine Antwort auf eine deutsche Kriegsvorbereitung. Die sowjetische Aufklärung wußte, daß zu diesem Zeitpunkt die deutsche Industrie nicht unter kriegswirtschaftlichen Bedingungen arbeitete. Der Chef der GRU, Iwan Proskurow, trug Stalin im Juli 1939 vor, daß Deutschland nicht auf einen großen Krieg vorbereitet sei. Im Falle eines deutschen Angriffs nur auf Polen würde sein Vorrat an Fliegerbomben am zehnten Kriegstag aufgebraucht sein. Deutschland besäße keine weiteren Vorräte. Nach dem Krieg erschien in Deutschland das Buch »Bilanz des Zweiten Weltkrieges« (Oldenburg 1953). Zu den Autoren gehörten Generalfeldmarschall A. Kesselring, Generaloberst H. Guderian, Generaloberst L. Rendulic, Generalleutnant E. Schneider, Konteradmiral E. Godt und andere. Wenn wir die Einschätzung der Situation durch die sowjetische militärische Aufklärung und die wirkliche Lage der Dinge vergleichen, müssen wir zugeben, daß sich die sowjetische militärische Aufklärung geirrt hatte: Deutschlands Vorrat an Fliegerbomben war nicht am zehnten, sondern erst am vierzehnten Kriegstag aufgebraucht. (S. 272)

Offenbar die beste Untersuchung über die Entwicklung des

deutschen Heeres während des Dritten Reiches hat Generalmajor B. Müller-Hillebrand mit seinem Werk »Das Heer 1933–1945« (Darmstadt-Frankfurt a.M. 1954–1956) vorgelegt. Er berichtet (Bd. 1, S. 128), daß das Oberkommando des Heeres 1939 das Anlegen eines Munitionsvorrats für die Erfordernisse einer viermonatigen Kriegsführung verlangte. Doch solche Vorräte wurden nicht angelegt. Setzen wir den für vier Monate errechneten Vorrat mit 100 % an, so verfügte man bei Pistolenpatronen lediglich über 30 %, das heißt über einen Vorrat für 36 Tage, an Gebirgskanonenmunition über 15 %, an Munition für die leichten Granatwerfer über 12 % und bei den schweren Granatwerfern über 10 %. Am besten war es noch um die Geschosse für die schweren Feldhaubitzen bestellt, dafür war immerhin ein Vorrat für eine zweimonatige Kriegsführung vorhanden. Am schlimmsten stand es um die Panzermunition. Im September 1939 war der Standardpanzer der deutschen Wehrmacht, der T-II, mit einer 20-mm-Kanone ausgerüstet. Der Vorrat an Geschossen für diese Panzer betrug 5 % der geforderten Menge für vier Monate, das heißt er reichte insgesamt für sechs Tage.

Dennoch hatte es Hitler nicht eilig damit, die Industrie für die Erfordernisse des Krieges zu mobilisieren. Die deutsche Wehrmacht stand in einem Krieg, der sich anfangs zu einem europäischen und später zu einem Weltkrieg ausweiten sollte, doch die deutsche Industrie arbeitete nach wie vor weiter wie in Friedenszeiten.

Die sowjetische militärische Aufklärung konnte kein vollständiges Bild von der Situation auf dem deutschen Munitionssektor haben, doch fand ich in den GRU-Archiven immerhin Berichte über Vorräte und den Verbrauch an Buntmetallen in der deutschen Industrie für alle Vorkriegsjahre. Diese Informationen vermittelten ein recht genaues Bild von der Situation der deutschen Industrie.

Fünfzig Jahre lang suggerierten uns die Kommunisten, der Krieg sei 1939 unvermeidbar gewesen, die Welt sei darauf zugetrieben und Stalin habe keinen anderen Ausweg gehabt, als den Pakt, der zum Kriegsausbruch führte, zu unterschreiben.

Eine Analyse der Lage in der deutschen Industrie insgesamt und der Munitionsproduktion im besonderen läßt hingegen den Schluß zu, daß die Situation keineswegs so kritisch war. Die Welt trieb nirgendwohin, und der Krieg wäre zu vermeiden gewesen. Wenn Stalin gewollt hätte. Wäre zudem die Rote Armee im September 1939 auf polnischer Seite angetreten, hätte Stalin keine bedrohlichen Folgen zu befürchten gehabt (und er war sich dessen bewußt), wohl aber hätte Hitler eine schwere Niederlage erleben können, allein schon, weil ihm die Munition ausgegangen wäre.

Doch Stalin hat die deutsche Schwäche in diesem Augenblick nicht genutzt, und Hitler konnte sein seltsames Spiel fortsetzen. Während des Winters verbesserte sich die Lage auf dem Munitionssektor in Deutschland ein wenig, und im Mai 1940 bereitete Hitler Frankreich eine vernichtende Niederlage. Die Munition hatte gereicht. Hätte Stalin Deutschland jedoch 1940 angegriffen, hätte Deutschland diesem Angriff nichts entgegenzusetzen gehabt, denn die deutsche Industrie war noch immer nicht auf Kriegswirtschaft umgestellt. Dann kam die »Schlacht um England«: Die deutsche Luftwaffe befand sich im Krieg, die deutsche Industrie nicht. Schließlich griff Hitler die Sowjetunion an. Und hier hatte er ungeheures Glück: Unmittelbar hinter der Grenze erbeutete er die riesigen sowjetischen Vorräte. Ohne sie hätte er nicht bis vor die Tore Moskaus gelangen können. Wir wissen bereits, warum Schukow die strategischen Vorräte an die Westgrenzen verlegt hatte.

Die Erbeutung der Vorräte Stalins war für Hitler ein großer Erfolg; dennoch hätte man sich auch Gedanken über die Umstellung der eigenen Industrie auf die Erfordernisse des Krieges machen müssen. Aber damit hatte es Hitler nicht eilig. Der Krieg in Rußland war ein ernstes Problem, das die deutsche Wehrmacht zu einem Munitionsverbrauch bislang nicht gekannten Ausmaßes zwang. Die Produktion deckte auch nicht annähernd den Bedarf des Heeres. Generalmajor B. Müller-Hillebrand führt ganze Seiten einer himmelschreienden Statistik an. Ein paar Ziffern seien aufs Geratewohl herausgegriffen: Im Oktober 1941 hatte die Wehrmacht in erbitterten

Kämpfen mit der Roten Armee 561000 75-mm-Granaten verbraucht, die Industrie aber im gleichen Zeitraum nur 76000 Stück produziert. Im Dezember hatte man 494000 Granaten dieses Kalibers verbraucht, von der Industrie aber nur 18000 Stück erhalten. (Das Heer 1933–1945, Bd. 3, S. 43) Das konnte nicht lange so weitergehen. Allein der Umstand, daß die Rote Armee zu dieser Zeit auf Hungerrationen saß, rettete die Wehrmacht. Stalin war dabei, in aller Eile eine neue Industrie aus dem Boden zu stampfen, während die deutschen Generale Hitler zu überzeugen versuchten, daß man mit der Mobilisierung der deutschen Industrie beginnen müsse. Hitler war nur den Worten nach ein Anhänger von »Kanonen statt Butter«.

Am 29. November 1941 hatte F. Todt, der Minister für Bewaffnung und Munition in Deutschland, Hitler erklärt, daß der Krieg militärisch und rüstungswirtschaftlich schon verloren sei. (K. Reinhardt, Die Wende vor Moskau. Stuttgart 1972, S. 184 unter Bezugnahme auf K.-H. Ludwig, Die deutschen Flakraketen im Zweiten Weltkrieg. In: »Militärgeschichtliche Mitteilungen« 1969, Nr. 1, S. 89) F. Todt wußte in dem Augenblick noch nicht, daß Stalin eine Woche später seine grandiose Winteroffensive beginnen würde. Man lebte in dem Glauben, Stalins Kräfte seien erschöpft. Aber selbst ohne die ganze Brisanz der Situation zu kennen und noch vor Beginn des russischen Winters schlug der Minister Alarm und forderte von Hitler, nach einem Weg zur Beendigung des Krieges zu suchen, der Deutschland nichts Gutes versprach.

Doch Hitler hatte es nicht eilig.

Im Dezember 1941 verwickelte die Rote Armee die deutsche Wehrmacht in schwere Kämpfe, und Hitler erklärte den Vereinigten Staaten den Krieg. Jetzt hätte er endlich mit der Umstellung seiner Industrie auf Kriegswirtschaft beginnen müssen. Aber Hitler wartete weiter ab.

Erst im Januar 1942 beschloß er, die Industrie auf die Erfordernisse des Krieges umzustellen.

Der Unterschied zwischen Stalin und Hitler besteht darin, daß Hitler sich zunächst in einen Krieg gegen die ganze Welt verstrickte, über zwei Jahre lang kämpfte und erst dann mit der Mobilisierung der Industrie für die Erfordernisse des Krieges begann.

Stalin handelte genau umgekehrt. Er war nach Kräften bemüht, den Zeitpunkt des Kriegseintritts der Sowjetunion zu verzögern, doch mit der Mobilisierung seiner Industrie und ihrer Umstellung auf Kriegswirtschaft hatte er bereits im Januar 1939 begonnen.

EINE PARTEI IN STIEFELN

Niemand von ihnen hat die
wahren Ausmaße der organisatorischen
Vorbereitung gesehen, die der Generalsekretär
durch den Apparat durchführen ließ . . .
A. Antonow-Owsejenko
(Porträt eines Tyrannen. New York 1980, S. 46)

1.

Stalin trug Stiefel und halbmilitärische Kleidung. Stalins Partei ahmte ihren Führer nach: Man hatte Stiefel, trug halbmilitärische Kleidung. Ein Blick auf Photographien von Kirow, Malenkow, Kaganowitsch macht es deutlich.

Nicht nur äußerlich erinnerte die Partei an die Armee. Stalin erläuterte ihre Struktur folgendermaßen: »Unsere Partei setzt sich, wenn ich an die Führungsschichten denke, aus etwa drei- bis viertausend Führern der obersten Ebene zusammen. Das ist sozusagen die Generalität unserer Partei.

Dann kommen dreißig- bis vierzigtausend Führer der mittleren Ebene. Das ist unser Parteioffizierskorps.

Dann kommen hundert- bis hunderfünfzigtausend Mann vom unteren Kommandeursbestand der Partei. Das sind gewissermaßen unsere Parteiunteroffiziere.« (»Prawda«, 29. März 1937)

Die Partei reagierte nach dem Prinzip der Gegenseitigkeit, der Marschall der Weltrevolution sei Genosse Stalin. (»Prawda«, 18. August 1940, S. 3)

In den dreißiger Jahren blühte die Partei auf: Die Aderlässe bekamen ihr gut, ohne sie wäre die Partei dahingefault. Ende 1938 war der große Parteiaderlaß beendet, und für die aufgeblühte Partei brach eine neue Etappe an.

Diese neue Etappe begann mit dem 18. Parteikongreß. Einige westliche Historiker bezeichnen diesen Kongreß ohne Umschweife als Kongreß zur Kriegsvorbereitung. Das ist richtig, aber nur mit einer ergänzenden Präzisierung: Es war die Vorbereitung für einen »Befreiungs«-Krieg. Jeder, der selbst einmal in der »Prawda« aus jenen Tagen geblättert hat, wird es bestätigen: Alles dreht sich darin um den Krieg, aber kein Wort fällt über einen Verteidigungskrieg. Wenn überhaupt von Verteidigung gesprochen wird, dann nur im Sinne eines Präventivschlages und einer blitzschnellen Verlagerung des Krieges auf das Territorium des Gegners.

Von den Reden auf dem Parteikongreß zur Tat war der Übergang kurz und direkt. Die Parteistruktur, bestehend aus Rayon- bzw. Stadtbezirkskomitees, Stadtkomitees, Gebiets- und Zentralkomitees der Unionsrepubliken, war die Struktur der Staatsverwaltung. Anfang 1939 wurden in sämtlichen Untergliederungen der Parteistruktur, angefangen beim Rayon- bzw. Stadtbezirkskomitee und weiter aufwärts, Militärabteilungen eingerichtet. Durch diese Militärabteilungen übte die Partei die Kontrolle über den Prozeß der Kriegsvorbereitung aus. Die Militärabteilungen bestimmten und kontrollierten die Vorgänge zur Bereitstellung der Mobilmachungsvorräte, die Umstellung von Industrie, Landwirtschaft und Transportwesen auf Kriegswirtschaft. Durch ihre Militärabteilungen lenkte die Partei den komplizierten und mühsamen Prozeß zur Vorbereitung der Bevölkerung auf den Krieg.

Vernehmlicher als zuvor wurde das Knarren der Offiziersstiefel und der Generalsportepees innerhalb der Partei. Die Diktatoren der Parteimode empfahlen Graugrün, Feldblusen, Uniformtuch.

Die Verflechtung von Partei und Armee verstärkte sich: Vielversprechende Offiziere wurden zur Arbeit in die Parteikomitees geschickt, Parteifunktionäre in die Rote Armee abgestellt. An der obersten Spitze, im Zentralkomitee der Partei, wurden besonders viele Plätze Militärangehörigen vorbehalten. Anfang 1939 geriet ein ganzes Rudel kommandierender Offiziere aus Heer, Seekriegsflotte und Rüstungsindustrie unter die Mitglieder des Zentralkomitees. Kurz darauf, Anfang 1941, kam es noch einmal im ZK zu einer Auffüllung durch Generale und Admirale. Die Grenze zwischen Partei und Roter Armee war immer schwerer zu erkennen: Die Partei leitete den Aufbau der Streitkräfte, die Generale saßen in den Sitzungen des Zentralkomitees der Partei.

Am 7. Mai 1939 wurde der Politischen Militärakademie der Roten Arbeiter- und Bauernarmee (neben ihrer eigentlichen Aufgabe) durch Befehl des Volkskommissars für Verteidigung der UdSSR die Verantwortung für die militärische Umschulung der hohen Parteifunktionäre übertragen. Für die Parteigenossen geringeren Kalibers wurden militärische Ausbildungskurse bei den Stäben der Militärbezirke, Armeen, Korps und Divisionen organisiert.

Am 29. August 1939 faßte das Politbüro den Beschluß »Über die Auswahl von 4000 Kommunisten zur politischen Arbeit in der Roten Arbeiter- und Bauernarmee«.

Weitblickende Genossen saßen im Politbüro: Sie begannen mit der Mobilisierung der Kommunisten noch ehe die Mobilmachung durch den Obersten Sowjet der UdSSR offiziell erklärt worden war. Das führt zu einer interessanten Beobachtung: Da am 23. August der Nichtangriffspakt mit Hitler unterzeichnet worden war, wäre logischerweise, dem Vertrag entsprechend, nicht die Mobilisierung der Kommunisten für das Heer, sondern deren Demobilisierung, nicht die Einberufung Tausender in die Rote Armee, sondern deren Entlassung aus der Armee zu erwarten gewesen.

2.

Die Zahl 4000 irritiert: Das ist nicht viel. Allerdings verbergen sich hinter dieser bescheidenen Zahl recht besorgniserregende Vorgänge. Hier ist nicht die Rede von gewöhnlichen Kommunisten. Der Arbeiter, der schuftet und aus Dummheit in die Partei eingetreten ist, wurde durch den Gestellungsbefehl des Kriegskommissariats einberufen. 1939 gab es in der Roten Armee etwa 180 000 Kommunisten, im Sommer 1941 waren es bereits 560 800. Innerhalb von zwei Jahren waren mindestens 380 000 gewöhnliche Kommunisten einberufen worden. Dafür hatte es keines Politbürobeschlusses bedurft. Durch den Beschluß des Politbüros werden keine gewöhnlichen Kommunisten einberufen, sondern sogenannte verantwortliche Parteifunktionäre, das heißt die Parteinomenklatur.

Bedeuten diese Dickwänste wirklich einen großen Gewinn für die Armee? Sie sind keine Heerführer von Beruf, sondern Verwaltungsbürokraten; lohnt es sich überhaupt, diese kümmerlichen Quasi-Krieger zu beachten? Ich meine ja. Sie werden schließlich nicht mit dem Gewehr in der Hand ins Gefecht geschickt, sondern zur politischen Arbeit. Die unterste Ebene, auf der man zu jener Zeit die Stelle eines Politoffiziers vorsah, war die Kompanie. Wären die 4000 Kommunisten zur Parteiarbeit auf Kompanieebene delegiert worden, hätte man auch dafür 4000 neue Kompanien aufstellen müssen. Aber schon 1939 war aus wirtschaftlichen Überlegungen vorgeschlagen worden, die Stelle des Politoffiziers auf Kompanieebene abzuschaffen. Der Vorschlag wurde akzeptiert, und 1940 begann man die Stellen der Politoffiziere bei den Kompanien abzubauen. Politoffiziere gab es weiterhin nur noch auf Bataillonsebene und darüber hinaus. Betrachten wir die Folgen dieser Stellenkürzung an einem Beispiel:

Generaloberst L. M. Sandalow beschreibt ein winziges Detail aus dem allgemeinen Bild der heimlichen Mobilmachung der Roten Armee. Es geht um ein kleines, kaum bemerkenswertes Stück der sowjetisch-deutschen Grenze, in dessen Nähe vier Maschinengewehr-Artillerie-Bataillone mit je 350 bis 400 Mann ihren Dienst versehen. Ein paar unauffällige Maßnahmen werden durchgeführt, und bald darauf liegen in diesem Abschnitt nicht mehr vier, sondern fünf Bataillone – aber jedes dieser Bataillone besteht aus 1500 Soldaten. (»Militärhistorische Zeitschrift« 1988, Nr. 11, S. 7) In diesem Abschnitt hatte es 1400 bis 1600 Soldaten gegeben, und nun waren es 7500 (wobei lediglich ein Bataillon hinzugekommen war). Es hatte 20 Politoffiziere gegeben (vier auf Bataillons- und 16 auf Kompanieebene), jetzt gab es deren fünf. Nach der heimlichen Reorganisierung war die Zahl der Soldaten auf das Fünffache gestiegen, die Zahl der Politoffiziere dagegen auf ein Viertel geschrumpft, da in jedem Bataillon nur ein Politoffizier übriggeblieben war. Die anderen fünfzehn hatte man eingespart. Sie konnten jetzt bei der Aufstellung von fünfzehn neuen Bataillonen mit einer Gesamtstärke von 22 500 Mann Verwendung finden. Dieser Vorgang ist charakteristisch für die gesamte Rote Armee: Die Truppenzahl wächst rapide, aber gleichzeitig werden Politoffiziere freigesetzt. Sie finden umgehend bei der Auffüllung neuer Bataillone, Regimenter, Divisionen, Korps und Armeen Verwendung. Außerdem werden in Schnellkursen an Politschulen Tausende neuer Politoffiziere ausgebildet. Die Ausbildung der höchsten Politoffiziere erfolgt in der Politischen Militärakademie. Doch das Wachstum der Roten Armee verläuft so stürmisch, daß die Zahl der Politoffiziere ohnehin nicht ausreicht, und deshalb werden aus der Reserve Tausende bereits früher ausgebildeter Politoffiziere einberufen. Anfang 1941 waren es zum Beispiel 11 000 Mann. (Geschichte des Großen Vaterländischen Krieges der Sowjetunion 1941–1945, Bd. 1, S. 461) Aber man hatte Politoffiziere der Reserve auch schon in den beiden vorangegangenen Jahren eingezogen. (Wie viele neue Bataillone hatte man eigentlich mit ihnen komplettieren können?) Diese Reservisten waren natürlich ohne den Beschluß des Politbüros einberufen worden. Doch nun beschloß das Politbüro, zusätzlich Tausende von Funktionären aus der eigenen Nomenklatur in die Rote Armee zu entsenden. Zieht man all dies in Betracht, dann ergibt das ein höchst bedenkliches Bild.

3.

Natürlich wurden die zur Roten Armee abgestellten Angehörigen der Nomenklatur nicht auf Bataillonsebene eingesetzt und vermutlich auch kaum bei den Regimentern. Das alles diente einer Stärkung der politischen Organe in den vorhandenen und neuaufgestellten Divisionen, Korps, Armeen und Fronten.

Aber das ist nicht die einzige und auch nicht die eigentliche Bestimmung der zum Dienst in der Roten Armee beorderten Verwaltungsleute aus der Parteinomenklatur. Die Partei ist auch nicht so töricht, sie zu Heerführern machen zu wollen. Ihnen ist eine andere Aufgabe zugedacht: Bei den Militärräten der Armeen und Fronten werden Gruppen zur besonderen Verwendung aufgestellt, die Osnas. Wir wissen bereits, daß die motorisierten Osnas-Schützendivisionen des NKWD zur Sowjetisierung der neu eroberten Gebiete aufgestellt worden sind. (siehe Der Eisbrecher, S. 85 ff.) Eine Osnas-Division des NKWD kann in jedem beliebigen Gebiet die revolutionäre Ordnung herstellen, aber dieses Gebiet verwalten können nur professionelle Verwaltungsexperten. Und genau zu diesem Zweck werden die Gruppen zur besonderen Verwendung gebildet. Der Beschluß des Politbüros über die Einberufung von 4000 Kommunisten zur Roten Armee wurde am 29. August 1939 gefaßt. 19 Tage darauf marschierte die Rote Armee in Polen ein. In den »befreiten« polnischen Territorien arbeitete die neue kommunistische Administration wie ein gut funktionierender Mechanismus aus der Hand eines begabten Meisters. Auch bei der »Befreiung« Estlands, Litauens, Lettlands gab es keinerlei Probleme. Anders in Finnland, weshalb auch keine Gruppen von verantwortlichen Parteiarbeitern zur besonderen Verwendung erforderlich waren, oder, besser gesagt, zwar gebraucht wurden, aber doch nicht in voller Stärke.

4.

Die Generalsstiefel knarren unterdessen bereits nicht mehr nur bei den verantwortlichen Parteifunktionären auf Bezirks- und Gebietsebene. In knarrenden Generalsstiefeln kommen nun auch die Mitglieder des Politbüros daher. Es gibt eine großartige Aufnahme: Am 29. September 1939 blickt Chruschtschow in Generalsuniform aber ohne Rangabzeichen auf dem »befreiten« polnischen Territorium vom Ostufer des San zur anderen, der von Hitler »befreiten« Seite hinüber. Chruschtschow ist umgeben von beflissenen Kommissaren. Seine Dienststellung ist die eines Mitglieds des Militärrats der Ukrainischen Front. Er war es, dem die Gruppen zur besonderen Verwendung unterstellt waren. Befehlshaber der Front war I. Tjulenew. Chruschtschows Aufgaben: Kontrolle von Tjulenew, Führung der ihm unterstellten Kommissare, Etablierung des »glück-

Die TB-7 war das beste strategische Bombenflugzeug der Welt. In großer Höhe übertraf die TB-7 an Geschwindigkeit jedes Jagdflugzeug und war vollkommen ungefährdet durch Flak-Artillerie. Warum befahl Stalin nicht den Bau dieser Bombenflugzeuge?

Eine Fünftonnenbombe für den Bomber TB-7. Hätte Stalin den Bau der TB-7 befohlen, so wären in der Nacht zum 23. Juni 1941 Tausende Tonnen Bomben von Hunderten TB-7-Maschinen über Berlin abgeworfen worden. Und 24 Stunden später hätte man diese Operation wiederholen können . . .

Японский самолет «Накадзима» Б5Н2. (Вес — 3,8 тонны. Макс. скорость — 378 км/ч. Дальность полета — 2000 км. Боевая нагрузка — 1 торпеда 800 кг).

Советский самолет «Иванов», или СУ-2. (Вес — 4 тонны. Макс. скорость — 486 км/ч, дальность полета 1200 км, бомбовая нагрузка — 600 кг).

Die japanische »Nakajima« B-5N2 (Gewicht: 3,8 Tonnen; Höchstgeschwindigkeit: 378 km/h; Reichweite: 2000 km; Zuladung: ein 800-kg-Torpedo) und der sowjetische »Iwanow« Su-2 (Gewicht: 4 Tonnen; Höchstgeschwindigkeit: 486 km/h; Reichweite: 1200 km; Bombenzuladung: 600 kg) sind für den Angriff bestimmte Flugzeuge. Beide wurden für Überraschungsangriffe und Einsätze unter der Voraussetzung der eigenen Luftherrschaft entwickelt.

Член Военного Совета Украинского фронта Н. С. Хрущев у реки Сан (29 сентября 1939 г.)

Der russische Text lautet: »Das Mitglied des Militärrates der Ukrainischen Front N. S. Chruschtschow am Ufer des San (29. September 1939)«

In der Kommunistischen Partei begannen die Offiziersstiefel zu knarren. Nikita Chruschtschow im zerfledderten Polen an der neuen sowjetisch-deutschen Grenze. Alles, was Chruschtschow in diesem historischen Augenblick sagte, ist geschichtliche Wahrheit geworden: »Laßt die Deutschen ruhig ihre Verbrechen begehen, anschließend kommt die Rote Armee als Befreierin nach Europa . . .«

Stalin und Schaposchnikow.
Am 19. August 1939 faßte Stalin den endgültigen Entschluß, den Pakt über die Teilung Polens mit Deutschland zu unterzeichnen. Am selben Tag begann die heimliche Mobilmachung der Roten Armee für den Krieg gegen Deutschland. »Mobilmachung ist Krieg«, hatte Schaposchnikow gesagt. Stalin war vollkommen der gleichen Auffassung.

1940 ist das Jahr der vollständigen Mobilisierung und Militarisierung der sowjetischen Industrie. Die Flugzeugwerke, Panzer-, Geschütz- und Munitionsbetriebe sind auf Kriegswirtschaft umgestellt, die Männer werden unauffällig in die Armee geholt, die Waffen von alten Männern, Frauen und Halbwüchsigen produziert. Die sowjetische Industrie lieferte so viele Granaten, daß es keine Lagerungsmöglichkeiten mehr gab; der Krieg mußte 1941 begonnen werden . . .

Eine 203-mm-Haubitze B-4. Jede Granate wiegt hundert Kilo, die Ladung nicht mitgerechnet. Geschütze dieser Art sind nur bei Angriffsoperationen einsetzbar. Die Konzentrierung schwerer Haubitzenartillerie ist ein untrügliches Zeichen für die Vorbereitung eines Angriffs. Im Sommer 1941 waren in den grenznahen Räumen der UdSSR über fünfhundert Artillerieregimenter zusammengezogen worden, darunter Schwere-Artillerie-Regimenter und Überschwere-Artillerieabteilungen. Für jedes Geschütz standen 600 Granaten bereit.

In den grenznahen Räumen verlor die Rote Armee 25 000 Waggons mit Artilleriegranaten. Warum hatte man die Granaten in Eisenbahnwaggons gelagert? Wohin sollten sie geschafft werden? Hätte man sich auf eine Verteidigung vorbereitet, wären die Granaten an die Truppe ausgegeben worden. Wenn eine Rückweichbewegung geplant wurde, gab es keinen Grund, die Granaten in den grenznahen Räumen zu konzentrieren.

Schepetowka, Anfang Juli 1941: Gefangennahme von Sowjetsoldaten der 16. Armee. Achten Sie auf die Gesichter. Der Krieg hat eben erst begonnen; wovon sind die Sowjetsoldaten so ausgezehrt? In *deutschen* Konzentrationslagern sind sie noch nicht gewesen.
Noch vor dem deutschen Angriff hatte Stalin am 13. Juni 1941 mit der heimlichen Verlegung von sieben Armeen der Zweiten Strategischen Staffel in die Westregionen der UdSSR begonnen. Diese Armeen hatten reine Angriffsaufgaben. Die Armeen der Zweiten Strategischen Staffel waren zu einem großen Prozentsatz durch Häftlinge aus dem GULag aufgefüllt worden. An die Möglichkeit eines deutschen Angriffs hatte Stalin nicht geglaubt, dennoch legte er noch vor dem deutschen Angriff Waffen in die Hände von Gefangenen. Hätte Stalin, falls es nicht zu dem Angriff durch Hitler gekommen wäre, lange Hunderttausende bewaffneter Häftlinge an seinen eigenen Westgrenzen halten können?

Der junge Mann mit den beiden Orden ist R. P. Chmelnizki. Hinter Lenin steht sein Förderer K. Je. Woroschilow.

lichen Lebens« in dem »befreiten« Land. Zum deutschen Ufer aber blickt Chruschtschow fröhlich und furchtlos hinüber. Armeegeneral Tjulenew erinnert sich an das, was Chruschtschow in diesem historischen Augenblick sagte. Es waren einfache und verständliche Worte: »›Unsere Armee ist eine Befreiungsarmee, von diesem Bewußtsein muß jeder Kämpfer und Kommandeur bei uns durchdrungen sein, es muß ihr Verhalten auf polnischem Territorium diktieren. Nun, und die Deutschen . . .‹ – Nikita Sergejewitsch zwinkerte fröhlich. ›Wir werden ihnen keine Maßregeln für ihr Verhalten diktieren. Wenn nicht die Einsicht bei ihnen die Oberhand gewinnt, haben sie es sich selbst zuzuschreiben!. . .‹« (Nach drei Kriegen. Moskau 1960, S. 132) Das wurde zu Lebzeiten Chruschtschows gedruckt, als dieser an der Macht war; Chruschtschow hat es nicht dementiert, und seine Zensur hat es nicht gestoppt. Wie sich die Befreiungsarmee auf polnischem Gebiet verhielt und wovon sie sich leiten ließ, können wir an den Massenbestattungen polnischer Offiziere ablesen. Es war auf Befehl der Kommunistischen Partei geschehen, der »entscheidenden Führungs- und Leitungskraft« in Offiziersstiefeln. Der fröhliche Chruschtschow spricht an der neuen sowjetisch-deutschen Grenze keineswegs von Verteidigung, sondern von dem kommenden Vergeltungsschlag gegen den Faschismus: Sollen sie ruhig in ihrem verbrecherischen Treiben fortfahren, wir werden ihre Richter sein . . . Seine Worte enthalten nichts Originelles. Das ist Marxismus-Leninismus-Trotzkismus-Stalinismus reinsten Wassers. Marx werde ich nicht erst zitieren. Dessen gesamte Korrespondenz mit Engels ist von dieser einen Idee durchdrungen: Laßt sie ihre Verbrechen begehen, je mehr, desto besser. Und genau dieses Motiv griff Lenin auf: »Mag die Bourgeoisie ruhig bei ihren Greueln bleiben . . . Je mehr verbissene Härte und Brutalität von ihrer Seite ausgeht, desto näher rückt der Tag der siegreichen proletarischen Revolution.« (»Prawda«, 22. August 1918; Werke XXXVII, S. 59) Diesen Gedanken von Marx und Lenin hat Trotzki permanent wiederholt, und zwar nicht mehr im Hinblick auf die Feinde ganz allgemein, sondern konkret auf den deutschen Faschismus bezogen: »Die *Sowjetischen Vereinigten Staaten von Europa* sind die einzig wahre Lösung, die den Ausweg aus der europäischen Zersplitterung weist, die nicht nur Deutschland, sondern ganz Europa mit dem völligen wirtschaftlichen und kulturellen Ruin bedroht . . . Je mehr die Faschisten in den Augen der sozialdemokratischen Arbeiter und der werktätigen Massen insgesamt als die Angreifer dastehen und wir als die Verteidiger, um so mehr Chancen werden wir haben . . .« (»Bulletin der Opposition« Nr. 17/18, November/Dezember 1930, S. 53) Der Gedanke ist klar: Wenn Europa nicht zu einem vereinigten sowjetischen Europa zusammengeschlossen werden kann, dann stehen ihm Elend und Dekadenz bevor, aber die Faschisten sollen ruhig zuerst angreifen . . . Das wurde vor Hitlers Machtergreifung geäußert, und zwar gerade unter Bezug auf den deutschen Faschismus. Trotzki hatte Meinungsverschiedenheiten mit Stalin und dessen Höflingen, aber doch nur in Detailfragen. Die zentrale Idee vom Eisbrecher der Revolution ist hier ebenso deutlich ausgedrückt wie bei Lenin und Stalin.

Die Kommunistische Partei hatte nicht umsonst im August 1939 Lederstiefel angezogen, und sie war einen Monat später am Ufer des San auch nicht gewillt, sie wieder abzulegen. Chruschtschow hatte im September 1939 nur das gesagt, was vor ihm schon die Begründer des Marxismus-Leninismus' formuliert hatten. Der Unterschied besteht lediglich darin, daß Chruschtschow nicht in der Stille seines Arbeitszimmers davon sprach, sondern an der deutschen Grenze.

5.

Am 13. März 1940 faßte das Politbüro den Beschluß »Über die militärische Umschulung und Umbenennung der Funktionäre der Parteikomitees sowie über die Durchführung ihrer Einberufung in die Rote Arbeiter- und Bauernarmee«. Natürlich unterlag der Beschluß zu diesem Zeitpunkt der Geheimhaltung. Erst 1969 wurde er teilweise veröffentlicht. (Die KP der Sowjetunion und die Streitkräfte der Sowjetunion. Dokumente 1917–1968. Moskau 1969, S. 296–297)

Diesem Beschluß zufolge wurden »die verantwortlichen Funktionäre im Apparat des Zentralkomitees der KPdSU(B) beim Volkskommissariat für Verteidigung und beim Volkskommissariat der Seekriegsflotte namentlich erfaßt und zur Arbeit in der Roten Arbeiter- und Bauernarmee und der Roten Arbeiter- und Bauernseekriegsflotte auf Beschluß des ZK der KPdSU(B) nach Vorschlag des Vokskommissariats für Verteidigung, des Volkskommissariats für die Seekriegsflotte und der Kaderverwaltung des ZK der KPdSU(B) einberufen . . .« Punkt 4 des Politbürobeschlusses schrieb dem Volkskommissariat für Verteidigung vor, »die Umbenennung und Verleihung militärischer Dienstgrade an die Funktionäre der Parteikomitees vorzunehmen«. Armeegeneral Jepischew berichtet, daß in einem Jahr etwa 40000 Parteifunktionäre die Umschulung durchliefen. (Die Partei und die Armee. Moskau 1980, S. 163)

Dies geschah in aller Stille, ohne an die Öffentlichkeit zu dringen. Im Endergebnis hatte der *gesamte* Führungsstab der Partei die Umschulung absolviert, militärische Dienstgrade zuerkannt bekommen, und die ganze Nomenklatur war namentlich in der Wehrkartei erfaßt. Jeden beliebigen Parteiführer, angefangen von den »verantwortlichen Funktionären des Zentralkomitees«, konnte die Rote Armee jederzeit einziehen, vorausgesetzt allerdings, daß sie zuvor die Genehmigung des Genossen Stalin eingeholt hatte.

Genosse Stalin pflegte sie nicht zu versagen.

6.

Die Funktionäre der Nomenklatur werden einzeln, aber auch in kleineren und mittelgroßen Gruppen eingezogen. Von außen gesehen fällt nichts auf: Hier hat man einen geholt, dort einen anderen. Dann kommt plötzlich der Beschluß des Politbüros vom 17. Juni 1941 »Über die Auswahl von 3700 Kommunisten zur politischen Arbeit in der Roten Arbeiter- und Bauernarmee«. Zu der Zeit werden sowjetische Truppen an den Grenzen zu Deutschland und Rumänien zusammengezogen, ganz so wie im August 1939 an der Grenze zu Polen. 1939 hatte die

Rote Armee 19 Tage nach dem Beschluß über die Einberufung der Nomenklatur in die Rote Arbeiter- und Bauernarmee zugeschlagen. Nun wiederholt sich das Szenario. Zählen wir vom Tag des neuen Beschlusses 19 Tage weiter, kommen wir auf den 6. Juli 1941. Dieses Datum habe ich schon früher (Der Eisbrecher, S. 429) genannt. An diesem Tag sollte die Rote Armee den Angriff gegen Deutschland und Rumänien beginnen. 19 Tage – das ist kein Zufall. Die Pläne waren zuvor schon für alle vorangehenden und folgenden Tage ausgearbeitet worden. Die Zeit läuft wie vor dem Start einer Raumrakete. Nach einem fertigen Plan werden Hunderte von verschiedenen Aktionen und Operationen durchgeführt, und für jede ist in diesem Diagramm ein genauer Zeitpunkt vorgegeben. Nach diesen Berechnungen und Plänen muß am Tag »M–19« (das heißt am 17. Juni 1941) die Parteinomenklatur zur Armee abkommandiert werden. Dieser Abzählmechanismus für die einzelnen Tage war bei Manövern und in den vorangegangenen »Befreiungsaktionen« durchgearbeitet worden. Im Juni 1941 wurde er erneut gestartet. Der Detonator der unter Europa plazierten Mine zählte schon die Tage . . .

Der Beschluß wurde ebenso wie andere dieser Art geheimgehalten. Von seiner Existenz erfuhr man erst viele Jahre nach Beendigung des Krieges. Und auch da wurde nur die Überschrift bekannt, der Text selbst blieb geheim. Immerhin ist von dieser Einberufung ein wenig mehr an die Öffentlichkeit gedrungen als von der Aushebung der 4000 Kommunisten im August 1939. So weiß man zum Beispiel, daß unter diesen Einberufenen der Sekretär des Dnjepropetrowsker Gebietskomitees für die Rüstungsindustrie, Leonid Breschnew, gewesen ist. Um Aufnahme in die Rote Armee bewarb sich Breschnew am Morgen des 22. Juni 1941. Seiner Bitte wurde unverzüglich stattgegeben. Für die Gewährung einer solchen Bitte war zumindest ein Entscheid des Zentralkomitees erforderlich. Man darf bezweifeln, daß das ZK am Sonntagmorgen des 22. Juni auf schnelle und operative Weise seine Entscheidungen traf. Das Tempo, mit dem über Breschnews Schicksal verfügt wurde, läßt sich nur so erklären, daß diese Frage bereits früher entschieden worden war. Am 22. Juni wurde Breschnew nur noch bestätigt, daß er den früher empfangenen Weisungen gemäß zu handeln habe. Breschnew fand Verwendung beim Militärrat der Süd-Front. Die Entscheidung zur Schaffung der Süd-Front war von Stalin am 21. Juni 1941 bestätigt worden, doch die gesamte Vorbereitungsarbeit hatte man bereits früher geleistet. Die Süd-Front interessierte mich besonders. Sie war gebildet worden, um den Schlag gegen Rumänien zu führen, zur Eroberung der Erdölfelder von Ploeşti. Zum Befehlshaber der Front bestimmte Stalin denselben Iwan Tjulenew, mit dem Chruschtschow im September 1939 an der neuen deutschen Grenze seine Gedanken über das zukünftige Europa ausgetauscht hatte. Im Sommer 1941 besaß Tjulenew bereits fünf Generalssterne. In Polen hatte er sich während des »Befreiungsfeldzuges« bewährt; nun stand ihm eine neue Aufgabe bevor – Rumänien.

7.

Die Vorbereitungen der Roten Armee auf die »Befreiungsfeldzüge« in den Jahren 1939 und 1941 verliefen nach ein und demselben Programm. Gewiß, 1941 führte Hitler seinen Präventivschlag, und der sowjetische Feldzug fand nicht statt. Aber 1941 hatte man ebenso wie 1939 bei den Militärräten der Fronten aus den Parteibürokraten Gruppen zur besonderen Verwendung aufgestellt – die Osnas-Einheiten. Ihre Aufgabe bestand in der Durchführung der Sowjetisierung. Nach dem deutschen Angriff blieben die Osnas-Gruppen mehrere Monate lang untätig. (Auf eigenem Territorium in einem Verteidigungskrieg gab es für sie keine Verwendung.) Als endgültig klar war, daß der »Befreiungskrieg« nicht stattfinden würde, löste man die Gruppen zur besonderen Verwendung auf. Für die Parteiverwaltungsleute fand man eine andere Einsatzmöglichkeit innerhalb der Roten Armee.

Die für die Sowjetisierung vorgesehenen Gruppen schienen mir besonders interessant, und dann fand ich im Archiv eine Liste der Osnas-Gruppe beim Militärrat der Süd-Front. Dieser

Gruppe gehörte unter anderem Leonid Iljitsch Breschnew an, der künftige Generalsekretär und Marschall der Sowjetunion. Es war zum Verzweifeln: Eine Kopie im Archiv zu bekommen war nicht möglich, weil dieser Fund nicht unter den Themenkreis meiner Untersuchung fiel, die ich als Ablenkungsmanöver für wachsame Augen durchführte. Ich wollte die Seite herausreißen. Mein Gewissen erhob keinen Einspruch in dieser Situation, das Dokument würde ohnehin unangefordert hundert Jahre unter Archivstaub begraben liegen, und dann wäre es wohl niemandem mehr von Nutzen, während ich es vielleicht unter die Leute bringen konnte. Aber ich riß die Seite nicht heraus, habe das viele Jahre lang bereut und mich selbst wegen meiner Feigheit und Unentschlossenheit beschimpft. Denn wenn man, ohne Beweise vorlegen zu können, erzählte, Breschnew habe zur Gruppe der verantwortlichen Parteifunktionäre gehört, die das glückliche Leben in Rumänien einführen sollten, wer würde das schon glauben? Breschnew selbst hatte Anfang der siebziger Jahre offenbar nicht die Absicht, eine Art Memoiren zu schreiben, aber selbst wenn dies der Fall gewesen wäre, so hätte man doch kaum hoffen können, daß er sich an die Osnas-Gruppe erinnern würde.

Später erschienen Breschnews Memoiren doch. Hoffnungsvoll griff ich zu dem Buch: Vielleicht erwähnte er ja die Gruppe zur besonderen Verwendung. Aber nein, er erinnerte sich nicht.

Vier weitere Jahre gingen ins Land, und dann kam ein farbenprächtiger Band heraus: »Die Achtzehnte in den Schlachten für die Heimat. Der Kampfweg der 18. Armee« (Moskau 1982). Das Buch geht auf das Institut für Militärgeschichte zurück und verrät die deutliche Absicht, Breschnew gefällig zu sein. Es erschien zu dessen Lebzeiten und hatte sowohl die Militärzensur als auch die Zensur des ZK passiert. Schwarz auf weiß kann man dort auf Seite 11 lesen: »Bis Mitte September 1941 gehörte Leonid Iljitsch der Gruppe zur besonderen Verwendung beim Militärrat der Süd-Front an.«

Breschnew ging bald darauf hinüber in eine andere Welt. Seite 11 werden nur wenige Menschen gelesen haben. Das

Buch selbst hat es nicht zum Bestseller gebracht: Auch ohne diesen Band war man der Biographie des lieben Leonid Iljitsch überdrüssig. Ich bin allerdings der Meinung, daß man sogar in einer faden Biographie ganz erstaunliche Informationen entdecken kann.

Im Englischen gibt es die Redewendung »dressed to kill«. Sie wird im übertragenen Sinn gebraucht. Bei einer Beschreibung der Kommunistischen Partei der Sowjetunion in den Vorkriegsjahren kann man diesen Ausdruck sogar in direktem Sinn verwenden. Die Kommunistische Partei war aus einer halbmilitärischen in eine rein militärische Organisation umgewandelt worden. Die Führer der Partei auf der obersten, der mittleren und der unteren Ebene – Stalin und Chruschtschow sowie der damals kaum bekannte Breschnew eingeschlossen – waren zum »Befreiungskrieg« einberufen und angetreten.

BIS ZUM ENDE

Stalin war ein Stratege
von seltener Begabung,
er plante selbst die Geschichte,
und er war ein phänomenaler Taktiker,
der seine Siege unter fremden Fahnen
und durch fremde Hände organisierte.
*A. Awtorchanow (Der Ursprung
der Partokratie. Frankfurt a.M. 1973, S. 356)*

1.

Es gab einen einzigen Menschen, den Stalin mit Vor- und Vatersnamen anredete. Der Mann hieß Boris Michailowitsch Schaposchnikow, sein militärischer Rang war der eines Marschalls der Sowjetunion und seine Dienststellung die des Generalstabschefs. Alle anderen wurden als Genosse Jeschow, Genosse Berija, Genosse Malenkow, Genosse Schdanow angeredet.

Die Sonderstellung Schaposchnikows war von Stalin auch schon früher betont worden, als Schaposchnikow keinen Marschallsrang bekleidete und noch nicht Chef des Generalstabes war. Die Marschälle wurden von Stalin Genosse Tuchatschewski, Genosse Blücher, Genosse Jegorow genannt. Schaposchnikow jedoch, der noch nicht auf solcher Höhe stand, redete er freundschaftlich, menschlich an. Flottenadmiral der Sowjetunion N. G. Kusnezow beschreibt dies so: »Stalin redete niemanden mit Vor- und Vatersnamen an. Selbst in häuslicher Umgebung nannte er seine Gäste beim Familiennamen und fügte unbedingt das Wort ›Genosse‹ hinzu. Auch er selber wurde so angesprochen: ›Genosse Stalin‹. Sagte aber jemand, der diese Gepflogenheit nicht kannte, etwa unter Bezugnahme auf A. A. Schdanow: ›Andrej Alexandrowitsch ist der Auffassung . . .‹, dann fragte I. W. Stalin, der natürlich erriet, von wem die Rede war, unweigerlich: ›Und wer soll dieser Andrej Alexandrowitsch sein . . .?‹ Eine Ausnahmeregelung galt nur für B. M. Schaposchnikow. Ihn redete er immer mit Boris Michailowitsch an.« (Am Vorabend. Moskau 1966, S. 280)

Die Sonderstellung Schaposchnikows ist einfach zu erklären. Er war Autor des Buches »Das Gehirn der Armee«, das die Arbeitsweise eines Generalstabs beschreibt. Der dritte und letzte Teil erschien 1929, und solange die Sowjetarmee existierte, war diese Arbeit ein Handbuch für jeden sowjetischen Offizier und General. Auf Lenins Schreibtisch hatte die »Psychologie der Massen« gelegen, auf Stalins Tisch aber stand das Modell eines kleinen silbernen Flugzeugs mit der Aufschrift »Stalins Marschrichtung«, und daneben lag Schaposchnikows »Das Gehirn der Armee«.

Der Erfolg von Schaposchnikows Buch beruhte auf der Exaktheit in der Darstellung des Materials, auf der kristallklaren Beweisführung, der Kunst, die kompliziertesten Probleme in einer einfachen, jedermann verständlichen Sprache zu erläutern. Die größte Stärke des Buches liegt im dritten, dem abschließenden Teil. Darin befaßt sich Schaposchnikow mit Fragen der Mobilmachung.

Es ist eine undankbare Beschäftigung, fremde Arbeiten mit eigenen Worten wiederzugeben, und dies gilt um so mehr, wenn es sich um Arbeiten eines hervorragenden Militärtheoretikers handelt. Doch ich komme nicht umhin, mich dieser Aufgabe zu unterziehen, weil in Schaposchnikows Theorie der Schlüssel zum Verständnis für den weiteren Gang der Ereignisse einschließlich des Zweiten Weltkrieges mit all seinen Folgen liegt.

Diese Theorie war einfach, verständlich, logisch und zweifellos richtig. Stalin hatte sie begriffen, ihre Bedeutung erkannt und sie seiner Strategie zugrunde gelegt. Das ist der Grund, weshalb wir bei der Lektüre von Schaposchnikows Arbeiten sowie seiner Mitstreiter und Gegner im Nachvollziehen ihrer Gedankengänge auch jene Schachzüge Stalins zu verstehen beginnen, die auf den ersten Blick unbegreiflich und unerklärlich erscheinen.

2.

Zieht man aus Schaposchnikows Theorie der Mobilmachung das Wichtigste heraus, um es Laien zu erläutern, dann läßt sich das Wesentliche wie folgt zusammenfassen:

1. Um einen Krieg siegreich zu beenden, bedarf es nicht nur Anstrengungen der Armee, sondern auch des ganzen Landes, seiner gesamten Bevölkerung, seiner gesamten Industrie, seines gesamten Verkehrswesens, seiner gesamten Landwirtschaft usw.

2. Man kann ein Land ebensowenig in permanenter und völliger Kriegsbereitschaft halten, wie kein Mensch ständig in jeder Hand eine Pistole halten kann. Tut er es dennoch, hat dies zur Folge, daß er nichts anderes machen kann. Also kann sich auch ein Land nicht in permanenter Kriegsbereitschaft befinden und seine ganze Kraft für die Vorbereitung eines Krieges verausgaben. Die ständige Konzentration aller Kräfte der Gesellschaft auf die Vorbereitung eines Krieges ruiniert das Land. Deshalb dürfen in Friedenszeiten Streitkräfte und Rüstungsindustrie nur ein Minimum verzehren. Allerdings müssen das Land, seine Bevölkerung, die Administration, die Industrie, das Verkehrswesen, die Landwirtschaft, das Fernmeldewesen, der ideologische Apparat usw. auf ein optimales Tempo und eine optimale Vollständigkeit beim Übergang von friedlichen Verhältnissen auf das Leben unter Kriegsbedingungen vorbereitet werden.

3. Mobilmachung bedeutet die Umstellung des ganzen Landes aus der Situation des Friedens auf den Krieg. Die Mobilmachung ist irreversibel und unwiderruflich. Bildhaft ausgedrückt entspricht die Mobilmachung einer Situation, als wäre die Hand nach unten gefahren, hätte die Pistole aus dem Holster gerissen und die gespannte Waffe auf den Gegner gerichtet.

4. Mobilmachung und Krieg sind untrennbar miteinander verbunden. Ist die Pistole gezogen und zielt sie mit gespanntem Abzug auf den Gegner, dann muß der Schuß auch fallen. Denn sobald die eigene Mobilmachung begonnen hat, ruft der Gegner seinerseits in seinem Lande die Mobilmachung aus. Greift der

eine zur Pistole, um sie auf den Gegner zu richten, dann zieht auch der andere seine Pistole und zielt auf den Herausforderer, bemüht, ihm zumindest um den Bruchteil einer Sekunde zuvorzukommen. Wer sich um diesen Bruchteil einer Sekunde verspätet, wird getötet.

5. Mit einer Mobilmachung darf man nicht spielen: Wer oft zur Waffe greift und sie mit gespanntem Abzug auf seinen Nachbarn richtet, für den nimmt die Sache ein übles Ende.

6. Hat man sich zur Mobilmachung entschlossen, muß man den eingeschlagenen Weg festen Schrittes bis zum Ende gehen, das heißt den Krieg beginnen.

7. Eine teilweise Mobilmachung gibt es nicht. Die Mobilmachung ist ein Prozeß, der einer Schwangerschaft gleicht. Eine Frau kann nicht nur ein wenig schwanger sein. Die Frage heißt Ja oder Nein. Diese Frage muß auch der Staat an sich richten: Stellen wir den gesamten Staatsapparat, unsere Industrie, das Verkehrswesen, die Streitkräfte, die Bevölkerung und alle staatlichen Ressourcen auf die Erfordernisse eines Krieges um, oder tun wir es nicht.

Diese Gedanken sind mit unterschiedlicher Konsequenz von verschiedenen Autoren geäußert worden. B. M. Schaposchnikow unterscheidet sich von seinen Vorgängern lediglich durch extreme Klarheit, Kürze und den Anspruch absolulter Gültigkeit: »Die Mobilmachung ist nicht nur ein Anzeichen des Krieges, sondern sie ist bereits der Krieg. Die Anordnung der Regierung, die Mobilmachung auszurufen, bedeutet faktisch die Kriegserklärung.« »Unter den heutigen Bedingungen muß ein Staat, der die Mobilmachung erklärt, zuvor den festen Entschluß zur Kriegsführung gefaßt haben.« »Unter allgemeiner Mobilmachung versteht man einen Zustand, aus dem es bereits keine Rückkehr mehr zur Situation des Friedens gibt.« »Als zweckmäßige Form der Mobilmachung gilt für uns nur die allgemeine Mobilmachung im Sinne einer Anspannung aller Kräfte und Mittel, die zur Erlangung des Sieges notwendig sind.«

Das Buch schließt mit der entschiedenen Erklärung: »Mobilmachung ist Krieg, und eine andere Auslegung ist für uns undenkbar.«

3.

Stalin teilte nicht nur die Ansichten von Schaposchnikow, er war selbst dieser Meinung. Stalin machte keinen Unterschied zwischen dem Prozeß der Machtergreifung im eigenen Land und in dem der Nachbarn. Er wußte, wie man die Macht im eigenen Land erobern mußte, und er bereitete sich darauf vor, sie auch in den Nachbarländern an sich zu reißen. Stalin umgab dieses Wissen nicht mit einem Mantel des Geheimnisses. Er machte es im Gegenteil zu einem Eigentum der Massen. In seinen Vorlesungen an der Swerdlow-Universität im Jahre 1924 »Über die Grundlagen des Leninismus« legte er unter Berufung auf Lenin dar, daß bei der Machteroberung halbherzige Spielereien nicht erlaubt sind. Entweder wollen wir die Macht ergreifen, oder wir wollen es nicht. Hat man die Sache erst begonnen, muß man auch *bis zum Ende gehen*. Das stimmt mit den Überlegungen von Niccolò Machiavelli überein: Entweder versetzen wir den tödlichen Schlag, oder wir lassen die Finger davon; das heißt wir gehen bis zum Ende, Zwischenlösungen kann es in der Politik und in der Strategie nicht geben. Und das entspricht den Überlegungen von Schaposchnikow: Entweder machen wir nicht mobil, oder wir führen die allgemeine Mobilmachung durch und lassen uns auf den Krieg ein – irgendwelche Teilmobilmachungen und Zwischenstadien kann es nicht geben. Auch der Mann im Wilden Westen, der Machiavelli nicht gelesen hatte, wußte, daß man zum bloßen Scherz seine Waffe nicht ziehen darf: Entweder sie blieb im Holster, oder er mußte ziehen und tödlich treffen. Das ist der Grund, weshalb Stalin nicht bloß sagt, daß man, sobald die Entscheidung für eine große Sache gefallen sei, auch bis zum Ende gehen müsse, sondern daß er im gedruckten Text diese Worte auch noch hervorgehoben hat. (Werke VI, S. 158)

Nicht nur mit Worten, sondern bei jedem Vorhaben ging Stalin bis zum Ende. Lange Zeit hatte er scheinbar gleichgültig das Aufblühen des russischen Dorfes mit angesehen, das wohlhabend geworden war und außer Kontrolle zu geraten drohte. Reichtum bedeutet Unabhängigkeit. Stalin schien auch das nicht zu berühren. Doch dann entschloß er sich zu einer Großaktion: Das Dorf wird auf die Knie gezwungen, selbst wenn man ihm dabei das Rückgrat brechen müßte. Er zwingt es auf die Knie. Er bricht ihm das Rückgrat. Und er nannte dieses Jahr das Jahr des großen Umbruchs.

Lange Zeit hatte Stalin scheinbar kein Interesse für die Armee gezeigt. Dann faßte er den Entschluß, die Rote Armee unter seine Kontrolle zu bringen. Auch darin ging er bis zum Ende. Weiter ging es nicht.

Als Stalin beschlossen hatte, die Opposition auszumerzen, führte er auch dieses Vorhaben konsequent zu Ende und schloß die Vernichtung seiner politischen Feinde siegreich ab, als der Eispickel Trotzkis Schädel traf.

Nach Abschluß der Großen Säuberung richtete sich Stalins Interesse nach außen. Im August 1939 hatte Stalin einen Entschluß gefaßt.

DIE GÜNSTIGSTE VARIANTE

Der Überraschungseffekt muß so
überwältigend sein, daß er dem
Gegner die materielle Möglichkeit
nimmt, seine Verteidigung zu
organisieren. Anders gesagt,
der Kriegsbeginn muß den
Charakter eines ohrenbetäubenden,
alles niederwalzenden Schlages tragen.

Brigadekommandeur G. S. Isserson
(Neue Formen des Kampfes, Moskau 1940)

1.

In Friedenszeiten darf die zahlenmäßige Stärke der Streitkräfte eines Staates ein Prozent der Gesamtbevölkerung nicht übersteigen. Mit der Annäherung an diese kritische Grenze oder gar deren Überschreitung beginnt die Wirtschaft zu stottern, das Wachstumstempo sinkt, der Staat verarmt, verliert an Kraft und wird sich am Ende aus seiner führenden Rolle in der Welt verdrängt sehen.

Vor Beginn des Ersten Weltkrieges betrug die Bevölkerungszahl des Russischen Reiches 180 Millionen. Die zahlenmäßige Stärke der Streitkräfte in Friedenszeiten war 1423000 Mann. Es war weltweit die größte Streitmacht, die ein Staat im Frieden unterhielt. Man muß der Regierung indessen zugestehen, daß sie die mit einer weiteren Vergrößerung der Streitkräfte verbundene Gefahr erkannte. Die Armee entzog der Wirtschaft nicht nur eineinhalb Millionen gesunder und starker Arbeitskräfte, sondern sie machte obendrein – und das ist das Entscheidende – aus Arbeitskräften Verbraucher. Ein Soldat muß ernährt und gekleidet werden, er muß seinen Sold bekommen und medizinisch betreut werden, man muß ihm Unterhaltung und Ablenkung bieten, für ihn müssen Kasernen gebaut, und er muß vor allem bewaffnet werden. Für tausend Soldaten sind jeweils Tausende von Waffenschmieden, Wissenschaftlern,

Konstrukteuren, Technikern, Hütten- und Metallarbeitern, Bergarbeitern, Arbeitskräften im Verkehrs- und Fernmeldewesen, Ackerbauern und Viehzüchtern vonnöten. Für ein Millionenheer von Soldaten arbeiten viele Millionen Menschen außerhalb dieses Heeres. Sie alle werden dem aufbauenden Arbeitsprozeß entzogen und arbeiten für die Zerstörung. Aber auch sie alle müssen ernährt und gekleidet werden, auch sie brauchen Verkehrsmittel und Wohnungen, ihnen müssen Gehälter, Löhne und Renten gezahlt werden. Halten wir uns demnach ein Millionenheer von Soldaten, dann bürden wir der Gesellschaft zugleich viele Millionen Esser auf, die für die Erfordernisse des Krieges arbeiten.

2.

Die günstigste Variante für den Kriegseintritt ist die Eröffnung der Kampfhandlungen mit einem plötzlichen Vernichtungsschlag. Um einen solchen Schlag gegen einen starken Gegner zu führen, reicht die Kampfkraft eines Friedensheeres nicht aus, selbst wenn dessen zahlenmäßige Stärke fast eineinhalb Millionen Mannschaften und Offiziere umfaßt. Ein Überraschungsschlag mag möglich sein, aber kein Vernichtungsschlag. Wird vor dem Krieg die Mobilmachung ausgerufen und die Stärke der Streitkräfte erhöht, schreckt dies den Gegner auf. Der Angriffsschlag mag mächtig ausfallen, doch das Moment der Überraschung ist jedenfalls verloren. Wird aber in Friedenszeiten permanent ein Heer von vier bis fünf Millionen Soldaten unterhalten, dann wird der Staat ruiniert, und er »besiegt sich selbst«.

Vor dem Beginn des Ersten Weltkrieges zerbrachen sich die Generale in allen Heeren den Kopf darüber, wie dies unter einen Hut zu bringen sei: über ein großes Heer zu verfügen, dabei den Staat nicht zu ruinieren und den Gegner nicht zu verschrecken.

Letzten Endes wußte niemand, wie dies miteinander zu vereinbaren sei, und der Kriegseintritt der großen europäischen Staaten vollzog sich nach einem ziemlich einheitlichen Schema:

1. Die Regierung rief die Mobilmachung aus und erklärte, daß sich das Land im Kriegszustand befinde.

2. Das Heer in Friedensstärke entfaltete sich an den Grenzen und sicherte dort durch seine Anwesenheit die Mobilmachung im Lande. (Bisweilen erfolgte die Deckung der Mobilmachung durch Angriffsoperationen mit begrenzter Zielsetzung oder Kavallerieattacken in den nahen rückwärtigen Raum des Gegners.)

3. Nach der Bekanntgabe der allgemeinen Mobilmachung schwollen die Armeen an, ihre zahlenmäßige Stärke stieg um ein Mehrfaches, und zwei bis drei Wochen später traten die Hauptkräfte der inzwischen vollständig mobilisierten Armeen zu den ersten Schlachten in Grenznähe an.

Genau so hatte für die russischen Streitkräfte der Erste Weltkrieg begonnen. Drei Wochen nach Ausrufung der allgemeinen Mobilmachung hatten sie eine Stärke von 5 338 000 Soldaten und Offizieren erreicht. Doch das Überraschungsmoment war verloren. Im Laufe des Krieges hatte man weitere Millionen unter die Fahnen gerufen, und die zahlenmäßige Stärke des Heeres war ständig gestiegen.

In Deutschland, Österreich-Ungarn, Großbritannien und Frankreich unterschied sich der Ablauf der Mobilmachung in Detailfragen, aber im Prinzip war es keinem Land gelungen, dem Feind einen überraschenden Vernichtungsschlag zu versetzen: Die Mobilmachung hatte die wertvollen ersten Wochen in der Anfangsphase des Krieges in Anspruch genommen und damit zugleich den Überraschungseffekt verhindert.

3.

Versetzen wir uns jetzt in die hallenden Flure des Stabes der Roten Arbeiter- und Bauernarmee irgendwann im Jahr 1925. Vor den Strategen steht der Auftrag, einen neuen Weltkrieg mit dem Ziel vorzubereiten, die – wie es Genosse Frunse ausdrückte – »Aufgaben der Weltrevolution zum Abschluß zu bringen«. Die Aufgabe, mit der sich die Strategen konfrontiert sahen, war nicht leicht: Unter Berücksichtigung der Fehler sämtlicher Armeen in der Anfangsphase des Ersten Weltkrieges waren die vorbereitenden Maßnahmen für den neuen Krieg so zu planen, daß dabei weder der Staat ruiniert noch der Gegner aufgeschreckt, aber dennoch eine Streitmacht aufgestellt wurde, deren Erstschlag sowohl überraschend als auch vernichtend ausfallen würde.

Also wurde ein prinzipiell neuer Plan für den Kriegseintritt ausgearbeitet, der im wesentlichen Folgendes vorsah:

1. Der Prozeß der Mobilmachung wird in zwei Etappen unterteilt: die heimliche und die offene Mobilmachung.

2. Die erste, heimliche Etappe erstreckt sich bis zum Kriegsbeginn. In dieser Zeit müssen der Staatsapparat, die Straforgane, die Industrie, die Kommunikationssysteme von Regierung, Staatsapparat und Militär sowie das Verkehrswesen auf Kriegsbedingungen umgestellt, die Streitkräfte auf eine zahlenmäßige Stärke von 5 000 000 Mann angehoben werden.

3. Aus Tarnungsgründen wird für diese erste heimliche Etappe der Mobilmachung ein Zeitraum von zwei Jahren vorgesehen, außerdem ist diese heimliche Mobilmachung durch lokale Konflikte zu tarnen, so daß der Eindruck entsteht, diese seien der eigentliche und einzige Grund für die Umstellung des Landes auf Kriegsbedingungen.

4. Die Etappe der heimlichen Mobilmachung wird durch einen überraschend geführten Vernichtungsschlag gegen den Feind abgeschlossen, der mit dem Beginn der zweiten, offenen Etappe der Mobilmachung zusammenfällt, in deren Verlauf innerhalb weniger Tage die Einberufung von weiteren 6 000 000 Mann in die Rote Armee erfolgt, und zwar als Ersatz für Verluste sowie zur Auffüllung neuer Divisionen, Korps und Armeen, die nach Maßgabe der erreichten Einsatzbereitschaft in den Kampf zu führen sind. Danach werden im Laufe des Krieges weitere neun Millionen Mann in die Rote Armee eingezogen.

5. Die Sicherung der Mobilmachung für die Zweite, Dritte und weitere Strategische Staffeln erfolgt nicht durch passives Abwarten an den Grenzen, sondern durch Vernichtungsschläge der Ersten Strategischen Staffel und den energischen Vorstoß in das Territorium des Gegners.

4.

In diesem Schema ist alles einfach und klar.

Mit einer Ausnahme. Wie sollte die heimliche Mobilmachung zwei Jahre vor Kriegsbeginn eingeleitet werden, wenn man den Zeitpunkt des kommenden Kriegsausbruches nicht kennt?

Die sowjetischen Strategen fanden auch auf diese Frage eine Antwort: Man darf sich nicht vom Gang der Ereignisse lenken lassen, man darf nicht abwarten, bis der Krieg spontan zu einem uns unbekannten Zeitpunkt ausbricht, man muß ihn vielmehr planen und den Augenblick seines Ausbruchs *bestimmen*.

Wenn wir wissen, wann der Krieg beginnt, unser Gegner aber nicht, dann brauchen wir die Mobilmachung nicht in der Anfangsphase des Krieges durchzuführen, sondern tun das zuvor. Heimlich. Dann können wir ein Höchstmaß an Mobilmachungsmaßnahmen in einer Weise in die Vorkriegsperiode verlagern, daß nach Ausbruch der Kampfhandlungen die Mobilmachung nicht erst beginnt, sondern bereits abgeschlossen wird.

Die Hauptschmiede der Kommandeurskader in der Roten Armee war die Frunse-Militärakademie. Es ist nicht uninteressant, sich die Ansichten des Mannes ins Gedächtnis zu rufen, dessen Namen sie trägt: »Ich bin der Auffassung, daß der Angriff stets schon dadurch auf die Psychologie des Gegners einwirkt, daß sich in ihm der stärkere Wille offenbart.« »Diejenige Seite, die die Initiative ergriffen hat, die über das Überraschungsmoment verfügt, untergräbt oft genug den Willen des Gegners und schafft gerade dadurch für sich selbst die günstigere Ausgangssituation.« »Der Angriff selbst stärkt die angreifende Seite und verschafft ihr bessere Chancen für einen Erfolg.« (M. W. Frunse, Ausgewählte Werke, Bd. 2, S. 47–49) Dies ist nur eine Auswahl, aufs Geratewohl herausgegriffen aus nur drei Seiten einer Fülle von Arbeiten. Wer will, kann körbeweise ähnliche Äußerungen zusammentragen, und nicht nur bei Frunse, sondern auch bei Lenin, Trotzki, Stalin, Sinowjew, Kamenew, Bucharin, Woroschilow, Schaposchnikow u. a. m.

Und wenn auch in diesen Büchern von Verteidigung gesprochen wird, so ist es doch eine Verteidigung sehr eigener Art – durch plötzliche vernichtende Angriffe auf Territorium des Gegners, um damit sich selbst und die Sache der Weltrevolution zu verteidigen.

WO WERDEN DIE PULVERFABRIKEN GEBAUT?

Die Gesamtverluste an Munition
betrugen Ende 1941 ca. 25 000 Waggons.
*(Die Entfaltung der Rückwärtigen Dienste
der Sowjetischen Streitkräfte.
1918–1988. Moskau 1989, S. 119)*

1.

Stalins Volkskommissariat für die Munitionsindustrie nahm seine Arbeit sofort und energisch auf. Dazu einige Zahlen: 1939 wurden 936 000 000 Gewehrpatronen produziert, 2 240 000 Schuß Granatwerfermunition, 5 208 000 Granaten leichten Kalibers, 6 034 000 000 Granaten schweren Kalibers.

Wir wollen nicht voreilige Schlüsse ziehen und sagen, das sei nicht viel: 1939 ist das Jahr des Aufbaus. Alle diese Granaten und Patronen wurden in alten, bereits vorhandenen Fabriken produziert. Die Einrichtung eines Vollkskommissariats für die Munitionsindustrie war ja gerade erfolgt, um die Voraussetzungen dafür zu schaffen, daß binnen kurzer Frist zusätzlich zu den verfügbaren Produktionskapazitäten neue erschlossen werden konnten, die nicht nur die schon vorhandenen ergänzen, sondern diese noch um ein Vielfaches übersteigen würden.

Damit ergab sich die Frage, wo die neuen Patronen-, Pulver-, Granaten- und Hülsenfabriken errichtet werden sollten. Die Frage nach dem Standort der Munitionsindustrie ist aufs engste verknüpft mit der Frage nach dem Charakter eines künftigen Krieges.

Wenn Stalin einen heiligen Verteidigungskrieg zu führen gedachte, wenn er seine Grenzen schützen wollte, dann mußten die neuen Munitionsfabriken hinter der Wolga ihren Standort finden. Dort würden sie völlig sicher sein: Weder die Panzer noch die Flugzeuge des Gegners konnten dahin gelangen.

Wenn Stalin seinen eigenen Kräften nicht traute, wenn Stalin, wie man uns glauben machen will, Hitler fürchtete, wenn die Gefahr bestand, daß die Rote Armee die Grenzen nicht halten könnte und zurückweichen würde, dann mußten die neuen Betriebe des Volkskommissariats für die Munitionsindustrie nicht hinter der Wolga, sondern noch weiter weg im Ural gebaut werden: Dort gab es die erforderlichen Rohstoffe, dort war eine ausreichende Industrie- und Energiebasis vorhanden, dort wären die Fabriken absolut sicher. Mochte der Feind auch gewaltige Territorialgewinne machen, unsere Industriebasis bliebe jedenfalls unversehrt, und Hitler könnte noch erfahren, wozu ein verwundeter Bär fähig ist.

Aber weder die erste Variante noch die zweite wurden auch nur theoretisch in Erwägung gezogen. Es bestand kein Anlaß dafür. Die Rote Armee hatte nicht vor zurückzuweichen, so wie sie auch nicht beabsichtigte, die Grenzen des Landes zu halten. Hätte Stalin nur die Verteidigung seines Territoriums im Sinn gehabt, dann brauchte er bloß darauf zu verzichten, einen zweiten Weltkrieg zu entfesseln.

2.

Nach Stalins Plan sollte die Rote Armee in das ausgeblutete, kriegsgeschwächte Europa einrücken. Die Rote Armee würde die Grenzen überschreiten, die Munitionsfabriken aber und alle übrigen Betriebe, wie die Produktionsstätten für Panzer, Artillerie und sonstige Waffenfabriken, würden immer weiter und weiter hinter der Front zurückbleiben. Stellen wir uns vor, die Rote Armee brauche Nachschub einer mittelgroßen Menge an Munition, angenommen 100 000 oder 200 000 Tonnen. Wie werden sie vom Ural an die Westgrenze geschafft? Ein Standardmilitärzug faßt 900 Tonnen. Überlegen wir, wie viele Militärzüge, wie viele Waggons, wie viele Lokomotiven dafür erforderlich sind. Überschlagen wir kurz, wie viele Arbeitstage die Lokomotivführer und das gesamte Bahnpersonal aufwenden müssen, wieviel Kohle verfeuert würde. Addieren wir hinzu, wieviel Wachpersonal an wie vielen Tagen gebraucht wird.

Obendrein werden nicht nur Garanten auf der Bahn transportiert, die Schienenwege werden vollgestopft sein mit Truppen, Instandsetzungs- und Lazarettzügen, Kesselwagen u. a. m. Kurzum, wenn ein Agriff vorbereitet wird, muß die Verlegung von Hunderttausenden Tonnen Munition und allem übrigen getarnt geschehen, und diese Tarnung erreicht man unter anderem durch Verkürzung der Transportwege. Der Idealfall ist gegeben, wenn sich die Produktionsstätten an der Grenze befinden. Dann muß ein Mililtärzug nicht tagelang unter Volldampf quer durch das ganze Land geschickt werden, sondern nur wenige Stunden. Dann reduzieren sich die Anforderungen an die Transportkapazität: Die Umlaufzeit des einzelnen Militärzugs wird um ein Mehrfaches beschleunigt. Das entlastet die Schienenstränge im Landesinneren für andere kriegswichtige Transporte.

Also wurde beschlossen, die neuen Munitionsfabriken nicht jenseits der Wolga zu errichten und auch nicht im Ural, sondern sie näher an die Grenze heranzuziehen. So nahe, wie es die metallurgische Basis erlaubte. Darum entstanden sie in Saporoschje, Dnjepropetrowsk, Dnjeprodserschinsk, Charkow, Kriwoi Rog, Leningrad.

3.

Der Produktionsausstoß dieser Munitionsfabriken stieg stetig, und das gefräßige Volkskommissariat für die Munitionsindustrie verschlang die Buntmetallreserven des Staates: Blei, Kupfer, Nickel, Chrom, Zinn, Quecksilber. Je mehr Buntmetalle für die Munitionsherstellung verbraucht wurden, um so weniger blieb für alle anderen Industriezweige übrig. Man mußte sich fragen, wie lange das so weitergehen konnte.

Eine weitere Frage galt dem Verbleib der Munition. In der Schule hat jeder von uns Aufgaben zu lösen gelernt nach dem Muster: »In ein Gefäß wird durch eine Röhre eine Flüssigkeit eingefüllt, die gleichzeitig durch eine andere Röhre abfließt.« Auf solche Aufgaben stößt man in den Mathematikbüchern der Vergangenheit, es gibt sie sogar schon in dem berühmten Lehrbuch von Magnizki, nach dem die Kinder zu Katharinas Zeiten und noch davor unterrichtet wurden. Auch Stalin und seine militärischen Führer, die Politiker und die Wirtschaftswissenschaftler waren einmal Schüler und haben solche Aufgaben gelöst: »Durch eine Röhre wird eingefüllt, durch eine andere abgeleitet.« 1939 steht man vor der gleichen Aufgabe: Die Rote Armee braucht eine bestimmte Menge Munition für die Gefechtsausbildung und für die »Befreiungs«-Kriege, außerdem wird Munition für die »brüderliche Hilfe« in Spanien, in der Mongolei, in China benötigt. Entspricht die Munitionsproduktion dem Verbrauch, dann entstehen keine Probleme; übersteigt jedoch der Produktionsausstoß den Verbrauch, dann wird die Aufnahmekapazität in Kürze erschöpft, werden alle Gefäße überfüllt sein. Das Fassungsvermögen der Artillerielager und der Verbrauch sind bekannt. Durch eine einfache Rechenoperation kann man bestimmen, wann der Zustand der Überfüllung eintreten muß. Was also ist zu tun? Soll man neue Aufnahmekapazitäten schaffen? Das geht nicht so leicht. Stellen Sie sich vor, Sie wären mit der Aufgabe betraut, Lagerräume für, angenommen, eine Million Tonnen Granaten zu bauen. Wenn in den Lagern und Bunkern die Feuchtigkeit nur geringfügig den festgelegten Prozentsatz übersteigt, kommt es zu Korrosionserscheinungen, und das Pulver wird feucht. Was tun wohl in einem solchen Fall Genosse Stalin und sein getreuer Schüler Berija mit dem, der für den Bau die Verantwortung trägt? Ist aber die Temperatur nur ein wenig zu hoch, ist die Luft nur ein wenig zu trocken, dann genügt ein Funke vom Absatzeisen eines Soldatenstiefels . . .

Munitionslager dürfen nicht zusammengelegt werden, sie können nicht in der Nähe von Städten und Fabriken stehen, sondern müssen möglichst weitab von ihnen errichtet werden, dorthin aber führen keine festen Straßen. Kurzum, Munitionsbunker sind nicht die Lösung der Problems. Und selbst wenn man unentwegt weitere Bunker baute, würden sie dennoch bald überfüllt sein, wenn mehr hineingegossen wird, als abfließen kann.

Aber man füllte immer mehr und mehr hinein: Außer den

dem Volkskommissariat für die Munitionsindustrie unterstellten Betrieben wurden noch weitere 235 Betriebe anderer Volkskommissariate zur Herstellung von Munitionsteilen herangezogen. (Geschichte des Zweiten Weltkrieges, Bd. 2, S. 190) Neben alledem und unabhängig von dem (ohnehin riesigen) Volkskommissariat für die Munitionsindustrie wurde im Januar 1941 die Hauptverwaltung für den Bau von Pulver-, Patronen-, Hülsen- und Granatenfabriken (Glawbojepripasstroi) eingerichtet. Der Kontrolle dieses Ungetüms waren 23 Bautrusts unterstellt. Und dies war, wohlgemerkt, nicht auf den Bau von Munitionsdepots ausgerichtet, sondern auf die Errichtung neuer Munitionsbetriebe.

Glawbojepripasstroi schuf im Eiltempo immer neue Produktionsstätten und stellte sie dem Volkskommissariat für die Munitionsindustrie zur Verfügung. Man mußte sich Gedanken machen über den *Absatz* dieser Produktion.

4.

Im April 1941 kam von der Hauptverwaltung der Artillerie in der Roten Armee die Anweisung, die Produktion des Volkskommissariats für die Munitionsindustrie an die westliche Staatsgrenze zu schaffen und dort *auf dem Boden* zu lagern. (Militär- und Marine-Zentralarchiv, Fonds 136, Vorgang 5091, Blatt 305) Meine Leser mögen bei Frontsoldaten erfragen, was das bedeutet.

Zwar müssen die kremlhörigen Historiker zugeben, daß Stalin einen Angriff vorbereitet hat, daß er die Unterjochung Europas vorbereitete, doch sie sagen, Stalin hätte diesen Angriff erst 1942 realisieren können. Dann sollten wir diese Historiker allerdings fragen, ob man eine bestimmte Menge an Munition, angenommen 500 000 Tonnen, unter freiem Himmel den Regengüssen im Herbst, dem Schnee im Winter und dem Frühjahrsschlamm aussetzen kann. Das ist nicht möglich. Soviel verstehen wir. Sollte Stalin dümmer gewesen sein als wir?

Die Lagerung der Munition auf dem Boden im Jahr 1941 weist auf die Entschlossenheit der Führung hin, den Krieg 1941 zu beginnen; eine andere Deutung dieser Tatsache ist nicht vorstellbar.

Weitere Vorräte an Granaten wurden an den Grenzen in Militärzügen bereitgehalten. Es ist eine sehr teure Form der Lagerung und darüber hinaus ziemlich unsicher: Wie soll man in einem Güterwaggon Temperatur und Feuchtigkeit unter Kontrolle halten? Hätten die sowjetischen Generale die Absicht gehabt, die Grenzen zu sichern, dann hätte man die Waggons entladen und die Munitionsvorräte an die Truppe ausgeben müssen. Hätte man aber eine Rückweichbewegung geplant, dann hätte man Lokomotiven ankuppeln und die Munitionszüge möglichst weit von den Grenzen zurückziehen lassen müssen. An den Grenzen durfte nur die minimalste vertretbare Menge zurückbehalten werden. Planten die Kommunisten dagegen einen Vorstoß, dann mußten sie so handeln, wie geschehen: Die Granaten mußten in den Waggons bereitliegen, und an den Grenzen hatten 170000 Eisenbahnpioniere mit dem entsprechenden technischen Gerät für das Umspuren des westeuropäischen Schienennetzes auf die breitere sowjetische Norm bereitzustehen.

Dies alles hat es an den Grenzen gegeben: die Eisenbahntruppen und das Umspurgerät.

5.

Während des Krieges verfügte die Rote Armee über die stärkste Artillerie der Welt. Diese Artillerie wurde richtig eingesetzt, das heißt, sie wurde getarnt an schmalen Durchbruchsabschnitten in Massen konzentriert und führte völlig überraschend die Feuervorbereitung durch. Bei der Stalingrad-Operation durchbrach die Don-Front unter dem Befehl von Generalleutnant K. K. Rokossowski die Verteidigungslinie an einem schmalen insgesamt nur zwölf Kilometer breiten Abschnitt. Zusätzlich zu den eingesetzten Kampfpanzern wurde die Verteidigung durch 24 Schützenregimenter, unterstützt von 36 Artillerieregimentern, aufgerissen. Rokossowski hatte auf jedem Kilometer 135 Geschütze konzentriert, in der

Hauptstoßrichtung aber betrug die Dichte 167 Geschütze pro Kilometer.

Im Laufe des Krieges wurde die Konzentration von Artillerie, Panzern, Infanterie und Fliegerkräften ständig erhöht. Gegen Ende des Krieges ging man für die Berechnung der Stärke eines Artillerieschlags bei den sowjetischen Stäben von der Kilotonne als Maßeinheit aus. Die sowjetische Artillerie stellte sich auf den Sprachgebrauch des Kernwaffenzeitalters ein. Bei der Weichsel-Oder-Operation setzte die sowjetische Führung 34 500 Geschütze und Granatwerfer ein. Sie wurden nicht gleichmäßig über die Front verteilt, sondern an den Durchbruchsabschnitten konzentriert. Im Frontstreifen der 3. Gardearmee wurde zum Beispiel eine Dichte von 420 Geschützen pro Kilometer erreicht. Die Dauer der Artillerievorbereitung wurde zunehmend verkürzt, aber die Angriffswucht stieg. Bei derselben Operation wurde im Frontstreifen der 5. Stoßarmee die Dauer der Artillerievorbereitung mit 55 Minuten eingeplant. Sie begann gut, wurde aber nach 25 Minuten eingestellt. Innerhalb von 25 Minuten waren 23 000 Tonnen Munition verbraucht worden. Auf jedem Kilometer der Durchbruchsfront waren 15 200 Granaten mittleren und schweren Kalibers abgeschossen worden. In den Durchbruch wurden Strafbataillone geschickt, die auf keinen Widerstand stießen. Ihre Aktionen überzeugten die Führung: Es war unnötig, die Artillerievorbereitung fortzusetzen – niemand leistete mehr Widerstand. Es war eine Frage der Wirtschaftlichkeit: 30 Minuten Zeit, das ist sehr wichtig im Krieg, und 30 000 Tonnen Granaten wurden gespart.

Noch mehr Artillerie war bei der Berliner Operation eingesetzt worden – über 42 000 Geschütze und Granatwerfer. In den Durchbruchsabschnitten hatten die Marschälle G. K. Schukow und I. S. Konew nicht nur eine ungeheure Menge an Artillerie konzentriert, sondern auch riesige Mengen an Munition. Konew durchbrach die Front auf einem Abschnitt von 36 km Breite. In diesem Durchbruchsabschnitt hatte er 8626 Geschütze und Granatwerfer eingesetzt. Schukow hatte weniger Geschütze zusammengezogen – 7318 –, aber er durchbrach die Front auf 30 km Breite; deshalb war die Artilleriedichte bei ihm größer. In diesem Frontstreifen hatte man auch die Hauptkräfte der Panzer- und Luftarmeen und eine entsprechende Menge an Infanterie konzentriert.

Ein Rekord wurde im Frontstreifen der 381. Schützendivision der 2. Stoßarmee während der Operation in Ostpreußen aufgestellt: 468 Geschütze und Granatwerfer auf einen Frontkilometer, die »Katjuschas« (Mehrfachraketenwerfer) nicht mitgerechnet.

Im Verlauf des Krieges verbrauchte die Rote Armee 427 000 000 Granaten sowie 17 000 000 000 Patronen. Wer möchte, kann diese Zahlen durch die Anzahl der deutschen Soldaten dividieren und feststellen, wie viele davon auf jeden einzelnen entfielen. Dem wären noch die Handgranaten, Pionierminen und Fliegerbomben hinzuzurechnen. Wer konnte dieser geballten Wucht widerstehen?

6.

An dieser Stelle sei daran erinnert, daß die Sowjetunion im Krieg nur 15 % der Vorkriegskapazitäten des Volkskommissariats für die Munitionsindustrie nutzen konnte. Alles Übrige war in der Anfangsphase des Krieges verlorengegangen. Hitler hatte durch seinen Überraschungsschlag nicht nur die Kaderdivisionen der Roten Armee und die Fliegerkräfte vernichtet, er hatte nicht nur die strategischen Vorräte erbeutet, sondern er hatte auch die Gebiete erobert, in denen die neuesten Betriebe des Volkskommissariats für die Munitionsindustrie errichtet worden waren. Beim Rückzug hatte die Rote Armee ihre eigenen Fabriken zerstört oder sie einfach aufgegeben. Einiges war abtransportiert worden; aber man stelle sich vor, wie auch nur ein einziger Hochofen über 1000 Kilometer verlegt werden könnte, wie aus einem grenznahen Waldgelände auch nur 1000 Tonnen Granaten zur nächsten Eisenbahnstation geschafft, verladen und unter Feuerbeschuß abtransportiert werden sollten.

Die Rote Armee verlor in der Anfangsphase des Krieges nicht nur 500 000 Tonnen Granaten, sondern auch die Industriebetriebe, die neue Granaten hätten produzieren können. Von August bis November 1941 hatten die deutschen Truppen 303 sowjetische Pulver-, Patronen- und Granatenfabriken erobert, mit einer Jahresproduktion von 101 Millionen Granatkörpern, 32 Millionen Wurfgranatkörpern, 24 Millionen Fliegerbombenkörpern, 61 Millionen Geschoßhülsen, 30 Millionen Handgranaten, 93 600 Tonnen Pulver, 3600 Tonnen Trinitrotoluol. Das waren 85 % der gesamten Produktionskapazität des Volkskommissariats für die Munitionsindustrie. (N. Wosnessenski, Die Kriegswirtschaft der UdSSR während des Vaterländischen Krieges. Moskau 1947, S. 42) Obendrein waren in den Munitionsfabriken die Mobilmachungsvorräte an kostbaren Rohstoffen konzentriert: Blei, Messing, legierter Stahl. Das alles war den Deutschen in die Hände gefallen und wurde gegen die Rote Armee eingesetzt.

Indessen war Stalins Vorkriegspotential so gewaltig gewesen, daß er im Verlauf des Krieges eine neue Munitionsindustrie hinter der Wolga, im Ural und in Sibirien aufbauen und all das produzieren konnte, was nachher über die deutschen Truppen hereinbrach.

Hitler hatte gegen Stalin einen Überraschungsschlag geführt, aber Stalin hatte sich seiner erwehrt, gestützt auf 15 % der Produktionskapazität des Volkskommissariats für die Munitionsindustrie. Die Ergebnisse des Krieges sind bekannt. Versuchen wir uns vorzustellen, was hätte geschehen können, wenn Hitler seinen Angriff weiter verzögert hätte und seinerseits dem von Stalin vorbereiteten Vernichtungsschlag ausgeliefert gewesen wäre. In diesem Falle hätte Stalin nicht nur 15 % der Produktionskapazität des Volkskommissariats für die Munitionsindustrie genutzt, sondern volle 100 %. Wie wäre der Zweite Weltkrieg dann ausgegangen?

7.

1942 bereitete die Rote Armee heimlich den Gegenangriff bei Stalingrad vor und führte ihn durch. Man sagt, daß gerade von diesem Zeitpunkt an die Sowjetunion zur Supermacht aufgestiegen sei. Das kann jedoch nur jemand äußern, der nicht das wahre Ausmaß von Stalins Kriegsvorbereitungen kennt. Gewiß ist Stalingrad eine berühmte Operation, an der Massen von Infanterie, Fliegerkräften, Panzern und Artillerie beteiligt waren. Sie wurde von wahren Meistern der Strategie durchgeführt. Aber Stalingrad verblaßt gegenüber dem, was 1941 vorbereitet worden war.

Bei Stalingrad kamen in der Hauptsache Reservisten zum Einsatz. Es war eine Improvisation. 1941 dagegen hatten sich die Kadertruppen der Roten Armee auf den Angriff vorbereitet und zusätzlich Millionen von Reservisten.

Der Gegenangriff bei Stalingrad erfolgte mit anderthalbtausend Panzern. 1941 dagegen war allein in der Ersten Strategischen Staffel der Einsatz des Zehnfachen an Kampfpanzern geplant. Und deren Qualität? 1941 verfügten die sowjetischen Truppen über mehr T-34- und KW-Panzer, als bei Stalingrad eingesetzt wurden.

Stalingrad bedeutete einen Überraschungsangriff durch zwei Flankengruppierungen. 1941 wurde genau dasselbe vorbereitet, nur waren die Flankengruppierungen unvergleichlich stärker, und sie standen in bedrohlicher Nähe zu Berlin. Mit der Stalingrad-Operation verbunden sind die Namen von Schukow, Rokossowski, Wassilewski, Malinowski, Watutin. Aber auch 1941 war der Angriff von Schukow, Rokossowski, Wassilewski, Malinowski und Watutin vorbereitet worden. 1941 hatten genau diese Generale dasselbe vorbereitet, was sie nachher bei Stalingrad zu Ende führten.

Meines Erachtens war die Sowjetunion bereits 1941 eine Supermacht. Im Sommer 1941 hat Hitler diese Supermacht durch seinen Überraschungsschlag zerstört. Alles was Stalin später während des Krieges bei Stalingrad und Kursk, vor Moskau und Berlin zum Einsatz brachte, sind nur Splitter und Reste der ursprünglichen sowjetischen Kampfkraft.

DSCHINGIS-KHAN MIT FLÜGELN

Die Logik legt nahe,
daß wir nicht warten durften,
bis der Gegner seine ganzen
Fliegerkräfte in Bewegung setzte,
sondern daß wir vielmehr selber
die Initiative in der Luft ergreifen
und als erste massierte Angriffe
auf seine Flugplätze fliegen mußten . . .

Hauptmarschall der Flieger
A. Nowikow
(»Militärhistorische Zeitschrift«
1969, Nr. 1, S. 62)

1.

Der Name des Flugzeugs »Iwanow« beinhaltete noch eine weitere Bedeutung.

»Stalin formulierte die Aufgabe so: Das Flugzeug muß sehr einfach in der Herstellung sein, damit man so viele Maschinen produzieren kann, wie es Menschen mit dem Namen Iwanow in unserem Land gibt.« (L. Kusmina, Generalkonstrukteur Pawel Suchoi. Moskau 1983, S. 57)

Die dreißiger Jahre waren das Goldene Zeitalter der sowjetischen Luftfahrtrekorde gewesen. Erinnern wir uns, wie viele Anstrengungen unternommen und Mittel um dieser Rekorde willen aufgebracht worden waren. Piloten, die Weltrekorde aufgestellt hatten, wurden zu Nationalhelden erklärt. Stalin kannte sich aus in Einsatzgipfelhöhen, Höchstgeschwindigkeiten, Reichweiten, (Bomben-) Zuladung. Auf dem Höhepunkt der Flugrekordpsychose hatte Stalin angeordnet, den »Iwanow« zu entwickeln – das Standardflugzeug für den kommenden Krieg. Aber das ist das Erstaunliche dabei: Von den Konstrukteuren des »Iwanow« verlangt Stalin keine Rekordgeschwindigkeit, keine Rekordhöhe, keine Rekordreichweite, selbst eine nie dagewesene Bombenzuladung ist nicht gefragt. Herausragende Charakteristiken sind nicht das Ziel. Stalin fordert nur Unkompliziertheit und Zuverlässigkeit.

Stalin hat die Konstruktion eines Flugzeugs vor Augen, das in solchen Massen hergestellt werden kann, daß sie die Gesamtzahl der Kampfflugzeuge sämtlicher Typen in allen Staaten der Welt insgesamt übersteigen. Die Stammserie des »Iwanow« war auf 100 000 bis 150 000 Maschinen veranschlagt.

Damit kommen wir zur Hauptsache.

Stalin plant die Produktion eines Flugzeugs in der größten bisher dagewesenen Serie. Aber es ist kein Jagdflugzeug. Es ist kein Flugzeug für den Verteidigungskrieg, es ist ein für den Angriff bestimmtes Flugzeug.

Wir fragen uns: Wenn ein Land 100 000 bis 150 000 leichte Bombenflugzeuge baut, muß das nicht alle Nachbarn aufschrecken?

Wir sollten von derlei Fragen lieber absehen und uns nicht klüger dünken als Stalin. Wir sollten seine Hintergedanken besser einzuschätzen wissen. Denn Stalin hatte keineswegs vor, die Massenproduktion des »Iwanow« schon in Friedenszeiten aufzunehmen. Durchaus nicht. Die Mobilmachung hatte man in zwei Phasen unterteilt: die heimliche und die offene Etappe. Während der heimlichen Mobilmachung war nur die Fertigung einer (für sowjetische Maßstäbe) kleinen Serie geplant – insgesamt einige Hundert Maschinen. Die Serie war dazu betimmt, sich mit der Fertigung vertraut zu machen, Erfahrungen zu sammeln, die Maschinen einzufliegen, in kleineren Konflikten zu erproben. Diese Flugzeuge konnten beim Erstschlag Verwendung finden, besonders in den Nebenstoßrichtungen oder unmittelbar hinter Maschinen mit anspruchsvollerer Einsatzcharakteristik. Nach unserem Angriff aber würde die Massenfertigung des »Iwanow« zu vielen Tausenden erfolgen. Der »Iwanow« war eine Art unsichtbare Mobilmachungsreserve. Es war derselbe Vorgang wie bei der Maschinenpistole PPSch. Schpagins Maschinenpistole PPSch war vor dem Krieg konstruiert, getestet und für geeignet befunden worden. Dann brach der Krieg aus, und jede Werkstatt, die bis dahin Bettgestelle gebaut, jede Genossenschaft, die Eisenwaren produziert hatte, jede kleine Fabrik stellte sich auf die Fertigung dieser unkomplizierten, äußerst zuverlässigen und höchst wirksamen Waffe um, die in unglaublichen Mengen hergestellt wurde.

2.

Ein Flugzeug mit relativ bescheidenen Flugeigenschaften kann eine furchtbare Waffe sein. Werfen wir einen Blick auf Hitler. Auch er hat seinen fliegenden Schakal, die Ju-87. Diese einmotorige Maschine gleicht eher einem Jagdflugzeug als einem Bomber. Die Besatzung besteht aus zwei Mann. Die Abwehrbewaffnung ist schwach – ein Maschinengewehr zur Sicherung der hinteren Hemisphäre. Die Bombenzuladung beträgt weniger als eine Tonne. Die Ju-87 war älter als die Nakajima B-5N und der »Iwanow«, und deshalb waren ihre Flugdaten schlechter. Sie gehörte außerdem jener Flugzeuggeneration an, die das Fahrgestell während des Fluges nicht einzog. *Aber!*

Pulks von Dutzenden Ju-87 flogen Überraschungsangriffe auf die schlafenden Flugplätze und fegten sich durch diesen Angriff den Himmel frei. Nach dem ersten Schlag gegen die Flugplätze flogen sie völlig unbehelligt über dem gegnerischen Territorium und hatten dabei keine Rekordgeschwindigkeit nötig: Vor wem sollten sie in der Luft fliehen, wem hinterherjagen? Die Ju-87 beherrschte den Himmel über Polen, Norwegen und Frankreich. In England dagegen trafen die Maschinen auf Widerstand. Die englischen Flugplätze durch einen Überraschungsschlag auszuschalten war unmöglich – die Voraussetzungen waren nicht gegeben. Nachdem die Ju-87 an einigen Luftangriffen teilgenommen hatten, waren die Verluste bei diesen Maschinen so hoch, daß der Befehl kam, sie über den britischen Inseln nicht mehr einzusetzen. Im Frühjahr 1941 kommt es zu den Feldzügen gegen Jugoslawien und Griechenland. Die Ju-87 fliegen ihren Überraschungsangriff, und abermals haben sie Erfolg und stehen hoch im Kurs. Im Mai erfolgt der Angriff auf Kreta. Hier liegen britische Truppen, doch ein Überraschungsschlag gelingt, und wieder wird die

Ju-87 zum Symbol für Blitzkrieg, Erfolg und Sieg. Im Juni kommt der Überraschungsangriff auf die sowjetischen Flugplätze. An einem herrlichen sonnigen Morgen sorgt die deutsche Luftwaffe für einen feindfreien Himmel, und nun kann man Maschinen beliebigen Typs einsetzen, sie haben nichts zu befürchten. Die sowjetischen Generale räumen ein, daß sie die Ju-87 als veraltet eingeschätzt hatten, und doch hat sie unzählige Schäden angerichtet. Die Luftherrschaft der Ju-87 hielt an, bis die sowjetischen Fliegerkräfte wieder erstarkten. In der zweiten Phase des Krieges kam die Ju-87 an der sowjetisch-deutschen Front immer seltener zum Einsatz, bis sie schließlich ganz verschwand. Im Verlauf des Ostfeldzugs »stellte der Verlust der Luftüberlegenheit bald den Einsatz der verhältnismäßig langsamen und schwerfälligen Stukaverbände (Ju-87) in Frage.« (E. Middeldorf, Taktik im Rußlandfeldzug. Darmstadt 1956, S. 149)

Der »Iwanow« wurde später als die Ju-87 entwickelt. Deshalb waren seine Leistungsdaten besser, und beide Maschinen unterschieden sich deutlich in ihren Konstruktionsmerkmalen. Aber gemessen an ihren Einsatzmöglichkeiten und der ihnen zugedachten Rolle sind Ju-87 und »Iwanow« Zwillinge, Kinder gleichen Denkens und Planens. Für die japanische Nakajima B-5N aber ist der »Iwanow« ein leiblicher Bruder nicht nur nach Denkungsweise und Planung, sondern auch in seinen grundsätzlichen Eigenschaften.

Ein Flugzeug mit relativ geringer Geschwindigkeit kann gefährlich sein, weil man für einen ehrlichen Zweikampf zwar einen langen Degen braucht, ein Schlafender dagegen auch ohne Degen erstochen werden kann; dafür genügt ein kurzes Messer. Die Flugzeuge für den Überraschungsschlag brauchten keine überragenden Leistungsmerkmale. Stalins Logik ist einfach und nachvollziehbar: Wenn wir durch einen Überraschungsschlag die Flugplätze des Feindes ausschalten und dadurch den Luftraum von seinen Flugzeugen freifegen, dann brauchen wir ein einfaches, in Massen verfügbares Flugzeug mit starker Bewaffnung, dessen Hauptaufgabe in der Unterstützung unserer angreifenden Panzerlawine und der Luftlandeunternehmungen sowie in der Ausübung von Terror aus der Luft über ungeschützten Territorien besteht. Und genau ein solches Flugzeug zu entwickeln hatte Stalin seinen Konstrukteuren aufgetragen.

Seit dem Auftauchen der Fliegerkräfte ist ihre Rolle im Krieg insgesamt stetig gewachsen, insbesondere bei der Unterstützung von Operationen der Landstreitkräfte. Am Ende unseres Jahrhunderts haben während des Golfkrieges die Fliegerkräfte 80 % der Feueraufgaben übernommen. Diese Tendenz hatte Iossif Stalin bereits in den dreißiger Jahren klar erkannt.

3.

Stalins Forderungen waren von dem Flugzeugkonstrukteur Pawel Ossipowitsch Suchoi optimal erfüllt worden. Er war Sieger im Wettstreit geblieben. Im August 1938 ging der »Iwanow« von Suchoi unter der Typenbezeichnung BB-1 (zu russisch: blischni bombardirowschtschik perwy = Kurzstreckenbomber 1) gleichzeitig in zwei Betrieben in Serienfertigung. Danach wurde die Produktion in einem dritten Werk aufgenommen und ein viertes gigantisches Werk gebaut, außerdem waren weitere Betriebe, die andere Flugzeugtypen bauten, darauf vorbereitet, sich auf einen entsprechenden Befehl hin auf die Fertigung des »Iwanow« umzustellen. Im September 1939 wurde die Arbeitsgruppe von Suchoi zur Anspornung in ein selbständiges Konstruktionsbüro umgewandelt. Nach der Einführung des neuen Typenbezeichnungssystems im Jahr 1940 erhielt Suchois »Iwanow« zu Ehren seines Konstrukteurs den Namen Su-2. Es war das erste Serienflugzeug eines der größten Flugzeugkonstrukteure des 20. Jahrhunderts. Bis zum 22. Juni 1941 waren 13 Fliegerregimenter (Geschwader) zu jeweils 64 Maschinen vollzählig mit der Su-2 ausgerüstet.

Die Su-2 war so wie die »Iwanows« der anderen Konstrukteure ein Mehrzweckflugzeug: leichter Bomber, taktischer Aufklärer, Jagdbomber. Die Konstruktion war extrem einfach und rationell. Die Su-2 war für die Massenfertigung besser als jedes andere Flugzeug geeignet. Sie trug 400 bis 600 kg Bombenlast, war bestückt mit fünf Maschinengewehren vom Typ SchKAS, mit einer für die damalige Zeit enormen Feuergeschwindigkeit und mit bis zu 10 Raketen vom Kaliber 82 bzw. 132 mm. Die Geschwindigkeit betrug 375 km/h am Boden und 460 km/h in Höhe. Die Su-2 besaß eine Doppelsteuerung, und zwar sowohl für den Flugzeugführer als auch für den hinter ihm sitzenden Bordschützen und Navigator. Deshalb brauchte für diesen Typ auch kein Schulflugzeug gebaut zu werden: Jedes Kampfflugzeug konnte als Schulflugzeug eingesetzt werden und umgekehrt. Das vereinfachte auch die Massenausbildung von Flugzeugführern. Die Su-2 konnte von jedem Flieger beliebiger Qualifikation geflogen werden: von dem Piloten aus der Zivilluftfahrt ebenso wie von dem jungen Mädchen aus dem Fliegerklub. Die Flugzeugführer brauchten weder den Kunstflug mit dem höchsten Schwierigkeitsgrad noch den Nachtflug zu beherrschen, noch mußten sie sich am Gelände oder im Luftraum gut orientieren können. Ihre Aufgabe war leicht: Aufstieg im Morgengrauen, Formierung zu einer mächtigen Gruppe und dann im Direktflug zum Ziel . . .

4.

Und wie sah es mit den Jagdflugzeugen zur Sicherung aus? Ein Bombenflugzeug im Einsatz, insbesondere ein Kurzstreckenbomber über dem Kampfgebiet und unmittelbar im Rücken des Gegners, muß von Jagdflugzeugen gedeckt werden. Wäre zugleich mit der Su-2 eine entsprechende Menge an Jagdflugzeugen zur Sicherung in Auftrag gegeben worden, dann hätte man die Su-2 in jeder beliebigen Situation verwenden können, zum Beispiel um Gegenangriffe gegen einen Aggressor zu fliegen, der die UdSSR überfallen hat. Aber Jagdflugzeuge in entsprechender Stückzahl hatte man nicht in Auftrag gegeben, und deshalb war der Einsatz der Su-2 im Krieg nur unter der Bedingung möglich, daß die Sowjetunion den Erstschlag gegen den Feind führte und die Fliegerkräfte des Gegners neutralisierte. Ohne diese Voraussetzung war die ungesicherte Su-2 nicht verwendbar. Das ist der Grund, warum der Entschluß, mindestens *hunderttausend* leichter Bomber vom Typ Su-2 zu produzieren, gleichbedeutend war mit dem Entschluß, *den Krieg durch einen Überraschungsschlag auf die Flugplätze des Gegners zu beginnen.*

Für Anfang 1941 bereitete Stalin alles Erforderliche vor, um diesen Überraschungsschlag zu führen, um die deutsche Luftwaffe auf den Flugplätzen niederhalten zu können. *Für solche Operationen* verfügte Stalin über eine erdrückende *quantitative* und *qualitative* Überlegenheit. Stalin besaß ein einzigartiges gepanzertes Schlachtflugzeug, die Il-2 »Sturmowik«. Hier ist nicht von Panzerplatten die Rede, die auf das Flugzeuggerippe aufgebracht werden, sondern von einer kompletten Panzerzelle. Es war das einzige Panzerflugzeug in der Geschichte der Luftfahrt, ein echter fliegender Panzer. Außer dem Panzerschutz sowie einer für Flugzeuge hervorragenden Überlebensfähigkeit und ausgezeichneten Flugeigenschaften verfügte die Il-2 auch über eine gewaltige Bewaffnung: automatische Kanonen, Bomben, Raketen vom Typ RS 82 und RS 132. Die Kommunisten geben zu, daß die Il-2 ein großartiges Flugzeug war, aber sie erklären, es habe nur 249 Stück gegeben. Das stimmt in der Tat. Doch Hitler verfügte über kein einziges derartiges Flugzeug. Und weltweit gab es nichts Vergleichbares. Stalin verfügte »insgesamt nur« über 249 Il-2, aber die sowjetische Industrie war bereit, sie in *beliebigen* Stückzahlen zu produzieren. Selbst nach dem Verlust des größten Teils der Flugzeug- und Motorenwerke in der zweiten Hälfte des Jahres 1941 wurde die Il-2 in Großserien weitergebaut. Sie ist bis zum Ende des Krieges nicht veraltet und ging in die Geschichte der Luftfahrt als das größte Massenkampfflugzeug aller Zeiten ein.

Für den Angriff auf die Flugplätze hatte Stalin den Sturzkampfbomber Pe-2. Hitler verfügte über gute Flugzeuge, aber die Pe-2 übertraf jedes von ihnen in entscheidenden Punkten. So war zum Beispiel die Geschwindigkeit der Pe-2 um 30 km/h höher als die des besten deutschen Bombenflugzeugs, der Ju-88, und sie war um 100 km/h höher als die der He-111. Und wieder argumentiert die kommunistische Propaganda, Stalin habe lediglich 460 Sturzkampfbomber vom Typ Pe-2 zur Verfügung gehabt. Das ist richtig, und es ist tatsächlich nicht viel. Dennoch war es mehr als alle Ju-88 zusammen an der sowjetisch-deutschen Front am 22. Juni 1941.

Für Angriffe auf Flugplätze hatte Hitler seine Ju-87, dieses Symbol des Blitzkrieges. Das sowjetische Gegenstück stellte die Su-2 dar. Sie war später entwickelt worden und übertraf deshalb in sämtlichen Charakteristiken die Ju-87, vor allem aber hinsichtlich Geschwindigkeit und Feuerkraft, außerdem hatte sie eine Panzerverkleidung, wenn auch nicht eine der Il-2 vergleichbare. Hitler hatte am 22. Juni an der Ostfront 290 Ju-87 zur Verfügung, Stalin hatte 249 Il-2 und über 800 Su-2. Außerdem waren die sowjetischen Jagflugzeuge sämtlicher Typen, von der I-15 bis zur Mig-3, für den Erstschlag auf die schlafenden Flugplätze mit Raketen ausgerüstet. Bei einem Erstschlag konnten auch Flugzeuge Verwendung finden, die von den Kommunisten als veraltet bezeichnet werden. So übertraf zum Beispiel das Jagdflugzeug I-16 jedes Flugzeug des Gegners um das Zwei- bis Dreifache an Feuerkraft und war zudem mit einer Panzerung versehen. Es verfügte über eine ausgezeichnete Manövrierfähigkeit, Rekordgeschwindigkeiten aber wurden beim Angriff auf Flugplätze nicht verlangt. Die Stückzahl der I-16 auf den in der Nähe der Westgrenzen gelegenen Flugplätzen war größer als die sämtlicher deutschen Flugzeuge aller Typen.

Unmittelbar nach dem erfolgten Erstschlag sollte die sowjetische Flugzeugindustrie mit der Massenproduktion der Su-2 beginnen. Stalin hatte buchstäblich vor, so viele leichte Bombenflugzeuge zu bauen, wie es einst kleine flinke Reiter in den Horden Dschingis-Khans gegeben hatte.

5.

Bis zum Anfang des Jahres 1941 hatten sowjetische Konstrukteure eine ganze Plejade bemerkenswerter Flugzeuge entwikkelt, aber Stalin war vor allem an der Su-2 gelegen.

1940 und in der ersten Hälfte des Jahres 1941 erfolgt die

unauffällige, aber intensive Vorbereitung auf die Massenproduktion. In die Flugzeugwerke, die sich auf die Produktion der Su-2 einstellen, werden von den Kriegskommissariaten (Wehrersatzämtern) Arbeiter so wie Soldaten an die Front geschickt. (L. Kusmina, Generalkonstrukteur Pawel Suchoi, S. 66) Die ersten dreizehn Geschwader machen sich mit den Maschinen vertraut. Die Piloten kommen von der Zivilluftfahrt und den Fliegerklubs. Generalleutnant der Flieger Anatoli Puschkin (zu der Zeit Major und Kommandeur des 52. Geschwaders): »Die Su-2 war auch aus dem Grund gut, weil man für sie keine Flugplätze brauchte. Sie startete und landete auf jedem ebenen Boden.« (Ebenda, S. 78) Marschall der Flieger Iwan Pstygo: »Im Herbst 1940 wurde in Bessarabien bei Kotowsk unser 211. Kurzstreckenbombergeschwader aufgestellt, ausgerüstet mit Su-2-Maschinen . . . Das Flugzeug machte einen starken Eindruck. Ein Bomber, der wie ein Jagdflugzeug aussieht – klein, kompakt, schön.« (Ebenda, S. 67) In diesem kurzen Zitat sollte man auf Zeit und Ort der Aufstellung des Geschwaders achten: Es geht gegen Rumänien. Hier haben wir unseren Schakal mit Flügeln, der zum Sprung an die Kehle des Schwächeren angesetzt hat.

Es gibt noch ein Geschwader in derselben Region. Der zweifache Held der Sowjetunion Oberst G. F. Siwkow berichtet: »Gegen Ende Dezember 1940 wurde die Aufstellung des 210. Kurzstreckenbombergeschwaders abgeschlossen . . .« Der Oberst erläutert, woher das fliegende Personal stammte: »Die Piloten kamen von der zivilen Luftflotte.« (Höchste Bereitschaft. Moskau 1973, S. 42) Die heimliche Mobilmachung hatte auch die Zivilluftfahrt erfaßt.

6.

Das Schicksal der Su-2 war kläglich. Die Ju-87 und die Nakajima B-5N hatten die Möglichkeit bekommen, sich in Überraschungsangriffen zu bewähren und Ruhm zu gewinnen. Den »Iwanow« hinderte Hitler an einem Einsatz, der seiner eigentlichen Bestimmung entsprochen hätte. Hitler führte seinen

Präventivschlag gegen die sowjetischen Flugplätze, und die Su-2 war der Aufgabe beraubt, für die sie geschaffen worden war. Die Produktion der Su-2 wurde rasch eingestellt. In einem Verteidigungskrieg wurde sie nicht gebraucht. Die Betriebe, die ihre Massenproduktion vorbereitet hatten (zum Beispiel die Flugzeugwerke in Charkow) fielen dem Feind in die Hände. Die früher ausgelieferten Su-2 erlitten große Verluste: Es fehlte an Jagdfliegern für ihre Sicherung während der Einsätze.

Held der Sowjetunion M. Laschin: »Ich habe die Su-2 geflogen, ... ein leichtes Flugzeug, ... schnell, wendig, unglaublich widerstandsfähig und störungsfrei ... Die Su-2 brannte nur schwer und langsam. Nie loderte sie wie eine Fackel auf.« (L. Kusmina, Generalkonstrukteur Pawel Suchoi, S. 70)

Held der Sowjetunion W. I. Streltschenko: »Die Su-2 brannte selbst dann nicht, wenn der Treibstofftank beschädigt war – das verdankte sie dem CO_2-Brandschutz.« (Ebenda, S. 69)

Der Flugzeugkonstrukteur W. B. Schawrow hat die vollständigste und meines Erachtens auch eine objektive Geschichte der sowjetischen Luftfahrt geschrieben. Alle übrigen Flugzeugkonstrukteure sind seine Konkurrenten, deshalb geizt Schawrow auch nicht mit Kritik. Doch die Konstrukteure der Su-2 bleiben ungeschoren: » ... obwohl man aus der Su-2 alles herausgeholt hatte und man ihren Schöpfern keinen Vorwurf machen konnte, entsprach das Flugzeug den realen Anforderungen nur bis zum Krieg.« (Geschichte der Flugzeugkonstruktionen in der UdSSR 1938–1950, S. 50) Mit anderen Worten, alles war gut, man konnte den Konstrukteuren des Flugzeugs nichts nachsagen; bis zum 21. Juni 1941 entsprach die Su-2 den Anforderungen, doch in der Morgendämmerung des 22. Juni hörte sie auf, diesen Anforderungen zu genügen.

Der »Iwanow« bekam es mit fremden und eigenen Leuten zu tun. Bis zum Krieg unterlag die Su-2 der Geheimhaltung, und man hatte nicht vor, sie zusammen mit den eigenen Jagdflugzeugen einzusetzen. Zu Beginn des Krieges hielten die sowjetischen Jagdflugzeuge die unbekannte Silhouette des »Iwanow« für ein feindliches Flugzeug. Der dreifache Held der Sowjetunion Marschall der Flieger A. Pokryschkin schoß 59

Flugzeuge des Gegners ab. Offiziell. In Wirklichkeit waren es genau 60 Maschinen. Die erste war eine Su-2 gewesen. Es war eine Ironie des Schicksals, daß nach dem Krieg Pokryschkin auf der Militärakademie in derselben Gruppe studierte, zu der auch der von ihm abgeschossene Pilot der Su-2 gehörte: Iwan Pstygo, gleich ihm ein künftiger Marschall der Flieger.

Die Su-2 konnte nicht ihrer Bestimmung gemäß verwendet werden. Ein Beispiel: Im Juli 1941 fliegen fünfzig Su-2 einen Angriff auf die Dnjepr-Brücke bei Rogatschow. Hätten wir uns auf einen Verteidigungskrieg vorbereitet, wäre die Brücke beim Rückzug in die Luft gejagt worden – eine Sache von wenigen Minuten für zwei Pioniere. Aber wir hatten uns auf keinen Verteidigungskrieg vorbereitet, und nun mußten anstelle der beiden Pioniere die Su-2-Maschinen eine ihnen fremde Aufgabe übernehmen. Ein ganzes Geschwader. Liegt jedoch die Luftherrschaft in den Händen des Gegners, muß ein Kurzstrekkenbombergeschwader mindestens von einem Jagdfliegergeschwader gesichert werden. Doch das gibt es nicht. Was aber ist schon ein geschlossener Pulk von fünfzig Su-2 ohne Jagdfliegerdeckung? Also wurde die Brücke nicht zerstört, und das Geschwader ging verloren. Daraufhin kam der Befehl, die Su-2 nicht mehr in geschlossenen Gruppen zu fliegen, obwohl sie doch für den Flug in geschlossenen Gruppen geplant und konstruiert worden war.

In einem Verteidigungskrieg werden Jagdflieger gebraucht. Es gab den Versuch, die Su-2 als Jagdflugzeug einzusetzen. Doch sie war kein Jagdflugzeug, sondern sah nur wie ein Jagdflugzeug aus. Die Piloten bewiesen ein selbstmörderisches Heldentum, aber niemand hatte sie den Luftkampf gelehrt, schon gar nicht in einem Flugzeug, das nicht für Luftkämpfe geschaffen war. Die weltweit erste und einzige Frau in der Geschichte der Luftfahrt, die eine Maschine in der Luft rammte, war Jekaterina Selenko vom 135. Kurzstreckenbombergeschwader. Das geschah am 12. September 1941. Mit ihrer Su-2 rammte sie in der Luft eine Me-109, brachte sie zum Absturz und wurde selbst bei dem Versuch, ihre Maschine zu landen, von einer anderen Me-109 abgeschossen. Die Piloten der Zivilluftfahrt, junge Sportler, Mädchen aus den Fliegerklubs vollbrachten wahre Wunder an Tapferkeit, aber die Su-2 wurde nicht Teil des »Großen Vaterländischen Krieges«, weil sie für einen ganz anderen Krieg konzipiert worden war.

Hitler hat zwar den Angriff Stalins vereitelt, aber er ahnte nichts von dessen wirklicher Stärke, wie bedrohlich seine Pläne waren, wie gut er für einen Angriffskrieg vorbereitet gewesen war. Die Su-2 trat im Krieg kaum in Erscheinung, doch unter anderen Voraussetzungen wäre sie ein furchtgebietender Gegner gewesen. Es gibt genügend Hinweise auf die völlige Bereitschaft der sowjetischen Industrie zur Massenproduktion des »Iwanow«. So waren zum Beispiel in einem Verteidigungskrieg vor allem Jagdflugzeuge nötig. Der Flugzeugkonstrukteur S. A. Lawotschkin brauchte zur Modernisierung des Jagdflugzeuges LaGG-3 dringend einen kräftigen, zuverlässigen Motor, und zwar in immensen Stückzahlen. Kein Problem: Die Industrie war in der Lage, den Motor M-82 in beliebigen Mengen auszuliefern, der für die Su-2 bestimmt gewesen war. Die Industrie war nicht nur darauf vorbereitet, ihn zu produzieren, sie hatte bereits Tausende dieser Motoren auf Lager – bedien' dich und bau' sie in dein Flugzeug ein. Lawotschkin baute sie ein, und das berühmte, bei den Piloten beliebte Jagdflugzeug La-5 war das Ergebnis.

Die sowjetische Industrie hatte die Massenproduktion des SchkAS-Maschinengewehrs für viele Flugzeugtypen vorbereitet, vor allem aber für die Su-2. Zwar ging die Su-2 nicht in Großserie, aber die Mobilisierung der Industrie war nicht umsonst erfolgt – die Flugzeugbewaffnung verursachte keine Probleme. Die sowjetische Industrie war zur Massenproduktion von Bomben für die Su-2 bereit und produzierte sie auch, allerdings nur für die Il-2 und andere Maschinen. Die sowjetische Industrie konnte Raketen vom Kaliber 82 mm und 132 mm in großen Stückzahlen produzieren. Sie wurden auch ausgeliefert. Man hat sie einfach nicht nur für die Fliegerkräfte, sondern auch für die bodenständige Artillerie verwendet. Die Statistik weist folgende Daten auf: Am 1. Juli 1941 gab es in der Roten Armee sieben Mehrfachwerfer BM-13. Einen Monat später waren es 17. Einige wurden im Verlauf der Kampfhandlungen zerstört, andere fertiggestellt, und am 1. September waren es 49. Gleichzeitig begann die Auslieferung eines weiteren Typs – des BM-8. Am 1. Oktober 1941 verfügte die Rote Armee, ungeachtet der Verluste, über 406 BM-8- und BM-13-Werfer. Das Wachstum setzte sich ebenso stürmisch fort, und in Kürze war der Mehrfachwerfer zu einer Massenwaffe geworden. Generalfeldmarschall A. Kesselring bezeugt es: »Die entnervende Wirkung der ›Katjuscha‹ (Werfer) ist jedem deutschen Ostkämpfer in höchst unliebsamer Erinnerung.« (Gedanken zum Zweiten Weltkrieg. Bonn 1955, S. 128)

Ungeachtet des Rückzugs und des Verlusts der Industrie- und Rohstoffbasis gelang es, das Heer rasch und vollständig mit einem prinzipiell neuen Waffensystem auszurüsten, wie es kein anderes Heer auf der Welt besaß. (Und nichts Gleichartiges sollte andernorts bis zum Ende des Krieges erscheinen.) Ein wirtschaftliches Wunder nennen es die Kommunisten. Doch mit einem Wunder hat das alles nichts zu tun. Die sowjetische Industrie war einfach in der Periode der heimlichen Mobilmachung auf die Produktion von Raketen für den »Iwanow« eingestellt worden. Im Rahmen der Bewaffnung des »Iwanow« wäre diese Waffe weitaus wirkungsvoller gewesen, weil Artilleristen zunächst Informationen über ihr Ziel erhalten müssen, während Piloten in der Lage sind, ihre Ziele selbst auszusuchen. Artilleristen feuern ihre Geschosse über ein paar Kilometer, ohne ihr Ziel zu sehen, während Piloten über Hunderte von Kilometern fliegen, ihr Ziel und das Resultat ihres Auftrags sehen, wobei die nächste Angriffswelle stets die Möglichkeit hat, das begonnene Werk zu vollenden. Die Fertigung des »Iwanow« wurde eingestellt, aber die Industrie produzierte Geschosse in Millionenpartien. Sie wurden einfach den Bedingungen der Schußabgabe durch Bodensysteme angepaßt.

Die Frage, ob die sowjetische Industrie in der Lage gewesen wäre, 100 000 bis 150 000 Su-2 fertigzustellen, muß bejaht werden. Eine Massenserie dieses Ausmaßes war unter der Voraussetzung geplant, daß wir den Erstschlag führen und unsere Industrie in ihrer Arbeit von niemandem behindert wird. Hitler vereitelte Stalins Plan. Aber selbst nach dem Verlust *sämtlicher* Aluminiumwerke sowie der Mehrzahl unserer Flugzeug- und Motorenwerke wurden in der Sowjetunion während des Krieges 41 989 Stück der fertigungstechnisch unvergleichlich komplizierteren Flugzeugtypen Il-2 und Il-10 gebaut. Außerdem wurden viele tausend Maschinen anderer Flugzeugtypen ausgeliefert, die komplizierter waren als der »Iwanow«.

Wäre Stalin in Rumänien eingefallen und hätte er dadurch die deutsche Wehrmacht und die deutsche Industrie paralysiert, dann hätte die gesamte sowjetische Industrie ungestört arbeiten und um ein Vielfaches mehr Flugzeuge bauen können, als sie es immerhin unter ungünstigsten Voraussetzungen dennoch zuwege brachte.

Bleibt noch die Frage zu beantworten, wo man eine entsprechende Masse an Piloten hatte herholen wollen. Für die Ausbildung von Flugzeugführern hatte Stalin indessen im Überfluß gesorgt. Freilich waren es Flieger, die man gelehrt hatte, im feindfreien Luftraum zu fliegen . . . Diese Piloten waren in so großen Mengen ausgebildet worden, daß sie 1941 mit dem Gewehr in der Hand zu Tausenden vor Stalingrad zur Unterstützung der Infanterie in den Kampf geworfen wurden. (»Roter Stern«, 15. Dezember 1992) Flugzeugführer mit dieser Qualifikation wurden im Verteidigungskrieg nicht gebraucht, so wie man auch den »Iwanow« nicht brauchen konnte. Doch darauf kommen wir noch zurück.

7.

Die Idee vom fliegenden Dschingis-Khan aber wollte nicht sterben; die sowjetischen Konstrukteure kamen nicht von ihr los. 1943 brachte der Konstrukteur Dmitri Tomaschewitsch das lange zuvor begonnene, dann jedoch infolge des deutschen Angriffs und der Evakuierung erst spät fertiggestellte Erdkampfflugzeug »Pegasus« heraus: mit zwei Motoren von je 140 PS. Die Geschwindigkeit am Boden betrug 172 km/h, in Höhe sogar noch weniger. Es war ein Ein-Mann-Flugzeug, für das weder ein Schütze noch eine Abwehrbewaffnung vorgesehen war. Die Maschine war aus Materialien hergestellt, die *im Flugzeugbau unüblich* waren: Sperrholz, Fichtenholzstreben, Dachblech, Panzerstahl. Die Konturen bildeten nur gerade Linien. Einfachheit und Billigkeit waren in extremer Weise eingehalten. Das Flugzeug konnte von jeder Möbelfabrik gebaut werden. Und natürlich in Massen. Am laufenden Band. Dabei trug der »Pegasus« zwei 23-mm-Maschinenkanonen, ein schweres Maschinengewehr und eine 500-kg-Bombe. Der Flugzeugführer war durch eine Panzerung gesichert, die ihn gegen Geschosse schwerer Maschinengewehre und sogar 20-mm-Granaten schützte. Durch Panzerung gesichert waren auch die Treibstofftanks und andere lebenswichtige Teile. Die Treibstofftanks konnten im Notfall abgeworfen werden. Die eigene Feuerkraft und der solide Schutz gegen Beschuß vom Boden aus machten dieses wirklich billigste und einfachste aller Flugzeuge zu einem bedrohlichen Gegner. Der Testpilot Generalmajor der Flieger Pjotr Stefanowski hat in seinem ganzen Leben 316 verschiedene Typen von Flugapparaten geflogen, darunter mehrere Varianten des »Iwanow«; auch der »Pegasus« gehörte dazu. Stefanowski flog im wesentlichen Maschinen, die zum Zeitpunkt ihres ersten Starts an der Grenze des bis dahin für unmöglich Gehaltenen standen. Der »Pegasus« gehörte nicht zu dieser Kategorie, aber Stefanowski spricht ihm ein hohes Werturteil aus. Seinen Worten zufolge konnte er ein Flugzeug für »kolossale Serien« werden – nur nicht in einem Verteidigungskrieg! Der »Iwanow« und der »Pegasus« hätten sich am Himmel Europas, Afrikas, Indiens tummeln können, allerdings nur unter der Voraussetzung eines Überraschungsangriffs auf Deutschland und der Vernichtung seiner Fliegerkräfte bzw. der Neutralisierung der Erdölraffinerien in Rumänien. In jeder anderen Situation wurden die »Iwanows« und der »Pegasus« nicht gebraucht. So ist denn ihre Zeit auch nie gekommen.

Am 10. März 1939 hatte Stalin auf dem 18. Parteikongreß erklärt: »Das wahnwitzige Wettrüsten im Flugzeugbau der kapitalistischen Länder dauert nun schon eine Reihe von Jahren an und stellt zweifellos eines der charakteristischsten und bezeichnendsten Momente des unvermeidlichen allgemeinen militärischen Zusammenstoßes dar.« (»Prawda«, 11. März 1939) Stalin hatte recht: In den westlichen Ländern hielt in der Tat das wahnwitzige Wettrüsten im Flugzeugbau an. Die Luftstreitkräfte einiger großer Staaten des Westens erreichten eine Stückzahl von 1000 Maschinen und sogar mehr. Deutschland hatte einen großen Vorsprung errungen. Die Gesamtzahl der deutschen Kampffliegerkräfte betrug 3600 Kampfflugzeuge. Stalin war im März 1939 klar, daß eine derartige Zahl von Kampfflugzeugen für die Unausweichlichkeit eines Krieges sprach. So geschah es auch. Im selben Jahr nahm Hitler den Kampf um die Weltherrschaft auf.

Wenn wir 3600 Flugzeuge als »wahnwitziges Wettrüsten im Flugzeugbau« bezeichnen, wie ist dann die Standardserie des »Iwanow« einzustufen? Wenn Hitlers 3600 Kampfflugzeuge ein ausreichender Beweis »für die Unvermeidlichkeit eines allgemeinen militärischen Zusammenstoßes« sind, wovon kann dann die Vorbereitung auf die Produktion von *100 000* Kampfflugzeugen nur eines einzigen Typs Zeugnis ablegen?

DER BRUTKASTEN

Zentralrußland ist der Herd
der Weltrevolution.
Stalin
(»Prawda«, 10. November 1920)

1.

Am 25. Januar 1931 brachte der 9. Komsomolkongreß eine Losung unter die Massen: »Komsomolzen, in die Maschinen!« Wir wollen nicht den Gedanken weiterverfolgen, ob jemand dem Komsomolkongreß einen entsprechenden Hinweis gab oder die Losung suggerierte. Ganz und gar nicht. Die Vertreter der jungen Generation hatten von sich aus beschlossen, Segel- und Motorflugzeuge zu fliegen. Es waren erhebende Zeiten; im Lande wütete der von Stalin und anderen Genossen organisierte Hunger, in einem Land, das sich selbst und die halbe Welt hätte ernähren können, kam es zu Kannibalismus, wurden selbst Leichen verzehrt. Dennoch fanden sich in diesen schweren, aber heroischen Zeiten die Mittel, um Dutzende neuer Fliegerklubs mit Hunderten von Schulflugzeugen zu eröffnen, dennoch hatte man das Geld für Fluglehrer und Bodenwarte, gab es Devisenreserven für Fallschirmseide und kompliziertes Gerät. Und in die Sache kam Schwung. In ihrer Freizeit lernten die begeisterten Komsomolzen in den Klubs und den Sektionen der freiwilligen Gesellschaft Osoawiachim und eigneten sich an, was zum Fliegerhandwerk (und nicht nur zu diesem) gehört. Die Ausbildung der Piloten begann auf Segelflugzeugen; wer ein Segelflugzeug zu fliegen gelernt hatte, stieg auf Motorflugzeuge um, und die besten Absolventen der Fliegerklubs kamen auf Empfehlung des Komsomol in die militärischen Lehranstalten der Luftstreitkräfte, wobei sie theoretische Kenntnisse und absolvierte Flugstunden bereits mitbrachten.

Aber die Piloten reichten noch nicht aus. Der Osoawiachim war um eine Steigerung des Produktionstempos bemüht, und der Komsomol schickte immer neue Tausende und Abertausende junger Enthusiasten in die Fliegerklubs. Das Land war von einer Flugzeug- und Segelfliegerpsychose erfaßt, die parallel zur Fallschirmspringerpsychose grassierte, diese ergänzte und verstärkte. Am 22. Februar 1935 veröffentlichte die Zeitung »Auf der Wacht« die für Stalin bestimmte Meldung: 138416 Mann sind fertige Segelflieger. Die Kommunistische Partei und Genosse Stalin höchstpersönlich drückten ihre Genugtuung über die Leistungen des Osoawiachim aus, aber es wurden auch Wünsche im dem Sinne geäußert, ob es nicht möglicherweise angebracht sei, nun zur Massenausbildung von Segelfliegern überzugehen? Der Wink wurde verstanden. Ein Jahr vergeht mit den Vorbereitungen, dann fassen das Zentralkomitee der sowjetischen kommunistischen Jugendorganisation Komsomol und der Zentralrat des Osoawiachim am 31. März 1936 den Beschluß »Über den Segelfliegermassensport«. Ein erstaunlicher Beschluß. Jeder kann ihn in der Zeitung »Auf der Wacht« vom 16. April 1936 nachlesen. Die Ausbildung der Segelflieger in unserem Land wurde tatsächlich zu einer Massenaktion. Doch der Segelflieger ist nur das Ausgangsmaterial, aus dem Piloten geformt werden. Am 9. Dezember 1936 veröffentlicht die »Komsomolskaja prawda« einen Aufruf zur Ausbildung von 150000 Piloten und einer entsprechenden Menge technischen Personals.

Das ist natürlich ein Zufall, aber ein typisch sowjetischer. 1936 gab Stalin den Geheimbefehl zur Entwicklung des »Iwanow«, der in Großserien von 100000 bis 150000 Stück produziert werden soll, und im selben Jahr beschloß die junge Generation, 150000 Piloten auszubilden.

2.

Der Osoawiachim wuchs und erstarkte. Ende 1939 verfügte er über vier Lehranstalten zur Ausbildung von Instrukteuren, zwölf luftfahrttechnische, 36 Segelflieger- und 182 Fliegerklubs.

Wie viele Flugzeuge dem Osoawiachim zur Verfügung standen, weiß ich nicht. Aber ein Fliegerklub ist vor allem ein Flugplatz. Ich gehe nicht davon aus, daß auf einem Flugplatz nur ein einziges Flugzeug stand. Ich denke auch nicht, daß es nur zwei gewesen sind. Weshalb sollte man einen Flugplatz für nur zwei Flugzeuge bauen? Aber selbst wenn auf den Flugplätzen des Osoawiachim jeweils nur ein Flugzeugpaar gestanden hätte, so käme auch dann schon eine stattliche Anzahl zusammen. Man kann die Sache auch unter einem anderen Aspekt überschlagen: Wie viele Schulmaschinen werden für die Ausbildung von, angenommen, 1000 Piloten gebraucht und wie viele für 150000 Piloten?

Jetzt ist es höchste Zeit, uns ins Gedächtnis zu rufen, daß die Sowjetunion das Land des siegreichen Sozialismus war; in diesem Staat war das Privateigentum liquidiert, und deshalb konnte es auch keine Privatinitiative geben. Alles im Land war nationalisiert, alles dem Staat unterstellt, weshalb auch nur mit staatlicher Genehmigung Land für Flugplätze zugeteilt werden konnte. Auch die Flugzeuge wurden nur von Staatsbetrieben produziert und allein vom Staat verteilt, so wie der Treibstoff, das Menschenmaterial, so wie alles übrige. Irgend jemand in unserem Staat hatte mit freigiebiger Hand dem Osoawiachim alles gewährt, was dieses gefräßige Kind verlangte. Aber der Osoawiachim lieferte auch seine Produkte: Anfang 1941 waren 121000 Piloten ausgebildet. (»Militärhistorische Zeitschrift« 1984, Nr. 6, S. 5)

Hatte man den Plan etwa nicht erfüllt?

Der Plan wurde erfüllt. Der Osoawiachim war nur nicht die einzige Organistion, die Piloten ausbildete, und er war nicht einmal die entscheidende Institution. Piloten wurden außerdem in den Lehranstalten der Roten Arbeiter- und Bauernarmee, der Roten Arbeiter- und Bauernseekriegsflotte und der Zivilen Luftflotte herangezogen.

Zu jener Zeit war die Zivilluftfahrt ihrem Umfang nach ein bescheidener Sektor. Hauptaufgabe der Zivilen Luftflotte war es, den Bedarf der Führung, des NKWD, des Volkskommissariats für das Fernmeldewesen und einiger anderer Einrichtungen zu decken. Massenbeförderung von Passagieren gab es nicht, damit wurde auch in absehbarer Zukunft nicht gerechnet. Die gesamte Zivile Luftflotte umfaßte zu Beginn des Krieges 3927 Beschäftigte im Bereich des fliegenden Personals (einschließlich der Stewardessen). Doch diese zwar kleine, aber reiche Organisation verfügte über ein wichtiges Potential: Sie konnte Piloten ausbilden, auch militärische Flugzeugführer. Und sie machte Gebrauch davon. Am 2. September 1935 beschloß die Regierung, daß Lehrgangsteilnehmer für die Flieger- und Technikerlehranstalten der Zivilen Luftflotte nach denselben Kriterien ausgewählt und aufgenommen werden sollten, wie sie für die Ausbildungsstätten der Luftstreitkräfte galten. Das heißt mit anderen Worten, jeder der für die Zivile Luftflotte ausgebildet war, konnte nötigenfalls auch bei den Luftstreitkräften eingesetzt werden. Am 5. November 1940 wurde von der Regierung ein Beschluß gefaßt, der die Zivile Luftflotte praktisch in eine Hilfsorganisation der Luftstreitkräfte umwandelte. »Der Hauptverwaltung der Zivilen Luftflotte wurde die Aufgabe übertragen, im Laufe des Jahres 1941 Tausende von Piloten zur anschließenden Auffüllung der Schulen der Luftstreitkräfte auszubilden. Zu diesem Zweck stellte die Hauptverwaltung der Zivilen Luftflotte in der Zeit von Februar bis April 1941 Dutzende von Schulfliegerstaffeln auf, in denen Tausende von Flugschülern ausgebildet wurden. Sie erhielten zusätzlich weitere 1048 Schulflugzeuge.« (Marschall der Sowjetunion S. K. Kurkotkin, in: Die Rückwärtigen Dienste der sowjetischen Streitkräfte im Großen Vaterländischen Krieg 1941–1942. Moskau 1977, S. 43) Innerhalb der Zivilen Luftflotte wurden 47 Schulfliegerstaffeln zu je 250 Flugschülern zusammengestellt. Die 1048 Schulflugzeuge, die man *zusätzlich* erhielt, sind auch eine beeindruckende Zahl. Und noch etwas gilt es zu bedenken: Tausende von Flugschülern waren es in diesem ersten Durchgang. Was war nach diesem ersten Durchgang geplant?

Gut macht sich das bei dem Genossen Stalin: 47 Schulfliegerstaffeln bilden Tausende von Piloten für die Luftstreitkräfte aus, aber oberflächlich betrachtet vollzieht sich alles im Rahmen der Zivilen Luftflotte. Den jungen Menschen bei uns stehen alle Wege offen, sie brauchen nur auszuwählen, was ihnen gefällt: Wenn du willst, kannst du in die Militärfliegerschule gehen, und willst du kein Militärflieger sein, dann melde dich in der zivilen Fliegerschule an . . . Soldat wirst du in jedem Fall.

Kurzum, dank der Anstrengungen verschiedener Organisationen wurde die Aufgabe, die benötigte Menge an Piloten auszubilden, erfüllt. »Tausende von Komsomolzen kamen freiwillig und über spezielle Werbekampagnen des Komsomol zu den Flieger- und Technikerschulen der Luftstreitkräfte und der Zivilen Luftflotte. Der Komsomol hatte der Jugend die Aufgabe gestellt, durch intensive Entwicklung der Fliegerei als Massensport 150 000 Sportflieger auszubilden. Das war eine passende Aufgabe für unsere jungen Männer und Mädchen.« (Hallo, Himmel! Moskau 1966, S. 5)

3.

Nun sollten wir uns allerdings ein paar Fragen stellen: Wer braucht 150 000 Piloten? Und wofür? Die Ausbildung von Piloten ist bei weitem nicht die einzige Aufgabe des Osoawiachim und ähnlicher Einrichtungen: Neben der Ausbildung von Piloten lief die Massenschulung von Navigatoren, Bord- und Bodenmechanikern, Triebwerktechnikern, Funkern, Meteorologen und Fachleuten für viele andere Spezialgebiete. Wie wir bereits wissen (siehe Der Eisbrecher, S. 129 ff.), hatte man eine Million Fallschirmspringer ausgebildet. Gewiß war die Sache mit den Fallschirmspringern weniger kompliziert: Es gab eine Erklärung für ihre Ausbildung. Die britischen Autoren B. Gregory und J. Batchelor brachten 1978 ihr Buch »Airborne Warfare 1918–1941« heraus, in dem sie sehr einleuchtend darlegten, daß sich diese Million sowjetischer Fallschirmspringer ganz einfach aus der Begeisterung für die Sache, als nationales Hobby ergab, daß die Leute aus purem Vergnügen ihre Sprünge absolvierten. Das ist wirklich überzeugend. Man könnte allerdings auch einwenden: Hätte die Kommunistische Partei den hungernden Kindern einen Laib Schwarzbrot in die Hand gedrückt, wäre das Vergnügen noch größer und das Ganze zudem wesentlich billiger gewesen.

Nun, die Million Fallschirmspringer haben uns Experten also erklärt. Warum die Kommunisten jedoch 150 000 Piloten ausbildeten, hat bisher noch niemand erklärt oder auch nur zu interpretieren versucht. Natürlich war diese Anzahl nicht für die Zivilluftfahrt gedacht. Die Einrichtungen der Zivilen Luftflotte hatten, wie wir sahen, nur einen geringen Bedarf an Flugzeugführern. Die Ausbildungskapazitäten der Zivilen Luftflotte aber wurden nicht nur (und nicht so sehr) zur Deckung des Eigenbedarfs genutzt, sondern auch für die Bereitstellung Tausender Piloten gewissermaßen für den »Export«, das heißt für die Rote Armee.

Ebenso klar ist auch, daß man die Pilotenausbildung nicht als nationales Hobby und mit den übrigen kommunistischen Ausflüchten erklären kann, und zwar aus folgendem Grund: Man konnte die Fliegerklubs und -schulen nach dem Prinzip der freiwilligen Entscheidung für die dort gebotene Ausbildung füllen, aber auch nach zahllosen anderen Prinzipien. Diesen zahllosen anderen Prinzipien war eines gemeinsam: Sie beruhten nicht auf Freiwilligkeit. Wir brauchen nur irgendeine Jubelmeldung über die großen Leistungen unserer Jugend in jenen glorreichen Tagen zu lesen und werden bestimmt entdekken, daß neben der freiwilligen Teilnahme noch andere Methoden zum Einsatz kamen: Anwerbungen, Mobilisierungen u. a. m. durch den Komsomol. Wir brauchen nicht weit zu suchen, sondern lesen nur noch einmal das oben angeführte Zitat aus dem Buch »Hallo, Himmel!«: »Tausende von Komsomolzen kamen freiwillig und . . .«

Von was für einem Vergnügen kann noch die Rede sein, wenn man den jungen Komsomolzen förmlich in das Flugzeug geprügelt oder auf sonst irgendeine exotische Weise dahin gebracht hat?

4.

Man mag es drehen und wenden, wie man will, die 150 000 Piloten wurden nicht zu ihrem Vergnügen ausgebildet und auch nicht zur Entwicklung der Zivilluftfahrt, sondern für die Fliegerschulen der Luftstreitkräfte. Am Ende führte das Schicksal dort alle zusammen, den, der die Romantik unter dem Himmel gesucht hatte, mit den anderen, die an keine Romantik dachten, denjenigen Mann, der Militärpilot hatte werden wollen, mit dem, der den Beruf eines Flugzeugführers in der Zivilen Luftflotte angestrebt hatte, und sogar mit noch ganz anderen, die mit alledem überhaupt nichts zu tun haben wollten.

Die Statistik der Ausbildung von Militärpiloten in der UdSSR muß jeden schrecken, der einen Einblick in sie gewinnt. In den ersten beiden Fünfjahresplänen (1927–1937) wurden in der UdSSR 50 000 Militärpiloten und Navigatoren ausgebildet. (Generalmajor der Flieger W. S. Schumichin, Die sowjetischen Fliegerkräfte 1917–1941, S. 177) Das ist eine ganze Menge mehr als in jedem anderen Staat, der eine große Luftwaffe unterhielt. Gewiß schieden die einen wieder aus, während andere in der Ausbildung standen, der Nachschub überstieg allerdings deutlich die Abgänge. Die Ausbildung der Militärpiloten erfolgte nicht in jährlich gleichbleibenden Mengen, sondern in stetig steigender Zahl.

Die Ausbildung von 50 000 Flugzeugführern in zehn Jahren war von den Fliegerschulen der Luftstreitkräfte vorgenommen worden, deren Anzahl ebenfalls zunahm und 1937 auf zwölf Lehranstalten angewachsen war. (Die Fliegerschulen der Marinefliegerkräfte lassen wir vorerst beiseite.) Außer den Fliegerschulen gab es innerhalb der Luftstreitkräfte eine Akademie zur Ausbildung von Offizieren der höheren Kommandoebene.

Am 1. Januar 1940 verfügten die Luftstreitkräfte über 18 Fliegerschulen.

Am 1. September 1940 waren es 28, und die Akademie war in zwei selbständige Akademien aufgeteilt worden.

Drei Monate später war die Anzahl der Fliegerschulen und -lehranstalten auf 41 Ausbildungsstätten angewachsen.

Vielleicht waren es nur kleinere Fliegerschulen?

Marschall der Flieger S. Krassowski war Generalmajor der Flieger und Kommandeur einer dieser Schulen: Er spricht von 2000 Flugschülern. (Ein Leben bei den Fliegern. Moskau 1968, S. 111)

Leitete Krassowski vielleicht eine Spezialschule, handelte es sich möglicherweise um einen Sonderfall? Und wieder lautet die Antwort: Nein; Ende Dezember 1940 verfügten die Ausbildungseinrichtungen der Luftstreitkräfte über 6053 Schulflugzeuge. (Staatliches Zentralarchiv der Roten Armee, Fonds 29, Inventarverzeichnis 31, Vorgang 107, Blatt 28) Das ergibt durchschnittlich 147 Schulflugzeuge pro Fliegerschule. Nach heutigem Standard bilden 120 Maschinen eine Fliegerdivision. Nach dem Standard jener Zeit entsprachen 120 Flugzeuge zwei Fliegerregimentern (Geschwadern), und 6000 Flugzeuge waren genau 100 Ausbildungsfliegerregimenter. Wenn aber die Anzahl der Schulflugzeuge in jeder Fliegerschule 100 übersteigt, dann liegt die Anzahl der Flugschüler über tausend. 6000 Schulflugzeuge allein in den Ausbildungseinrichtungen der Luftstreitkräfte. Daneben hatte die Seekriegsflotte ihre eigenen Fliegerkräfte und Schulen mit Schulflugzeugen. Und selbsverständlich ist hier nicht die Rede von den Schulflugzeugen bei den taktischen Truppenteilen der Luftstreitkräfte und der Seekriegsflotte, in der Zivilen Luftflotte, im Osoawiachim, beim NKWD usf.

Die Kremlhistoriker unterstreichen gern den enormen Mangel an Schulflugzeugen. Und Mangel gab es in der Tat; verlangte man doch sowohl nach Schulflugzeugen als auch nach Kampfflugzeugen in immer größerer Zahl. Rechnet man aber die Anzahl der sowjetischen Schulflugzeuge zusammen und vergleicht sie mit der Anzahl deutscher Flugzeuge, dann zeigt sich, daß die Sowjetunion allein an Schulflugzeugen über mehr Maschinen verfügte, als Deutschland an Schul-, Kampf- und Transportflugzeugen insgesamt besaß.

5.

Die Sowjetunion hatte demnach zu Beginn des Jahres 1941 einundvierzig Fliegerausbildungsstätten. Stalin war das zu wenig. Was also tun? Bis 1940 hatte man die Möglichkeit gehabt, die Zahl der Flugschüler in jeder Fliegerschule anzuheben. Diese Möglichkeit war jetzt ausgeschöpft: Jede Fliegerschule war so überfüllt, daß sie keine weiteren Teilnehmer mehr aufnehmen konnte. Marschall der Flieger S. Krassowski kann das bezeugen: Die Fliegerschulen arbeiteten mit Hochbetrieb, geflogen wurde Tag und Nacht ohne Ausgang und ohne Feiertage. (Ein Leben bei den Fliegern, S. 114) Krassowski steht mit seiner Aussage nicht allein.

Es blieben zwei Möglichkeiten, den Ausstoß an Militärpiloten zu erhöhen.

Erstens konnte man neue Fliegerschulen einrichten.

Zweitens konnte man die Zahl der Absolventen auf Kosten der Ausbildungsqualität durch Verkürzung der Ausbildungszeit anheben. Gewiß, man konnte die Leute drei Jahre lang in der Schule festhalten, aber was wäre, wenn man nur ein Jahr dafür ansetzte? In dem Fall wären an einem Ausbildungsplatz bei gleichem Aufwand anstelle von einem drei Piloten ausgebildet worden. Und wenn man nun die Ausbildungszeit auf sechs Monate reduzierte, dann würde man anstelle von einem Flugzeugführer gleich sechs produziert haben.

Welchen Weg sollte man einschlagen?

Der Chef der Luftstreitkräfte Generalleutnant der Flieger Pawel Rytschagow schlug am 7. Dezember 1940 auf der Sitzung des Obersten Militärrates vor, beide Möglichkeiten gleichzeitig zu nutzen.

In der Zeit vom 1. Januar bis zum 1. Mai 1941 wurde die Anzahl der Ausbildungsstätten bei den Luftstreitkräften erhöht. Am 1. Mai gab es innerhalb der Luftstreitkräfte drei Militärakademien, zwei höhere Lehranstalten für Navigatoren, Nachschulungskurse für das Führungspersonal, 16 Techniker- und 88 Fliegerlehranstalten bzw. -schulen. Abgesehen davon wurden am 6. November 1940 Spezialschulen der Luftstreitkräfte innerhalb des Aufgabenbereichs des Volkskommissariats für Volksbildung geschaffen. Sie dienten der Vorbereitung von Knaben für die Aufnahme in die Ausbildungseinrichtungen der Luftstreitkräfte. Doch das wollen wir außer acht lassen, da es sich um eine rein zivile Behörde handelt.

Als ich diese Informationen über die Anzahl der Fliegerschulen für die Luftstreitkräfte und die Anzahl der Flugschüler zusammengetragen hatte, kamen mir selbst Zweifel an diesem Ergebnis. Wie sollte man das alles auch glauben können?! Ich vermute, es geht nicht nur mir allein so. Deshalb empfehle ich meinem Leser, der dies auch nicht glauben möchte, eine einfache Form der Überprüfung. Während des Krieges und in der Zeit der Vorkriegskonflikte wurden über 2400 sowjetische Flieger als Helden der Sowjetunion ausgezeichnet. Für jeden kann man leicht Informationen über das Wo und Wann seiner Ausbildung erhalten. Beginnen Sie mit dem Zusammentragen, und sortieren Sie die Angaben. Sie werden sich sehr schnell davon überzeugen, daß es über 50, über 60, über 70 Fliegerschulen gab.

Die zweite Möglichkeit: Ehemalige Frontsoldaten suchen Regimentskameraden und Kriegsgefährten, zum Beispiel über die Zeitung »Roter Stern«. Das liefert eine ganze Flut an Informationen. Diese Daten (und zwar nicht nur von den Fliegerkräften) sollte man sammeln und bearbeiten. Das ist ungemein interessant, wenn man sich erst einmal eingearbeitet hat und diese Sache über Jahre hin verfolgt.

Außerdem kann man die Biographien berühmter Fliegergenerale und Marschälle sammeln. Sie stellen eine reichhaltige Quelle dar.

Die Anzahl der Fliegerschulen und ihrer Flugschüler ist nur schwer vorstellbar, aber jeder, der selbst Informationen über den Umfang der Ausbildung von Fliegerkadern für die Rote Armee zusammenträgt, wird mir zustimmen: Ausbildungsstätten für Flieger gab es viele, und sie arbeiteten im Stachanow-Rhythmus.

Doch selbst wenn man den genannten Zahlen Glauben schenkt, fällt es nicht leicht, den Zweifel abzulegen: Wie sollte es möglich gewesen sein, innerhalb von drei Monaten mindestens zehn Fliegerschulen aufzubauen? Schule bedeutet in diesem Fall Flugplatz und Hangar, Werkstätten zur Wartung, Ersatzteillager und große Gebäudeblöcke. Hinzu kommt ein Kollektiv von Instrukteuren, Mechanikern, Personal zur Wartung und Instandsetzung der Maschinen und Spezialisten vieler anderer Fachrichtungen. Wie soll man das alles in so kurzer Frist bereitstellen?

Aber es ist kein Geheimnis dabei. Zehn Jahre lang hatte Stalin keine Ausgaben für den Aufbau der Fliegerklubs des Osoawiachim gescheut. Es war eine freiwillige Organisation (im sowjetischen Sinne), aber paramilitärisch ausgerichtet, und die oberste Führung lag in rein militärischer Hand, mit dem Generalmajor der Flieger Pawel Kobelew an der Spitze. Die Umwandlung der freiwilligen paramilitärischen Klubs in die nicht sonderlich freiwilligen Fliegerschulen der Luftstreitkräfte war einfach, denn diese Umwandlung war in der ursprünglichen Planung vorgesehen. Zehn Jahre lang war alles vorbereitet worden und hatte sich im Laufe der Jahre gut eingespielt: Sowohl das Personal war zur Stelle (es brauchte nur noch vereidigt und neu eingekleidet zu werden) als auch der Flugplatz, die Hangare, Werkstätten und Maschinen. Große Gebäudeblocks gab es nicht, aber man behalf sich mit Barakken. Den Barackenbau haben wir gelernt. Stellt Baracken schräg an den Rand des Flugfeldes, und die Fliegerschule ist fertig.

Auch die dritte Akademie der Luftstreitkräfte war nach derselben Methode entstanden. Allerdings hatte man für die Akademie die Gebäudeblocks rechtzeitig fertiggestellt. Generaloberst der Flieger A. N. Ponomarjow berichtet darüber. Vor dem Krieg war er Generalmajor der Flieger. Er wird nach Leningrad geschickt. Dort hat man den Komplex des Ingenieurinstituts der Zivilen Luftflotte errichtet. Genosse Stalin hat viel Geld in die zivile Luftfahrt investiert: Unterrichtsgebäude, Laboratorien, Wohnheime – alles aufs modernste eingerichtet. Der General geht durch die Flure. In einer Militärakademie müssen alle Mann Haltung annehmen, aber hier nimmt man nicht einmal Notiz von ihm. (Er erwähnt das sogar in seinen Memoiren – die Sache mit dem Strammstehen.) Egal. Alles zu seiner Zeit. Der General begegnet seinem ehemaligen Professor:

»›Alexander Ponomarjow! Sieh an, weit hat er es gebracht! Ein General!‹

Er umarmte mich. ›Was hat Sie hierher geführt?‹

›Wir werden zusammenarbeiten.‹

›Hier? Sie sind doch Soldat?‹

›In diesem Haus werden bald alle Soldaten sein.‹« (Bezwinger des Himmels. Moskau 1980, S. 82)

So tauchte innerhalb der Luftstreitkräfte die dritte Akademie auf.

Genauso waren alle Fliegerschulen entstanden. Erst investieren wir Geld in die »freiwilligen« Fliegerklubs, und eines schönen Morgens wird die Aufschrift ausgetauscht.

6.

Doch noch immer gab es nicht genügend Piloten. Also beschloß man, die Ausbildungszeiten zu beschneiden. In der offiziellen Geschichtsschreibung lautet das »auf Beschluß von Partei und Regierung«. Ich verstehe darunter: auf Beschluß Stalins und Molotows.

Früher wurden Piloten und Navigatoren in den militärischen Ausbildungseinrichtungen nach einem Dreijahresprogramm geschult, abgesehen von der vorgeschalteten Ausbildung durch den Osoawiachim. Jetzt faßte man den Beschluß, nur noch in vier Unterrichtsanstalten die volle Ausbildung beizubehalten, die Dauer jedoch auf zwei Jahre im Frieden und auf ein Jahr im Krieg zu verkürzen.

55 Lehranstalten wurden in Fliegerschulen mit einem Kurzprogramm von neun Monaten in Friedenszeiten und sechs Monaten im Krieg umgewandelt.

29 Fliegerschulen arbeiteten mit einem extremen Kurzprogramm von vier Monaten im Frieden und drei Monaten im Krieg.

All diese Finessen kannte der angehende Flugschüler nicht, und er hatte auch nicht das Recht der freien Wahl. Alles hing vom reinen Zufall ab: davon, wohin man ihn schickte. Natürlich gab es Befehle: Die Besten in die Lehranstalten, das Mittelmaß in die Fliegerschulen mit verkürztem Programm, und den Rest in die Schulen mit extremem Kurzprogramm. Ich kann mir jedoch nur schwer vorstellen, daß solche Befehle korrekt befolgt wurden: Wenn schon an der Ausbildungszeit der Piloten gespart wird, dann nimmt man sich erst recht keine Zeit für Auswahl und Sortierung.

In den vier Fliegerlehranstalten wurden Piloten ausgebildet, die Aussicht hatten, es zum Führer einer Kette bzw. eines Schwarmes, einer Fliegerstaffel oder eines Fliegerregiments (Geschwaders) zu bringen. In den 55 Fliegerschulen mit Kurzprogramm wurden Schwarmflieger für die Jagdfliegerkräfte ausgebildet, die die Chance hatten, es dereinst zum Führer zu bringen, sowie Kopiloten für die Bombenfliegerkräfte mit der Aussicht, einmal die linke Position einzunehmen und Bordkommandant zu werden. In den 29 Fliegerschulen mit extremem Kurzprogramm aber wurden Schwarmflieger der Jagdfliegerkräfte und Kopiloten der Bombenfliegerkräfte ohne Chance auf eine Beförderung in der Dienststellung geschult. Ich habe mir die Ausbildungsprogramme aller dieser Lehranstalten und Schulen angesehen und hege persönlich keinerlei Zweifel: Diese jungen Falken wurden für den Tod auf dem Schlachtfeld vorbereitet.

7.

Man könnte den Eindruck gewinnen, daß die Hauptmasse der Flieger in den 55 Schulen mit Kurzprogramm ausgebildet werden sollte. Doch das ist ein psychologischer Effekt: 55 ist schließlich mehr als 29. Aber gerade die 29 Fliegerschulen mit dem extremen Kurzprogramm wurden die entscheidende Kaderschmiede der Piloten. Eine kleine Rechenoperation hilft uns weiter. Zur Vereinfachung stellen wir uns vor, jede Fliegerschule habe 1000 Flugschüler. Dann werden die 55 Fliegerschulen mit Kurzprogramm im Jahre 1941 55 000 Piloten ausbilden, sie zum Abschluß bringen und mit dem nächsten Lehrgang beginnen. Die 29 Fliegerschulen mit dem extremen Kurzprogramm können aber in Friedenszeiten drei Lehrgänge mit jeweils 29 000 Piloten zum Abschluß führen. Drei abgeschlossene Lehrgänge bedeuten 87 000 Piloten. Die Fliegerschulen hatten indessen nicht nur 1000 Flugschüler, sondern 1500, mitunter sogar bis zu 2000 Lehrgangsteilnehmer, so daß das Übergewicht der in extremen Kurzprogrammen ausgebildeten Flugzeugführer noch deutlicher wird.

Dabei dürfen wir uns nicht vom Wortlaut irritieren lassen: in Kriegszeiten drei Monate Ausbildungszeit, im Frieden deren vier. Was ist das schon für ein Unterschied! Wird erst der größte Teil der Piloten in vier Monaten ausgebildet, dann ist das bereits keine Friedenszeit mehr. Für diese Tatsache gibt es eine Erklärung: Seit dem 7. Dezember 1940, an dem der Beschluß zu dieser extremen Verkürzung der Ausbildungszeit gefaßt worden war, arbeiteten die sowjetischen Luftstreitkräfte unter Kriegsbedingungen. Interessierten Lesern empfehle ich, sich über die Vorbereitung der japanischen Kamikaze-Flieger während des Krieges zu informieren. Das ergibt einen lehrreichen Vergleich.

Selbst die neun Monate des Kurzprogramms sollten uns nicht täuschen. Man kann einen umfassend einsatzfähigen Flugzeugführer nicht in neun Monaten ausbilden. Das ist unmöglich. Im übrigen wurden einige der Fliegerschulen, die Piloten nach dem 9-Monatsprogramm ausbilden sollten, sofort auf das Kriegsprogramm mit sechsmonatiger Ausbildungszeit umgestellt. Die Fliegerschule von Kirowobad ist dafür ein eklatantes Beispiel. Es hatte geheißen: in Friedenszeiten zwei Jahre, im Krieg ein Jahr. In der Theorie. Doch die Praxis sah anders aus: »Sämtliche Zweijahresfliegerlehranstalten wurden in Einjahresausbildungsstätten umgewandelt.« (Schumichin, Die sowjetischen Fliegerkräfte 1917–1941, S. 233) Auch wenn man die Ausbildungszeit im Frieden auf sieben Jahre angesetzt hätte, würde jetzt nach diesem Friedensprogramm ohnehin niemand mehr ausgebildet werden.

Stellen wir uns nun vor, wir hätten eine Hühnerfarm oder auch einen anderen Geflügelzuchtbetrieb eingerichtet. Die Produktionskapazität unseres Brutkastens beträgt, angenommen, 150 000 Schlachthähnchen im Jahr (und vielleicht auch mehr). Wir produzieren ein Jahr, ein zweites Jahr, ein drittes . . . Wir wollen nicht darüber philosophieren, ob das viel oder wenig ist, alles ist relativ, sondern uns vielmehr einer rein praktischen Frage zuwenden: Was machen wir anschließend damit?

Wir denken über den Absatz der produzierten Ware nach. Sonst haben wir überfüllte Kühlräume. Sonst sitzen wir auf einer echten Überproduktion fest, wie das bei den Kapitalisten üblich ist. Aber wir sind keine Kapitalisten. Wir betreiben Planwirtschaft, und der Absatz ist von vornherein eingeplant.

Scherz beiseite. Wenn am 7. Dezember 1940 der Fliegerbrutkasten auf volle Touren gebracht worden ist, dann heißt das, daß Stalin den Krieg 1941 beginnen will. Wenn Stalin den Krieg nicht beginnt, dann wird man schon im Herbst 1941 nicht mehr wissen, wohin mit den im Sparprogramm ausgebildeten halbfertigen Piloten. Früher einmal hatte man von 150 000 Piloten geträumt. 1940 aber hat man solche Ausbildungskapazitäten bereitgestellt, daß schon der *Jahresausstoß* mehr als 150 000 Piloten beträgt.

Alle kommunistischen Historiker müssen zugeben, daß Stalin einen Angriff vorbereitete. Aber, wie sie sagen, erst für das Jahr 1942. Träfe dies zu, dann müßten die Fließbänder angehalten und die Ausbildungszeit für die unfertigen Piloten heraufgesetzt werden. Die Menge reicht in jedem Fall, aber die Qualität würde steigen. Doch Stalin ging von anderen Fristen aus. Er brauchte die Absolventen schon 1941. Massenweise.

Aber vielleicht, wenden einige Historiker zaghaft ein, machte sich Stalin zur Abwehr eines Angriffs bereit? Vielleicht wurden alle diese Piloten für einen Verteidigungskrieg gebraucht, gewissermaßen für einen großen vaterländischen Krieg?

Achten wir auf die Daten. Hitler faßte den endgültigen Entschluß, Stalin anzugreifen, am 18. Dezember 1940. Aber die deutsche Industrie wurde nicht auf Kriegswirtschaft umgestellt, und die Flugzeugführer wurden in Deutschland nach völlig normalen Programmen ausgebildet. Stalin hatte den endgültigen Entschluß zum Angriff auf Deutschland schon eher gefaßt. Die Umstellung des Fliegerbrutkastens auf Kriegsbedingungen am 7. Dezember 1940 ist ein Beweis dafür.

Betrachtet man die einzelnen Maßnahmen jedoch im großen Zusammenhang, dann wird der Brutkasten für die Flieger bereits zehn Jahre früher im Jahre 1931 eingeschaltet, als die Losung ausgegeben wurde: »Komsomolzen, in die Maschinen!«

Damals war Hitler in Deutschland noch nicht einmal an der Macht, und wer wußte schon, ob er es überhaupt schaffen würde. Aber Stalin hatte schon damals den tödlichen Schlag gegen Deutschland vorbereitet, ohne Rücksicht darauf, ob Hitler in Deutschland an die Macht kommen würde oder irgendein anderer.

DIE
186. SCHÜTZENDIVISION

Dieser Krieg wird nach unserer
festen Überzeugung die
proletarische Revolution auslösen.
Trotzki
(»Bulletin der Opposition«, August–September 1939)

1.

Im Verlauf des Bürgerkrieges war die Rote Armee gewachsen. Einige Divisionen wurden aufgerieben, andere aufgestellt, doch die Gesamtzahl stieg. Den Gipfel ihrer Kampfkraft hatte die Rote Armee Anfang 1920 mit 64 Schützen- und 14 Kavalleriedivisionen erreicht. (Marschall der Sowjetunion W. D. Sokolowski, Militärische Strategie. Moskau 1963, S. 163)

Nach dem Bürgerkrieg wurde die Rote Armee radikal reduziert, doch die Anzahl der Schützendivisionen verringerte sich nicht, sondern stieg weiter an. Das ist kein Wunder, man hatte einfach die Soldaten nach Hause entlassen und die Divisionen in gekaderte Territorialverbände umgewandelt: Stäbe und Kommandeure waren vorhanden, aber keine Soldaten. Eine Territorialdivision bildet eine Art Skelett, das für Manöver, bei Naturkatastrophen oder im Kriegsfall mit Soldaten aufgefüllt werden kann, indem man die Reservisten zu den Fahnen ruft. Die Aufstellung neuer Divisionen ohne Soldaten erforderte keinen großen Aufwand und holte den Bauern nicht weg von seinem Pflug.

1923 wurde die Schützendivision mit der Nummer 100 aufgestellt. Zu der Zeit gab es tatsächlich annähernd 100 Schützendivisionen (ohne Soldaten), dennoch stimmte die Zahl 100 nicht genau, man hatte bei der Vergabe einer so hohen Nummer ein wenig übertrieben, gewissermaßen aufgeschnitten. Schaut her, was wir aufzuweisen haben . . .

Die 100. Schützendivision unterstrich mit ihrer Nummer gleichsam die oberste Grenze: Sowohl im Frieden als auch im

Krieg reichte diese Anzahl von Schützendivisionen aus (wie die Erfahrung im Bürgerkrieg gezeigt hatte). Außer den Schützendivisionen hatte die Rote Armee noch Kavalleriedivisionen mit eigener Zählung.

Die 100. Schützendivision wurde ebenso wie die 1. Proletarier-Schützendivision im Bestzustand gehalten: Diese Nummern umrissen sozusagen die gesamte Rote Armee. Man erkennt deutlich das Bestreben der obersten Führung zu demonstrieren, daß überall in der Roten Armee, von der 1. bis zur 100. Division, revolutionäre Ordnung herrscht. Selbst wenn es nicht überall gelang, eine eiserne Ordnung einzuführen, so gab es diese doch in der 1. und in der 100. Schützendivision. Es war durchaus kein Zufall, daß im Verlauf des Krieges die 100. Schützendivision als erste in den Rang eines Gardegroßverbandes erhoben wurde und sich von da an 1. Gardeschützendivision nannte. Die 1. Proletarier-Division aber wurde zu Beginn des Krieges in eine Motorisierte Schützendivision umgewandelt und avancierte während des Krieges zur 1. Motorisierten Gardeschützendivision.

In den zwanziger und dreißiger Jahren wurde die Anzahl der Schützendivisionen in der Roten Armee bald reduziert, bald stieg sie wieder an. In der Zählung der Divisionen entstanden Lücken und wurden wieder aufgefüllt. Doch die 100. Schützendivision stellte eine Art Obergrenze in der Roten Armee dar. Divisionen mit höheren Nummern gab es nicht.

Seit Anfang der dreißiger Jahre begann die Rote Armee zunächst unmerklich, dann aber immer schneller »an Muskelmasse zuzulegen«. Die Territorialdivisionen ohne Soldaten wurden nach und nach in Kaderdivisionen umgewandelt und mit Soldaten aufgefüllt. Dieser Prozeß beschleunigte sich. Ende 1937 war gut die Hälfte der Schützendivisionen aus Territorialverbänden in aktive Großverbände umgewandelt, und Ende 1938 wurden sämtliche Divisionen zu Kaderdivisionen. So kam es, daß die Rote Armee Anfang August 1939 über 96 Schützendivisionen und eine Motorisierte Schützendivision verfügte. Sie alle waren keine Territorialdivisionen mehr, sondern aktive Divisionen. 96 Kaderschützendivisionen – das war mehr als auf der Höhe des Bürgerkrieges, als das Regime um sein Überleben kämpfte.

2.

Am 1. September 1939 griff die deutsche Wehrmacht Polen an. Dieses Datum gilt offiziell als Beginn des Zweiten Weltkrieges. Es war ein so schrecklicher und tragischer Tag, daß alles übrige, was an diesem Tag geschah, von diesem Ereignis in den Schatten gestellt wurde.

Dabei hatte genau an diesem Tag in Moskau der Oberste Sowjet der UdSSR auf seiner 4. außerordentlichen Sitzung das »Gesetz über die allgemeine Wehrpflicht« beschlossen. Unverzüglich wurde mit der Entfaltung neuer Schützendivisionen begonnen. Die Lücken in der Zählung von 1 bis 100 wurden aufgefüllt, und gleich darauf erschienen neue Schützendivisionen mit den Nummern 101, 102, 103 . . ., dann folgte die 110., die 111., . . . die 120., . . . die 130.

Wir brauchen nicht weit nach Belegen Ausschau zu halten. Verfolgen wir den Entwicklungsprozeß am Beispiel der berühmten 1. Proletarier-Schützendivision (Moskau). Im September 1939 wurde der Divisionsstab umgegliedert in den Stab eines Schützenkorps. Zwei Regimenter aus dem Bestand der Division wurden umgewandelt in die 115. und die 126. Schützendivision. Das neue Schützenkorps wurde umgehend an die Westgrenze verlegt und nahm am 17. September bereits am »Befreiungfeldzug« in Polen teil. Ein weiteres Regiment der 1. Proletarier-Division wurde in der Hauptstadt zurückgelassen und auf dieser Basis die neue 1. Proletarier-Schützendivision entfaltet. Aus einer Division waren drei sowie die Führung eines Schützenkorps hervorgegangen. Genauso verfuhr man auch andernorts: Regimenter wurden in Divisionen umgewandelt, Divisionen in Korps.

Werfen wir einen Blick in die Chroniken unserer berühmten Divisionen, dann werden wir uns wundern, wie viele von ihnen gleichzeitig aufgestellt worden sind. Wir brauchen gar nicht nach den hohen Nummern zu greifen. Nehmen wir die 2. Taman-Gardedivision. Den Rang einer Gardedivision und die entsprechende Nummer erhielt sie im Krieg, aufgestellt aber wurde sie als 127. Schützendivision im September 1939, als die Divisionsnummern immer höher und höher stiegen. Greifen wir ein paar weitere aufs Geratewohl zur Überprüfung heraus: die 112., die 123., die 128., die 136., die 138., die 144., die 159., die 163., die 169., die 170., die 186. – und wir werden sehen, daß wir keinem Irrtum erlegen sind, alle wurden in ein und demselben Monat aufgestellt. Die offiziellen sowjetischen Quellen erwähnen es in bescheidenen Worten: »Ab Herbst 1939 begann die Entfaltung aller Gattungen von Landstreitkräften. Dutzende neuer Divisionen wurden aufgestellt.« (Die sowjetischen Streitkräfte. Moskau 1978, S. 242)

3.

Der Prozeß der Aufstellung neuer Divisionen war kein allmähliches Anwachsen, sondern erfolgte sprunghaft. Allein im September 1939 schnellten die Nummern der Schützendivisionen von 100 auf 186 hoch. Das bedarf allerdings einer Präzisierung: Die Reihenfolge der Nummern von 101 bis 186 war keine geschlossene, hier und da gab es Lücken. Als jedoch im Juni 1940 Hitler in Frankreich einmarschierte und Stalin sorglos den Rücken zukehrte, gab dieser den Befehl zur Aufstellung einer neuen Welle von Schützendivisionen. Dabei wurden alle Leerstellen in der fortlaufenden Zählung geschlossen.

Eine weitere Welle der Entfaltung neuer Schützendivisionen rollte im Februar und März 1941 durch das Land, in deren Verlauf die fortlaufende Zählung die Nummer 200 übersprang und weiter stieg. Sehen wir uns an, wie die 200. Schützendivision entstand, und beginnen wir bei ihrem Kommandeur. Er hieß Iwan Iljitsch Ljudnikow. Geboren 1902, Absolvent der Infanterieschule, Zugführer, Kompaniechef, Chef eines Bataillonsstabs. Sein Aufstieg begann während der Großen Säuberung. 1938 absolvierte er die Frunse-Militärakademie und wurde in den Generalstab berufen. Am 19. August 1939 erging der Befehl zur Schaffung vieler neuer Militärschulen, unter anderem auch der Infanterieschule in Schitomir, zu deren Leiter Ljudnikow ernannt wurde. Am 22. Februar 1941 erließ der Volkskommissar für Verteidigung einen Geheimbefehl zur vorzeitigen Entlassung der Offiziersschüler aus den militärischen Lehranstalten. Die Entlassung erfolgte in Abwesenheit der Schulleiter, denn diese wurden zu Kommandeuren neu aufgestellter Divisionen ernannt. Der Leiter der Infanterieschule in Schitomir, Oberst Ljudnikow, erhielt am 10. März 1941 den Befehl, sich im Stab des Militärbezirks Kiew zu melden, wo ihm der Stabschef des Militärbezirks, Generalleutnant M. A. Purkajew, den Befehl über die Ernennung zum Kommandeur der 200. Schützendivision verlas, deren Aufstellung ihm übertragen wurde. »Ich begriff, daß wir auf große Ereignisse nicht lange würden warten müssen, und begab mich eilends in die Mobilmachungsabteilung.« (I. I. Ljudnikow, Durch Gewitter hindurch. Donezk 1973, S. 23)

»In der Mobilmachungsabteilung im Stab des Militärbezirks sagte man mir:

›Ihre Division ist dort in der Ecke, bedienen Sie sich.‹

Ich nahm den versiegelten Sack mit dem Anhänger ›200. Schützendivision. Postfach 1509‹ vom Boden auf. Der Inhalt des Behälters war mager. Jemand lästerte sogar:

›Ist nicht gerade die Zarenkrone.‹

Die Frist für die Aufstellung der neuen Division war hart.« (I. I. Ljudnikow, Ein Weg so lang wie das Leben. Moskau 1969, S. 3)

Der 38jährige Oberst wird vier Jahre später Generaloberst. Er hatte sich der 1941 gestellten Aufgabe voll gewachsen gezeigt, so wie anschließend auch bei allen anderen Aufgaben im Verlaufe des Krieges. Bei Null mit einem halbleeren Sack beginnend, hatte Ljudnikow eine Division aufgestellt und die gefechtsbereite Verknüpfung der Teileinheiten, Einheiten und Verbände, der Stäbe und rückwärtigen Dienste erreicht. Anfang Juni waren die Kräfte der 200. Schützendivision »in etatmäßiger Kriegsstärke aufgefüllt, und die Division verfügte über ihre vollständige Bewaffnung.« (»Militärhistorische Zeitschrift« 1966, Nr. 9, S. 66–67) Das bedeutet, daß die 200. Schützendivision

14 438 Soldaten und Offiziere, Hunderte von Geschützen und Granatwerfern, 558 Kraftwagen, Panzer und Panzerwagen usw. besaß.

Die Geschichte der Mobilmachung setzt jeden, der sich mit ihr eingehender befaßt, durch die Präzision und den wohlorganisierten Ablauf aller Vorbereitungen der Roten Armee auf den Angriff in Erstaunen. Zunächst sind ab August 1939 die Hauptanstrengungen auf die Vorbereitung der Offizierskader gerichtet, dann folgt deren vorzeitiger Ausbildungsabschluß, die Aufstellung der zweiten und dritten Welle von Reservedivisionen sowie die Verlegung der Truppen aus dem Fernen Osten, aus Transbaikalien, Sibirien, Mittelasien, aus dem Kaukasus und Transkaukasien an die westlichen Grenzen. (siehe Der Eisbrecher, S. 240 ff., 280 ff., 320 ff.) In diesem Truppenstrom wurde auch das 31. Schützenkorps aus dem Fernen Osten verlegt, dem die 200. Schützendivision unterstellt werden sollte. Dann wird vollmundig ein TASS-Kommuniqué am 8. Mai 1941 mit der Erklärung verbreitet, es gäbe keinerlei Verlegungen von Truppen aus dem Fernen Osten. Aber sie treffen laufend im Westen ein, darunter auch das 31. Schützenkorps. Die 200. Schützendivision von Oberst Ljudnikow wird ihm unterstellt, sie führt die letzten Übungen durch, und am Ende – steht das TASS-Kommuniqué vom 13. Juni. (siehe Der Eisbrecher, S. 236 ff.) Nun wird für die Division Gefechtsalarm ausgelöst, sie erhält den Befehl, in wenigen Nachtmärschen – tagsüber sorgfältig in Wäldern getarnt – zur Grenzstadt Kowel aufzuschließen. »Die ganze Bevölkerung der kleinen Stadt gab der Division das Geleit. Auch die inbrünstigsten Beteuerungen, daß wir zu einer Übung aufbrächen, konnten unsere Mütter und Frauen nicht trösten. Die Vorahnung eines nahen Unheils hatte sie nicht getrogen.

Als ich meine Frau und unsere kleinen Söhne zum Abschied küßte, hatte ich kaum noch Zweifel, daß ich in den Krieg zog.« (I. I. Ljudnikow, Ein Weg so lang wie das Leben, S. 4) Doch dann kam der überraschende Angriff . . .

Generaloberst I. I. Ljudnikow ist ein Kommandeur mit klarem Kopf. 1945 demonstrierte er erstklassige Kriegskunst bei der Zerschlagung der japanischen Divisionen, die mit keinem Angriff gerechnet hatten. Aber wie soll man hier die Fakten in Einklang bringen: Im März 1941 wird Ljudnikow in die Abteilung *Mobilmachung* des Stabes eines Grenzmilitärbezirks gerufen und erhält den Befehl, eine Division mit einer Nummer in doppelter Höhe der bisher höchsten Divisionsnummer aufzustellen. Er stellt diese Division »in etatmäßiger Kriegsstärke« auf und versteht, daß man »auf große Ereignisse nicht lange würde warten müssen«; als die 200. Division zur Grenze aufschloß, begriffen Ljudnikow und alle Menschen um ihn herum, daß man in den Krieg zog, dennoch rechnete niemand mit einem deutschen Angriff, er kam für jedermann überraschend . . .

Und doch ist alles sehr einfach: Jedermann wußte, daß es Krieg geben würde, alle warteten auf den Krieg, aber – ohne deutschen Angriff. Es würde sich lohnen, auf die rätselhafte Vorahnung des Krieges, die viele Millionen Sowjetmenschen spürten, gesondert einzugehen. Aber jetzt wollen wir zu unseren Divisionen zurückkehren. Genauer gesagt, zu den Divisionen, Korps, Armeen und Fronten. Wenn Dutzende (und Hunderte) Divisionen aufgestellt werden, dann bedürfen diese einer Führung. Ein paar Divisionen blieben selbständig, das heißt, sie waren unmittelbar den Stäben der Armeen oder der Militärbezirke unterstellt, aber in der Mehrzahl der Fälle bildeten zwei, drei oder auch vier Divisionen ein Schützenkorps. Das ist der Grund, warum mit steigender Zahl von Divisionen auch die Anzahl der Schützenkorps stieg. Zu Beginn des Sommers 1939 gab es in der Roten Armee 25 Schützenkorps, im Herbst hatte sich ihre Zahl verdoppelt. Die Nummern der Schützenkorps stiegen und übersprangen schnell die fünfzig und später auch die sechzig.

Aber auch Korps müssen geführt werden. Und deshalb bringt der September 1939 eine reiche Ernte an neuen Armeen.

4.

In diesem Zusammenhang interessierte mich ein anderes, auf den ersten Blick recht kleines Detail. Sowjetische Divisionen und Korps wurden massenweise im September 1939 aufgestellt. Als Geburtstag eines Regiments, einer Division, eines Korps' gilt in der Roten Armee der Tag, an dem die Truppenfahne übergeben wird. Die Fahne kann man indessen nicht einem Vakuum übergeben. Es ist ganz so wie bei einem Kriegsschiff: In dessen Geschichte ist der Tag verzeichnet, an dem es zum ersten Mal die Seekriegsflagge hißt. Um die Flagge hissen zu können, muß das Schiff zuvor gebaut worden sein. Der Bau eines Schiffes aber beginnt mit seiner Kiellegung bzw., wenn man es ganz genau nehmen will, mit seiner Projektierung. Genau so verhält es sich mit den Divisionen: Ehe einer Division die Truppenfahne übergeben werden kann, muß sie aufgestellt sein, und die Aufstellung beginnt mit der Ernennung ihres Kommandeurs. Mich interessierte nicht der Zeitpunkt, an dem die Truppenfahne übergeben wurde, sondern der Augenblick, in dem der erste Mensch in der Division in Erscheinung trat – der Kommandeur, der den Auftrag hat, aus dem Nichts eine Division zu formieren.

Die Divisionen schossen zu jener Zeit in dichter Folge aus dem Boden, unaufhaltsam und rasch wie Bambussprossen nach einem Tropenregen. Aus den Divisionen, von denen bekannt ist, daß ihre Aufstellung im September 1939 erfolgt war, griff ich mir eine heraus, und zwar die mit der höchsten Nummer – die 186., und begann mit der Suche nach dem Tag ihrer ersten Erwähnung in Dokumenten, jenem Tag, an dem es zwar die Division noch nicht gab, ihr Kommandeur aber bereits ernannt war und den mageren versiegelten Sack mit dem Anhänger »186. Schützendivision« und den Befehl zu ihrer Aufstellung entgegengenommen hatte.

Kommandeur der 186. Schützendivision war Oberst N. I. Birjukow (seit dem 4. Juni 1940 Generalmajor). Nun mußte noch das Datum seiner Ernennung zum Kommandeur gefunden werden. Für diese Suche brauchte ich drei Jahre. Die Zeit war nicht vergeudet, denn ich hatte nach der einen Sache gesucht und dabei viele andere gefunden. Und die waren auch interessant.

Schließlich stieß ich auf das Gesuchte: Der Befehl zur Aufstellung der 186. Schützendivision und zur Ernennung ihres Kommandeurs war am 19. August 1939 unterzeichnet worden.

In dieser Nacht konnte ich bis zum Morgengrauen keinen Schlaf finden, denn ich hatte eine zwar kleine, aber eben doch eine mir wichtige Entdeckung gemacht.

5.

Am Morgen aber war eine neue Arbeit in Angriff zu nehmen: Meine Vermutung mußte bestätigt oder widerlegt werden. War es überhaupt vorstellbar, daß Stalin am 19. August 1939 den Entschluß gefaßt und befohlen haben sollte, nur eine einzige neue Division aufzustellen und dabei gleich von Nummer 100 auf Nummer 186 zu springen?

Ich mußte viele andere Divisionen überprüfen sowie die Personalbögen von Marschällen und Generalen, die im August 1939 noch keine Marschälle und Generale, sondern nur Oberste mit Zukunft waren. Zudem gab es 1939 noch keine Generale in der Roten Armee, sondern Kombrigs, Komdivs, Komkorps (Brigade-, Divisions- und Korpskommandeure). Eine Formel zu überprüfen ist leichter, als sie aufzustellen. Ich überprüfte und bekam die Bestätigung: Im September 1939 wurden Dutzende neuer Divisionen und Korps aufgestellt, der Beschluß über ihre Aufstellung und die Ernennung ihrer Kommandeure aber war am 19. August 1939 gefaßt worden.

Hier einige Beispiele. Wer will, kann sie dutzendweise sammeln.

Brigadekommandeur P. S. Pschennikow (später Generalleutnant) wurde am 19. August 1939 Kommandeur der 142. Schützendivision. Die Division gab es zu der Zeit noch nicht, aber ihr Kommandeur wurde ernannt und begann mit der Aufstellung.

Oberst Ja. G. Krejser (später Armeegeneral) wurde an diesem Tag Kommandeur der 172. Schützendivision.

Brigadekommandeur I. F. Daschitschew (später Generalmajor) wurde Kommandeur des 47. Schützenkorps'.

Korpskommandeur F. I. Golikow (später Marschall der Sowjetunion) erhielt im August 1939 den Befehl zur Aufstellung und Führung der 6. Armee. Nicht nur Divisionen und Korps wurden zu diesem Zeitpunkt aufgestellt, sondern auch Armeen.

Oberst S. S. Birjusow (später Marschall der Sowjetunion) wurde am 19. August 1939 Kommandeur der noch nicht vorhandenen 132. Schützendivision.

Brigadekommandeur A. D. Beresin (seit 5. Juni 1940 Generalmajor) wurde am selben Tage zum Kommandeur der 119. Schützendivision ernannt. Das Datum kann man ganz offen nachlesen, z. B. in der »Militärhistorischen Zeitschrift« 1986, Nr. 2, S. 86. Und dieses Datum ist der 19. August 1939.

Man könnte diese Liste bis zur Ermüdung fortsetzen. Aber ich denke, auch diese Beispiele genügen schon, um zu begreifen, daß Stalin am 19. August 1939 die Verdoppelung der Schützendivisionen befahl. Es waren ohnehin schon mehr gewesen, als in jedem anderen Heer auf der Welt. Die Verdoppelung bedeutete, daß die Vormobilmachungsperiode abgeschlossen war und die Mobilmachung selbst begonnen hatte.

Schon damals wie auch noch fünfzig Jahre später wurde die Tatsache des Mobilmachungsbeginns verschleiert, denn es war eine heimliche Mobilmachung. Zur Tarnung war am 2. September eine »Teilmobilmachung« befohlen worden. Wäre es eine Teilmobilmachung gewesen, dann hätte man eines Tages auch ihre Beendigung und die Demobilisierung bekanntgeben müssen, aber die »Teil«-Mobilmachung wurde von niemandem eingestellt und die Demobilisierung nicht verkündet. Die Mobilmachung wurde vielmehr fortgesetzt und nahm an Tempo und Intensität zu.

Die heimliche Mobilmachung erfolgte unter der Leitung des Generalstabschefs und Marschalls der Sowjetunion B. M. Schaposchnikow, desselben Mannes, der selbst der Auffassung war und Stalin davon überzeugt hatte, daß es eine Teilmobilmachung nicht geben könne, daß es nur eine allgemeine Mobilmachung gebe und daß die Mobilmachung nicht einen Schritt in Richtung Krieg bedeute, sondern den Krieg selbst.

Am 19. August 1939 lebte Europa noch im Frieden, aber Stalin hatte bereits seine Entschlüsse gefaßt und die Maschinerie der Mobilmachung in die *nichtumkehrbare* Bewegung versetzt, die in jedem Fall und bei welcher internationalen Lage auch immer den Zweiten Weltkrieg absolut unvermeidbar machte.

Viele Historiker sind der Meinung, Stalin habe zunächst beschlossen, mit Hitler einen Friedensvertrag zu unterzeichnen, dann aber den Entschluß gefaßt, einen Überraschungsangriff auf Deutschland vorzubereiten. Mir war jedoch plötzlich klargeworden, daß es nicht zwei verschiedene Beschlüsse gab. Den Friedensvertrag mit Deutschland zu unterschreiben und sich endgültig für die unvermeidliche Invasion Deutschlands zu entscheiden, beruhen auf ein und demselben Entschluß, es sind zwei Teile eines einzigen Plans.

6.

Am 1. September 1939 griff Hitler Polen an. Mag dieser tragische Tag das *offizielle* Datum für den Beginn des Zweiten Weltkriegs sein. Hitler ist ein Verbrecher und ein Ungeheuer. Aber wir sollten darüber nicht vergessen, daß es auf der Welt noch ein anderes, verschlageneres Ungeheuer namens Stalin gab.

Ich weiß nicht, wann Hitler den Zweiten Weltkrieg beginnen wollte. Aber im September 1939 hätte Deutschland Polen nicht angreifen können. Es war deshalb unmöglich, weil dies Krieg und Seeblockade von seiten Großbritanniens und Frankreichs zur Folge haben konnte. Genau das ist tatsächlich eingetroffen, und Hitler hätte dies voraussehen und die Folgen seiner Handlungen mit einkalkulieren müssen. Für einen Seekrieg hätte Deutschland über eine starke Kriegsmarine verfügen müssen. 1939 besaß Deutschland eine solche nicht. Das deutsche Schiffbauprogramm sah die Indienststellung von sechs Schlachtschiffen für das Jahr 1944 vor, von vier schweren Kreuzern im Jahre 1943 und vier weiteren schweren Kreuzern 1945, von vier leichten Kreuzern 1944 und weiteren 13 leichten Kreuzern 1948, von zwei Flugzeugträgern 1941 und noch zwei Flugzeugträgern im Jahr 1947. Entsprechende Fristen waren für den Ausbau der U-Boot-Flotte vorgesehen. In jedem Fall hätte Hitler den Angriff auf Polen bis 1944/45 verschieben müssen. Auch ohne mein Zutun ist dargelegt worden, daß Hitler 1939 nicht die Absicht hatte, einen europäischen Krieg, geschweige denn einen Weltkrieg zu beginnen. Auch ohne mein Zutun ist nachgewiesen worden, daß die deutsche Industrie 1939 unter Friedensbedingungen arbeitete, daß es weder die Absicht noch Pläne gab, sie auf Kriegswirtschaft umzustellen. Bewiesen ist auch, daß Hitler am 3. September 1939 betroffen war, als er erfuhr, daß Großbritannien und Frankreich ihm den Krieg erklärt hatten. Eine solche Wendung der Ereignisse hatte Hitler nicht erwartet. Stalin allerdings hatte am 19. August 1939 Beschlüsse gefaßt, die nicht mehr rückgängig gemacht werden konnten, die der Sowjetunion keine andere Möglichkeit als den Krieg ließen.

Deshalb halte ich den 19. August 1939 für den Rubikon zum Krieg, danach mußte es bei jeder beliebigen Entwicklung der Lage zum Zweiten Weltkrieg kommen. Hätte ihn Hitler nicht am 1. September 1939 begonnen, wäre Stalin gezwungen gewesen, eine andere Gelegenheit oder einen anderen Erfüllungsgehilfen zu suchen, der Europa und die ganze Welt in diesen Krieg hineingezogen hätte. Das ist der eigentliche Kern meiner kleinen Entdeckung.

7.

Am 23. August 1939 wurde im Kreml der Molotow-Ribbentrop-Pakt unterzeichnet. Es war ein packendes, erregendes Ereignis, und seine Teilnehmer konnten nicht davon ausgehen, daß die gleichgültige Kamera mehr festhalten würde, als von den Organisatoren dieser Szene gewollt war. Aber die Kamera hielt es im Bilde fest: Molotow und Ribbentrop unterzeichnen den Vertrag, hinter ihrem Rücken jedoch flüstern Stalin und Schaposchnikow wie zwei Verschwörer miteinander.

Und sie haben etwas leise zu bereden: Die Sowjetunion hat bereits die heimliche Vormobilmachungsphase hinter sich und ist in die Periode der heimlichen Mobilmachung eingetreten, die an sich schon den Krieg bedeutet. Stalin und Schaposchnikow wissen, daß sie eine Situation geschaffen haben, aus der es nach Schaposchnikows eigenen Worten »eine Rückkehr zum Frieden nicht mehr geben kann«. In der Sowjetunion läuft schon die Aufstellung von Schützendivisionen mit einer über der Ziffer 100 liegenden Numerierung. Es werden bereits viele Tausende von Piloten für den »Iwanow« ausgebildet. Die Entwicklung dieses Flugzeuges ist abgeschlossen, und es steht bereit zu einer wahren Massenproduktion. In der Sowjetunion werden bereits Dutzende neuer militärischer Lehranstalten zur Ausbildung Hunderttausender Offiziere eingerichtet, und es erfolgt der stürmische Bau von Pulver- und Munitionsfabriken, der den Kriegsausbruch in den allernächsten Jahren unvermeidlich macht. Stalin und Schaposchnikow flüstern hinter Ribbentrops Rücken, sie wissen, daß sich die Sowjetunion bereits im Kriegszustand befindet, auch wenn die Kanonen noch nicht schießen.

WANN WURDE DIE 112. PANZERDIVISION AUFGESTELLT?

Am Vorabend des Krieges
wurde A. L. Getman
zum Kommandeur der
112. Panzerdivision ernannt.
Armeegeneral I. I. Gussakowski
(»Militärhistorische Zeitschrift«
1973, Nr. 10, S. 117)

1.

Der letzte Verteidigungsminister der UdSSR und letzte Marschall der Sowjetunion D. T. Jasow hat in seinen Büchern, Aufsätzen und öffentlichen Vorträgen davon gesprochen, daß in knapp zwei Jahren vor Ausbruch des Krieges in der Sowjetunion 125 neue Divisionen aufgestellt worden sind. Die Erwähnung von 125 neuen Divisionen finden wir zum Beispiel in seinem Buch »In Treue zum Vaterland«. (Moskau 1988, S. 178)

Lassen Sie uns vergleichen: Auf der Höhe des Kalten Krieges unterhielten die Streitkräfte der USA 16 Divisionen, Großbritannien vier. Um in einem demokratischen Land eine neue Division aufzustellen, vergeht allein mit Parlamentsdebatten ein ganzes Jahr. Stalin aber hatte, Marschall Jasows Worten zufolge, in knapp zwei Jahren 125 Divisionen zusätzlich zu den schon vorhandenen aufgestellt.

Kann man dem Glauben schenken?

Man kann es nicht.

Jeder, der selbst Angaben über die sowjetischen Divisionen sammelt, weiß, daß Marschall Jasow, gelinde ausgedrückt, zu einem Winkelzug Zuflucht genommen hat. Und deshalb schickte ich dem Chefhistoriker der Sowjetarmee, Generaloberst Dmitri Wolkogonow, einen Brief: Tapfer ist ein Soldat, der sich den feindlichen Bajonetten stellt; die Tapferkeit eines Militärhistorikers besteht darin, daß er öffentlich einem Vorgesetzten widerspricht, wenn dieser von der historischen Wahrheit abweicht. Ich weiß nicht, ob General Wolkogonow meinen Brief erhalten hat, immerhin hätte er auch ohne diesen protestieren können. Doch das tat er nicht.

Jasows Erklärungen haben alle sowjetischen Militärhistoriker gehört, aber kein einziger fand den Mut zum Widerspruch. Daraufhin schrieb ich General Jasow selbst: Genosse Marschall der Sowjetunion, Sie sagen nicht alles, oder – Sie wissen nicht alles.

2.

Hören wir noch andere Aussagen zur Anzahl der neuen Divisionen.

Marschall der Sowjetunion K. S. Moskalenko: »Von September 1939 bis Juni 1941 wurden 125 neue Schützendivisionen aufgestellt.« (An der Südwest-Front, S. 9)

Marschall der Sowjetunion I. Ch. Bagramjan: »125 neue Schützendivisionen und eine Vielzahl von Großverbänden und Verbänden anderer Truppengattungen wurden aufgestellt.« (So gingen wir dem Sieg entgegen. Moskau 1977, S. 39)

Merken Sie den Unterschied? Jasow spricht von 125 neuen Divisionen, Moskalenko und Bagramjan aber reden von 125 neuen *Schützen*-Divisionen. Marschall Jasow hat bewußt oder aus Unkenntnis das Wort *Schützen-* ausgelassen. Das Weglassen dieses Wortes aber ändert den Sinn der Aussage, denn außer den 125 neuen Schützendivisionen hatte Stalin noch andere Divisionen aufgestellt, zum Beispiel Motorisierte Schützendivisionen und Motorisierte Divisionen. Von September 1939 bis Juni 1941 wurden 30 neue Motorisierte Divisionen aufgestellt. Schützendivisionen, Motorisierte Schützendivisionen und Motorisierte Divisionen hatten eine gemeinsame Zählung, weshalb schon im März 1941 in dieser Zählung die Nummern 250, 251, 252 usf. auftauchten. Und alle Lücken in der Zahlenfolge wurden geschlossen.

Außerdem wurden Panzerdivisionen aufgestellt. Innerhalb nur eines Jahres, von Juni 1940 bis Juni 1941, wurden 61 neue

Panzerdivisionen aufgestellt. Diese hatten eine eigene Zählung von 1 bis 69. Die vorhandenen Lücken in dieser Zählung geben einen Hinweis darauf, daß der Prozeß der Aufstellung neuer Divisionen noch nicht abgeschlossen war.

In nicht ganz einem Jahr, von Juli 1940 bis Juni 1941, wurden 79 neue Fliegerdivisionen aufgestellt. Und für Stalin war damit noch nicht die oberste Grenze erreicht: Die Nummern stiegen und stiegen. Im April 1941 wurde im Raum Smolensk bereits die 81. Langstreckenbomber-Division aufgestellt . . .

Vielleicht waren die sowjetischen Divisionen nur winzig klein?

Durchaus nicht. Die deutschen Panzerdivisionen hatten im Juni 1941 abweichende Organisationsstrukturen und eine unterschiedliche Anzahl Panzer von 147 in der 13. bis zu 299 in der 7. Panzerdivision. Es waren leichte und mittlere Panzer. Schwere Panzer besaß Deutschland überhaupt nicht. Eine sowjetische Panzerdivision bestand 1941 aus 375 leichten, mittleren und schweren Panzern. Mitunter waren die Divisionen nicht vollständig ausgerüstet, zum Beispiel verfügte die 1. Panzerdivision bei Kriegsausbruch über 370 Panzer und 53 gepanzerte Fahrzeuge. (Generalleutnant W. I. Baranow, in: »Militärhistorische Zeitschrift« 1988, Nr. 9, S. 18)

Die deutschen Motorisierten Divisionen hatten 1941 überhaupt keine Panzer in ihrem Bestand. Die sowjetischen Motorisierten Divisionen verfügten dagegen 1941 über 275 Panzer.

Die einzige deutsche Kavalleriedivision hatte keine Panzer; sowjetische Kavalleriedivisionen besaßen jeweils 64 Panzer.

Die deutschen Infanteriedivisionen hatten keine Panzer; zu den sowjetischen Standard-Schützendivisionen gehörten jeweils 16. Einige sowjetische Schützendivisionen hatten je 60–70 Panzer. So besaß beispielsweise die 4. Schützendivision »Deutsches Proletariat«, als für sie der Krieg begann, 64 Panzer. (Generalleutnant I. P. Rosly, Letzter Halt in Berlin. Moskau 1983, S. 32)

Sowjetische Fliegerdivisionen hatten jeweils 200 oder auch 300 Maschinen, mitunter sogar 400. So verfügte zum Beispiel die 9. gemischte Fliegerdivision am 21. Juni 1941 über 409

Kampfflugzeuge. (S. A. Krassowski, Luftfahrt und Raumfahrt in der UdSSR. Moskau 1968, S. 89)

Insgesamt waren es in nicht ganz zwei Jahren nicht 125 neue Divisionen, wie Marschall Jasow sagt, sondern 295 neue Divisionen.

Abgesehen natürlich von den neuen Motorisierten Schützendivisionen des NKWD.

3.

295 neue Divisionen sind jedoch noch nicht alles.

Eines Tages ergab es sich, daß ich das Museum der mit dem Leninorden, dem Rotbannerorden und dem Suworoworden ausgezeichneten Reschizaer 8. Motorisierten Gardeschützendivision »Held der Sowjetunion Generalmajor I. W. Panfilow« besuchte. Es ist eine der berühmtesten Divisionen. Mit ihrer Geschichte wurde jeder von uns schon in der Schule vertraut gemacht: aufgestellt im Juli 1941 als 316. Schützendivision, erster Kommandeur Generalmajor I. W. Panfilow, im Oktober in den Kampf vor Moskau geworfen, dann das berühmte Gefecht der 28 Panfilow-Helden usw. Vor Moskau hatte sich die Division ausgezeichnet und war in die 8. Gardeschützendivision umgewandelt worden. Das alles war mir schon vor dem Museumsbesuch bekannt, aber der Jagdhundinstinkt in mir wollte jedes Gebüsch zweimal, dreimal, viermal mit der Nase prüfen. Und ich hatte Glück.

Inmitten der Fülle von Dokumenten und Reliquien bemerkte ich ein gelbes Blatt mit kleinen Buchstaben – den Befehl zur Aufstellung der Division. Vor mir hatten Tausende von Museumsbesuchern diesen Befehl gelesen. Vielleicht sahen sie ihn auch nur und haben ihn nicht gelesen. Oder sie lasen ihn, haben aber die Hauptsache nicht beachtet. Auf den ersten Blick ist es ein Befehl wie jeder andere: aufstellen . . ., ernennen . . . usw. Aber das Datum!

Das Datum ist der 12. Juni 1941. Am darauffolgenden Tag, dem 13. Juni, schickt TASS die »seltsame« Erklärung in den Äther, daß die UdSSR nicht die Absicht habe, Deutschland anzugreifen; dennoch haben zu diesem Zeitpunkt die Nummern der sowjetischen Schützendivisionen die Ziffer 300 bereits übersprungen.

Es war schwer vorstellbar, daß zuvor die 252. Schützendivision aufgestellt worden war, und plötzlich nach ihr die mit der Nummer 316. Das konnte nicht sein. Deshalb begann ich den anderen Numerierungen nachzugehen und stellte fest, daß die 261., die 272., die 289., die 291., die 302. und noch viele andere gleichzeitig mit ihnen im Juli 1941 aufgestellt worden sind, doch die Befehle zu ihrer Aufstellung waren *vor dem deutschen Angriff* erteilt worden.

Deshalb muß man in diesem Zusammenhang darüber sprechen, daß Stalin in knapp zwei Jahren 125 neue Schützendivisionen, 30 neue Motorisierte Divisionen, 61 Panzer- und 79 Fliegerdivisionen aufstellen ließ und daß man darüber hinaus vor der deutschen Invasion die Aufstellung von mindestens weiteren 60 Schützendivisionen, Motorisierten Schützendivisionen und Motorisierten Divisionen in Angriff genommen hatte.

4.

Ich habe auch die Panzerdivisionen nachgeprüft.

Stalin besaß deren 61.

Offiziell.

In Wirklichkeit aber hatten schon im März 1941 die Nummern der sowjetischen Panzerdivisionen die Ziffer 100 übersprungen, und sie stiegen weiter. Man braucht sich nicht in Archive mit höchster Geheimhaltungsstufe zu vergraben, um dafür eine Bestätigung zu finden. Ein Blick in die Enzyklopädie »Der Große Vaterländische Krieg 1941–1945« (Moskau 1985, S. 206) genügt. Dieses Buch hat die staatliche und die militärische Zensur passiert, es wurde redigiert von Armeegeneraal M. M. Koslow, Generaloberst G. W. Sredin, Generalleutnant P. A. Schilin und noch vielen anderen berühmten Generalen, Professoren, habilitierten Doktoren, Korrespondierenden Akademiemitgliedern usw. Diesem wissenschaftlichen Werk entnehmen wir, daß Armeegeneral A. L. Getman im *März* 1941 (zu der Zeit Oberst) Kommandeur der 112. Panzerdivision wurde. Es gibt noch andere Informationen hierzu.

Sollte jemand unter den Militärhistorikern zweifeln, braucht er nur die Daten zu allen anderen Panzerdivisionen mit dreistelligen Ziffern zu überprüfen. Nehmen wir zum Beispiel die 111. Panzerdivision. Sie stand in Transbaikalien. Am 22. Juni 1941 fanden nach der Nachricht von der deutschen Invasion überall Versammlungen der Bevölkerung statt, und dasselbe geschah bei den Mannschaften und Offizieren der Truppenverbände im Hinterland. In der Geschichte des Militärbezirks Transbaikalien (Der mit dem Leninorden ausgezeichnete Militärbezirk Transbaikalien. Moskau 1980, S. 96) heißt es, daß am 22. Juni 1941 »Versammlungen der Offiziere und Mannschaften in den Einheiten der 36. und 57. Motorisierten Schützendivision sowie in der 61. und 111. Panzerdivision abgehalten wurden«. Es hätten keine Versammlungen aufgeregter Krieger in der 111. Panzerdivision stattfinden können, wenn sie zu der Zeit nicht existiert hätte.

Jeder militärhistorisch Interessierte möge in seine Materialsammlungen zur Geschichte der sowjetischen Divisionen schauen und mir bestätigen: Am 21. Juni 1941 gab es bereits zumindest die folgenden Panzerdivisionen: die 101. Panzerdivision unter Oberst G. M. Michailow, die 102. unter Oberst I. D. Illarionow, die 104. unter Oberst W. G. Burkow, die 106. unter Oberst A. N. Perwuschin, die 107. unter Oberst P. N. Domratschew.

Man wird mir entgegenhalten, daß nicht alle vollständig ausgerüstet waren. Marschall der Sowjetunion I. S. Konew sagt zum Beispiel, daß im September 1941 die 107. Panzerdivision insgesamt nur 153 Panzer besessen habe. (»Militärhistorische Zeitschrift« 1966, Nr. 10, S. 56) Es verhielt sich tatsächlich so, aber das war der Rest nach der schweren Schlacht bei Smolensk. Ein Rest von 153 Panzern ist auch nicht gerade wenig. Anfang September 1941 konnten sich von allen deutschen Panzerdivisionen an der Ostfront insgesamt nur zwei in Bezug auf die Anzahl intakter Panzer damit messen: die 6. mit 188 und die 8. mit 155 Panzern.

5.

Erinnern wir uns jetzt, daß Hitler im September 1939 mit insgesamt *sechs* Panzerdivisionen zum Zweiten Weltkrieg antrat. Es waren überwiegend leichte Panzer. In der ganzen deutschen Wehrmacht gab es am 31. August 1939 211 mittlere Kampfpanzer. Schwere Panzer gab es weder in der Bewaffnung des Heeres, noch arbeitete man an ihrer Entwicklung; die Frage nach der Entwicklung schwerer Panzer hatte man sich in Deutschland nicht gestellt. Aufgrund wissenschaftlicher Analysen dieses Umstandes kamen einige Historiker zu dem Schluß, daß Hitler, da er doch über sechs Divisionen leichter Panzer verfügte, beabsichtigt haben müsse, sich die ganze Welt zu unterjochen.

Im Frühjahr 1941 stellte der »neutrale« Stalin mehr Panzerdivisionen auf, als *jemals in sämtlichen Staaten der Welt zusammengenommen* existiert hatten, und zwar sowohl zu Stalins Lebzeiten als auch nach seiner Zeit. Die Sowjetunion war 1941 der einzige Staat der Welt, der schwere Kampfpanzer in der Bewaffnung seines Heeres aufwies. Da drängt sich die Frage an den Historiker auf: Wenn sechs Divisionen leichter Panzer ein unwiderleglicher Beweis für das Bestreben sind, einen Krieg zu beginnen und die ganze Welt zu erobern, wovon zeugt dann die Aufstellung von 61 Panzerdivisionen innerhalb eines Jahres und die beginnende Aufstellung einer weiteren ebenso großen Zahl an Panzerdivisionen?

Sechzig Panzerdivisionen kann kein Land auf der Welt unterhalten. Von 100 und mehr Panzerdivisionen ganz zu schweigen. Außer den Panzerdivisionen hatte Stalin noch über 300 Schützendivisionen und Motorisierte Divisionen. Auch diese Menge an Divisionen kann kein Land auf der Welt unterhalten. Ich lasse die Fliegerdivisionen und alle anderen Divisionen hier außer acht. Selbst in reduzierter Form kann man sie nicht unterhalten. Aber man hielt sie nicht in reduzierter Form, sie wurden vielmehr zügig mit Soldaten und Bewaffnung aufgefüllt. Und das zeigt die Entschlossenheit zu kämpfen. Bereits 1941 zu kämpfen. Den Kampf aufzunehmen, noch bevor alle Divisionen ganz aufgefüllt waren.

Würde man dies alles vollständig auffüllen, bräche die Wirtschaft umgehend zusammen.

Deshalb meinte der geniale Carl von Clausewitz, daß die Natur des Krieges an sich es unmöglich mache, die vollständige gleichzeitige Bereitschaft aller Kräfte zu erreichen, um sie unverzüglich und gleichzeitig ins Treffen zu führen.

Aus diesem Grund hatte Stalin eine gewaltige Streitmacht aufgebaut, aber außerdem eine unerschöpfliche Reserve an Divisionen vorgesehen, deren Aufstellung eben erst begann. Es ist leichter, im Krieg diese Aufstellung abzuschließen, als neue Divisionen, bei Null beginnend, aufzustellen.

Hitler hatte diese Möglichkeit nicht. Er warf 17 Panzerdivisionen gegen Stalin in den Kampf, die nicht vollständig ausgerüstet waren und die auch nicht weiter verstärkt werden konnten. Sämtliche deutschen Panzer an der Ostfront waren auf vier Panzergruppen verteilt. Jede Panzergruppe umfaßte acht bis 15 Divisionen, darunter drei bis fünf Panzerdivisionen, zwei bis drei Motorisierte Divisionen, den Rest bildeten Infanteriedivisionen. Am 4. September 1941 waren Generaloberst H. Guderian in seiner 2. Panzergruppe 190 gefechtsbereite Panzer verblieben. Die Panzergruppe war zu einer unvollständigen Panzerdivision zusammengeschrumpft, und die ihr unterstellten Panzerdivisionen hatten sich im Grunde in Panzerbataillone verwandelt: Die 3. Panzerdivision verfügte noch über 41 intakte Panzer, die 4. Panzerdivision über 49 Panzer, der 17. Panzerdivision waren 38 Panzer geblieben und der 18. Panzerdivision 62. Hinzu kam der katastrophale Mangel an Ersatzteilen und Treibstoff für die Panzer. Und das alles vor Herbstbeginn, vor Einsetzen der Regenfluten und des Schlamms, vor der Wegelosigkeit und dem Beginn des russischen Winters, vor den Schneemassen und dem Frost, woran Hitler und seine Generale hätten denken müssen.

Militärhistoriker diskutieren bis auf den heutigen Tag die Frage, was Hitler Anfang September 1941 hätte tun müssen: Sollte die Panzergruppe Guderian Kiew umgehen oder direkt in Richtung Moskau in Marsch gesetzt werden?

Mich wundern diese Diskussionen: Nachdem der Panzergruppe ein Viertel der ursprünglichen Anzahl an Panzern verblieben war, durfte sie weder nach Kiew noch nach Moskau in Marsch gesetzt werden; man hätte sie vielmehr zur Umgliederung und Auffüllung herauslösen und stattdessen frische Panzerdivisionen, -korps und -gruppen in die Schlacht führen müssen.

Doch das kümmerte Hitler nicht.

Stalin kümmerte sich darum. Außer den voll ausgerüsteten Panzerdivisionen hatte er die noch nicht aufgefüllten Divisionen der zweiten, dritten und vierten Angriffswellen. Nach Durchführung der ersten Angriffsoperationen und Bekanntgabe der offenen Mobilmachung konnten diese Panzerdivisionen aufgefüllt und, sobald sie Gefechtsbereitschaft erlangt hatten, in den Kampf geführt werden.

Entscheidend war, daß die Panzerfabriken in Leningrad und Charkow so viele Panzer produzierten, daß der Ausstoß (unter Voraussetzung eines Angriffs von sowjetischer Seite) sowohl für die Ergänzung der Verluste in den vorhandenen Divisionen als auch zur Ausrüstung der in Aufstellung befindlichen Divisionen reichte. Das gab Stalin die Möglichkeit, die Verluste in den kämpfenden Divisionen auszugleichen und nach und nach neue Panzerdivisionen in den Kampf zu führen, wobei er ihre Anzahl auf den Schlachtfeldern auf 100 und mehr erhöhen konnte.

Durch seinen selbstmörderischen Angriff, bei dem ihm nur insgesamt 17 Panzerdivisionen zur Verfügung standen, nahm Hitler Stalin die Möglichkeit, die volle Kampfkraft der sowjetischen Panzerwaffe zu entfalten. Charkow war verloren, Leningrad durch die Blockade abgetrennt.

Die Panzerproduktion in Gorki, Tscheljabinsk, Nischni Tagil und Stalingrad war improvisiert. Aber selbst diese improvisierte Panzerproduktion erlaubte es der Sowjetunion, Panzer in großen Stückzahlen und vorzüglicher Qualität herzustellen und den Krieg in Berlin zu beenden.

Hätte Stalin den Erstschlag geführt, würde die Panzerproduktion in der Sowjetunion ungeheuerliche Ausmaße erreicht haben. Das genau aber war geplant, als im März 1941 der

Befehl zur Aufstellung der Panzerdivision mit der Nummer 112 erging.

DIE ARTILLERIE-REGIMENTER

Unsere Artillerie ist eine
Artillerie für Angriffsoperationen.
Wie ein wütender Sturm
wird die Rote Armee
ins Feindesland eindringen
und im mörderischen Artilleriefeuer
den Gegner vom Antlitz
der Erde hinwegfegen.

T. I. Rostunow
auf dem 18. Parteikongreß
(»Prawda«, 18. März 1939)

1.

Im Juni 1939 umfaßte die Feldartillerie der Roten Armee 144 Artillerieregimenter. Jedes Regiment hatte 24 bis 36 Geschütze. Das ist viel. Ich unterstreiche: Hier ist nur die Rede von den Artillerieregimentern innerhalb der Feldartillerie. Wir sprechen nicht von den Flak-Regimentern, nicht von den Artillerieregimentern der Befestigten Räume, nicht von der Küstenartillerie der Seekriegsflotte, wir lassen jetzt auch die Artillerieeinheiten außer acht, die den Schützenbataillonen und -regimentern, den Großverbänden und Verbänden der Kavallerie, den Luftlandetruppen und den Truppen des NKWD unterstellt waren, und wir sehen hier auch ab von den selbständigen Batterien und Abteilungen der schweren und überschweren Artillerie.

Die Verteilung der 144 Regimenter der Feldartillerie war einfach:

Jedem Kommandeur einer Schützen- bzw. Motorisierten Schützendivision war ein Artillerieregiment (122-mm- und 152-mm-Haubitzen) unterstellt, das sind insgesamt 95 Regimenter;

jedem Kommandeur eines Schützenkorps war ein Artillerieregiment (122-mm-Kanonen und 152-mm-Kanonenhaubitzen) unterstellt, das sind insgesamt 25 Regimenter;

dem Oberkommando der Roten Armee waren 24 Artillerieregimenter (203-mm-Haubitzen, 152-mm-Kanonen und Kanonenhaubitzen) als Reserve des Oberkommandos unterstellt.

Am 19. August 1939 beschloß Stalin, die Anzahl der Schützendivisionen aufzustocken. Jede neue Division braucht ein Artillerieregiment. Für die Führung der Divisionen wurden die Führungen der Schützenkorps' geschaffen. Jeder Kommandeur eines Schützenkorps' braucht ebenfalls ein eigenes Artillerieregiment. Zur zahlenmäßigen und qualitativen Verstärkung der Divisionen und Korps in den Hauptstoßrichtungen wurden Artillerieregimenter für die Reserve des Oberkommandos gebraucht, folglich mußte auch ihre Anzahl erhöht werden. Kurzum, am 19. August 1939 wurde beschlossen, die Zahl der Feldartillerieregimenter von 144 auf 341 zu erhöhen.

Am Ende waren es mehr als in allen Streitkräften der Welt zusammen.

2.

Eine gewöhnliche Schützendivision besteht aus einem Artillerie- und drei Schützenregimentern. Im Sommer 1939 waren speziell für die Verlegung an den Chalchyn-gol zwei neue Schützendivisionen mit einer ungewöhnlichen Gliederung aufgestellt worden: Jede Division umfaßte zwei Artillerie- und drei Schützenregimenter. Die Divisionen mit dieser neuen Zusammensetzung zeigten sich bei dem Überraschungsschlag von ihrer besten Seite. Und Schukow schlug vor, diese Neuerung auf die ganze Rote Armee auszudehnen: Jedem Divisionskommandeur sollten jeweils zwei Artillerieregimenter unterstellt werden. Außerdem waren für jeden Kommandeur eines Schützenkorps zwei Artillerieregimenter vorgesehen.

Am 13. September 1939 bestätigt Stalin diesen Vorschlag, und die Aufstellung neuer Artillerieregimenter läuft an. Die Zahl der Divisionen und Korps wächst, die Anzahl der ihnen zugeteilten Artillerieregimenter aber steigt doppelt so schnell an – jetzt werden 577 benötigt.

Das ergab eine erstaunliche Gliederungsstruktur der Schützenkorps. In der bisherigen Standardzusammensetzung hatte ein Korps aus drei Divisionen neun Schützen- und vier Artillerieregimenter, ab September 1939 aber waren es neun Schützen- und acht Artillerieregimenter. Ein solches Korps ist nur noch der Bezeichnung nach ein Schützenkorps, in Wirklichkeit aber ist es zu einem gemischten Artillerie-Schützenkorps geworden. Diese Feststellung trifft um so mehr zu, als Artillerieregimenter sich nur aus Artillerie zusammensetzen, während zu einem Schützenregiment sowohl Infanterie als auch Artillerie gehören. Wenn wir in diesem Korps alle Schützenkompanien und Artilleriebatterien zusammenzählen, dann werden wir erstaunt feststellen, daß es anderthalbmal so viele Artilleriebatterien umfaßt wie Schützenkompanien. Verglichen mit den Infanteriekorps ausländischer Heere wies das sowjetische Schützenkorps die geringste zahlenmäßige Stärke auf (insbesondere in den rückwärtigen Einheiten), aber es übertraf deutlich jedes ausländische Korps an Feuerkraft.

3.

Neben der Anhebung der Anzahl an Artillerieregimentern gab es noch andere Wege, auf denen die Ausrüstung der Truppen mit Artillerie erfolgte. Bis zum Herbst 1939 verfügte jede Schützendivision über achtzehn 45-mm-Panzerabwehrkanonen. Nach den Kämpfen am Chalchyn-gol wurde ihre Anzahl in jeder Division auf 54 angehoben. Äußerlich war es dieselbe Division geblieben, doch die Zahl der Panzerabwehrkanonen war auf das Dreifache gestiegen.

Über die 45-mm-Panzerabwehrkanone mokieren sich einige Militärhistoriker. Aber diese Kanone zeichnete sich durch eine erstaunliche Beweglichkeit aus, denn sie war leicht. Sie besaß eine niedrige Silhouette, weshalb sie sich gut in Panzerhinterhalten tarnen ließ. Die wichtigste Anforderung an eine Panzerabwehrkanone ist die Fähigkeit, mit ihren Geschossen die Wandung jedes gegnerischen Panzers zu durchdringen. Im Jahre 1941 verfügte die sowjetische 45-mm-Kanone über diese Fähigkeit. Daneben hatte man die 57-mm-Panzerabwehrkanone entwickelt. Sie war nur deshalb nicht in die Fertigung gegangen, weil es für sie keine angemessenen Ziele gab. Sobald die militärische Aufklärung über das Auftauchen von schweren Panzern bei den deutschen Truppen berichtet hatte, wurde sie auf Band gelegt, und bis zum Ende des Krieges zeigte sie sich den ihr gestellten Aufgaben vollkommen gewachsen, und dies um so mehr, als man bald darauf zu ihrer Unterstützung die überschwere 100-mm-Panzerabwehrkanone zu produzieren begann.

Die Schützenverbände wurden auch in reichem Maß mit Granatwerfern ausgerüstet. Im Herbst 1939 war die Anzahl der Granatwerfer in jedem Schützenbataillon vergrößert worden. Jeder Regimentskommandeur bekam eine eigene Granatwerferbatterie. Außerdem erhielten die Kommandeure einiger Divisionen jeweils drei Granatwerferbatterien zugeteilt.

Doch wir wollen bei den Artillerieregimentern bleiben. Neben den Schützendivisionen waren Motorisierte Divisionen und Panzerdivisionen aufgestellt worden. Für jede dieser Divisionen wurde auch ein Artillerieregiment aufgestellt.

Dann aber kamen die Beschlüsse, die Zahl der Schützendivisionen auf 300 und mehr sowie die der Panzerdivisionen auf 100 und mehr anzuheben – und für sie Artillerieregimenter aufzustellen. Außerdem wurden zehn Artilleriebrigaden mit je zwei Artillerieregimentern für die Reserve des Oberkommandos geschaffen (mit jeweils 66 Geschützen pro Regiment, einschließlich 107-mm-Kanonen). Doch das ist noch nicht alles.

Neben den Divisionen wurden Schützenbrigaden aufgestellt. Ihre Grundgliederung bestand aus einem selbständigen Panzerbataillon, zwei Schützenregimentern und einem Artillerieregiment. So setzte sich zum Beispiel die 3. Schützenbrigade unter dem Kommandeur Oberst P. M. Gawrilow aus einem Panzerbataillon, dem 41. und 156. Schützenregiment sowie dem 39. Artillerieregiment zusammen; zur 8. Schützenbrigade unter dem Kommandeur Oberst N. P. Simonjak gehörte ein

Panzerbataillon, das 270. und 335. Schützenregiment sowie das 343. Artillerieregiment.

Außer den Schützenkorps wurden 29 Mechanisierte Korps aufgestellt. In der Regel hatte der Kommandeur eines Mechanisierten Korps keine eigene Artillerie. Aber das ist nur die Regel. Und keine Regel ohne Ausnahme. Im Raum Lemberg bereitete sich neben anderen Truppen das 4. Mechanisierte Korps unter Generalmajor A. A. Wlassow zum Angriff auf Deutschland vor. Die zwei Panzerdivisionen und die Motorisierte Division dieses Korps hatten ihre eigenen Artillerieregimenter, außerdem waren dem Korpskommandeur das 441. und das 445. Korpsartillerieregiment direkt unterstellt.

Und noch ein Beispiel. Ende Mai bis Anfang Juni 1941 wurde die 16. Armee aus Transbaikalien in die Ukraine verlegt. Ihr war das 5. Mechanisierte Korps unter Generalmajor I. P. Alexejenko unterstellt. Jeder Divisionskommandeur hatte sein eigenes Artillerieregiment, außerdem standen dem Korpskommandeur das 467. und das 578. Korpsartillerieregiment zu seiner direkten Verfügung.

Aber auch das ist noch nicht alles: Außer der Roten Armee stellte der NKWD Motorisierte Schützendivisionen »zur besonderen Verwendung« auf. Jede dieser Osnas-Divisionen hatte in ihrer Zusammensetzung ein Haubitzenartillerieregiment. Einige Historiker schlagen vor, die NKWD-Einheiten nicht mit einzubeziehen. Sie begründen dies mit dem Argument, es habe sich um Eliteeinheiten mit modernster Bewaffnung und bis hin zum letzten Mann ausgewählten Soldaten gehandelt. Da sie die Besten sind, meinen diese Historiker, zählen wir sie nicht mit. Wir wollen darüber nicht streiten. Aber selbst wenn der NKWD in unsere Rechnung nicht einbezogen wird, so gab es dennoch vor der deutschen Invasion mehr als 900 Artillerieregimenter innerhalb der Roten Armee. Und das Wachstum setzte sich fort.

4.

Ein völlig berechtigter Verdacht drängt sich auf: Spielte Stalin etwa das gleiche Spiel wie Hitler? Hitler hatte ständig neue Panzerdivisionen aufgestellt – auf Kosten einer Reduzierung der Panzerzahl in den alten Divisionen. 1939 hatte Hitler sechs Panzerdivisionen, 1940 waren es zehn, 1941 zwanzig; die Gesamtzahl an Panzern hatte sich dabei nicht wesentlich verändert.

Nein, Stalin spielte dergleichen Spiele nicht. Die Anzahl der Panzerverbände wuchs, aber ebenso stieg auch die Anzahl der Panzer in jedem Verband. Genauso wuchs die Zahl der Artillerieregimenter, und auch die Anzahl der Geschütze in jedem Regiment nahm zu. So wurde zum Beispiel in den mit 152-mm-Kanonenhaubitzen ausgerüsteten Regimentern der Reserve des Oberkommandos die Anzahl der Geschütze von 36 auf 48 angehoben. Und in den Panzerabwehrregimentern auf 66.

Zur gleichen Zeit wuchs auch die Feldartillerie in Deutschland. Aber wir sollten dabei auf die Bezeichnung der Kanonen und Haubitzen achten: In den meisten Fällen ist in den Typenbezeichnungen die Ziffer »13« oder »18« enthalten. Sie gibt das Jahr der Entwicklung des Geschütztyps an. Deutschland verfügte über eine gute Artillerie, doch die Bewaffnung der Feldartillerie bestand überwiegend aus Modellen, die im Ersten Weltkrieg entwickelt worden waren. Außerdem wurde die deutsche Artillerie durch erbeutete Geschütze aus neun eroberten Ländern ergänzt. Insgesamt waren in der Bewaffnung der deutschen Artillerie Kanonen und Haubitzen, die in zehn verschiedenen Ländern entwickelt worden waren, man verwendete 28 verschiedene Kaliber, was das Problem der Sicherstellung des Munitionsnachschubs enorm komplizierte. Viele Beutegeschütze waren im vorigen Jahrhundert entwickelt worden und bis zu 50 Jahren alt.

Die Aufstellung der sowjetischen Artillerieregimenter war auf der Basis neuer Typen erfolgt, die 1938 geschaffen, 1939 in die Bewaffnung genommen und in den Jahren 1940 und 1941 von der Industrie ausgeliefert worden waren. Von 1939 bis Juni 1941 hatte die Rote Armee 82 000 allerneueste Artilleriegeschütze und Granatwerfer bekommen. Fast alle sowjetischen Geschütze hatten 1941 den qualitativ höchsten Standard in der Welt und behielten diesen Status bis zum Ende des Krieges. Dazu gehörte die 122-mm-Haubitze M-30, deren Entwicklung 1938 abgeschlossen war und die ihre Erprobung am Chalchyn-gol erfuhr, im September 1939 in die Bewaffnung übernommen wurde und zur Bewaffnung der Landstreitkräfte in mehreren anderen Ländern noch bis zum Ende des 20. Jahrhunderts gehört.

Wie schlecht verträgt sich dies alles mit der üblichen Vorstellung, daß Stalin Hitler vertraut habe, daß Stalin keine Kriegsvorbereitungen traf.

5.

Wer sich mit Militärgeschichte befaßt hat, wird mir entgegnen, die sowjetischen Artillerieregimenter seien nicht ausreichend mit Zugmaschinen ausgerüstet gewesen. Außerdem sei von der Artillerie ein zwar starker, aber langsamer Traktor eingesetzt worden. Der Einwand ist berechtigt.

Doch ist dieser Umstand so erschreckend nicht, wie es auf den ersten Blick erscheinen mag. Die Erfahrung im Krieg hat gezeigt, daß in den Fällen, in denen sowjetischen Truppen Verteidigungsaufgaben zufielen und sie sich in die Erde eingruben, das heißt voll ausgebaute Schützengräben aushuben, Unterstände und Feuerstellungen für Panzer und Artillerie einrichteten, die vorderste Linie mit Panzergräben, Minenfeldern, Stacheldrahtverhauen und anderen Hindernissen sicherten, es dem Gegner nicht gelang, die Verteidigung zu durchbrechen. Beispiele dafür sind Leningrad, Moskau, Stalingrad und Kursk. Sämtliche strategischen Durchbrüche der deutschen Truppen gelangen im Verlauf des Krieges nur dann, wenn den sowjetischen Truppen untersagt war, sich einzugraben und die Verteidigungsbereitschaft herzustellen. Beispiele dafür: im Juni 1941 im gesamten Grenzverlauf, Charkow im Mai 1942, die Krim-Front im selben Monat. 1941 war die Rote Armee in der glücklichen Lage, eine undurchdringliche Verteidigungslinie von der Ostsee bis zum Schwarzen Meer errichten zu können. Nach der Unterzeichnung des Paktes zwischen Hitler und Stalin hatte man dazu zwei Jahre lang Zeit gehabt. Man brauchte seine Verteidigungslinie nicht im offenen Feld wie im Kursker

Bogen anzulegen, sondern hätte sich auf die Forts aus Stahlbeton an der »Stalinlinie« stützen können. In diesen Verteidigungsgürtel hätte man 500 bis 600 Artillerieregimenter verlegen und für jedes Geschütz mehrere sorgfältig getarnte und gedeckte Feuerstellungen einrichten können. Die Artillerie der Reserve des Oberkommandos aber hätte man, wie vorgesehen, in Bereitschaft halten und dorthin werfen können, wo der Druck des Gegners am stärksten war. In diesem Fall hätten die Zugmaschinen und Kraftwagen vollständig ausgereicht: Die Munition wäre rechtzeitig bereitgestellt und in Unterständen unweit der Feuerstellungen sicher gelagert worden, und die ganze Arbeit der Zugmittel für die Artillerie hätte darin bestanden, in den Nächten erst die eine, dann die nächste Kanone von einer Feuerstellung in die andere zu schleppen. Die sowjetischen Generale und Marschälle interessierte indessen die Verteidigungsvariante des Krieges nicht. Sie bereiteten einen Angriff vor. Gleichwohl wurden auch bei einem Angriff nicht alle Zugmaschinen und Kraftwagen gleichzeitig gebraucht. Und zwar aus folgendem Grund.

Bei der Vorbereitung von Angriffsoperationen wurde die Artillerie niemals in ihrer gesamten Masse verlegt, weil man andernfalls erstens den Gegner schon vor dem Angriff aufschrekken und die Hauptstoßrichtung verraten würde und weil es zweitens einfach unmöglich ist, für jeden Kilometer der Durchbruchsfront gleichzeitig etwa 200 Geschütze und die entsprechende Menge Munition heranzuziehen.

Deshalb wurden vor den Angriffen nachts Deckungen für die Geschütze vorbereitet und nach und nach Artillerie und Munition an den Abschnitten des bevorstehenden Durchbruchs zusammengezogen. Gegen Morgen wurde alles sorgfältig getarnt, und in der folgenden Nacht wiederholte sich der ganze Vorgang. Bei diesem Vorgehen benötigt man keineswegs eine Zugmaschine pro Geschütz. Der Angriff begann mit dem Artillerieeinsatz, danach gingen Panzer und Infanterie zum Durchbruch über, während die Hauptmasse der Artillerie in ihren Stellungen blieb. Die beweglichen Großverbände führten nur eine relativ geringe Menge an Artillerie zu ihrer Unterstützung mit sich. Nach einigen Tagen oder Wochen kam der Angriff in der Tiefe der gegnerischen Verteidigung zum Stehen, die Truppen befestigten ihre Abschnitte und gingen zur Abwehr über. Die Führung aber wählte unterdessen einen neuen Durchbruchsabschnitt aus, und alles begann wieder von vorn: An diesen Abschnitt wurden nächtelang Artillerie und Munition herangezogen. In keinem Fall wurde im Angriffskrieg die sowjetische Artillerie geschlossen verlegt, sondern sprungweise. Außerdem war für den Tag »M« nach der Bekanntgabe der offenen Mobilmachung die Überstellung von 240 000 Kraftfahrzeugen und 43 000 Traktoren aus der Volkswirtschaft in die Rote Armee geplant. (Geschichte des Zweiten Weltkrieges, Bd. 3, S. 435) Das hätte vollständig genügt, um die Zugmittel dort aufzufüllen, wo sie noch nicht in ausreichender Zahl vorhanden waren.

Die Niederlage zu Kriegsbeginn war darauf zurückzuführen, daß die deutsche Wehrmacht gerade zu jenem Zeitpunkt ihren Überraschungsschlag führte, als die sowjetische Artillerie in den Nächten an die Grenzen verlegt wurde, und zusammen mit der Artillerie auch die entsprechenden Mengen an Munition. Auf die Führung eines Verteidigungskrieges war die Artillerie nicht vorbereitet, und zum Angriff übergehen konnte sie am 22. Juni nicht: Zwar befand sich die Artillerie an den Grenzen, aber die Infanterie war noch nicht herangeführt. In dieser Situation hätte allerdings die *gesamte* Masse der sowjetischen Artillerie *gleichzeitig* von den Grenzen zurückgezogen werden müssen. Und erst da wurde der Mangel an Traktoren und ihr geringes Tempo zur Katastrophe: Die Artillerie wurde entweder vernichtet oder fiel mitsamt der Munition dem Feind in die Hände.

6.

Die Katastrophe wäre vermeidbar gewesen, hätte man nicht Artillerie und Munition an der Grenze konzentriert. Selbst eine Woche vor Kriegsausbruch wäre es noch möglich gewesen (falls Stalin Hitler wirklich gefürchtet hätte), die Artillerie zurückzuziehen. Aber der Prozeß verlief umgekehrt. Marschall der Sowjetunion K. K. Rokossowski: »Die Truppen hatten Befehl erhalten, die Artillerie auf die Truppenübungsplätze im grenznahen Raum ausrücken zu lassen.« (Soldatenpflicht. Moskau 1968, S. 8) Es ist schon erstaunlich, daß die Artillerie ihre Gefechtsausbildung an der Grenze absolvieren soll. Ist die Sowjetunion etwa zu klein, sollte man keinen geeigneteren Ort finden können? Wir möchten uns empören, daß irgendein Idiot im Generalstab so unsinnige Befehle geben kann. Aber wir werden uns nicht empören. Die Befehle hatte nicht irgendein Idiot, sondern der große, unbesiegbare G. K. Schukow gegeben. Nicht anders hatte er vor dem Überraschungsschlag am Chalchyn-gol gehandelt: Infanterie und Panzer wurden in ihrer Hauptmasse in der Tiefe zurückgehalten, um keine Anzeichen einer Angriffsvorbereitung und nicht die Hauptstoßrichtung zu verraten, sie wurden erst in der letzten Nacht an die vorderste Linie herangeführt; die langsame Artillerie jedoch hatte Schukow rechtzeitig an der vordersten Linie in Stellung bringen lassen. Das ist richtig bei einem Angriffskrieg. Es hätte allerdings zur Katastrophe geführt, wenn die Japaner zum Angriff übergegangen wären. Und genau das war am 22. Juni 1941 geschehen: Die sowjetische Artillerie befand sich bereits an der Grenze, Infanterie und Panzer jedoch noch nicht.

Man hatte in die grenznahen Räume die Artillerie der Kampftruppen verlegt, aber gleichzeitig ging in den Grenzgebieten die Aufstellung neuer Artillerieeinheiten und -verbände vor sich. 900 Artillerieregimenter waren noch keineswegs die obere Grenze. Immer neue Regimenter wurden aufgestellt, insbesondere die schweren Artillerieregimenter der Reserve des Oberkommandos. Generaloberst L. M. Sandalow erwähnt in drei Zeilen wie etwas völlig Nebensächliches, daß hinter der 4. Armee 480 152-mm-Geschütze herangeführt wurden und daß man mit der Aufstellung von zehn neuen Artillerieregimentern der Reserve des Oberkommandos begonnen habe. (»Militärhistorische Zeitschrift« 1971, Nr. 7, S. 19) Die Aufstellung dieser Regimenter konnte nicht mehr abgeschlossen werden, die Deutschen griffen an, doch an den Geschützen fehlten die Mannschaften für die Bedienung. (Und irgendwo waren die Mannschaften ohne Geschütze geblieben.)

Jenseits von Dnjepr und Wolga gibt es Truppenübungsplätze für die Gefechtsausbildung und Ausbildungszentren zur Aufstellung neuer Einheiten und Verbände. Wäre es nicht besser gewesen, die Regimenter im Ural aufzustellen, auszubilden, Übungen und Gefechtsschießen durchzuführen, sie anschließend in Militärzüge zu verladen und an die Westgrenze zu verlegen? Warum hat man die Geschütze herangeschafft, aber keine Soldaten? Warum werden die Regimenter in den grenznahen Räumen aufgestellt, dort, wo sie einem möglichen Angriff ausgesetzt sind, noch bevor die Auffüllung mit Soldaten abgeschlossen ist? Das alles ergibt keinen Sinn. Ruft man sich indessen ins Bewußtsein, daß dies die Vorbereitung auf einen Angriff ist, sieht man dieselben Maßnahmen mit anderen Augen. Dann ist alles vernünftig und wohldurchdacht. Wird ein Artillerieregiment der Reserve des Oberkommandos weitab von der Grenze ausgerüstet, aufgestellt und erst danach an die Grenze verlegt, dann bleibt das nicht unbemerkt. Das Eintreffen auch nur eines Regiments der Reserve des Oberkommandos löst Überlegungen aus. Die Ankunft von zehn Regimentern der Reserve des Oberkommandos versetzt den Gegner in Panik. Deshalb wurden die Geschütze nachts in kleinen Partien ohne Bedienungsmannschaften (bei der Armee nennt man das »in zerstreuter Ordnung«) an die Grenzen verlegt. Und irgendwo an einem anderen Ort wurden Kommandeure und Soldaten vorbereitet. Im letzten Augenblick treffen im Grenzgebiet Tausende Soldaten und Offiziere ein, aber ohne Zugmaschinen, ohne Kanonen, ohne Munition. Ihre Ankunft erregt kein besonderes Aufsehen: viele Leute – ohne Kanonen, vermutlich Infanterie. Geschütze, Zugmaschinen und Munition aber stehen unterdessen bereits getarnt in den Grenzwäldern. Die Soldaten werden ihren Geschützen zugeteilt, sie entfernen das Schmierfett, und zehn Regimenter sind gefechtsbereit.

7.

480 Geschütze auf einem Feld kann ich mir vorstellen. Generaloberst L. M. Sandalow hat nicht präzisiert, von welcher Art Geschützen die Rede ist. Aber es kann sich nur um die 152-mm-Kanonenhaubitze ML-20 oder die 152-mm-Kanone Br-2 gehandelt haben. Die Kanonenhaubitze ML-20 wog über 7 Tonnen und die Kanone Br-2 über 18 Tonnen. 480 Geschütze, aufgereiht soweit das Auge reicht. Die Vorstellung von etwas anderem fällt mir schwer. In den Grenzgebieten waren für jede Kanone zehn Kampfbeladungen bereitgestellt. Eine Kampfbeladung besteht aus 60 Granaten. Zehn Kampfbeladungen bedeuten 600 Granaten. Eine Granate für die ML-20 wiegt 43,6 kg, bei der Br-2 sind es 48,8 kg. Jede Granate ist in einer eigenen Kiste verpackt. Munition für 480 Geschütze bedeutet 288 000 Kisten. Geschütze dieses Kalibers haben indessen keine patronierte, sondern getrennte Munition. Zunächst wird das Geschoß geladen, anschließend gesondert die Kartusche mit der Treibladung. Auch die Kartuschen mit den Treibsätzen werden einzeln in Kisten verpackt. Also noch einmal die gleiche Menge an Kisten. Das muß man sich vor Augen halten.

Und dies betrifft nur die zehn neuen Regimenter der Reserve des Oberkommandos; sie werden heimlich hinter den gefechtsbereiten Teilen der 4. Armee aufgestellt. Aber die 4. Armee ist nicht in der Hauptstoßrichtung eingesetzt. In den Hauptstoßrichtungen stehen die 10. Armee der West-Front im Grenzvorsprung von Belostok (Białystok), die 6. Armee der Südwest-Front im Lemberger Bogen und die 9. Armee der Süd-Front an der rumänischen Grenze. Kann man sich überhaupt vorstellen, was in ihren rückwärtigen Räumen geschah? Kann man sich die bereits aufgestellten 900 Regimenter und eine unbekannte Menge von getarnt in Aufstellung begriffenen Regimentern vorstellen? Kann man sich die Berge von grünen Kisten mit Munition für all diese Regimenter vorstellen?

Nur wer sich dies alles vergegenwärtigen kann (mir gelingt es nicht), wird bis zur letzten Konsequenz den Sinn der Worte von Marschall B. M. Schaposchnikow erfassen: *Mobilmachung ist Krieg.* Zunächst hatte Stalin das Volkskommissariat für die

Munitionsindustrie geschaffen. Die logische Folge davon war der explosionsartige Prozeß der Aufstellung von Artillerieregimentern, die diese ganze Unmenge an Granaten verschlingen konnten. Die Folge der Aufstellung dieser Artillerieregimenter aber konnte nur der Krieg sein. Und zwar schon 1941, denn die sowjetischen Generale konnten nicht lange zehn Kampfbeladungen für 900 Artillerieregimenter unter freiem Himmel lagern.

DER WEISE OBERSTE SOWJET

Man muß sich die Gegensätze
und Widersprüche zwischen
zwei kapitalistischen Staatssystemen
nutzbar machen, indem man
sie aufeinander hetzt.
Lenin (Vollständige Werkausgabe.
Moskau. 2. Auflage XXV, S. 498)

1.

Bis 1939 hatte es keine allgemeine Wehrpflicht in der Sowjetunion gegeben. Nicht alle wurden in die Rote Armee eingezogen, sondern es wurde eine Auswahl getroffen. Das ist verständlich: Wir sind ein friedliebendes Volk.

Das Einberufungsalter lag bei 21 Jahren. Das wiederum ist unverständlich. Warum erfolgte die Einberufung nicht nach der Schulzeit mit 18 oder 19 Jahren? Danach hätte der Bursche seine Soldatenzeit absolviert und wäre frei. So aber konnte ein junger Mann bis zum 21. Lebensjahr einen Arbeitsplatz gefunden, eine Familie gegründet haben, und doch hatte er die Ungewißheit vor Augen: Wird man ihn nehmen oder nicht?

Niemand kann eine vernünftige Erklärung dafür nennen, warum man mit 21 Jahren eingezogen wurde und nicht schon früher.

Dennoch lag diesem System ein tiefer Sinn zugrunde. Es war einem Staudamm im Fluß vergleichbar, der nicht alle durchließ, sondern nur einige, die übrigen wurden angestaut. Im richtigen Moment konnte man die allgemeine Wehrpflicht einführen (man muß sich nur einen geeigneten Vorwand ausdenken) und alle, die noch nicht gedient hatten, zu den Fahnen rufen. Was für eine Masse hatte sich da im Laufe der Jahre angesammelt!

Dieser Moment war am 1. September 1939 gekommen. An diesem Tag wurde die allgemeine Wehrpflicht eingeführt, und man begann alle, die früher noch nicht bei der Armee gewesen waren, einzusammeln.

In jedem Einzelfall weckte die Einberufung eines erwachsenen Mannes zur Roten Armee nicht den Verdacht, daß ein großer Krieg vorbereitet werde. Man holt ihn zur Armee, die Familie weint, aber alle begreifen es: Unser Wanja ist schon dreißig, früher hat er aus irgendeinem Grund nicht gedient, jetzt ist auch für ihn die Zeit gekommen . . .

Damit man die Einberufung überhaupt plausibel machen konnte, mußten kleine, aber reguläre Kriege an den Grenzen geführt werden. Es war gut, wenn sie erfolgreich ausgingen, aber es war kein großes Unglück, wenn sie schlecht endeten. Die Einberufungen bedurften während der Konflikte und kleinen Kriege keinerlei Erklärungen. Konflikte aber ergaben sich am laufenden Band, ganz so, als habe sie jemand auf Bestellung organisiert, vom Chassan-See bis zum Donaudelta und den uralten finnischen Wäldern. Und nun werden die jungen und die nicht mehr ganz so jungen Burschen einberufen – der »Befreiungsfeldzug« nach Polen wird vorbereitet. Doch nach dem Feldzug werden sie nicht nach Hause geschickt. Es folgt die »Befreiung« Finnlands – und neue Einberufungen. Dann die »Befreiung« Estlands, Litauens, Lettlands, Bessarabiens. Und abermals neue Aushebungen: eine aufregende Zeit . . .

Aber Stalin hatte noch eine Reserve: Nach dem neuen Gesetz über die allgemeine Wehrpflicht war das Einberufungsalter von 21 Jahren auf 19 Jahre und für einige Kategorien auf 18 Jahre gesenkt worden. Und so wurden gleichzeitig alle 21jährigen, alle 20jährigen, die 19jährigen und in einigen Fällen auch die 18jährigen einberufen. Zu den damals Ausgehobenen gehörte auch mein Vater, er war 18 Jahre alt.

Unsere langjährige Friedensliebe und das künstlich hochgesetzte Einberufungsalter hatten es ermöglicht, die Energie von Millionen Menschen wie hinter einem Damm aufzustauen. Jetzt öffnete Stalin die Schleusen, und die angesammelte Energie konnte auf einen Schlag genutzt werden.

2.

Jede Anstrengung kann nur von begrenzter Dauer sein. Je größer die Anstrengung, um so schneller verlieren wir an Kraft. Wollen wir den stärksten Mann der Welt fragen, wie lange er mit gestreckten Armen die 200 kg-Gewichte über seinem Kopf halten kann? Wenn wir ihm nicht glauben, können wir es auch selbst ausprobieren. Ich führe das aus dem Grunde an, weil sich die gleichzeitige Einberufung von drei Jahrgängen (was noch nie vorgekommen war) und dazu die Einberufung all derer, die früher nicht gedient hatten, als doppelte Bürde für das Land erwies. Zum einen wurde die Wirtschaft dieser Arbeitskräfte beraubt, zum anderen mußten sie alle eingekleidet, mit Schuhwerk versehen, ernährt, getränkt, unterhalten und irgendwo untergebracht werden. (Man versuche sich vorzustellen, wie an einem unvorbereiteten Ort auch nur eine Million neuer Soldaten untergebracht werden können.) Die Rote Armee hatte vor kurzem erst die Millionengrenze übersprungen, und plötzlich war sie zu einem Heer von vielen Millionen Soldaten angeschwollen. Die neuen Divisionen brauchten Kasernen, Stäbe, Schießplätze, Truppenübungsplätze, Lager, Kantinen, Klubs und noch vieles andere mehr. (Meine Leser mögen sich ausmalen, was alles bei der Versorgung auch nur einer einzigen Division mit 13 000 Soldaten zu bewältigen ist.) Doch die Hauptsache war: Alle diese Divisionen, Korps und Armeen mußten bewaffnet werden.

Die Aushebung von 1939 hatte riesige Ausmaße. Ein zweites Mal ließ sich ein derartiger Trick nicht wiederholen. In den folgenden Jahren konnte es nur die üblichen Einberufungen von Männern eines Jahrgangs geben. Mit dem Gesetz über die allgemeine Wehrpflicht vom September 1939 hatte Stalin eine gute Ausgangssituation für den Sommer 1941 geschaffen: In zwei Jahren würden alle Rekruten richtige Soldaten sein, außerdem würden noch die Einberufenen der Jahre 1940 und 1941 hinzukommen. Mit eben diesem Kaderheer konnte man einen Krieg beginnen. Nach dem Kriegseintritt wird man alle Befristungen streichen, und alle Einberufenen werden bis zum Sieg in der Roten Armee verbleiben, ergänzt und verstärkt durch Millionen von Reservisten, die schon in früheren Jahren ihren Wehrdienst abgeleistet hatten, sowie durch die nachwachsenden jungen Burschen.

Es ist undenkbar, daß Stalin und seine Generale nicht begriffen haben könnten, daß man im Herbst 1941 diese noch nicht dagewesene Masse an Einberufenen aus dem Jahr 1939 nach Hause würde entlassen müssen. Laut Gesetz vom 1. 9. 1939 betrug die aktive Militärdienstzeit bei den personalstärksten Kategorien der Wehrpflichtigen (Mannschaftsdienstgrade, Unteroffiziere und Offiziere bis zum Hauptmann der Landstreitkräfte) zwei Jahre. Demzufolge verstärkte die Masseneinberufung von 1939 die Rote Armee für die Dauer von zwei Jahren, aber im Herbst 1941 mußte diese Stärke sich in eine abrupte Schwächung umkehren. Denn dann hat das Aufgebot von 1939 seinen Dienst getan, so wie das Wasser, das aus dem Stausee abgelassen wurde, und es wird nun von einem gewöhnlichen Einberufungsjahrgang abgelöst. Die Männer, die ihre Zeit abgedient haben, können von der Roten Armee nicht festgehalten werden: Die Disziplin würde leiden. Nur ein Krieg gibt die Möglichkeit, Millionen Gedienter beim Heer zurückzubehalten und von ihnen Gehorsam zu verlangen. Wenn die Rote Armee nicht bis zum Herbst 1941 in den Krieg eingetreten ist, läuft die Ausbildung der 1939 Einberufenen ins Leere; für ihren Unterhalt sind große Mittel aufgewendet worden, aber anschließend fahren die Soldaten nach Hause. Sie erneut zusammenzuholen gelingt nicht ohne großes Aufsehen und gewaltiges Unverständnis bei der Bevölkerung. Folglich hatte sich Stalin, als die Masseneinberufungen im Herbst 1939 erfolgten, als maximale Frist für den Kriegseintritt den Sommer 1941 gesetzt. Hätte Stalin seinen Angriff für 1942 geplant, würde er die Masseneinberufung 1940 durchgezogen haben.

Den gesamten über viele Jahre hin angesammelten Vorrat an Rekruten nutzte Stalin vollständig und auf einen Schlag. Dafür gibt es nur eine Erklärung: *Stalin hatte vor dem 1. September 1939 den Entschluß zu kämpfen gefaßt und den Zeitpunkt für den Kriegseintritt bestimmt: Vor dem 1. September 1941.*

Das Gesetz war am 1. September 1939 erlassen worden, doch die außerordentliche Sitzung, auf der man das Gesetz beschloß, hatte Stalin im August zu dem Zeitpunkt anberaumt, als er im Kreml Ribbentrop die Hand schüttelte und einen Toast auf die Gesundheit Adolf Hitlers ausbrachte.

3.

Jetzt ist es aber wirklich höchste Zeit, mir entrüstet ins Wort zu fallen: Der 1. September 1939 ist doch der Beginn des Zweiten Weltkrieges. Die weise Kommunistische Partei und die Sowjetregierung waren schließlich auf jede erdenkliche Weise bemüht gewesen, den Krieg abzuwenden, und nur für alle Fälle hatten sie die notwendigen Maßnahmen ergriffen . . .

Hinsichtlich der weisen Maßnahmen stimme ich mit meinen Opponenten völlig überein. Mich macht etwas anderes stutzig: *Heute* wissen wir, daß an diesem Tag der Zweite Weltkrieg begann. Aber damals wußte das niemand. Selbst Hitler hatte am 1. September keine Ahnung, daß der Zweite Weltkrieg ausgebrochen war. Am 3. September erklärten Großbritannien und Frankreich Hitler den Krieg. Doch selbst da machten sich weder Hitler noch die Regierungen von England und Frankreich Gedanken über einen zweiten Weltkrieg. Ich habe mir die Mühe gemacht, englische Zeitungen aus jener Zeit, angefangen bei der »Times«, aufzuschlagen, und bezog auch amerikanische Zeitungen, einschließlich der »New York Times«, in meine Recherchen ein. Das Resultat war immer ein und dasselbe. Die Welt faßte damals die Ereignisse in Polen nicht als Weltkrieg auf. Erst viel später begann man im Angriff auf Polen den Anfang des Zweiten Weltkrieges zu sehen, aber zur damaligen Zeit schrieben alle Zeitungen (einschließlich der sowjetischen) über den Deutsch-polnischen Krieg. Die Kriegserklärung Großbritanniens und Frankreichs wurde von allen als eine politische Deklaration aufgefaßt. Am 5. September 1939 erklärte die Regierung der USA ihre Neutralität im *Deutsch-polnischen* Krieg. Die amerikanische Regierung hielt sogar noch nach dem offiziellen Kriegseintritt Großbritanniens und Frankreichs den

Krieg nicht für einen Weltkrieg, ja nicht einmal für einen europäischen Krieg.

Am 1. September 1939 ahnte man in keiner einzigen Hauptstadt der Welt, sei es in Warschau oder Berlin, in Washington, Paris oder in London, daß der Zweite Weltkrieg begonnen hatte. Das wußte man nur in Moskau und traf die dieser Situation entsprechenden Beschlüsse.

DIE PERMANENTE MOBILMACHUNG

Die Vereinigten Staaten der Welt
(aber nicht Europas) sind jene
staatliche Form der Vereinigung
und der Freiheit der Nationen,
die wir mit dem Sozialismus
verknüpfen.
Lenin am 23. August 1915
(Vollständige Werkausgabe XXVI, S. 354)

1.

Die Bevölkerungszahl der Sowjetunion war vor Beginn des Zweiten Weltkrieges niedriger als die Bevölkerungszahl des Russischen Reiches vor Beginn des Ersten Weltkrieges. Das Mobilmachungspotential dagegen war unvergleichlich höher. Der Unterschied zwischen dem Russischen Reich und der Sowjetunion bestand darin, daß im Russischen Reich bei Lebensmittelknappheit Unzufriedenheit entstand, die liberale Presse die Regierung attackierte, wagemutige junge Männer von den Dächern Flugblätter warfen, Demonstranten aufrührerische Lieder sangen und alles mit einer Revolution endete. In der Sowjetunion gab es weder eine liberale Presse noch wagemutige junge Männer. Die hatte man ausgerottet. Und deshalb war nicht nur in Kriegszeiten, sondern auch im Frieden der Mangel an Lebensmitteln chronisch, und niemand war da, der aufrührerische Lieder sang. Der Mangel an Lebensmitteln war sogar in Friedenszeiten mehr als einmal in wütenden Hunger mit millionenfachen Opfern ausgeartet. Aber die wunderbaren Zeiten waren vorbei, in denen man zu Protestdemonstrationen auf die Straße gehen konnte. Stalin hatte das Land sehr ernsthaft auf den Krieg vorbereitet, und er wußte, daß es im Falle aufkommenden Hungers während des Krieges keine Proteste geben würde. Deshalb betrug Anfang 1939 das Mobilmachungspotential der Sowjetunion 20 % der Gesamtbevölkerung: Wir holen uns alle Männer aus den Dörfern in den Krieg, das Sowjetvolk schlägt sich auch ohne Brot irgendwie durch. Das hat es gelernt.

20 % ist das theoretisch maximal mögliche Niveau der Mobilisierung. 20 % bedeuten 34 Millionen potentieller Soldaten und Offiziere.

2.

Natürlich konnte das Land in Friedenszeiten ein solches Heer nicht unterhalten. Auch im Krieg war das nicht möglich, und es wurde in dieser Größenordnung auch nicht gebraucht. Also hatte man sich im Kriegsfall für ein Miniaturheer von zehn bis zwölf Millionen Soldaten und Offizieren entschieden, das allerdings intensiv zu nutzen war, wobei die Verluste unverzüglich ausgeglichen werden sollten. Dieses Verfahren erhielt die Bezeichnung »permanente Mobilmachung«.

Man sagt, die sowjetischen Divisionen, Korps und Armeen seien von geringer Personalstärke gewesen. Das stimmt. Man darf jedoch nicht außer acht lassen, daß es ihrer viele gab, daß Mannschaften und Offiziere nicht geschont wurden, daß man bei ihrem Einsatz bis zur Grenze des Menschenmöglichen und auch noch darüber hinaus ging und daß sie umgehend ausgewechselt wurden. Das ist wie bei einem Konto auf der Bank: Verfügt der Kontoinhaber über eine solide Möglichkeit der Auffüllung, dann kann er leicht und frei sein Geld ausgeben. Im betreffenden Augenblick mag vielleicht nicht viel Geld auf seinem Konto stehen, doch er fährt fort, es in dem Wissen auszugeben, daß ihm am nächsten Tag wieder ausreichende Mittel zur Verfügung stehen werden. Genau so verhielt es sich mit den sowjetischen Divisionen, Korps und Armeen: Zwar waren es zum jeweiligen Zeitpunkt nicht viele Soldaten, doch die Führung nutzte sie intensiv in der Überzeugung, daß nicht erst am nächsten Tag, sondern schon heute Ersatz geschickt werden würde. Die zahlenmäßige Stärke der Roten Armee war während des Krieges relativ gesehen nicht groß, doch im Verlauf von vier Kriegsjahren konnten 29,4 Millionen Soldaten zusätzlich zu den am 22. Juni 1941 vorhandenen mobilisiert werden. (Armeegeneral N. Moissejew, »Prawda«, 19. 6. 1991)

Im Frieden war die Rote Armee mit 500 000–600 000 Mann überhaupt recht klein. Stalin investierte Mittel in die Rüstungsindustrie, aber die zahlenmäßige Stärke der Roten Armee wurde unterhalb der Einprozentgrenze gehalten, um die Wirtschaft nicht zu belasten und deren Wachstum nicht zu bremsen.

Doch dann begann die Rote Armee zu wachsen.

Ihre Stärke betrug:

1923: – 550 000 Mann
1927: – 586 000 Mann
1933: – 885 000 Mann
1937: – 1 100 000 Mann
1938: – 1 513 400 Mann

Anfang 1939 betrug die zahlenmäßige Stärke der Roten Armee ein Prozent der Bevölkerungszahl. Das war der Rubikon. Stalin hat ihn überschritten: Am 19. August 1939 hatte die zahlenmäßige Stärke der Roten Armee die 2 000 000-Marke erreicht.

Stalin ließ es dabei nicht bewenden, sondern gab am 19. August den geheimen Befehl zur Aufstellung Dutzender neuer Schützendivisionen und Hunderter von Artillerieregimentern. Der Prozeß der Mobilmachung wurde getarnt. Das Tempo der Mobilmachung stieg. Am 1. Januar 1941 betrug die Stärke der Roten Armee 4 207 000 Mann. Im Februar wurde das Wachstumstempo noch beschleunigt. Am 21. Juni 1941 betrug die Stärke der Roten Armee 5 500 000 Mann ohne die Grenztruppen, Bewachungstruppen, Konvoitruppen und operativen Truppen des NKWD. Der NKWD hatte Diversionseinheiten und -verbände, seine eigene Flotte und seine Fliegerkräfte. Noch im Frieden und ganz offensichtlich ohne mit einem Angriff Deutschlands zu rechnen, hatte die Rote Armee *vor der offiziellen Bekanntgabe der Mobilmachung* die zahlenmäßige Stärke des russischen Heeres *im Kriegszustand nach Abschluß der Mobilmachung* überschritten.

3.

Wenn ein Tiger hinter einem Hirsch herjagt, wird er ihn niemals einholen: Der Hirsch ist leichter und schneller als der Tiger. Wenn der Tiger sich leise heranpirscht, wird auch nichts geschehen – der Hirsch lauscht aufmerksam in die Stille des Waldes hinein, und wenn der Tiger nur einen kleinen Zweig knacken läßt . . . Deshalb kombiniert der Tiger beide Methoden. Sein Angriff zerfällt deutlich in zwei Stufen: Zunächst schleicht er sich langsam und unhörbar Zentimeter um Zentimeter an sein Opfer heran, dann folgt der kurze, beutegierige Sprung.

Genauso war der Plan zur Mobilmachung der Roten Armee und der ganzen Sowjetunion für den Zweiten Weltkrieg ausgelegt. Zunächst wurde die Rote Armee behutsam, schleichend auf fünf Millionen Mann gebracht. Dann sollte der Angriffssprung erfolgen.

Fünf Millionen Soldaten genügen für einen überraschenden Vernichtungsschlag, die übrigen würden zur rechten Zeit nachkommen. Das ist der Grund, weshalb während der heimlichen Mobilmachung in der Sowjetunion die Umstellung der Kommunikationssysteme von Regierung, Staat und Militär, des Staatsapparates und der ideologischen Arbeit, des NKWD und der Konzentrationslager, des Komsomol, der Industrie und des Verkehrswesens auf Kriegsbedingungen erfolgte, weshalb die Führungskader und Spezialisten für ein Heer ausgebildet wurden, das die 10-Millionen-Grenze überschreiten würde, während man das Wachstum des Heeres künstlich bremste. Als die Fünf-Millionen-Marke erreicht und überschritten war, erschien auch eine weitere schleichende Entfaltung nicht länger möglich. Von da an drängte Stalins Raubtierinstinkt zum Angriffssprung.

4.

In jeder sowjetischen Wohnung hatte die kommunistische Obrigkeit kostenlos einen großen schwarzen Lautsprecherteller angebracht und in jeder Straße einen silbernen Lautsprecher in Glockenform. Eines Tages sollten diese Lautsprecher dem ganzen Land lauthals die Mobilmachung verkünden – den Tag »M«.

Jeder sowjetische Reservist hatte in seinen Personalpapieren einen Einberufungsbescheid für den Fall der Mobilmachung, den grellroten »Mobilmachungsschein«, auf dem ein großes schwarzes »M« stand und der Befehl, wann und wo er sich an jenem Tag zu melden habe, an dem die Mobilmachung bekanntgegeben würde. Außer dem Tag »M« waren für Millionen von Reservisten in ihren Mobilmachungsbescheiden die Tage »M+1«, »M+2« usw. angegeben, was bedeutete, daß der Befehl, sich am Sammelpunkt einzufinden, den ersten bzw. zweiten Tag nach der Mobilmachung usf. betraf. Der Mobilmachungsmechanismus war in der Tat gut abgestimmt und funktionierte präzise und reibungslos, so wie das Messer der Guillotine auf den Hals des Unglücklichen niedersaust. Jeder Reservist wußte, daß sein Nichterscheinen zur angegebenen Zeit am angegebenen Ort einer Wehrdienstentziehung gleichkam und nach Kriegsrecht durch Strafen bis hin zur standrechtlichen Erschießung geahndet wurde. Einige Experten suchen bis auf den heutigen Tag die Gründe für die Große Säuberung in den Jahren 1937 und 1938. Diese Gründe liegen auf der Hand – es war die Vorbereitung auf die Mobilmachung und für den Krieg. Nach 1937 wußte jedermann, daß Stalin nicht scherzte.

Hitler hat Stalins Mobilmachung unterbrochen, aber selbst in dieser kritischen Situation, die in keinen Plänen und Berechnungen vorgesehen war, selbst als Stalin nicht das Ruder des Staates in Händen hielt, selbst angesichts des auf allen Ebenen der Sowjetgesellschaft vom Politbüro bis zum letzten Lagerwinkel vorherrschenden völligen Unvermögens, das Geschehene zu begreifen, funktionierte der Mobilmachungsmechanismus. In den ersten sieben Kriegstagen wurden in der UdSSR zusätzlich zu den schon vorhandenen weitere 96 Divisionen aufgestellt. (Sowjetische Militärenzyklopädie, Bd. 5, S. 343) Innerhalb der ersten sieben Kriegstage wurden 5 300 000 Soldaten und Offiziere einberufen, zusätzlich zu den

Millionen, die bereits am 22. Juni an die Grenzen verlegt worden waren.

Marschall der Flieger S. Krassowski beschreibt die Situation am 22. Juni im Militärbezirk Nordkaukasus: Sobald die Nachricht vom Kriegsbeginn eingetroffen war, schritt der Militärbezirk unverzüglich zur Aufstellung der 56. Armee. (Ein Leben bei den Fliegern, S. 117) Dasselbe geschah in den anderen Militärbezirken, in denen jeweils eine oder aber auch mehrere Armeen gleichzeitig aufgestellt wurden. Am 22. Juni hatte Stalin 31 Armeen. Aber es war auch alles für die unverzügliche Entfaltung von weiteren 28 Armeen vorbereitet, mit deren Aufstellung umgehend auch ohne Stalins Anweisungen begonnen wurde. Die 56. Armee war nur eine davon.

5.

Das Mobilmachungssystem erfaßte nicht nur Millionen von Reservisten, die Soldaten und Offiziere werden mußten, sondern auch Millionen von Menschen, deren Berufen im Krieg eine Schlüsselfunktion zukam. 100 000 Ärzte standen in Reserve (Die Rückwärtigen Dienste der sowjetischen Streitkräfte im Großen Vaterländischen Krieg 1941–1945, S. 69), und jeder von ihnen besaß einen »Mobilmachungsschein«. Außerdem unterlagen der Mobilmachung Hunderttausende von Angehörigen anderer medizinischer Berufe. Am 9. Juni 1941 verfügte die Rote Armee über 149 Lazarette mit 35 540 Betten. Am Tag »M+30« sollten plangemäß allein Abtransportlazarette mit 450 000 Betten bereitstehen. Und sie standen auch bereit.

Mobilmachungsscheine besaßen alle Mitarbeiter des Volkskommissariats für das Fernmeldewesen sowie des Volkskommissariats für das Verkehrswesen, die Mitarbeiter der Massenmedien, die Informanten des NKWD und viele andere Kategorien von Staatsbürgern. Am Tag »M« und an den drei darauffolgenden Tagen sollten weisungsgemäß eine Viertelmillion Lastkraftwagen und über 40 000 Traktoren aus der Volkswirtschaft an die Rote Armee überstellt werden.

Eine Gefechtsplanung erfolgt stets ohne Bindung an ein konkretes Datum. Der Tag des Beginns der Operation wird mit dem Buchstaben »D« bezeichnet, und die Stabsoffiziere planen diejenigen Maßnahmen, die an diesem Tag durchzuführen sind. Dann wird der Plan für den folgenden Tag ausgearbeitet, der als »D+1« bezeichnet wird, der auf diesen folgende Tag ist dann »D+2« usw. Außerdem werden Pläne für den Tag vor Beginn der Operation »D-1« und weitere vorausgehende Tage erstellt. Dieses Verfahren ermöglicht es einerseits, das Datum für den Beginn der Operation selbst vor jenen Offizieren und Generalen geheimzuhalten, die mit der Ausarbeitung der Pläne befaßt sind, und andererseits, falls aus irgendwelchen Gründen der Beginn der Operation in der einen oder anderen Richtung verschoben werden muß, die zuvor erstellten Unterlagen unverändert zu übernehmen. Der Plan läßt sich ganz leicht einem beliebigen Datum zuordnen.

Nach diesem Schema waren auch die sowjetischen Pläne für die Mobilmachung ausgearbeitet worden. Ohne das konkrete Datum zu kennen, hatten die Planer detaillierte Pläne für die Maßnahmen am Tag »M« erstellt, das heißt für jenen Tag, an dem die Regierung die Mobilmachung bekanntgeben würde, und ebenso für die vorangehenden und die darauffolgenden Tage, Wochen und Monate.

Erwähnungen des Tages »M« finden wir reichlich, selbst in offen zugänglichen sowjetischen Quellen. Man hatte gewaltige Vorbereitungen für diesen Termin getroffen, und das alles aus unserer Geschichte auszulöschen war unmöglich. Doch die kommunistischen Historiker haben sich einen Trick ausgedacht. Sie sprechen ganz offen von den Vorbereitungen, aber so, als wäre der Tag »M« einfach der Tag des Beginns der Mobilmachung gewesen: Sollten wir angegriffen werden, wird die Mobilmachung ausgerufen, dann werden wir die Rote Armee verstärken und dem Angreifer Widerstand leisten.

Ich aber habe dieses Buch geschrieben, um den Nachweis zu führen, *daß die heimliche Mobilmachung am 19. August 1939 begann. Deshalb bezeichnet der Tag »M« nicht ihren Anfang, sondern ledidlich den Zeitpunkt, an dem die heimliche Mobilmachung plötzlich zu einer laut verkündeten und damit offenen Mobilmachung wird. Der Tag »M« ist nicht der Anfang der Mobilmachung, sondern nur der Beginn ihrer offenen Abschlußphase.*

Die Kommunisten sagen, mit dem Tag »M« habe die Mobilmachung beginnen sollen, während ich nachweise, daß die zahlenmäßige Stärke der Roten Armee bereits über fünf Millionen Soldaten betrug. Das ist nicht mehr eine Friedensarmee, das ist ein Heer für den Krieg. Nachdem Stalin diese Streitmacht aufgestellt hatte, mußte er sie in den nächsten Wochen in den Krieg führen, unabhängig davon, was Hitler unternahm.

Während der heimlichen Mobilmachung hatte man das Schwergewicht auf die Entwicklung der technisch komplizierteren Waffen und Truppengattungen gelegt: Panzer, Luftlandeverbände, Artillerie, Fliegerkräfte. In den beiden Jahren der heimlichen Mobilmachung war die Rote Armee auf mehr als das Doppelte angewachsen, während in derselben Zeit die Personalstärke der Panzertruppen auf das Achtfache gestiegen war. In der Phase der heimlichen Mobilmachung waren die Strukturen der künftigen Divisionen, Korps und Armeen geschaffen worden, sie hatten ihr Führungspersonal, aber vorerst noch keine Soldaten; am Tag »M« mußten sie nur noch mit Kanonenfutter aufgefüllt werden.

Bis Juli 1941 sollten alle heimlichen Vorbereitungsmaßnahmen abgeschlossen sein, dann sollte landauf und landab der Ruf zu den Fahnen erschallen, und es blieb nur noch das offen zu tun, was in keinem Fall heimlich hätte vollbracht werden können.

Der zweite Hauptgedanke dieses Buches lautet, daß *am Tag »M«, dem Zeitpunkt des Übergangs von der heimlichen zur offenen Mobilmachung, die Kaderdivisionen der Roten Armee durchaus nicht die Absicht hatten, als Barriere an der Grenze in Wartestellung zu verharren.* Die Sicherung der Mobilmachung (genauer gesagt, ihrer offenen Abschlußphase) sollte nicht durch an den Grenzen stehende Truppen erfolgen, sondern durch vernichtende Überraschungsangriffe. Einige Aussagen dazu von führenden Militärtheoretikern seien hier angeführt:

A. I. Jegorow (später Marschall der Sowjetunion): »Das ist keine Phase einer passiven Sicherung der Mobilmachung, strategischen Konzentrierung und Entfaltung, sondern eine Phase aktiver Operationen mit weitgesteckten Zielen . . . Unter dem Schutz dieser Operationen wird die Mobilmachung und die Entfaltung der Hauptkräfte zum Abschluß gebracht.« (Vortrag vor dem Revolutionsmilitärrat am 20. April 1932, in Auszügen veröffentlicht in: »Militärhistorische Zeitschrift« 1963, Nr. 10, S. 30–39)

Je. A. Schilowski (später Generalleutnant): »Hinter der Ersten Staffel, die in das gegnerische Territorium eindringt, entfalten sich die Landstreitkräfte, aber nicht an der Staatsgrenze, sondern in den eroberten Grenzräumen.« (Die Anfangsphase des Krieges, in: »Krieg und Revolution«, September–Oktober 1933, S. 7)

S. N. Krassilnikow (später Generalleutnant, Professor der Generalstabsakademie): »Riesige Massen im Rahmen einer allgemeinen Mobilmachung zu aktivieren ist ein riskantes Unterfangen. Alles verläuft weit ruhiger, wenn das Personal auf dem Wege kleiner Mobilmachungen den einzelnen Verbänden zugeführt wird . . . Die Mobilmachung muß etappenweise, ohne offizielle Bekanntmachung erfolgen.« (»Krieg und Revolution«, März–April 1934, S. 35)

W. A. Melikow (später Generalmajor): »Eine Sicherungsarmee verwandelt sich in dem Augenblick, wenn die Entscheidung, zu aktiven Handlungen überzugehen, gefallen ist, in eine Invasionsarmee.« (Die strategische Entfaltung. Moskau 1935)

Brigadekommandeur G. Isserson: »Während die Masse zur Schlacht antritt, tauchen in der Tiefe des Landes die Silhouetten der Zweiten Strategischen Staffel mit den durch die Mobilmachung reaktivierten Truppen auf, dahinter die Dritte Staffel usw. Im Endergebnis wird als Folge der ›permanenten Mobilmachung‹ derjenige geschlagen werden, der dem Mobilmachungsdruck nicht gewachsen ist und ohne Reserven mit einer erschöpften Wirtschaft dasteht.« (Die Entwicklung der operativen Gefechtsführung. Moskau 1937, S. 79)

6.

Einen Unterschied zum Ersten Weltkrieg gab es auch insofern, daß 1941 an den Westgrenzen des Staates nicht ein Friedensheer wie im Jahr 1914 stand, sondern 16 Invasionsarmeen, die in den beiden Jahren der heimlichen Mobilmachung über die üblichen Armeen aus Friedenszeiten hinausgewachsen waren. Obendrein wurde aus dem Landesinneren heimlich die Zweite Strategische Staffel herangeführt, und drei Armeen des NKWD für die Dritte Strategische Staffel waren in der Aufstellung begriffen.

Man hält mir entgegen, nicht alle Divisionen, Korps und Armeen Stalins seien voll aufgefüllt gewesen, und deshalb habe Stalin auch nicht angreifen können. Wer dies sagt, ist nicht mit der Theorie und Praxis der permanenten Mobilmachung vertraut: Während die Erste Strategische Staffel den Erstschlag führt, wird die Zweite Staffel aus den Militärzügen ausgeladen, die Dritte schließt die Aufstellung ab, die Vierte . . . Tatsächlich waren nicht alle Divisionen, Korps und Armeen Stalins vollständig aufgefüllt. Aber gerade darin bestand ja doch der teuflische Plan. Es war gar nicht möglich, alle zu komplettieren, der Tiger kann sich nicht lange unbemerkt an sein Opfer heranpirschen.

Von den zehn Luftlandekorps waren im Sommer 1941 fünf voll aufgefüllt, die übrigen waren gerade erst in der Aufstellung begriffen. Stalin hatte 29 Mechanisierte Korps. Jedes hätte 1000 Panzer haben müssen. Aber über 1000 Panzer verfügten nur drei Korps, vier weitere Korps hatten jeweils 800 bis 900 Panzer, neun Korps je 500 bis 800 Panzer. Die restlichen 13 Korps hatten je 100 bis 400 Panzer. Daraus ziehen Historiker den Schluß, Stalin hätte, da nicht alle Korps vollständig ausgerüstet waren, Hitler 1941 auch nicht angreifen können.

Wir betrachten die Situation indessen von einer anderen Seite. Gewiß hatte Stalin alles in allem nur fünf vollständig aufgefüllte Luftlandekorps, aber Hitler – nicht ein einziges. Auch in der ganzen übrigen Welt gab es nicht ein einziges Luftlandekorps. Fünf Luftlandekorps genügen völlig zur Durchführung jeder beliebigen Operation, um Deutschland einen tödlichen

Schlag zu versetzen. Sobald Stalin den Krieg mit einem Überraschungsschlag begonnen und den Tag »M« bekanntgegeben hatte, konnte er in den nächsten Tagen und Wochen noch fünf weitere Luftlandekorps auffüllen und zum Einsatz bringen, während die ganze übrige Welt davon nicht einmal träumen konnte. Wenn aber jemand entschlossen ist zu beweisen, daß Stalin trotz seiner fünf Luftlandekorps nicht hätte angreifen können, dann muß man diese Schlußfolgerungen auch auf Hitler anwenden: Da er kein derartiges Korps besaß, hätte er an einen Angriff schon überhaupt nicht denken können.

Nicht alle Mechanisierten Korps Stalins waren vollständig ausgerüstet. Wir geben zu, daß drei Korps mit je 1000 Panzern schrecklich wenig sind. Aber Hitler hatte nicht einmal ein einziges derartiges Korps. Und die ganze restliche Welt ebensowenig. Selbst Korps mit 800 bis 900 Panzern besaß weder Hitler noch irgendein anderer Staat. Sogar Korps zu 600 Panzern hatte im Jahr 1941 niemand sonst auf der Welt. Nur Stalin. Stalin hatte auch die Zukunft im Auge und bereitete Luftlande- und Mechanisierte Korps für die nächsten Operationen vor. Diejenigen Luftlande- und Mechanisierten Korps, die am 22. Juni noch nicht voll aufgefüllt waren, konnte man auffüllen, komplettieren: Fallschirmspringer und Panzersoldaten waren ausgebildet, die Fallschirme lagen bereit, die Rüstungsindustrie arbeitete unter Kriegsbedingungen.

Alles, was Hitler zur Verfügung stand, waren vier Panzergruppen. Man konnte sie bei einem Erstschlag einsetzen, aber eine Reserve besaß Hitler nicht. Bei Stalin dagegen war man dabei, Reserven zu bilden.

Hätte Stalin andererseits alle zehn Luftlandekorps, alle 29 Mechanisierten Korps mit je 1000 Panzern, alle 300 Schützendivisionen bis zum letzten Soldaten aufgefüllt, dann hätte er Hitler aufgeschreckt, und Hitler wäre zu einem Präventivschlag gezwungen gewesen. Im übrigen hatte bereits das, was Stalin für die ersten Angriffsoperationen vorgesehen hatte, ausgereicht, um Hitler aufzuschrecken.

7.

Die Militärhistoriker haben eine ganze historische Schicht ausgelassen. Alles, wovon ich rede, stellte ein Staatsgeheimnis der Sowjetunion dar. Gleichzeitig erarbeitete die sowjetische politische und militärische Führung in den zwanziger und dreißiger Jahren zunächst in der Theorie mit anschließender Umsetzung in die Praxis einen bisher noch nicht dagewesenen Plan zur heimlichen Umstellung des Landes auf Kriegsbedingungen, der unweigerlich und logischerweise Pläne zur Durchführung überraschender Vernichtungsschläge zur Folge haben mußte. Diese Pläne wurden im erbitterten Meinungsstreit mächtiger Gruppierungen geboren, die jeweils auf ihrem eigenen Vorgehen bei der Lösung des Problems der Welteroberung beharrten. Die Flammen der Leidenschaft schlugen dabei so hoch, daß das Echo der Polemik die geschlossenen Mauern des Generalstabs durchbrach und auf die offenen Seiten der Presseorgane gelangte, wo noch der Widerschein dieser Glut das gewaltige Ausmaß der Vorbereitungen erhellte. Sogar das, was offen publiziert wurde, vermittelt eine Vorstellung von den Absichten Stalins und seiner Generale. Ganze Berge zugänglicher Literatur sind zu diesem Thema erhalten geblieben, was in die Vormobilmachungsphase einzubeziehen, wie die heimliche Mobilmachung durchzuführen ist, wie die Überraschungsschläge zu führen sind und wie, von diesen gedeckt, die Hauptkräfte zu mobilisieren und ins Gefecht zu führen sind. Es gab eine Zeitschrift »Sammelband zur Mobilmachung«. Jedem Leser, der sich für diese Frage interessiert, empfehle ich nachdrücklich die Aufsätze von S. I. Wenzow, A. W. Kirpitschnikow, Je. A. Schilowski, die Bücher von W. A. Melikow, G. S. Isserson, W. K. Triandafillow und schließlich B. M. Schaposchnikows »Das Gehirn der Armee«.

Eine Analyse der Entwicklung staatlicher Strukturen, der Rüstungsindustrie und der Roten Armee liefert den Beweis, daß es bei all diesen Diskussionen und Auseinandersetzungen nicht um bloße Spitzfindigkeiten ging – sie wurden umgesetzt in eine geschlossene Theorie und später in der Praxis fast durchgehend realisiert.

Die Historiker haben auch niemals erklärt, warum Hitler eigentlich Stalin angegriffen hat. Sie sagen, er habe Lebensraum gebraucht. So kann nur sprechen, wer Hitlers »Mein Kampf« nicht selber gelesen hat, denn dort geht es um eine weitgesteckte Perspektive. 1941 stand Hitler reichlich Raum zur Verfügung: von Brest im Osten bis Brest im Westen, vom Norden Norwegens bis Nordafrika. Das alles sich anzueignen hätten selbst mehrere Generationen nicht bewältigt. 1941 hatte Hitler das britische Imperium gegen sich, das ganze unterjochte Europa und potentiell die Vereinigten Staaten. Um das Eroberte zu bewahren, war Hitler gezwungen, sich auf die Einnahme Gibraltars und die Unterwerfung der britischen Inseln einzustellen, und das, ohne die Herrschaft auf dem Meer für sich in Anspruch nehmen zu können. Hatte Hitler in dieser Situation nichts anderes zu tun, als sich mit der Ausweitung seines Lebensraums zu befassen? Bedeutende deutsche Stimmen warnten vor einem Zweifrontenkrieg. Hitler selbst hatte die Hauptursache für die Niederlage Deutschlands im Ersten Weltkrieg in der Tatsache gesehen, daß es an zwei Fronten zu kämpfen hatte. Er hatte im Reichstag die Abgeordneten überzeugen wollen, daß er einen Zweifrontenkrieg nicht zulassen werde. Und doch griff er an. Warum?

Bismarck hatte nicht nur vor einem Zweifrontenkrieg gewarnt, sondern auch vor dem Krieg an nur einer Front, sofern diese Front Rußland betraf. Dennoch griff Hitler an. Warum hat sich kein Historiker für die Gründe eines solchen Verhaltens interessiert?

Stalin hatte Hitler keinen anderen Ausweg gelassen. Die heimliche Mobilmachung war von so gewaltigem Ausmaß, daß es schwer geworden war, sie zu übersehen. Hitler hatte auch begriffen, was in dem Augenblick geschehen würde, wenn die heimliche Mobilmachung plötzlich offen erklärt würde.

Und nun versetzen wir uns in Gedanken auf Stalins Datscha an einem warmen Sommerabend irgendwann im Jahr 1934. Theoretisch haben wir beschlossen, daß eine zweijährige heimliche Mobilmachung erforderlich ist, davor eine Vormobilmachungsphase von sechs bis acht Monaten, und noch ein wenig früher muß die Große Säuberung erfolgen. Kurzum, alles muß rechtzeitig einige Jahre vor den Hauptereignissen eingeleitet werden. Wann also soll die heimliche Mobilmachung beginnen? 1935? Oder vielleicht 1945? Beginnen wir zu früh, veröden und ruinieren wir das Land, decken die Karten und unsere Absichten auf. Beginnen wir später, laufen wir Gefahr, zu spät zu kommen. Was also tun?

Es bleibt nur eine Möglichkeit: *Der Termin für den Ausbruch des Zweiten Weltkrieges muß festgelegt werden.* Vor diesem von uns selbst festgelegten Zeitpunkt für den Kriegsbeginn muß die Große Säuberung erfolgen, die Vormobilmachungsphase sowie die heimliche Mobilmachung, und am zuvor von uns bestimmten Tag »M« müssen die Überraschungsschläge geführt und die allgemeine offene Mobilmachung erklärt werden.

Es ist, als ob die führenden Historiker auf der ganzen Welt nicht bemerkten, was in der Sowjetunion in den Jahren 1937 bis 1941 vor sich ging, weshalb wir auch bei der Lektüre ihrer dickleibigen Bücher nicht begreifen können, wer eigentlich den Zweiten Weltkrieg begann. Man kommt zu dem Schluß, daß dieser Krieg ganz von selbst ausgebrochen sein muß und niemanden die Schuld an seiner Entfesselung trifft. Meine Herren Historiker, ich empfehle Ihnen, die sowjetische Mobilmachungstheorie mit der Praxis zu vergleichen, ich empfehle Ihnen, das, was in der Sowjetunion in den zwanziger Jahren geäußert worden ist, mit dem zu vergleichen, was in den dreißiger Jahren geschah. Dann werden Ihre Erklärungen verstummen, daß der Zweite Weltkrieg von selbst entstanden sei, daß niemand Schuld an seiner Entfesselung habe, dann werden auch Sie den wahren Schuldigen erkennen.

ZWANGSARBEITER IN DEN LÜFTEN

Ich muß zugeben,
ich liebe die Flieger.
Wenn ich höre, daß man
einen Flieger beleidigt hat,
tut mir direkt das Herz weh.

Stalin
(»Prawda«, 25. Januar 1938)

1.

Mit Filmen, Broschüren, strahlenden Gesichtern in den Zeitungen hat man uns an den Gedanken gewöhnt, daß in den dreißiger Jahren unsere Jugend die Fliegerschulen überschwemmte, daß die Aufnahmekommissionen sich des Andrangs der Bewerber kaum erwehren konnten. So war es auch. Anfangs. Dann ließ der Zustrom der Interessenten jedoch nach. Schließlich versiegte er. Und es kam zu der Situation, daß man einerseits immer mehr Volk in den Fliegerschulen haben wollte, während andererseits die Bewerber ausblieben. Was war zu tun?

Und ein weiteres Problem trat hinzu: Die Produktivität der Fliegerschulen wuchs; 1940 wurden genauso viele Piloten entlassen wie in allen vorangegangenen Jahren insgesamt, 1941 aber sollten noch mehr Flugschüler ihre Ausbildung abschließen als in allen Vorjahren zusammen, einschließlich des Rekordjahrs 1940. Ein Pilot ist Offizier. Überlegen wir nur, wie viele Wohnungen gebaut werden müssen, um allein die Absolventen der Fliegerschulen von 1940 unterzubringen. Und wie viele werden erst noch für die Absolventen von 1941 gebraucht? Ein Pilot ist ein Offizier, aber von der Kategorie, die doppelt soviel Sold wie der Waffenbruder von der Infanterie gleichen Alters und Dienstgrades erhält. Wieviel Geld wird demnach für den Unterhalt der fertigen Piloten von 1940/41 gebraucht? Dasselbe betrifft die Offiziersuniformen. Ein Fliegeroffizier wird traditionsgemäß besser eingekleidet als sein

Waffenbruder von der Infanterie. Der Infanterieoffizier jener Tage trug den geknöpften Kragen, der Flieger dagegen einen Schlips. An was für einen Schlipsvorrat denken Sie? Wo ist die salomonische Lösung, die mit einem Schlag einen Ausweg aus allen diesen Problemen weist?

Genosse Stalin fand ein salomonisches Urteil für jedes Problem. Und fand er es einmal nicht sogleich, dann hatte er Ratgeber, die es ihm suggerierten. Die Lösung schlug am 7. Dezember 1940 der Chef der Führung der Luftstreitkräfte, Generalleutnant der Flieger Pawel Rytschagow, vor: alle Absolventen der Lehranstalten und Schulen für die Ausbildung der Flieger nicht zu Offizieren zu ernennen. Demzufolge brauchte man keine Wohnungen für die neuen Piloten zu bauen, sie bekamen keinen besseren Sold, und der Anlaß entfiel, sie in eine schmucke Uniform zu stecken.

Es gibt Ausnahmen in einigen Ländern: Ein Militärpilot kann auch ein Sergeant sein. Aber das gilt für jene Fälle, in denen die materielle Lage und der gesellschaftliche Status des Sergeanten dem des Offiziers näher steht als den Mannschaftsdienstgraden. Bei uns aber ist ein Sergeant im Grundwehrdienst ein Rekrut ohne Rechte. Er schläft in der Kaserne zusammen mit den einfachen Soldaten, erhält dieselbe Verpflegung, trägt dieselben Segeltuchstiefel. Der Sergeant bekommt denselben Ausgang wie der einfache Soldat: ein paar Stunden ein- oder zweimal im Monat; der Ausgang kann auch entfallen. Es ist sinnlos zu erzählen, was eine sowjetische Kaserne bedeutet. Das Leben in einer sowjetischen Kaserne muß man selbst kennengelernt haben. Meine eigene Erfahrung in mustergültigen Vorzeigekasernen umfaßt zehn Jahre von Juli 1958 bis Juli 1968. Eine Musterkaserne – das bedeutet einen Schlafraum für 200 bis 300 Mann, mit Betten in gerader Linie auf spiegelndem Boden aufgereiht, mit Aufstehen und Niederlegen in 30 Sekunden, das bedeutet einen Kompaniefeldwebel, der die ganzen zehn Jahre lang pausenlos brüllt (die Kompaniefeldwebel wechselten, aber das Brüllen riß kein einziges Mal ab). Eine sowjetische Kaserne – das beinhaltet so phantastische Dinge, daß für ihre Beschreibung ein einziges Buch nicht ausreicht. Man kann leben in der Kaserne, denn auf jeden Soldaten wartet die Entlassung, sein »Abgang«. »Der Abgang ist unausbleiblich, so gewiß wie der Zusammenbruch des Kapitalismus«, schrieben unsere Soldaten an die Wände. Noch leichter hat es ein Offiziersschüler in der Kaserne, denn auf ihn wartet die Beförderung zum Offizier, und zum Offiziersdienstgrad kommt dann noch allerlei hinzu.

Der Chef der Führung der Luftstreitkräfte, Generalleutnant der Flieger Pawel Rytschagow, hat am eigenen Leib die sowjetische Kaserne erlebt, er absolvierte die Fliegerschule im Jahre 1931. 1940 ist der Generalleutnant der Flieger Rytschagow 29 Jahre alt. In seinen Ohren ist das Brüllen des Kompaniefeldwebels vermutlich noch nicht ganz verklungen. Und dennoch schlägt er Stalin vor, die Absolventen der Fliegerschulen und technischen Lehranstalten nicht zu Offizieren zu befördern, sondern nach Abschluß ihrer Ausbildung zu Sergeanten zu machen und in den Kasernen zu belassen.

Wer nicht in einer Musterkaserne gelebt hat, kann das ganze Ausmaß dieser Brutalität nicht ermessen. Ein Offiziersschüler hält nur deshalb bis zum Abschluß durch, weil er das Licht am Ende des Tunnels sieht. Ein sowjetischer Offiziersschüler orientiert sich am Abschluß wie der Esel an der Möhre, die man ihm als Köder am Strick vor die Nase hält. Und am Ende wird die Möhre auch tatsächlich an ihn verfüttert. Doch die Offiziersschule zu absolvieren und die Möhre nicht zu bekommen . . .

Für diejenigen, die 1940 in die Ausbildungsstätten aufgenommen wurden, war dies nicht ganz so bitter; sie wurden nach den Kurzprogrammen ausgebildet, und man hatte ihnen von Anfang an keine Versprechungen gemacht. Aber 1940 hatten viele Tausende Flugschüler ihre Ausbildung nach den alten dreijährigen Lehrgängen absolviert, und nun, unmittelbar vor dem Abschluß, der jedem Flugschüler jede Nacht verlockend im Traum erschienen war, erfahren sie die Überraschung, die ihnen Stalin und Rytschagow bereitet haben: Zu Offizieren werden sie nicht ernannt. Da konnte man wirklich nur noch aufschreien: »Jetzt haben wir die Bescherung!« Voller Enthusiasmus waren sie auf die Offiziersschule gegangen, hatten der Heimat ihre Jugend im Austausch für die Leutnantspickel hingegeben, und jetzt erklärte irgendein schnauzbärtiger Heini bei der Entlassung: Aus den Pickeln wird nichts.

In den Memoiren sowjetischer Flieger stoßen wir häufig auf diese Situation. »Die junge Verstärkung war eingetroffen. Piloten, die die normalen Fliegerlehranstalten mit dreijähriger Ausbildung absolviert hatten, aber beim Abgang nur den Dienstgrad von Sergeanten bekamen.« (Generalleutnant der Flieger L. W. Scholdujew, Die stählerne Staffel. Moskau 1972, S. 41)

Generalmajor der Flieger W. A. Kusnezow befand sich sogar selbst unter denen, die die Offiziersschulen als Sergeanten verlassen hatten. Zu Beginn des Krieges kam er in ein Regiment, das im Hinterland aufgestellt wurde, und dort trafen Piloten, die früher als Leutnants abgegangen waren, mit anderen zusammen, die man kurz darauf als Sergeanten hatte gehen lassen. »In der riesigen Kaserne ist es ungemütlich. Die Metallbetten der Soldaten stehen in zwei Stockwerken übereinander . . . In der Kaserne ist es eng . . . Die Sergeanten schauen bewundernd und mit unverhohlenem Neid auf die kirschroten Pickel und die schmucke, gutsitzende Uniform . . .«

Und dann das Antreten. Regimentskommandeur Nikolajew und Kommissar Schwedow kommen heran.

»Der Oberst ging ein paar Schritte, blieb stehen, blickte verwundert auf die angetretene Truppe, dann auf Schwedow, zeigte mit der Hand in unsere Richtung und fragte: ›Wer ist das?‹

Schwedow gab irgendeine Antwort. Nikolajew machte schweigend kehrt und schritt zum Stab. Der Kommissar folgte ihm.

›Küken!‹, drang es schon aus der Ferne bis zu uns . . .

Dann kommt der Kommissar zurück:

›Der Regimentskommandeur ist unzufrieden mit dem Ausrichten und dem äußeren Eindruck. Irgendwie kümmerlich seht ihr aus . . .‹« (Silberne Schwingen. Moskau 1972, S. 3–6)

Diese Piloten sind ganz offensichtlich keine Falken. Es sind schlecht gefütterte Hähnchen aus dem Brutkasten.

2.

Wenn man die Dinge beim rechten Namen nennt, dann haben sich Stalin und Rytschagow im Hinblick auf diese vielen tausend jungen Piloten wie miese Falschspieler verhalten: Sie hatten den Anfängern die Spielregeln erklärt, eine ganze Weile gespielt, und dann am Ende des Spiels erklärt, daß sich die Regeln geändert hätten . . .

Aber lassen wir die Frage der Moral beiseite. Es geht um ein juristisches Problem: Mit welcher Begründung konnte man die Piloten als Sergeanten in der Roten Armee festhalten? Die Absolventen der Jahre 1940/41 waren in den Jahren 1937/38 freiwillig in die Lehranstalten und Schulen für das fliegende Personal gekommen, als es noch keine allgemeine Wehrpflicht gab. Bis September 1939 hatte man zum Heer, zu den Fliegerkräften und in die Seekriegsflotte nur einige einberufen. Die Dienstzeit bei den Fliegerkräften betrug zwei Jahre. In den Jahren 1937/38 hatten die jungen Burschen freiwillig anstelle der zwei Jahre regulärer Soldatenzeit ohne weitere Verpflichtung die dreijährige Zwangsarbeit als Offiziersschüler gewählt. Am 1. September 1939 war die allgemeine Wehrpflicht eingeführt und die Dienstzeit erhöht worden, so daß man bei den Fliegerkräften drei anstelle der bisherigen zwei Jahre dienen mußte. Die Offiziersschülerjahre wurden als reguläre Militärdienstzeit angerechnet. Man konnte die Absolventen entweder zu Offizieren befördern und bei den Fliegerkräften bis zur Pensionierung behalten oder sie nach Hause entlassen: Drei Jahre Kaserne hatten sie abgeleistet. Mehr gab das Gesetz nicht her. Es ließ sich keine Begründung ausdenken, derzufolge sie bei der Militärfliegerei festgehalten werden konnten, und noch dazu im Kasernendienst, das heißt als Zwangsarbeiter im Käfig.

Aber Rytschagow fand eine Lösung, und Stalin billigte sie. Man beschloß ein neues Gesetz: Die Dienstpflicht bei den Fliegerkräften wurde auf vier Jahre heraufgesetzt. Der Oberste Sowjet gab sein einstimmiges Plazet, und sämtliche Probleme waren beseitigt: Die Dienstzeit bei den Fliegerkräften beträgt vier Jahre, ihr aber habt erst drei davon abgeleistet. Bleibt noch ein Jahr, liebe Genossen.

3.

Noch ein Jahr. Und dann?

Über den Krieg sind ganze Berge von Monographien und Dissertationen geschrieben worden, aber in keiner finden wir die Antwort auf die Frage nach Stalins Plänen für die Scharen von Piloten nach Ablauf dieses Jahres. Diese Frage ist nicht nur unbeantwortet geblieben, sie wurde noch nicht einmal von irgend jemandem gestellt. Und doch ist es eine interessante Frage. Durch einen gesetzgeberischen Trick wurden Tausende von Piloten zu weiterem Kasernendasein bis zum Herbst 1941 verurteilt. 1941 erfolgte Hitlers Angriff, der damit diese Frage vom Tisch fegte. Aber mit einem Angriff Hitlers hatte Stalin nicht gerechnet, und er glaubte auch nicht daran. Was beabsichtigte also Stalin mit diesen Scharen von Fliegern nach dem Herbst 1941 zu tun?

Zu Offizieren konnten sie nicht befördert werden. Stalin hatte auch ohne sie bereits 600 000 Offiziere, den NKWD nicht mitgerechnet. Außerdem bereiteten sich in den militärischen Ausbildungsstätten und verschiedenen Offizierslehrgängen im Jahre 1941 233 000 neue Offiziere in der Hauptsache für die Infanterie, die Artillerie und die Panzertruppen auf den Abschluß vor. Wenn man jetzt auch noch die Piloten zu Offizieren ernannte, dann würde Stalin einschließlich des NKWD über eine Million Offiziere verfügen. Stalin würde fast ebenso viele Offiziere haben wie Zar Nikolaus an Soldaten. Das wäre der Ruin. Die Beförderung der Absolventen aus den Lehranstalten und Schulen für Piloten zu Offizieren war also schon aus wirtschaftlichen Erwägungen unmöglich. Und Stalin beabsichtigte dies auch nicht: Wir finden keine Hinweise darauf, daß der Bau von Wohnungen für diese Massen von Piloten geplant war oder gar schon begonnen hatte, wir finden keine Spuren von Anordnungen über eine Massenherstellung von Offiziersuniformen für diese astronomische Zahl von Piloten, wir finden im Budget keinen Ansatz für die Milliarden, die den Absolventen der Fliegerschulen im Falle ihrer Beförderung zu Offizieren hätten gezahlt werden müssen.

Was also sollte im Herbst 1941 mit ihnen geschehen? Entlassung nach Hause? Das wäre den Staat teuer zu stehen gekommen: Drei Jahre Ausbildung, in die man Milliarden investiert hatte, Millionen Tonnen an verbranntem erstklassigem Treibstoff, die nicht geringe Zahl an Flugzeugen mit Flugschülern und Instrukteuren, die dabei verlorengegangen waren, und jetzt sollte dies alles aufgegeben werden? In wenigen Monaten würden die Flieger ihre erworbenen Fertigkeiten verlieren, und alle Mühen wären vergeblich gewesen.

Konnte man vielleicht noch ein Gesetz erlassen und sie ein fünftes, sechstes oder siebentes Jahr in den Kasernen festhalten, wie Galeerensklaven an die Ruder, das heißt an die Flugzeuge, angekettet? Eine gute Variante, doch sie hätte nicht funktioniert. Ein Pilot muß ständig fliegen. Überschlagen wir in Gedanken, wie viele Schulmaschinen für diese Unmenge an Piloten erforderlich sind, wiviele Instrukteure, wieviel Treibstoff in jedem Jahr verbraucht werden würde. Stalin blieb nur der eine Ausweg, den Krieg *vor dem Herbst 1941 zu beginnen.*

Stalins Plan war einfach: Mochten sie ruhig den Krieg als Sergeanten beginnen, einige würden überleben, und die würden dann zu Offizieren befördert, sie würden Fliegergenerale und Marschälle werden. Die meisten freilich würden als Sergeanten fallen. Für einen gefallenen Sergeanten brauchte man der Familie nichts zu zahlen. Und Sparsamkeit war geboten.

Eine Pilotenausbildung in diesem Umfang bedeutet Mobilmachung. Totale Mobilmachung. Hat die Mobilmachung erst eingesetzt, landen wir entweder beim wirtschaftlichen Ruin oder im Krieg. Stalin begriff das besser als alle anderen. Ein wirtschaftlicher Zusammenbruch war von ihm nicht vorgesehen.

4.

Betrachten wir jetzt die Situation mit den Augen eines jungen Mannes, der im Herbst 1940 von der Fliegerschule als Sergeant abgeht. Er hat weder Urlaub noch Geld bekommen, trägt weiter die Soldatenuniform, lebt in der Kaserne, schläft auf dem Soldatenbett, erhält Soldatenverpflegung, trägt Stiefel aus Segeltuch. (Die Lederstiefel sind befehlsgemäß aus den Lagern in Waggons verladen worden, damit sie an die Westgrenze verfrachtet und dort auf den blanken Boden gekippt werden können.) Unser Sergeant läßt den Kopf nicht hängen. Er kann auch in Segeltuchstiefeln fliegen. Etwas anderes beunruhigt ihn: Er hatte sich einen Lebensberuf ausgewählt, er hatte beschlossen, Fliegeroffizier zu werden, er hatte drei Jahre in der Fliegerschule abgesessen, dann war das zusätzliche Jahr eingeführt worden, im Herbst 1941 wird er damit fertig sein, aber was kommt danach? Die Freunde aus der Schulzeit haben in diesen vier Jahren einen Beruf gefunden, sie stehen jetzt auf eigenen Füßen, der eine arbeitet als Ermittlungsführer beim NKWD und bearbeitet mit der Feile die Zähne der Feinde des Volkes, ein anderer ist Ingenieur in der Panzerfabrik, aber er selbst hat das Nachsehen. Drei Jahre hat er studiert, ein Jahr muß er noch dienen, dann steht er mit bloßen Händen da. Weshalb ist er geflogen? Weshalb hat er sein Leben riskiert? Weshalb hat er nächtelang Formeln gebüffelt? Sein Leben hatte er der Fliegerei widmen wollen, ach wie gut wäre es gewesen, hätte man ihn damals, 1937, abgelehnt, aber man hatte ihn aufgenommen, vier Jahre wird er heruntergerissen haben, und dann, im Herbst 1941, wird er aus der Fliegerei und der Roten Armee hinausgeworfen. Wer hat schon Verwendung für seinen Beruf als Bombenflieger? Die Zivilluftfahrt vielleicht? Die wissen noch nicht einmal wohin mit den eigenen Leuten.

Überlegen wir nun, ob dieser Fliegerschulabsolvent als Sergeant seinem jüngeren Bruder zum Fliegerberuf raten wird? Auch ohne Ratschläge ist alles klar: Es lohnt sich nicht, auf die Fliegerschule zu gehen, diese Lehranstalten bringen dir überhaupt nichts, du fliegst und fliegst, und was am Ende herauskommt, ist einfach nicht zu fassen.

Welcher Idiot wird nach alledem noch auf die Fliegerschule gehen? Wer will schon eine Offiziersschule besuchen und dennoch Soldat bleiben? Wer will schon studieren und am Ende vor völliger Ungewißheit stehen? Doch Stalin und Rytschagow gehen noch weiter. Nicht nur der Flugzeugführer ist jetzt Sergeant, auch sein Rottenführer ist Sergeant, der Schwarm-

bzw. Kettenführer ist Sergeant, der Stellvertreter des Staffelchefs ist Sergeant. Man hatte so viele Fliegerstaffeln und -geschwader aufgestellt, daß das Land Offiziersprivilegien nur vom Staffelführer aufwärts vergeben konnte. Alle Flugzeugführer, die Ketten- und Schwarmführer und selbst die Stellvertreter der Staffelchefs aber waren vom Frühjahr 1941 an zum Kasernenleben verurteilt. Dem Gebrüll des Kompaniefeldwebels ausgeliefert.

Wer würde wohl nach alledem freiwillig auf eine Fliegerschule gehen? Wen verlangt es nach solcher Romantik?

Genosse Stalin und Genosse Rytschagow hatten auch dies im voraus bedacht. Und deshalb hatte der Befehl vom 7. Dezember 1940 nicht nur den Abgang der Fliegerschulabsolventen als Sergeanten bestimmt, sondern auch das Abrücken vom Prinzip der Freiwilligkeit bei der Auffüllung der Fliegerschulen.

So etwas hatte es in der Geschichte der Fliegerei weltweit noch nicht gegeben. Und ich hoffe, daß es sich auch nicht wiederholt.

Am 7. Dezember 1940 war in der Sowjetunion das Prinzip der Zwangsrekrutierung für die Fliegerschulen eingeführt worden.

Das bedeutet Krieg.

Kein anderes Land der Welt hat sich jemals zu solch einem Schritt entschlossen, auch nicht im Krieg. Überall fliegen die Menschen auf der Basis der Freiwilligkeit.

Die Einführung des Prinzips der Zwangsrekrutierung für die Fliegerschulen bedeutete nicht nur einfach den Krieg, sondern den totalen Krieg und einen Angriffskrieg. Wird ein Mensch in einem Verteidigungskrieg gezwungen zu fliegen, dann nimmt das kein gutes Ende, denn in der Luft ist er frei wie ein Vogel, er wird zum Gegner fliegen, und in der Gefangenschaft wird ihn niemand zwingen zu fliegen.

Piloten wider Willen kann man nur in einem siegreichen Angriffskrieg verwenden, nach einem Überraschungsschlag gegen die feindlichen Flugplätze, wenn unsere Panzerkeile sich in die feindliche Erde hineinfressen. In dieser Situation hat es für den unfreiwilligen Flieger keinen Sinn zu fliehen; nach wenigen Tagen gerät er ohnehin in die Fänge des NKWD.

Hier ist die Frage angebracht, ob man einem Flieger wider Willen überhaupt das Fliegen beibringen kann? Kann man ihn den Kunstflug mit höchstem Schwierigkeitsgrad lehren und noch dazu in den drei bis vier Monaten, die Stalin und Rytschagow im Dezember 1940 als Ausbildungszeit festgesetzt hatten?

Es ist nicht möglich.

Aber den Kunstflug mit höchstem Schwierigkeitsgrad brauchten sie auch nicht zu beherrschen. Man bildete sie schließlich nicht für einen Verteidigungskrieg aus. Sie wurden nicht ausgebildet, um einen Angriff abzuwehren und Luftkämpfe zu führen. Sie wurden für den »Iwanow« geschult, der speziell für diesen Fall entwickelt worden war. Sie waren ausgebildet für folgende Situation: Start im Morgengrauen, Flug im geschlossenen Pulk hinter dem Führer, Abwurf der Bomben auf sein Kommando über den schlafenden Flugplätzen, ungestörtes Wenden und Rückkehr. Das konnte man in drei bis vier Monaten selbst einem Piloten wider Willen beibringen, und das um so mehr, als der »Iwanow«, die Su-2, gerade für Piloten dieser Art auch vorgesehen war. Wenn aber der eine oder andere bei der Landung einen Baum rammte, war es auch kein großer Verlust. Fliegersergeanten hatte Genosse Stalin reichlich. Und die sowjetische Industrie war darauf vorbereitet, »Iwanow«-Maschinen reichlich zu produzieren. Also hatte man beschlossen, daß es auch ohne Kunstflug und ohne Luftkämpfe funktionieren würde.

Damals kam auch der Leitspruch von Generalleutnant der Flieger Pawel Rytschagow auf, mit dem er in die Geschichte eingehen sollte:

»Wir werden keine Figuren fliegen!»

PASCHA ANGELINA UND DIE ARBEITSRESERVEN

Mobilmachungsbereitschaft ist nicht nur für die Rüstungsbetriebe erforderlich, sondern auch für die ganze Industrie. Im Krieg wird die gesamte Industrie zur Rüstungsindustrie.

Stalin 1940

(berichtet von Generaloberst B. L. Wannikow, »Fragen der Geschichte« 1969, Nr. 1, S. 128)

1.

Das ganze Land kannte Pascha Angelina. Pascha Angelina lächelte von den Titelseiten der Zeitungen und Zeitschriften. Nein, sie war keine Schauspielerin. Pascha Angelina war der erste weibliche Traktorist und Brigadier der ersten Frauen-Traktoristenbrigade. Nicht nur durch Arbeitseifer, auch durch Weisheit tat sie sich hervor. Scharenweise folgten die Journalisten ihrem Traktor, und mehr als einmal machten die von ihr geäußerten Gedanken Schlagzeilen auf den Titelseiten der großen Zeitungen: »Wir müssen besser arbeiten!«, »Besser arbeiten müssen wir!«, »Arbeiten müssen wir besser!« usw.

Aber wahren Ruhm erlangte Pascha Angelina am Vorabend des Krieges, als die zur Nomenklatur aufgerückte Traktoristin eine neue Losung unter die Massen brachte: »Hunderttausend Kameradinnen auf die Traktoren!« Ich weiß nicht, ob Pascha von selber darauf gekommen war oder ob es ihr jemand soufflierte, die sowjetische Presse jedenfalls griff die Losung auf, verlieh ihr Nachdruck, und der Aufruf dröhnte durch das ganze Land von den großen und den kleinen Tribünen, in Zeitungsstimmen und aus Millionen von Lautsprechern. Der Ruf wurde vernommen, und binnen kurzer Zeit hatte man in der Sowjetunion nicht hunderttausend, sondern *zweihunderttausend*

Traktoristinnen angelernt. (Der Große Vaterländische Krieg 1941–1945. Enzyklopädie, S. 49)

Hier muß ich betonen, daß die Rede von friedlichen Traktoren ist, die die endlosen Felder unseres unermeßlich großen Heimatlandes pflügen. Möge unsere große Heimat wie ein Garten im Frühling erblühen, mögen über ihre fruchtbaren Felder friedlich die Traktoren brummen, liebevollen weiblichen Händen untertan.

Wir aber wollen jetzt einmal an die Männer denken. Wenn »200 000 Kameradinnen« voller Zuversicht die Plätze an den Hebeln der Traktoren in der Landwirtschaft eingenommen und damit 200 000 männliche Traktoristen verdrängt haben, was fangen dann die armen Männer an?

Seien Sie unbesorgt wegen der Männer. Um die Männer kümmerte sich bereits der Generalstab. Es hatte sich (aus purem Zufall natürlich) so ergeben, daß Pascha Angelinas Aufruf an die Frauen zeitlich genau mit dem Beginn der heimlichen Mobilmachung der Roten Armee zusammenfiel, die in diesem Augenblick 100 000 und später noch einmal dringend 100 000 erfahrene Traktoristen für ihre Panzer, Artilleriezugmaschinen und die schweren Pioniermaschinen brauchte. Die von der Roten Armee in den Jahren 1939 und 1940 geführten »Befreiungsfeldzüge« dienten nicht nur der Schaffung geeigneter Brückenköpfe für die Eroberung Europas, sie waren nicht nur eine Überprüfung der Theorien und Pläne »unter möglichst kriegsnahen Bedingungen«, die »Befreiungsfeldzüge« und die kleinen Kriege wurden auch zur Tarnung der großen Mobilmachung genutzt. Heute wird zum Beispiel Polen »befreit«, dafür werden in dem einen sowjetischen Dorf drei Traktoristen eingezogen, und in einem anderen sind es fünf. Es gab sogar einen Film darüber – »Die Traktoristen« – mit einer Demonstration der Kampfstärke des Panzers BT-7.

Dann ist der »Feldzug« siegreich beendet, doch die Traktoristen kehren nicht in ihre Dörfer zurück, sie bleiben in der Roten Armee. Ihren Platz an den Hebeln der Traktoren in der Landwirtschaft haben die Kameradinnen eingenommen. Morgen »befreien« wir Finnland – und wieder wird hier ein Dutzend Traktoristen weggeholt und dort ein anderes Dutzend, und ihre Plätze nehmen die umsichtigen Kameradinnen ein. Auf diese Weise waren nach und nach unmerklich »200 000 Kameradinnen« in das Joch dieser friedlichen Arbeit eingespannt worden, die damit die kräftigen, erfahrenen männlichen Traktoristen für wichtigere Aufgaben freisetzten.

2.

Pascha Angelina aber fand Nachahmerinnen. So erfuhr die erstaunte Welt von der ersten Frauen-Lokomotivbrigade. Es hatte sich nämlich herausgestellt, daß die Sowjetfrau nicht schlechter als ein Mannsbild die Kohle in die Feuerung einer Lokomotive zu werfen verstand. Auch bei der Torfgewinnung plumpsten die sowjetischen Frauen nicht mit der Nase in den Dreck. Und wie sich zeigte, war die Sowjetfrau sogar beim Bau der Eisenbahnstrecken (die aus unbegreiflichen Gründen zu den Westgrenzen geführt wurden) nicht nur imstande, Schwellen zu schleppen, sondern auch Schienen. Natürlich hatten sie zu Dutzenden an einer Schiene zu zerren. Aber das macht nichts. Sie schaffen es schon!

Generaloberst des Artillerie-Pionierdienstes B. L. Wannikow (damals Volkskommissar für die Rüstungsindustrie und Mitglied des Zentralkomitees der Partei) bezeugt es: »Anfang 1940 stellten die Frauen 41 % aller Arbeiter und Angestellten in der Industrie. Sie beherrschten schnell die Fertigungsweisen in den verantwortungsvollsten und kompliziertesten Produktionsbereichen, und bei vielen Arbeitsgängen erwiesen sie sich geschickter als die Männer.« (»Fragen der Geschichte« 1969, Nr. 1, S. 128)

Dasselbe bestätigten Marschall der Sowjetunion D. F. Ustinow (Im Namen des Sieges, S. 107) und Marschall der Sowjetunion S. K. Kurkotkin (Die Rückwärtigen Dienste der sowjetischen Streitkräfte im Großen Vaterländischen Krieg 1941–1945, S. 23). Mich wunderte allerdings, warum hohe militärische Führer dies für den Anfang des Jahres 1940 erwähnen. Hätte es nicht Anfang 1941 interessanter oder noch besser in der Mitte des Jahres 1941 ausgesehen?

Doch darüber schweigt man sich aus. Der Prozeß verlief in einer ansteigenden Kurve. Und wenn man diese Zahlen für den Augenblick des deutschen Angriffs veröffentlichte, würde unweigerlich die Frage folgen: Aber womit waren dann die sowjetischen Männer beschäftigt, wo waren sie geblieben?

3.

Wird man indessen weit kommen, wenn man sich nur auf die Frauen und ihren Enthusiasmus stützt? Ist es nicht an der Zeit für den Genossen Stalin, auch die Jugend einzuspannen?

Es war soweit.

In den Museen zeigt man den Besuchern Bilder aus dem Krieg: Ein schmächtiger Junge steht an einer riesigen Werkbank. Er dreht Geschützgranaten, will die Norm übererfüllen. Damit die Hände an die Hebel reichen, hat man fürsorglich zwei Granatkisten unter seine Füße gestellt. Nein, diese Begeisterung! Was für ein Patriotismus!

Den Museumsbesuchern wird allerdings nicht erzählt, daß man diese Halbwüchsigen *zwangsweise zu Hunderttausenden und Millionen vor* dem Überfall Hitlers auf die Sowjetunion in die Rüstungsbetriebe gesteckt hatte.

Nehmen wir die »Prawda« vom 3. Oktober 1940 zur Hand, dann lesen wir auf der ersten Seite die erstaunliche Nachricht von der Einführung des Schulgeldes für die höheren Klassen der allgemeinbildenden Schulen und für das Studium an den Hochschulen. Die Begründung: »In Anbetracht des gestiegenen Wohlstandes der Werktätigen«. Es sind gesalzene Gebühren. Das ist das wahre Gesicht der Arbeiter- und Bauernmacht!

Der Sinn der Einführung eines Schulgeldes wird klar, wenn man auf derselben Seite den Erlaß »Über die staatlichen Arbeits(kraft)reserven der UdSSR« liest.

Aufgrund dieses Erlasses wird in der UdSSR die Hauptverwaltung für die Arbeitsreserven eingerichtet. Sie kontrolliert zunächst 1551 »Ausbildungsstätten« und ist unmittelbar dem

Regierungschef, das heißt Molotow, und ab Mai 1941 Stalin persönlich unterstellt.

Die Anzahl der »Ausbildungsstätten« soll noch erhöht werden. Die Aufnahme in die »Ausbildungsstätten« erfolgt zwangsweise wie die Einberufung zum Militär. Das Aufnahmealter beträgt 14 Jahre. Die Ausbildung erfolgt »in Verbindung mit der Erfüllung der Produktionsnormen«. Die Flucht aus den »Arbeitsreserven« hat das volle Strafmaß an romantischen Plätzen für die Jugend zur Folge. Die Dienstordnung in den »Arbeitsreserven« entspricht der Kasernen- bzw. Gefängnisordnung. Die Ausbildungszeit beträgt bis zu zwei Jahren. Die Produktionsnormen sind fast dieselben wie für die Erwachsenen. Gewiß, der Staat versorgt in der Ausbildungszeit die Schüler mit »kostenloser Kleidung und Verpflegung«, und das wird als Beweis der Fürsorge von Partei und Regierung für die heranwachsende Generation dargestellt. Mir stiegen fast Tränen der Rührung in die Augen. Doch dann fiel mir ein, daß unser lieber Staat auch die Häftlinge in den Gefängnissen mit kostenloser Kleidung und Verpflegung versieht. Fürsorglich war er fürwahr, der Genosse Stalin.

Kremlhistoriker schwärmen nostalgisch von jenen glorreichen Zeiten: »Von besonderer Bedeutung war die Mobilisierungsform der Heranziehung von Knaben und Mädchen zur Ausbildung in den ›Arbeitsreserven‹ im Gegensatz zum Prinzip des freiwilligen Eintritts.« (Der Große Vaterländische Krieg 1941–1945. Enzyklopädie, S. 729) Ach, wie wunderbar ist doch die Zwangsarbeit!

Wie wird der junge Proletarier diese rührende Fürsorge seines Heimatlandes entgelten? Der Erlaß hat auch dies vorgesehen: Nach Abschluß der Ausbildung ist der Arbeiter zu einer vierjährigen Arbeitszeit in seinem Betrieb ohne das Recht auf freie Wahl des Arbeitsplatzes, Berufes und der Arbeitsbedingungen verpflichtet.

Schon die erste Mobilisierung für die »Arbeitsreserven« hatte einen Millionenfang eingebracht, und die Berechnung zielte auf weitere Millionen.

Die zwangsweise Mobilisierung der Halbwüchsigen für die

Industrie bedeutete die *Mobilmachung der Industrie*, ihre Umstellung auf Kriegswirtschaft und die Unterstellung unter Kriegsgesetze.

Im Oktober 1940 war der Plan »Barbarossa« noch nicht unterzeichnet. Noch war Hitler nicht zum Krieg gegen Stalin entschlossen. Aber Stalin hatte seine Entscheidung schon getroffen.

4.

Der Erlaß über die Einführung von Schulgeld und Studiengebühren an den Hochschulen hatte zum Ziel, mehr junge Leute auf die Straße zu setzen. Die höchsten Gebühren wurden für solche Lehranstalten vorgesehen, die die kriegsunwichtigen Musiker, Schauspieler und Künstler ausbildeten. Die Gebühren vertrieben die Schüler und Studenten aus den Unterrichtsräumen, und die »Arbeitsreserven« schlangen diese Jugend durch die gefräßigen Tore der Rüstungsbetriebe in sich hinein.

Die Einführung des Systems der »Arbeitsreserven« diente nicht bloß der Vorbereitung eines großen Krieges. Sie war Teil der Vorbereitung für einen großen *Befreiungskrieg auf dem Territorium des Gegners.*

Die »Arbeitsreserven« wurden in der Flugzeug-, Artillerie- und Panzerproduktion und in vielen anderen Bereichen der Industrie eingesetzt. Hier sei nur ein Beispiel angeführt, wie die sowjetische Führung im Kriegsfall die für das Eisenbahntransportwesen mobilisierte Jugend zu verwenden gedachte. Wir wissen bereits, daß sich die sowjetischen Eisenbahntruppen vor dem Krieg nicht auf die Zerstörung der eigenen Schienenwege im Rahmen von Verteidigungsoperationen vorbereiteten, sondern auf die Instandsetzung der Gleisanlagen des Gegners und deren Umspurung auf die breitere sowjetische Norm unmittelbar hinter den angreifenden Einheiten und Verbänden der Roten Armee.

Marschall der Sowjetunion S. K. Kurkotkin bestätigt, daß nach den Berechnungen der sowjetischen Führung (und dort war alles berechnet!) die gleichzeitige Instandsetzung von 19 westlichen Eisenbahnstrecken den intensiven Einsatz von 257 000 sowjetischen Eisenbahnpionieren erfordert hätte. Die sowjetische Führung hatte beschlossen, für diese Arbeiten 170 000 Soldaten bereitzustellen, während die fehlenden 87 000 Arbeitskräfte durch die Arbeit von Spezialabteilungen aus den »Arbeitsreserven« in einer Stärke von 100 000 Mann aufgefüllt werden sollten.

Eine gute Idee.

Hitler hat durch seinen Angriff die Realisierung dieser guten Ideen der sowjetischen Marschälle verhindert. Schienenwege auf »befreiten« Territorien mußten 1941 nicht instandgesetzt werden.

DIE ERRUNGENSCHAFTEN DES OKTOBERS

Als der Krieg näher rückte,
wurde der Arbeitstag auf zehn Stunden
verlängert und ab Frühjahr 1941
sogar bis zu zwölf Stunden ausgedehnt.

G. Oserow
(Tupolews Sonderlager, S. 44)

1.

Von schönen Losungen begleitet, waren die Kommunisten an die Macht gelangt. Schon im Oktober 1905 hatten sie in der Zeitung »Neues Leben« ihr Programm verkündet. Unter vielen anderen Punkten waren auch diese: ein kurzer Arbeitstag bei völligem Verbot von Überstunden; Verbot von Nachtarbeit; Verbot von Kinderarbeit (unter 16 Jahren); Verbot von Frauenarbeit in Produktionsbereichen, wo sie sich für den weiblichen Organismus schädlich auswirkt; Einführung von zwei arbeitsfreien Tagen in der Woche. Selbstverständlich wurden zwei getrennte arbeitsfreie Tage in der Woche nicht als vollwertige Erholung angesehen: Diese beiden Tage mußten zusammenhängend sein. Vieles andere stand dort noch geschrieben, aber das Wesen des Programms läßt sich (so wie auch das aller anderen kommunistischen Programme) in einer Devise zusammenfassen: Laßt uns immer weniger arbeiten, aber mehr und mehr dafür erhalten. Eine verlockende Devise. Millionen von Dummköpfen hatte sie gefallen, und im Oktober 1917 ergriffen die Kommunisten die Macht unter dem Freudengeschrei derer, die weniger arbeiten wollten. Die kommunistische Macht rückte von ihren Versprechungen nicht ab, aber die gute kommunistische Macht mußte erhalten bleiben, sie mußte gegen die inneren und äußeren Feinde verteidigt werden, und dafür brauchte man Waffen, weshalb das Volk mehr schuften mußte als zuvor, sonst würden die Kapitalisten zurückkommen und aufs neue die werktätigen Massen exploitieren.

Um die gute kommunistische Macht zu verteidigen, griffen die Kommunisten in den Betrieben zu drakonischen Maßnahmen: Jeder Arbeiter ist ein Soldat der Arbeitsarmee. Stirb, aber erfülle die nicht erfüllbare Norm, sonst kommen die Kapitalisten zurück . . . »Stimmt es«, fragte Leo Trotzki auf dem 3. Allrussischen Gewerkschaftskongreß im April 1920, »daß Zwangsarbeit stets unproduktiv ist? Meine Antwort darauf: Das ist ein höchst klägliches und vulgäres Vorurteil des Liberalismus'.« Und Trotzki begann Arbeitsarmeen aufzustellen nach den brutalsten Maßgaben, die Marx im »Kommunistischen Manifest« geschildert hatte. Marx glaubte an die Sklavenarbeit (lesen Sie doch einmal das »Manifest«), und Trotzki glaubte daran. Die Sklavenarbeit lieferte Resultate, solange sich das Land im Kriegszustand befand. Aber der Bürgerkrieg ging zu Ende, und unter friedlichen Verhältnissen erwies sich die Sklavenarbeit als unproduktiv. Das Land wurde von einer Krise in noch nicht dagewesener Stärke erfaßt, Betriebe mußten geschlossen werden, es gab keine Arbeit. Die Kommunisten kämpften gegen die Arbeitslosigkeit durch Verkürzung des Arbeitstages und der Wochenarbeitszeit an, sie machten alle zu halben Arbeitslosen mit entsprechendem Lohn. Anstelle der Siebentagewoche führte man die Fünftagewoche ein: Vier Tage wird gearbeitet, am fünften ruhen wir uns aus. So kam man anstelle der 52 Wochen im Jahr auf 73 mit der entsprechenden Zahl an arbeitsfreien Tagen. Außerdem wurde jede Menge an Feiertagen eingeführt, wie etwa der »Tag der Pariser Kommune«. Wenn man nur will, dann kann man sich viele Feiertage ausdenken. Der Arbeitstag wurde so kurz, daß die ganze Welt staunte. Man erklärte das als Errungenschaften der Arbeiterklasse, als Errungenschaften des Oktobers.

Doch dann begann man allmählich den Arbeitstag auszudehnen. Das Land fing an sich zu rühren, es geriet in Bewegung. Die Fünfjahrespläne knirschten, lärmten, dröhnten. Bauten schossen in den Himmel: Dnjeproges, das große Elektrizitätswerk bei Saporoschje, das Hüttenkombinat in Magnitogorsk, das Flugzeugwerk in Komsomolsk. Der Lohn allerdings, oder besser gesagt, seine Kaufkraft, war auf dem Niveau der

Unterstützung für einen Kurzarbeiter eingefroren. Das Volk arbeitete immer mehr, doch der Lebensstandard wollte nicht steigen, obwohl Genosse Stalin erklärte, daß das Leben schöner und fröhlicher geworden sei. Alles, was das Volk erarbeitete, wanderte in das bodenlose Faß des Gesamtkomplexes der Rüstungsindustrie und wurde von der Roten Armee aufgezehrt. Da war zum Beispiel das E-Werk Dnjeproges errichtet worden und gleich daneben ein Aluminiumkombinat. Der amerikanische Wissenschaftler Antony Sutton, der Material über die Weitergabe von westlicher Technologie an Stalin zusammengetragen hat, bringt Angaben darüber, daß das Aluminiumkombinat von Saporoschje das leistungsstärkste und modernste der Welt war. (Antony C. Sutton, National Suicide: Military Aid to the Soviet Union, S. 174) Die Elektrizität des Dnjeproges wird benötigt für die Produktion des Flugzeugmetalls Aluminium, das Aluminium brauchen die Flugzeugwerke, und was die Flugzeugwerke produzieren, wissen wir. Bei dem Hüttenkombinat von Magnitogorsk ergibt sich das gleiche Bild: Wir bauen Hochöfen, Siemens-Martin-Öfen, wir kochen Stahl, produzieren die meisten Panzer in der Welt, aber der Lebensstandard steigt davon keinesfalls. Oder Komsomolsk: Komsomolzen bauen jenseits des Polarkreises in der Taiga unter heroischen Anstrengungen eine wunderbare Stadt. Wofür? Weil dort durch unbezahlte Arbeit bei Lieferung von allem Notwendigen aus Amerika das größte Flugzeugwerk der Welt errichtet wird.

Und das Schwungrad drehte sich schneller und schneller. Und arbeiten mußten die Menschen immer mehr und mehr. Schon ist die Fünftagewoche in eine Sechstagewoche umgewandelt, und der Arbeitstag ist auf das Niveau des üblichen weltweiten Standards und ein bißchen darüber angehoben. Auch die Feiertage hat man beschnitten: Natürlich muß Lenins Todestag gefeiert werden, aber doch in der arbeitsfreien Zeit.

Dann kam das Jahr 1939 und danach 1940. Irgendwie gehörte es sich nicht mehr, an die »Errungenschaften des Oktobers« zu erinnern, an die Versprechungen der Kommunistischen Partei, an ihre Losungen.

2.

1939 wurden in den Kolchosen verbindliche Arbeitsnormen eingeführt: Zwar ist der Kolchos eine freiwillige Angelegenheit, doch wenn du die Norm nicht erfüllst, wirst du eingesperrt.

Am 27. Mai 1940 kam die Verordnung des Rates der Volkskommissare »Über die Anhebung der Rolle des Meisters in den Betrieben des Schwermaschinenbaus«. Es war, gelinde gesagt, eine harte Verordnung. Der Meister im Betrieb wurde dadurch mit nicht geringeren Befugnissen ausgestattet als ein Hauptfeldwebel. Du liest den Beschluß, und anstelle des alten Meisters Onkel Wasja mit Nickelbrille, ölverschmiertem Arbeitskittel und der Viertelliterwodkaflasche in der linken Tasche hast du einen Aufseher mit der Peitsche beim Bau einer ägyptischen Pyramide oder mit dem Bambusstock beim Bau der Großen Mauer vor Augen.

Am 26. Juni 1940 ereilte das Land der Erlaß »Über den Übergang zum Achtstundentag, zur siebentägigen Arbeitswoche und über das Verbot des eigenmächtigen Verlassens von Betrieben und Dienststellen durch Arbeiter und Angestellte«. Ob einem der Meister mit dem Bambusstock nun gefiel oder nicht, den Betrieb verlassen konnte man jedenfalls nicht. Auf welchem Arbeitsplatz auch immer der Erlaß den einzelnen traf, dort hatte er zu bleiben. Mit dem Betrieb abzurechnen und zu gehen, war nicht mehr möglich. Die Arbeiter waren auf ihren Betrieb registriert, so wie Galeerensklaven mit ihren Ketten an die Ruder geschmiedet waren, so wie die sowjetischen Bauern an ihren Kolchos, wie die halbfertigen Piloten an ihre Flugzeuge gekettet waren. Hatte es sich gelohnt, den Zaren Nikolaus Alexandrowitsch mit dem Thronfolger an die Wand zu stellen, nur um so wie die Werkbänke und Fließbänder einem Betrieb zugeteilt zu sein? Man kann lange von den Schrecken der Autokratie erzählen, aber Vergleichbares hatte es unter Nikolaus nicht gegeben.

Der Erlaß vom 26. 6. 1940 widersprach allein schon in seiner Überschrift nicht nur weltweit anerkannten Grundsätzen, sondern auch der Stalinschen Verfassung von 1936, und zwar gleich in mehreren Punkten. Die Stalinsche Verfassung garantierte zum Beispiel den Siebenstundentag.

Am selben Tag wurde die Verordnung des Rates der Volkskommissare »Über die Anhebung der Arbeitsnormen und die Senkung der Lohntarife« erlassen.

Am 10. Juli 1940 kam ein weiterer Erlaß heraus: »Über die Verantwortlichkeit für den Ausstoß von Produkten minderwertiger Qualität und für die Mißachtung verbindlicher Normen durch die Industriebetriebe«. (Der Erlaß war am 10. Juli unterzeichnet und am 13. Juli 1940 in der »Prawda« veröffentlicht worden.) Wenn der Meister mit dem Bambusstock nicht zurechtkommt, helfen die Genossen vom NKWD nach. Übrigens richtete sich der Erlaß auch gegen die Meister: Überwachten sie nicht in angemessener Form die Qualität der fertiggestellten Produkte, dann gerieten in allererster Linie sie selbst an die bewachten Orte.

Erlasse folgen nun reihenweise. Am 10. August 1940: »Über die strafrechtliche Verantwortlichkeit für leichtere Diebstähle in der Produktion«; das bedeutete Lagerstrafen für einen Schraubenzieher, für die Schraubenmutter, die man in der Tasche mitgehen ließ. Und dann noch ein Erlaß am 19. Oktober 1940: »Über die Zwangsversetzung von Ingenieuren, Technikern, Meistern, Angestellten und Facharbeitern von einem Betrieb bzw. einer Dienststelle in eine andere«. Zwar darf man selbst nicht eigenmächtig seinen Arbeitsplatz wechseln, doch die Granaten-, Kanonen-, Panzer- und Flugzeugfabriken schießen aus dem Boden, und sie müssen mit Arbeitskräften in einem planmäßigen, zentral gelenkten Verfahren aufgefüllt werden: Du da und du und diese zehn Mann hier, holt eure Koffer, morgen fahrt ihr dahin, wie der Befehl es sagt . . . Das ist Trotzkismus. Trotzki hatte davon geträumt, daß jeder ein »Soldat der Arbeit« sein würde, »der nicht frei über sich verfügen kann; kommt die Anweisung zur Verlegung, muß er ihr Folge leisten; tut er es nicht, wird er zum Deserteur, der bestraft wird.« (Neunter Kongreß der Russischen Kommunistischen Partei (B). Protokolle. Moskau 1960, S. 91)

3.

Jeder Erlaß im Jahr 1940 verteilte freigiebig Haftstrafen. Besonders auf die Bummelanten hatte man es abgesehen. Nach dem Erlaß vom 26. Juni wurde man für Bummelei eingesperrt, als Bummelei aber galt bereits eine Verspätung von mehr als 20 Minuten bei Arbeitsantritt. War die Straßenbahn steckengeblieben und kam man infolgedessen zu spät, gehörte man zu den Zuspätkommern, und die wanderten ab ins Lager: Dort gab man ihnen keine Gelegenheit zur Verspätung.

Ich habe oft Diskussionen zwischen kommunistischen Professoren darüber gehört, ob Stalin ein Paranoiker war. Die Beweise für seine psychischen Defekte lägen doch auf der Hand: Die Kommunisten steckte er in die Gefängnisse, und die Henker (Tuchatschewski und Jakir, zum Beispiel) ließ er erschießen . . .

Nein, liebe Genossen Kommunisten, Stalin war kein Paranoiker. Die großen Verhaftungswellen waren notwendig gewesen, damit gleich darauf die Erlasse von 1940 ergehen konnten und keiner aufmuckte. Die Erlasse von 1940 bedeuteten die endgültige Umstellung des Landes auf Kriegswirtschaft. Sie waren Teil der Mobilmachung.

Die Arbeitsgesetzgebung von 1940 war so ausgefeilt, daß sie im Laufe des Krieges weder korrigiert noch ergänzt werden mußte.

4.

Der Arbeitstag aber nahm zu und dehnte sich aus: Der Neunstundentag wurde unmerklich zum Zehnstundentag, später brachte man es auch auf elf Stunden. Selbst Überstunden wurden erlaubt: Willst du hinzuverdienen, dann bleib' am Abend da. Die Regierung läßt Geldscheine drucken und verteilt sie unter diejenigen, die gerne Überstunden leisten; anschließend holt sie sie durch Verteidigungsanleihen aus der Bevölkerung wieder heraus. Und wieder haben die Leute kein Geld. Doch die Regierung kommt den Menschen abermals entgegen: Man kann auch auf die freien Tage verzichten. Jedenfalls diejenigen, die das gerne möchten. Später hat man das allerdings für alle eingeführt – den Wegfall der arbeitsfreien Tage. Leonid Breschnew war zu der Zeit Sekretär des Gebietskomitees von Dnjepropetrowsk für die Rüstungsindustrie: »Die Betriebe mit ausgesprochener Friedensproduktion wurden auf Kriegsbedarf umgestellt . . . Freie Tage kannten wir nicht.« (Kleines Land. Moskau 1978, S. 16)

So war es nicht nur in Dnjepropetrowsk. W. A. Kusnezow wurde nach dem Krieg Akademiemitglied und einer der führenden sowjetischen Raketenkonstrukteure sowie Stellvertreter von S. P. Koroljow. Auch vor dem Krieg war er Konstrukteur gewesen, nur auf etwas niedrigerer Ebene. Damals wurde die Aufgabe gestellt, ein neues Feuerleitgerät für die Artillerie zu entwickeln. Das bedeutete mehrjährige Arbeiten. Aber der Befehl lautete: in drei Monaten. »Sie arbeiteten bis spät in die Nacht, ohne freie Tage, ohne Urlaub. Wenn sie das Gelände verließen, gaben sie ihre Passierscheine ab und bekamen ihre Ausweise zurück. Eines Tages wurde er an der Pförtnerloge zurückgehalten.

›Hier sind deine Essenmarken, Kusnezow, dein Zimmerschlüssel, dort hast du Tische und ein Bett. Solange du nicht fertig bist, wirst du im Betrieb wohnen . . .‹

Die dreimonatige ›Gefängnishaft‹ verflog wie ein einziger langer Tag. Die Geräte wurden nachts aus dem Betrieb abtransportiert.« (»Roter Stern«, 7. Januar 1989)

In dem Artikel über Kusnezow ist das Wort »Gefängnishaft« in Anführungszeichen gesetzt. Verständlich: Kein Gericht, keine Untersuchung, keine Anklage – man hatte einfach befohlen, drei Monate lang Tag und Nacht zu arbeiten, und er hat gearbeitet. Der künftige Chef Kusnezows aber und Schöpfer des ersten Sputniks, S. P. Koroljow, hat in jenen famosen Tagen überhaupt gesessen so wie viele andere mit ihm. Da beginnt man erneut den Sinn der Großen Stalinschen Säuberung zu begreifen. Stalin braucht die besten Flugzeuge, die besten Panzer, die besten Kanonen im Stachanowtempo, aber so, daß die Entwicklung nicht zu viele Mittel frißt. Also sitzen die Konstrukteure in Gefängnissen und Sonderlagern: Liefert den weltweit besten Sturzkampfbomber, den besten Panzer, die beste

Kanone – dann lassen wir euch heraus. Die Konstrukteure schuften nicht für Stalinpreise, nicht für Ferienhäuser an den Küsten der Krim, nicht für Kaviar und Champagner, sondern es geht für sie um den eigenen Kopf: Wird es nichts mit dem Flugzeug, geht es ab an die Kolyma.

Die Konstruktionskollektive von Tupolew, Petljakow und vielen anderen saßen geschlossen und arbeiteten hinter Gefängnisgittern: Das war sicher, billig, alles ging flott voran, und Geheimnisse drangen nicht nach draußen. G. Oserow, Tupolews Stellvertreter, erinnert sich: »Die freien Mitarbeiter wurden zu einem Zehnstundentag verpflichtet, an den meisten Sonntagen arbeiten sie ebenfalls . . . Bei den Leuten wächst die Überzeugung, daß ein Krieg unausbleiblich ist, die Menschen erfassen das mit einem inneren Gespür . . .« (Tupolews Sonderlager, S. 99)

Später wurde der Arbeitstag sogar auf zwölf Stunden ausgedehnt. Im Sonderlager bei normaler Verpflegung und in warmen Räumen konnte man auch noch länger arbeiten. Wie aber war es bei den Holzfällern? Die Zeitschrift »Neue Zeit« (1991, Nr. 32, S. 31) berichtet: »Ab 1. Januar 1941 wurden die Verpflegungssätze für die Gefangenen gesenkt. Warum? Drückt sich darin bereits die Vorbereitung auf die kommenden Schlachten aus . . .?« Genau das ist es: die Vorbereitung auf kommende Schlachten.

Flottenadmiral der Sowjetunion N. G. Kusnezow berichtet voller Stolz: »Für die Erfordernisse der Verteidigung wurden im Grunde genommen unbegrenzte Mittel bereitgestellt.« (Am Vorabend, S. 270) Das Wort »Verteidigung« sollte man hier mit Anführungszeichen versehen, aber ansonsten trifft die Aussage zu. Und weil für die Erfordernisse des Krieges Mittel ohne Einschränkung bereitgestellt wurden, mußte man an irgendeiner Stelle sparen. Man sparte an den Häftlingen, an der Arbeiterklasse, an der werktätigen Intelligenz, an den Kolchosbauern.

5.

Doch auch manchem Funktionär an der Spitze ging es an den Kragen. Spuren einer Resonanz dieser großen Schlacht finden wir in der Presse jener Zeit. Zum Beispiel in der Oktoberausgabe der Zeitschrift »Wirtschaftsprobleme« im Jahr 1940: »Ein Vertreter der Diktatur der Arbeiterklasse, der Direktor eines sowjetischen Unternehmens, verfügt über absolute Machtvollkommenheit. Sein Wort ist Gesetz, seine Machtausübung im Hinblick auf die Produktion muß die eines Diktators sein . . . Ein sowjetischer Wirtschaftsführer hat nicht das Recht, die Anwendung seiner schärfsten Waffe zu umgehen, nämlich seiner Machtbefugnisse, die ihm von der Partei und dem Staat anvertraut worden sind. Ein Wirtschaftsführer, der vor der Anwendung härtester Maßnahmen gegen Arbeiter zurückschreckt, die die Staatsdisziplin verletzen, diskreditiert sich in den Augen der Arbeiterklasse, weil er das in ihn gesetzte Vertrauen nicht gerechtfertigt hat.« Also war der Meister ein Diktator für seine Arbeiter, der nächsthöhere Vorgesetzte der Diktator für den Meister, und so ging es immer weiter hinauf bis zum Direktor, dem Diktator über den Betrieb. Über diesem aber stand auch noch ein ganzer Haufen von Diktatoren. Wie stimmt das alles, was da vom Direktor als Diktator gesagt worden ist, mit der Disziplinarvorschrift von 1940 überein: Um den Gehorsam der Untergebenen zu erreichen, hat der Kommandeur das Recht und die Pflicht, alle Mittel bis hin zum Waffengebrauch einzusetzen. Greift er zur Waffe gegen seine Untergebenen, trifft ihn keine Verantwortung für die Folgen, macht er jedoch nicht von der Waffe Gebrauch, kommt er selbst vor das Militärtribunal. Nun hatte man die Direktoren in dieselbe Lage versetzt: Entweder du gehst jedem an die Kehle, oder du fällst selber auf die Nase, und an deinen Platz kommt ein neuer Direktor. Am 18. August 1940 gießt die »Prawda« noch Öl ins Feuer: »In Leningrader Betrieben wurden 148 Fälle von Bummelantentum festgestellt, aber nur 78 Fälle sind dem Gericht übergeben worden.« Einige Direktoren hatten Zeichen von Schlappheit verraten. Wir dürfen überzeugt sein, daß nach dieser Publikation nicht nur diejenigen sitzen mußten, die die Proletarierzeitung erwähnte, nicht nur die Direktoren, die sich als schlapp erwiesen hatten, sondern auch die anderen, die die betreffenden Direktoren nicht schon vor der Veröffentlichung in der »Prawda« hinter Schloß und Riegel gebracht hatten.

6.

Chruschtschow hat einmal erklärt, Stalin habe den Krieg am Globus geführt, was besagen soll, daß er sich nicht bemüht habe, in Details einzudringen, sondern nur globale Aufgaben gestellt habe. Außer Chruschtschow hat niemand solche Dummheiten geäußert. Hunderte von Menschen, die Stalin näher kannten, sagen etwas anderes. Stalin kannte und merkte sich Tausende von Namen. Stalin kannte die gesamte oberste Führungsebene des NKWD, er kannte sämtliche Generale, Stalin kannte persönlich die Konstrukteure im Rüstungsbereich, die Direktoren der großen Betriebe, die Leiter der Konzentrationslager, die Sekretäre der Gebietskomitees, die Ermittlungsführer des NKWD und des NKGB, Hunderte und Tausende von Tschekisten, Diplomaten, Führern von Komsomol und Gewerkschaften usf. Stalin unterlief in dreißig Jahren kein einziges Mal ein Irrtum bei der Anrede eines Amtsträgers mit dessen Familiennamen. Er kannte die Charakteristiken vieler Waffentypen, insbesondere derjenigen, die sich noch im Versuchsstadium befanden, sowie die Produktionszahlen der heimischen Waffenindustrie. Stalins Notizbuch wurde so berühmt wie das Roß Alexanders des Großen. Dieses Buch enthielt alles über die Waffenproduktion im eigenen Land. Ab November 1940 mußten die Direktoren der Flugzeugwerke täglich persönlich dem ZK über die Anzahl der fertiggestellten Flugzeuge berichten. Ab Dezember wurde diese Regel auch auf die Direktoren der Panzer-, Artillerie- und Munitionsfabriken ausgedehnt.

Stalin übte persönlich Druck aus. Er hatte zum Beispiel die Angewohnheit, eigenhändig im Namen der Direktoren und Volkskommissare schriftliche Verpflichtungen abzufassen, die er den Betreffenden dann zur Unterschrift vorlegte. Unterschreibst du nicht, wirst du deines Amtes enthoben und trägst die entsprechenden Konsequenzen, unterschreibst du jedoch und kommst der Verpflichtung nicht nach . . . Generaloberst A. Schachurin war zu der Zeit Volkskommissar für die Flugzeugindustrie. Schachurins Vorgänger, M. Kaganowitsch, war abgesetzt worden und hatte sich erschossen, ohne erst die Folgen der Absetzung abzuwarten. Schachurin übernahm den Posten von Kaganowitsch, und nun sehen wir ihn, wie er bei Stalin speist. Es ist Januar 1941. Ein Essen bei Stalin bedeutet ein sehr spätes Abendbrot. Die Bediensteten haben den Tisch gedeckt, alle Speisen stehen auf der Tafel, von jetzt an werden sie den Raum nicht mehr betreten. Das Gespräch dreht sich um Sachfragen. Die Flugzeugproduktion. Die Fertigungstermine sind bestätigt. Schachurin weiß, daß die Flugzeugindustrie die geplante Menge an neuesten Maschinen fertigstellen wird. Deshalb ist er ruhig. Aber Stalin genügt nicht, was der Plan vorsieht und von ihm selbst bestätigt worden ist. Der Bedarf ist größer. Und so kommt es zu der folgenden Szene:

»Stalin hatte ein Blatt zur Hand genommen und begann zu schreiben: ›Selbstverpflichtung (die Überschrift wurde von ihm unterstrichen). Wir, Schachurin, Dementjew, Woronin, Balandin, Kusnezow, Chrunitschew (meine Stellvertreter), verpflichten uns hiermit, den täglichen Ausstoß an neuen Kampfflugzeugen im Juni 1941 auf 50 Maschinen pro Tag zu erhöhen.‹ ›Können Sie‹, fragte er, ›eine solche Erklärung unterschreiben?‹ ›Sie haben nicht nur meinen Namen geschrieben‹, antwortete ich, ›und das ist richtig, wir arbeiten in einem großen Kollektiv. Erlauben Sie, dies zu besprechen und morgen eine Antwort zu geben.‹ ›Gut‹, sagte Stalin. Die Verpflichtung wurde von uns abgegeben und erfüllt. Stalin beschäftigte sich täglich mit unserer Arbeit, und keine einzige Verzögerung im Zeitplan ist ihm entgangen.« (»Fragen der Geschichte« 1974, Nr. 2, S. 95)

Stalin hatte die Schlinge geknüpft, und die führenden Männer der Flugzeugindustrie mußten sich Stalins Schlinge selbst um den Hals legen. Die Verpflichtung war von dem Volkskommissar und seinen Stellvertretern unterschrieben worden. Wir können uns vorstellen, wie sie ihre diktatorischen Machtbefugnisse gegenüber den Direktoren der Flugzeugwerke einsetzten. Und wie die Direktoren ihre diktatorischen Befugnisse gegen die Abteilungsleiter in den Werkhallen und Produktionsstätten gebrauchten. Und diese wiederum . . . Und so setzte sich das fort bis hin zum Meister im ölverschmierten Kittel. Im übrigen hat mindestens einer aus Stalins Namensliste, Wassili Petrowitsch Balandin, der für die Motorenproduktion zuständige Stellvertreter des Volkskommissars, Anfang Juni 1941 gesessen. Seine Mittäter wurden erschossen. Balandin hatte Glück, im Juli wurde er entlassen. Der Flugzeugkonstrukteur Jakowlew beschreibt seine Rückkehr: »Wassili Petrowitsch Balandin, eingefallen und kahlgeschoren, hatte schon wieder seinen Platz in seinem Arbeitszimmer im Volkskommissariat eingenommen und setzte seine Arbeit fort, als sei nichts geschehen . . .« (Das Ziel eines Lebens, S. 227)

7.

Bleibt noch zu klären, wann diese Hektik in der Mobilisierung der Industrie ihren Anfang nahm und womit sie enden konnte.

Natürlich fielen die Entscheidungen in den Räumen von Stalins Datschen. Aber die im geheimen getroffenen Entscheidungen wurden bekanntgegeben; vielleicht nicht vollständig, vielleicht auch mit einem anderen Wortlaut. Die getroffenen Beschlüsse wurden jedenfalls vom ganzen Land und vor den Augen der ganzen Welt in die Tat umgesetzt. Nicht anders als bei der Armee: Zwar weiß der einfache Soldat nicht, wie und wann seine Vorgesetzten etwas beschlossen haben, aber den Schützengraben ausheben muß jedenfalls er. Dabei ist es gar nicht wichtig, wer diese Entscheidung getroffen hat – sie erreicht in jedem Fall den Soldaten, und ihre Befolgung wird kontrolliert. Selbst wenn wir nicht wissen, wann Stalin welche Beschlüsse gefaßt hat, so können wir doch ihre Durchführung verfolgen.

Stets hat es den Anschein, als gingen Entscheidungen nicht von Stalin aus, sondern von den Delegierten eines Parteikongresses, vom Obersten Sowjet, von den Vertretern der Werktätigen. (Der Erlaß vom 26. Juni 1940 war »auf Initiative der Gewerkschaften« ergangen.) Auch die Volkskommissare schrieben ihre Selbstverpflichtungen im eigenen Namen: »Wir, Schachurin, Dementjew, Woronin, Balandin . . .« Gewiß, die Abfassung war in Stalins Handschrift erfolgt, aber ihre Unterschriften setzten sie eigenhändig darunter.

Ein Vorbote der Mobilisierung der Industrie für die Erfordernisse des Krieges war der 18. Parteikongreß. Glauben Sie indessen nicht, Stalin habe auf diesem Kongreß das Wort ergriffen und gesagt, daß man sich künftig zehn bis zwölf Stunden würde abrackern müssen. Keineswegs. Dergleichen Worte liebte Stalin nicht. Stalins Stil bei öffentlichen Auftritten war ein anderer: »Unser Leben ist besser geworden, Genossen. Das Leben ist fröhlicher geworden.« (»Prawda«, 22. November 1935)

Auf dem 18. Parteikongreß sprach vielmehr der damals unbekannte Wjatscheslaw Malyschew. Seine Rede vom 19. März 1939 muß man gelesen haben. Sie ist ein Meisterwerk. Den Gepflogenheiten jener Zeit entsprechend, nannte die »Prawda« weder die Funktionen der Redner auf dem Parteikongreß noch gab sie deren Initialen an: »Rede des Gen. Malyschew« und kein Wort mehr. Nicht jeder im Saale wußte, was das für ein Vogel war. Doch es war ein Aufsteiger im Aufwind. Ein bissiger Stalinscher Tiger. 36 Jahre alt. Im Jahr zuvor ist er Direktor eines Betriebes geworden, vor einem Monat Volkskommissar für den Schwermaschinenbau, in einem Jahr wird er Stellvertreter Molotows sein, im Mai 1941 zum Stellvertreter Stalins avancieren. Stalins Stellvertreter zu werden, ist nicht einfach. Malyschew hatte es im Alter von 38 Jahren erreicht, ja, er hielt sich auf diesem Posten bis zu Stalins Tod und blieb auch danach praktisch bis zu seinem Tod Stellvertreter des Chefs der Sowjetregierung. Neben dem Posten eines Stellvertreters von Stalin ist Malyschew den ganzen Krieg hindurch Volkskommissar für die Panzerindustrie, er bekommt den militärischen Rang eines Generalobersten zuerkannt, und inoffiziell wird er »Oberkommandierender der Panzerindustrie«, »Fürst von

Tankograd« (das heißt Panzerstadt, gemeint ist Tscheljabinsk) usw. genannt. Malyschew ist der Schukow der sowjetischen Industrie. Sowjetische Panzer haben den Krieg in Berlin beendet. Das Verdienst Malyschews daran ist nicht geringer als die Verdienste Schukows. Mit unserem heutigen Wissen um Malyschews Karriere während des Krieges und danach müssen wir noch einmal die »Rede des Gen. Malyschew« vom 19. März 1939 lesen, denn gerade in dieser Rede muß man den Schlüssel zur Beantwortung der Frage nach dem Beginn der Vormobilmachungsperiode in der sowjetischen Industrie suchen. Malyschew sprach genau das aus, was Anfang März 1939 zu sagen war. Er sprach nicht nur davon, sondern er tat auch genau das, was Stalin brauchte. Anders wäre der Gen. Malyschew auch nicht Stalins Stellvertreter geworden.

Dann aber erschien wie ein Sturmzeichen für die künftigen Erlasse am 24. August 1939 in der »Iswestija« ein Artikel dieses nämlichen Malyschew »Über die Personalfluktuation und die Reserven an Arbeitskräften«. In diesem Zeitungsartikel Malyschews ist bereits alles enthalten, was ein Jahr später in die präzisen Zeilen der Stalinschen Erlasse zur Versklavung von Arbeitskräften, zu den »Arbeitsreserven« und zur faktischen Umwandlung der Industrie in einen einzigen für den Krieg arbeitenden Mechanismus eingehen wird. Ein erstaunliches Zusammentreffen: Am 23. August wird der Pakt mit Hitler unterzeichnet, und am nächsten Tag schon erscheint dieser Artikel, der ein Vorbote ist. Das erweckt den Eindruck, als sei zunächst am 23. August der Pakt mit Hitler unterzeichnet worden, und am folgenden Tag wäre der Artikel mit dem Aufruf, die Äxte zu schärfen, erschienen. Aber die Ereignisse hatten sich in umgekehrter Reihenfolge entwickelt: Zuerst hatte man beschlossen, die Äxte zu schärfen, und danach den Pakt mit Hitler unterzeichnet. Der Artikel erschien am 24. August, gesetzt wurde er jedoch bereits am 23. August. Und geschrieben hat ihn Gen. Malyschew noch früher, das heißt vor der Unterzeichnung des Paktes. Als man im Kreml Ribbentrop die Hand drückte und auf Hitlers Gesundheit trank, war für die drakonischen Erlasse von 1940 bereits die Vorentscheidung gefallen.

Ich will nicht einmal ausschließen, daß gerade Malyschew ihr Initiator gewesen ist, weshalb er auch unter Umgehung aller seiner Kollegen und Konkurrenten für das Amt eines Stellvertreters des Regierungschefs für den Bereich der Industrie ausersehen worden war. Die Idee, die Fluktuation der Arbeitskräfte durch Einführung einer an Leibeigenschaft erinnernde Fesselung an die Betriebe zu unterbinden und die »Arbeitsreserven« zu organisieren, war Stalin schon im August 1939 unterbreitet worden und hatte offensichtlich dessen Billigung gefunden. Andernfalls hätte Malyschew einen derartigen Artikel nicht publiziert.

Schon damals hatte Malyschew gewußt, wohin die totale Militarisierung der Industrie führen mußte. Und nicht nur er allein: »Die Wirtschaft erfährt eine einseitige militärische Entwicklung, die nicht endlos fortgesetzt werden kann. Diese Entwicklung führt entweder zum Krieg oder, infolge der unproduktiven Ausgaben zur Unterhaltung der Streitkräfte und für andere militärische Zwecke, in den wirtschaftlichen Bankrott.« Das äußert Marschall der Sowjetunion W. D. Sokolowski nach dem Krieg. (Militärische Strategie, S. 284)

Diesen einfachen Gedanken hatte man auch vor dem Krieg begriffen: »Der Übergang nahezu der gesamten Wirtschaft eines Landes zur Herstellung von Kriegsproduktion bedeutet eine unvermeidliche Kürzung in der Versorgung der Bevölkerung mit Gütern des friedlichen Bedarfs und eine vollständige Depression der Industrie: Diejenigen Industriezweige, die ohne Bedeutung für die Verteidigung sind, werden sehr schnell ihre Arbeit einstellen müssen, während sich die anderen, die für die Verteidigung arbeiten, kräftig entwickeln.« Das schrieb 1929 der hervorragende sowjetische Militärtheoretiker W. K. Triandafillow. (Die Operationsweise moderner Armeen, S. 50)

Und hier noch die Auffassung von Generaloberst Boris Wannikow: Wannikow ist der gleiche Typus eines Stalinschen Volkskommissars wie Malyschew. Stalin hatte sich selbst den Goldenen Stern eines Helden der sozialistischen Arbeit mit der Nummer 1 verliehen. Boris Wannikow war unter den ersten zehn

Rittern, die diese Auszeichnung erhielten. Stalin begnügte sich für die eigene Person mit einem Exemplar. Aber Wannikow bekam von Stalin nach dem Krieg einen zweiten Goldenen Stern hinzu. Somit wurde dieser zum ersten zweifachen Helden der sozialistischen Arbeit für die Entwicklung der nuklearen Ladung. Und bald darauf brachte es Wannikow zum ersten dreifachen Helden der sozialistischen Arbeit für die Entwicklung der thermonuklearen Sprengladung. Vor dem Krieg war Wannikow Volkskommissar für die Rüstungsindustrie gewesen und während des Krieges Volkskommissar für die Munitionsindustrie. Sein Kommentar: »Kein einziger Staat, wie stark seine Wirtschaft auch sei, hält es durch, wenn seine Rüstungsindustrie schon in Friedenszeiten auf Kriegsbedingungen umgestellt wird.« (»Fragen der Geschichte« 1969, Nr. 1, S. 130) Demnach wußten die Führer, was sie taten. Als sie mit der Umstellung der Industrie auf Kriegswirtschaft begannen, waren sie sich bewußt, daß dies zum Krieg führen mußte.

Im übrigen ist auch Wannikow Anfang Juni 1941 verhaftet worden. Er wurde gefoltert, die Erschießung vorbereitet. Von fünfzehn Mittätern wurden zwei entlassen, dreizehn erschossen. Die Motive für diese Verhaftungen blieben im dunkeln. Es ist auch nicht wichtig, was man ihnen vorgeworfen hat. Wo gibt es die Verpflichtung, einen Menschen gerade dessen anzuklagen, worin er schuldig geworden ist? Wichtig ist etwas anderes: Die Massenverhaftungen in der Industrie, angefangen bei dem Arbeiter, der sich um einundzwanzig Minuten verspätet hat, bis hinauf zu den Volkskommissaren, die nirgendwohin zu spät kamen, verfolgten das Ziel, schon im Frieden im Hinterland eine Frontsituation zu schaffen.

Wenn dann die abgemagerten, kahlgeschorenen Stellvertreter der Volkskommissare und die Volkskommissare selbst aus den Folterkammern plötzlich wieder auf ihre Ministersessel gerieten, war allen auf der Stelle klar, daß man noch besser arbeiten mußte: Genosse Stalin hatte viele Waffen nötig.

STALINS STURMVOGEL

Du ergibst dich nicht? Verrecke,
... soll dich doch der Teufel holen!
Süßer wird das Paradies uns,
wenn wir es im Kampf erobern.
Demjan Bedny, »Soldatenabschied« (1918)

1.

Eines Tages befand ich mich unter den Zuschauern, als unsere sowjetische Olympiamannschaft Volleyball spielte. Es war ein packender Anblick: die hünenhaften Burschen, die kräftige, geschmeidige Muskulatur, die knallharten Schläge und diese unglaubliche Fähigkeit, einen Schwachpunkt zu erkennen – nur für den Bruchteil einer Sekunde brauchten die (ebenfalls außer Rand und Band geratenen) gegnerischen Spieler in der Verteidigung einer Stelle auf dem Spielfeld zu erlahmen, und schon traf der Schlag genau diesen Punkt mit einer niederschmetternden Wucht, die nicht mehr abzuwehren war. Unsere Leute schlugen nicht nur einfach den Ball, gleichzeitig wurde auch getäuscht: Man hatte den Eindruck, als ziele der Schlag in die eine Richtung, doch der Ball traf in die andere. Auch die Gegenspieler beherrschten Finten zuhauf, doch die Unsrigen fielen nicht darauf herein. Das Reaktionsvermögen der sowjetischen Olympiamannschaft war schier übermenschlich. Ich würde nicht sagen, daß es Reaktionen wie die eines Wolfes oder Tigers waren, nein, es war etwas von jenseits der Grenze des Möglichen. Besonders tat sich dabei Juri Tschesnokow hervor. Was er auf dem Spielfeld vollbrachte, war unbegreiflich. Da biegt sich der Gegner in kraftvoll ausholendem Schwung wie eine Stahlfeder, und man kann schon erkennen, daß der Abschlag in die rechte hintere Ecke zielt, die ganze sowjetische Mannschaft stürzt dorthin, nur Tschesnokow allein hechtet nach links vorn. Im Bruchteil einer Sekunde landet der Ball genau dort, wo Tschesnokow schon steht. Alles schien gleichzeitig abgelaufen zu sein, dennoch wurde ich den Eindruck nicht los, daß zunächst Tschesnokow an der richtigen Stelle angekommen war und erst danach der Gegner seinen Ball dahin geschlagen hatte. Also mußte Tschesnokow imstande sein, die raffiniertesten Pässe im voraus zu erahnen, und deshalb wehrte er sie auch erfolgreich ab.

Nach dem Spiel erkundigte ich mich bei Tschesnokow-Fans, ob es stimme, daß er im voraus wisse, wohin ein Ball geschlagen würde. Das sei richtig, bekam ich zur Antwort. Aber wie könne er das wissen? Intuition, antworteten die einen; er ist einfach genial, sagten die anderen; er kann die Gedanken seiner Gegner lesen, meinte eine dritte Gruppe. Es war klar, daß Tschesnokow über eine außergewöhnliche physische Kraft und Zähigkeit verfügte, man konnte sehen, daß er seinen Willen auf den kurzen Augenblick der Abwehr zu konzentrieren verstand und sich umgehend wieder entspannte, wodurch er seine Kräfte schonte und die Fähigkeit bewahrte, schon im nächsten Moment erneut seine ganze Energie in einen Schlag von verblüffender Genauigkeit einzubringen. Aber es mußte noch irgendein Geheimnis dahinterstecken.

Nach Beendigung seiner sportlichen Karriere hat der Olympiasieger Juri Tschesnokow sein Geheimnis gelüftet: Er las tatsächlich die Gedanken seiner Gegner. Alle um ihn herum waren Analphabeten, die nicht verstanden, in den Gesichtern zu lesen; er konnte es. Der Gegner mochte beliebige Tricks anwenden, doch im allerletzten Moment vor dem Schlag drehte er stets seine Nase in die Richtung des Angriffs. Tschesnokow hatte das beobachtet und später festgestellt, daß es von dieser Regel keine Ausnahme gab. Also las er an den Nasenspitzen die Absichten seiner amerikanischen, chinesischen, japanischen und aller anderen Gegner ab, warf sich im Bruchteil einer Sekunde vor dem Abschlag an die richtige Stelle und besiegte alle.

Jedes Kunststück ist einfach, wenn man erst das Geheimnis dahinter kennt.

Tschesnokows Geheimnis hat mich aus irgendeinem Grund an die Geschichte des Fliegers Golowanow erinnert . . .

2.

Im Februar 1941 wurde der Pilot in der zivilen Luftfahrt Alexander Golowanow in die Rote Armee einberufen und erhielt seinen ersten militärischen Dienstgrad als Oberstleutnant und seine erste Dienststellung als Kommandeur des 212. Langstreckenbombergeschwaders zur speziellen Verwendung (Speznas). Die sowjetischen Langstreckenfliegerkräfte setzten sich damals zusammen aus:

fünf Fliegerkorps mit jeweils zwei Fliegerdivisionen;

drei selbständigen Fliegerdivisionen, die keinem Korps unterstellt waren;

einem selbständigen Geschwader, das weder einer Division noch einem Korps unterstellt war.

Und genau die Führung dieses Geschwaders übernahm Golowanow im Februar 1941. Das Geschwader existierte zu diesem Zeitpunkt noch nicht, es mußte erst aufgestellt werden. Dieser Aufgabe zeigte sich Golowanow gewachsen: Man gab ihm die Flugzeuge, gab ihm die Piloten, Ingenieure und Techniker, und man gab ihm einen Flugplatz im Raum Smolensk. Golowanow stellte sein Geschwader auf und wurde dessen erster Kommandeur. Über sich hatte der Oberstleutnant Golowanow weder einen Divisionskommandeur noch einen Korpskommandeur, er war unmittelbar dem Kommandierenden der Langstreckenbombenfliegerkräfte unterstellt. Jedenfalls theoretisch. Praktisch unterstand Golowanows Geschwader Stalin.

Im Juni 1941 begannen für das 212. Langstreckenbombergeschwader die Kampfhandlungen. Eingesetzt wurde Golowanows Geschwader so wie die gesamten sowjetischen Langstreckenfliegerkräfte nicht ihrer Bestimmung gemäß. Langstreckenbomber sind für Nachteinsätze gegen unbewegliche *Fernziele* vorgesehen: Städte, Betriebe, Brücken, Bahnhöfe; aber nun wurden sie tagsüber auf bewegliche Ziele in der vordersten Linie angesetzt. Langstreckenbomber werfen ihre Bomben aus großer Höhe auf Ziele, die man nicht verfehlen kann. Jetzt aber wurden sie vor Aufgaben gestellt, denen sie nicht gewachsen, für deren Bewältigung sie nicht bestimmt waren: Sie hatten die Panzerkolonnen des Gegners zu bombardieren. Aus großer Höhe kann man einen fahrenden Panzer nicht treffen, im Sturzflug angreifen aber kann ein Langstreckenbomber nicht, also muß man heruntergehen . . . Das ist eine Aufgabe für Erdkampfflugzeuge, Kurzstrecken- und Sturzkampfbomber, und auch das nur unter Sicherung durch Jagdflugzeuge. Doch die Erdkampfflugzeuge, die Kurzstrecken- und Sturzkampfbomber waren zusammen mit den Jagdflugzeugen in den ersten Kriegstagen auf den Flugplätzen an der Grenze zerstört worden. Nun hatten die Langstreckenbomber eine fremde Arbeit übernommen, für die sie nicht vorgesehen, die auszuführen sie nicht in der Lage waren, und sie sollten sie obendrein ohne Sicherung durch Jagdflugzeuge bei völliger Luftherrschaft des Gegners verrichten. Sämtliche Geschwader, Divisionen und Korps der Langstreckenbombenfliegerkräfte erlitten ungerechtfertigte Verluste. Auch das 212. Geschwader war davon betroffen, dennoch hatte sich Golowanows Geschwader, gemessen an den anderen, hervorgetan.

Oberstleutnant blieb Golowanow nicht einmal ein halbes Jahr. Im August 1941 wird Oberst Golowanow Kommandeur der 81. Speznas-Langstreckenbombenfliegerdivision. Diese Division war unmittelbar dem Hauptquartier des Oberkommandos unterstellt. (Generalmajor der Flieger M. N. Koschewnikow, Führung und Stab der Luftstreitkräfte der Sowjetarmee im Großen Vaterländischen Krieg 1941–1945, S. 81) Schlichter ausgedrückt: Golowanow war wiederum nur Stalin unterstellt.

Unter der Führung von Golowanow und seiner persönlichen Beteiligung bombardierte die 81. Fliegerdivision 1941 Berlin, Königsberg, Danzig und Ploeşti. Gewiß, der Einsatz der Langstreckenbombenfliegerkräfte in den ersten Kriegstagen entsprach nicht ihrer Bestimmung, und die dabei erlittenen Verluste reduzierten die Kampfkraft dieser Fliegerkräfte. Dessenungeachtet hatte sich Golowanows Division in diesen Einsätzen ausgezeichnet, und man hätte die Beförderung Golowanows zum Kommandeur eines Fliegerkorps erwarten können. Doch dies geschah nicht. Diese Stufe übersprang Golowanow. Er war auch nicht Stellvertreter des Kommandierenden der Langstreckenbombenfliegerkräfte, sondern wurde sofort zum Kommandierenden ernannt. Im Februar wurden die Langstreckenbombenfliegerkräfte umgebildet in Fernfliegerkräfte, und zu ihrem Kommandierenden wurde der Generalmajor der Flieger Alexander Golowanow ernannt. Die nächsten Dienstgrade Generalleutnant der Flieger, Generaloberst der Flieger, Marschall der Flieger folgten in kurzen Abständen. Im August 1944 erhielt er den Rang eines Hauptmarschalls der Flieger. Der Hauptmarschall der Flieger wird in demselben Monat vierzig Jahre alt. Die Fernfliegerkräfte unter der Führung von Golowanow waren an allen wichtigen Operationen der Roten Armee beteiligt.

1953, unmittelbar nach Stalins Tod, wurde Golowanow sämtlicher Posten enthoben und in die Reserve versetzt.

In der Sowjetunion traten keine Marschälle, ja nicht einmal die Generale der Armee in die Reserve zurück. Ihre Ränge waren auf Lebenszeit verliehen, und sie behielten sie bis zum Tod bei, selbst wenn sie bei den Streitkräften keine Funktionen mehr besaßen und keinerlei Verpflichtungen hatten. Golowanow ist von dieser Regel eine seltene, vielleicht sogar die einzige Ausnahme. In Ungnade gefallen waren Schukow, Wassilewski, Konew, Rokossowski, aber niemand bezeichnete sie als Marschälle der Reserve, sie blieben Marschälle. In Ungnade gefallen war N. G. Kusnezow, aber er wurde vom Flottenadmiral der Sowjetunion zum Vizeadmiral degradiert, und einen Vizeadmiral konnte man in die Reserve versetzen. (Postum wurde N. G. Kusnezow rehabilitiert und wieder in den Rang eines Flottenadmirals der Sowjetunion eingesetzt.) Offenkundige Gründe für eine Degradierung Golowanows fand man nicht, und deshalb machte man ihn zum Hauptmarschall der Flieger der Reserve.

Golowanows Karriere brach nicht zufällig mit Stalins Tod ab. Golowanow hatte Stalin nahegestanden. Um sein Schicksal zu verstehen, darf man nicht beim Februar 1941 beginnen, sondern muß zu den Anfängen zurückgehen.

3.

Alexander Golowanow wurde 1904 geboren. Mit 14 Jahren schloß er sich der Roten Armee an und kämpfte an der Front. Er tat seinen Dienst bei der militärischen Aufklärung, später bei der OGPU und beim NKWD. Aber er war kein Standard-Tschekist, sondern die Verkörperung von Willen und Energie. Golowanow widmete seinem Dienst mehr Zeit als jeder andere seiner Kollegen, außerdem wurde er Reiter, Motorradrennfahrer, Pilot. Dabei muß betont werden, daß er nicht bloß Reiter, Motorradrennfahrer, Flieger war, nein, er war ein erstklassiger Rennreiter, seine Leistungen als Motorradrennfahrer qualifizierten ihn für die Teilnahme an den Allunionswettkämpfen, und seinem Können als Pilot wurde das kostbare Leben der führenden Männer im Staate anvertraut. Dieses Bild erinnert an die Proträts der Supermänner aus einem Kinoreißer, und gerade das ist er auch gewesen. Golowanow erreichte herausragende Resultate in jedem Bereich, dem er sich zuwandte.

Irgendwo und irgendwann war der Tschekist Golowanow auf seinem Wege Iossif Stalin begegnet. Von da an trennten sich ihre Wege nicht mehr. Bald gehörte Golowanow zu den bei oberflächlichem Hinsehen unauffälligen, aber Stalin nahestehenden Menschen, die er mit undurchsichtigen Aufgaben betraute. Golowanow ist Stalins persönlicher Leibwächter und sein persönlicher Ermittlungsführer sowie sein persönlicher Pilot. Stalin selbst benutzte zu jener Zeit kein Flugzeug, aber er hatte seinen Leibpiloten, und als Zeichen besonderer Gunst beschenkte er bisweilen hohe Parteibonzen mit einem Flug, als handele es sich um den Pelz von der eigenen Schulter: Mein eigener Pilot wird dich fliegen!

Solche Flüge mußten im übrigen nicht nur ein Zeichen von Gunst und Anerkennung sein, sie konnten auch das Gegenteil bedeuten. Golowanow flog ein silbernes Flugzeug mit der schwungvollen Aufschrift an der Bordwand: »Stalins Marschrichtung«. Ein Modell dieser Maschine stand auf Stalins Arbeitstisch. Auf den Schwingen von »Stalins Marschrichtung« flog oft genug der Tod. In den Jahren der Großen Säuberung rollten Köpfe, wurden Posten frei, die Liquidierung der Kommunisten aus der ersten Reihe bedeutete für die Kommunisten aus der zweiten Reihe eine Möglichkeit des Aufrückens. So konnte es geschehen, daß Stalin als Zeichen besonderen Wohlwollens »Stalins Marschrichtung« in die hinterste Provinz nach einem kaum bekannten Parteiführer sandte: Sie werden in Moskau erwartet und sollen hoch hinaus. Es konnte aber auch das Gegenteil eintreten: Sie werden in Moskau erwartet und müssen . . . Der Fluggast sitzt in Golowanows Maschine, man bewirtet ihn, schenkt ihm Weine aus dem Kaukasus ein . . . Er wird tatsächlich in Moskau erwartet . . . in der Zelle für die Todeskandidaten. Es gibt – bisher allerdings noch nicht bestätigte – Hinweise, daß auch der Marschall der Sowjetunion W. Blücher 1938 in »Stalins Marschrichtung« nach Moskau flog. Danach ist Blücher nicht mehr geflogen. Er kam bald darauf in die Folterzelle, wo er den Mißhandlungen erlag.

Alexander Golowanow war in den Jahren des Terrors gewissermaßen Stalins Sturmvogel: Ein Sturm steht bevor! Bald bricht der Sturm über euch herein! Ich aber möchte Golowanow noch mit Stalins Nasenspitze vergleichen: Wohin er sich wendet, dahin richtet sich Stalins Zorn.

4.

Dann war die Säuberung beendet, und eine neue Etappe unserer Geschichte brach an: die Vormobilmachungsperiode, die heimliche Mobilmachung, die militärischen Konflikte. Noch habe ich den Namen des Piloten nicht ermitteln können, der Schukow an den Chalchyn-gol flog. Ich weiß nicht, ob es Golowanow selbst war oder ein anderer. Doch es ist nachweislich bekannt, daß Golowanow am Chalchyn-gol praktisch gleichzeitig mit Schukow auftauchte, vielleicht auch ganz kurz davor. Seine Anwesenheit dort bedeutete, daß Stalin persönlich die Entwicklung der Ereignisse verfolgte. Bis zum Abschluß der Kämpfe blieb Golowanow in der Mongolei. Es ist nicht mehr feststellbar, ob Schukow die Symbolik von Golowanows Anwesenheit erkannte, doch unterliegt es keinem Zweifel, daß Schukow im Falle eines Mißerfolgs mit »Stalins Marschrichtung« nach Moskau gebracht worden wäre.

Die Anwesenheit Golowanows am Chalchyn-gol beschränkte sich nicht auf die stille Kontrolle Schukows, Golowanow flog auch selbst viel. Über seine Aktivitäten heißt es wortkarg, er habe Spezialaufträge ausgeführt. Als ich mich mit der Geschichte des Speznas beschäftigte (siehe V. S., Spetsnaz. The Inside Story of the Soviet Special Forces. New York 1988), stieß ich auf vage Erwähnungen von Aktivitäten sowjetischer Sabotagetrupps im Rücken der japanischen Truppen. Das Absetzen dieser Speznas-Sabotagetrupps erfolgte durch Maschinen einer Sonderfliegergruppe, der auch Golowanow angehörte. Im Prinzip hatte sich an seinen Aufgaben nichts geändert – er verfolgte dunkle Geschäfte, und das Auftauchen von Stalins Sturmvogel kündete Terror an.

Nach der Mongolei war Finnland an der Reihe. Dort bekam Golowanow den Leninorden. Auch da sind die Einzelheiten seines Einsatzes wieder in das Dunkel des Geheimnisses gehüllt. Und ist es nicht wirklich seltsam? Golowanow ist nicht Soldat, er gehört nicht zur Armee und trägt auch keine Uniform. Was macht er in diesem Krieg?

5.

1941 kommt er plötzlich doch zur Armee. Man muß betonen, daß dies auf seine eigene Bitte hin geschieht. Golowanows Brief an Stalin ist erhalten und wurde publiziert. (Ju. Idaschkin, Der Himmel seiner Träume. Moskau 1986) Nach diesem Brief erhält er seine Einberufung, einen militärischen Dienstgrad und wird zum Kommandeur des Speznas-Fliegergeschwaders ernannt.

Golowanow war ständig in Stalins Umgebung, Golowanow wußte vieles, er traf die höchsten Befehlshaber der Roten Armee und hatte eine Vorstellung von dem, was man im Schilde führte, Golowanow flog viel umher, sah vieles, verstand, daß alles auf einen großen Krieg hinauslief, und meldete sich freiwillig, um dabeizusein. Das war etwas nach seinem Herzen.

Hätte man nicht diesen großen Krieg im Sinn gehabt, wäre Golowanow bei Stalin geblieben.

Hätte man an einen der gewöhnlichen Konflikte in der Art des Winterkrieges gegen Finnland gedacht, wäre Golowanow Zivilflieger geblieben und hätte an dem Konflikt teilgenommen, ohne die Dienstkleidung eines Piloten der zivilen Luftfahrt gegen die Militäruniform einzutauschen.

Hätte man sich auf einen großen Verteidigungskrieg eingestellt, wäre Golowanow in ein Jagdflugzeug umgestiegen. Dieser Mann beherrschte alles, vom arabischen Paßgänger bis hin zu jedem beliebigen Flugzeugtyp. In einem Verteidigungskrieg hätte der ehrgeizige Golowanow es zum ersten dreifachen Helden der Sowjetunion bringen können. Das entsprach seiner Natur, seinen Fähigkeiten.

Hätte man sich für einen Krieg im Jahre 1942 gerüstet, würde sich Golowanow nicht 1941 um seine Aufnahme in die Rote Armee beworben haben. Die vulkanartige Energie dieses Mannes hätte einen anderen Ausweg, eine andere Hauptaufgabe für die allernächste Zukunft gefunden. Aber der Krieg war für 1941 vorgesehen, ein großer Krieg, bei dem die Jagdfliegerkräfte eine zweitrangige Rolle spielen würden. Die Bomber waren in Mode. Und genau um eine Kommandierung dahin hatte Golowanow gebeten. Keinen gewöhnlichen Bomber wollte er fliegen, sondern einen, der für Spezialaufträge verwendbar war. Golowanow hatte sich selbst sein Betätigungsfeld in dem kommenden Krieg ausgesucht, und diese Absicht klingt an im Namen des 212. Langstreckenbombergeschwaders: Speznas.

6.

Jetzt aber sind doch Zweifel angebracht: Golowanow konnte Stalins Pläne nicht kennen, er konnte nichts über Stalins Kriegsvorbereitungen wissen. Golowanow hatte schließlich nur der Vermutung Ausdruck gegeben, daß ein Krieg beabsichtigt sei, und sich als Freiwilliger gemeldet. Golowanow konnte sich auch geirrt haben: Vielleicht hatte Stalin gar keinen Krieg im Sinn.

Zugegeben.

Nehmen wir an, Golowanow sei in Stalins Pläne nicht eingeweiht gewesen. Nehmen wir an, Golowanow habe Stalin gegenüber bloß die Vermutung geäußert, er habe den Eindruck, der Krieg stehe bevor, wäre es da für mich nicht an der Zeit, Genosse Stalin, die Uniform anzuziehen? Gehen wir davon aus, daß Golowanows Brief an Stalin alles in allem nur auf einer Vermutung beruhte. Aber es war immerhin eine richtige Vermutung! Wären Golowanows Vorahnungen im Hinblick auf den großen Befreiungskrieg nicht zutreffend gewesen, hätte Stalin ihm antworten können: Nein, Golowanow, ich denke an keinen Befreiungskrieg, ich brauche dich vorerst für andere Aufgaben. Doch das hat Stalin nicht gesagt. Stalin sagte etwas sehr Gegenteiliges. Stalin hieß den Impuls seines Sturmvogels gut: Recht so, Golowanow, du hast die Situation erfaßt, große Ereignisse reifen heran, höchste Zeit, daß auch du die Uniform anziehst, bravo, daß du nicht erst Befehle abwartest, sondern selber erkennst, wann man sich freiwillig melden muß.

Selbst wenn Golowanow Stalins Termine und Absichten nicht kannte, sondern sie nur erriet, so kannte sie jedenfalls Stalin. Und wenn Golowanows Brief nur eine Vermutung beinhaltete, so ist diese Vermutung von Stalin bestätigt worden.

Und noch ein Aspekt. Stalin hätte zu Golowanow sagen können: Ich befürchte, daß Hitler angreifen könnte, deshalb sollst du, Golowanow (du bist schließlich ein tatkräftiger und energischer Mann), unsere besten Jagdflieger nehmen und daraus eine schlagfertige Gruppe von Fliegerassen zusammenstellen, denen im Luftkampf kein einziger Deutscher lebend entkommt, damit wir in jedem beliebigen, von mir bestimmten Raum zumindest die lokale Luftherrschaft aufrechterhalten können. Mögen die Deutschen die Luftherrschaft an der ganzen Front innehaben, im entscheidenden Abschnitt jedenfalls überlassen wir ihnen diese nicht . . . Aber das hat Stalin weder zu Golowanow noch zu irgendjemand anderem gesagt. Das Mustergeschwader aus den besten Piloten zur Ausführung persönlicher Spezialaufträge Stalins im tiefen Hinterland des Gegners wurde auf Golowanows Initiative und Stalins Befehl aufgestellt, doch ein ebensolches Mustergeschwader zur Verteidigung des heimischen Himmels gab es nicht, und man machte sich darüber auch keine Gedanken. Der Versuch, ein Musterjagdfliegergeschwader zum Schutz des heimischen Himmels aufzustellen, wurde erst nach dem 22. Juni 1941 unternommen (das 401. Osnas-Jagdfliegergeschwader zur besonderen Verwendung). Aber da war es schon zu spät.

7.

Fassen wir zusammen:

1. Eine Gruppe von Flugplätzen und verbotenen Zonen im Raum Smolensk ist seit Vorkriegszeiten der traditionelle Ausbildungsort für die besten Sabotagetrupps und -einheiten des Speznas.

2. Die Erholungsheime des NKWD in der Umgebung der Station Gnesdowo im Gebiet Smolensk werden seit 1939 als Sommerausbildungslager für die jungen Kader der Komintern genutzt.

3. Im Raum Smolensk ist ab Februar 1941 das 212. Speznas-Fliegergeschwader stationiert, das nicht nur Bombenangriffe gegen besonders wichtige Objekte auf Stalins persönlichen Befehl durchführen, sondern auch Sabotagetrupps der Speznas-Einheiten im Hinterland des Gegners absetzen kann.

4. Ab Februar 1941 wird bei der Station Gnesdowo ein Gefechtsstand von strategischer Bedeutung eingerichtet, der für Stalin bestimmte Gefechtsstand. Es ist im übrigen dieselbe Station Gnesdowo, an der man die polnischen Offiziere ausgeladen hatte. Katyn ist nebenan.

Ich weiß nicht, wie man die Fakten kombinieren soll. Stalins Gefechtsstand, von dem aus er die »Befreiung« Europas leiten wollte, die Sabotageabteilung zur Liquidierung der Führung der Nachbarländer und die Flugzeuge zum Absetzen dieser Spezialisten jenseits der Grenze, die Schule für die jungen kommunistischen Führer, die Stalins Europa regieren sollen, und der Ort, an dem die Liqudierung der Elite aus den schon »befreiten« Ländern erfolgte – das alles an ein und derselben Stelle. Warum? Zufall oder teuflische Logik? Ich kann es nicht erklären. Ich möchte nur auf dieses Bündel von Rätseln hinweisen. Mögen die Historiker es entwirren.

Von einem bin ich jedoch überzeugt: Im Februar 1941 gab es keinerlei »Vorwarnungen« weder von Churchill noch von Sorge, Roosevelt oder anderen, aber Stalins Nasenspitze wies bereits in Richtung Deutschland.

UND WOHIN GING CHMELNIZKI?

Die Geschichte von Krieg
und Frieden kann und soll
man nicht nur anhand von
Dokumenten untersuchen, sondern
auch an menschlichen Schicksalen.
(»Roter Stern«, 1. Juni 1990)

1.

An die Biographie des Hauptmarschalls der Flieger Golowanow kann man die Biographie von Generalleutnant Rafail Chmelnizki (1898–1964) anschließen. Die offizielle Lebensbeschreibung Chmelnizkis steht unter der Rubrik »Helden des Bürgerkriegs«. Die wichtigsten Stationen: Agitator in Charkow, danach Sekretär eines Mitglieds des Revolutionsmilitärrats der Ersten Reiterarmee, Teilnahme an der Unterdrückung des Aufstands der Kronstädter Matrosen, am Ende des Bürgerkriegs zweifach ausgezeichnet mit dem Rotbannerorden. Damals der höchste und einzige Orden. Blättern wir in den Memoiren von Bürgerkriegsteilnehmern, dann begegnen uns für jene Jahre Formulierungen wie: »auszuzeichnen mit roten Revolutionspumphosen«, oder »belohnen mit einem goldfarbenen Hengst«, aber Orden bekamen, wie Marschall S. M. Budjonny bestätigt, nur überragende Helden. Stalin, zum Beispiel, besaß aus dem Bürgerkrieg einen einzigen Orden. Wer zwei Orden vorweisen konnte, ging in die Annalen der Geschichte ein. Chmelnizki ist einer von ihnen. Nach dem Bürgerkrieg wird er Offizier zur besonderen Verwendung (das heißt mit der Durchführung von Aufträgen von besonderer Wichtigkeit betraut) beim Befehlshaber des Militärbezirks Nordkaukasus. Dann folgen Arbeit im Stab des Militärbezirks Moskau, die Militärakademie und Dienststellungen als Regimentskommandeur in der 1. Moskauer Proletarier-Schützendivision, als Offizier zur besonderen Verwendung beim Volkskommissar für das Militär- und Marinewesen, Rückkehr zur Truppenführung in der vorherigen Dienststellung als Regimentskommandeur in der 1. Moskauer Proletarier-Schützendivision, dann als Stellvertreter des Kommandeurs dieser Division und nach kurzer Zeit als Kommandeur dieser besten Division der Roten Armee. Danach ist er Offizier zur besonderen Verwendung beim Volkskommissar für Verteidigung der UdSSR. Als 1940 in der Roten Armee Generalsränge eingeführt werden, erhält er den Dienstgrad eines Generalleutnants, drei Sterne zur damaligen Zeit. Im Frühjahr 1941 wird Generalleutnant Chmelnizki zum Kommandeur des 34. Schützenkorps ernannt – des stärksten aller Schützenkorps der Roten Armee. Während des Krieges ist er dem Militärrat der Leningrader und der Nordwest-Front zugeordnet. Ab 1942 ist er Chef der Nachschuborganisation im Zentralen Stab der Partisanenbewegung. Es folgt die Funktion als General zur besonderen Verwendung beim Stellvertreter des Volkskommissars für Verteidigung, und ganz am Ende des Krieges wird Generalleutnant Rafail Chmelnizki Leiter der Ausstellung von erbeuteten Waffen. Im Zweiten Weltkrieg hat sich Chmelnizki in keinerlei Weise ausgezeichnet – er war Generalleutnant zu Beginn des Krieges und ist es bis Kriegsende geblieben.

Die Biographie ist so angelegt, daß den Leser das Gähnen überkommt und er umblättern möchte: ein General, ein Held und weiter nichts. Aber ich hege einen uralten Groll gegen Adjutanten und Offiziere zur besonderen Verwendung. Generalleutnant Chmelnizki kehrte in seiner ganzen Dienstzeit immer wieder wie durch Zauberkraft in die Dienststellung eines Offiziers (und später eines Generals) für Aufträge von besonderer Wichtigkeit zurück. Diese Beständigkeit ließ mir irgendwie keine Ruhe. Und noch eines kam hinzu: die unnatürliche Kommandeurskarriere – seine erste Dienststellung in dieser Funktion ist die eines Regimentskommandeurs, nichts weniger als das; weder einen Zug noch eine Kompanie oder ein Bataillon hat er geführt, nein, ein Regiment mußte es sogleich sein. Und kein gewöhnliches Regiment. Die 1. Moskauer Proletarier-Schützendivision ist die »Hof«- und Hauptstadtparadedivision: ausländische Gäste, Truppenbesichtigungen, Feierlichkeiten,

Show. Der Dienst in den »Hof«-Divisionen ist von eigener Art. Für einen Offizier bedeutet es eine große Ehre, dahin zu geraten. Sein ganzes Leben lang glänzt in seinen Laufbahnbeurteilungen, von einer leuchtenden Aureole umgeben, die Nummer einer solchen Division. Der Dienst dort ist leicht und schwer zugleich. Einerseits sind die Männer handverlesen, es gibt in der Division keine mageren, kränklichen Kümmerlinge, die kein Russisch verstehen, es gibt keine alte, ausgeleierte Bewaffnung, es gibt keine Probleme mit der Versorgung und Unterbringung der Truppe. Andererseits gibt es auch keine echte Gefechtsausbildung. Statt dessen Show oder Vorbereitung auf die nächste Show, das »Ballett«, wie es in der Sowjetarmee heißt. Von den fünf Verwendungen Chmelnizkis als Kommandeur betreffen vier die Hofballettdivision in der Hauptstadt. Und langes Verweilen war ihm dort nicht beschieden. Nach wenigen Wochen auf diesen Posten kehrte er wieder für viele Jahre zu seinen Aufgaben als Adjutant bzw. Sekretär bzw. Offizier zur besonderen Verwendung zurück.

Chmelnizkis Biographie ließ mir lange keine Ruhe, doch ich konnte mir nicht klar darüber werden, was mich dabei so störte. Dann kam die Erleuchtung: Natürlich, das ist ein Schatten von Woroschilows Biographie!

2.

Sehen wir uns noch einmal Chmelnizkis Lebenslauf an, jetzt allerdings vor dem Hintergrund der Karriere des Marschalls der Sowjetunion K. Je. Woroschilow.

Das Mitglied des Militärrats der Ersten Reiterarmee Klement Woroschilow ist also während des Bürgerkriegs irgendwo einem unbekannten Parteiagitator begegnet und macht ihn zu seinem Sekretär. Der Sekretär lebt sich ein. Und zwar für immer. Wir wollen keine Vermutungen anstellen, wie der Sekretär Chmelnizki sich im Kampf bewährte, aber den ersten Orden erhielt er nach der vernichtenden Niederlage der sowjetischen Truppen in Polen. Im Bürgerkrieg war es im Gegensatz zu der damals grundsätzlich äußerst sparsamen Vergabe von Orden dreimal zu Massenauszeichnungen gekommen, bei denen die Orden körbeweise verteilt wurden. Das erste Mal geschah dies in Polen. Die Schande der Niederlage mußte durch Heldentaten übertüncht werden. Die von der Front flüchtenden Truppen wurden mit Orden in Hülle und Fülle beschenkt. Hierbei gerät Chmelnizki in der Sammelliste auf Befehl des Revolutionsmilitärrats der 1. Reiterarmee unter die Helden. Vielleicht, weil er ordentlich auf seiner Maschine zu tippen verstand oder die Bleistifte heldenhaft anspitzte oder auch für irgendwelche anderen Verdienste. Nach den damals geltenden Regeln mußte der Befehl zur Ordensverleihung eine eingehende Beschreibung der Umstände der Heldentat enthalten, doch im vorliegenden Fall werden diese Umstände nicht geschildert. Stattdessen lautet es nur lakonisch: »für vorbildlichen Einsatz in den Kämpfen dem Sekretär eines Mitglieds des Revolutionsmilitärrates«. Natürlich schickt es sich nicht, Helden zu verdächtigen, aber hat der Sekretär am Ende gar eigenhändig den Vorschlag für seine Auszeichnung getippt? Den Befehl zur Auszeichnung Chmelnizkis hat Woroschilow zweimal unterzeichnet: 1919 (noch vor der Schande in Polen) und 1920. Den Orden erhielt Chmelnizki aufgrund der zweiten Unterzeichnung. Aber Moskau bestätigte den Beschluß nicht. Drei Jahre lang trug Chmelnizki seinen Orden gewissermaßen halblegal: Woroschilow hatte ihn verliehen, aber Moskau bestätigte es nicht. Das geschah erst am 16. Oktober 1923.

Die zweite große Ordensverteilung erfolgte nach der Niederwerfung des Aufstands von Kronstadt. Zur Niederwerfung der Aufständischen hatte man der Partei ergebene Leute eingesetzt. Die Greueltaten von Kronstadt wurden als Gefechtsoperation hingestellt, und für Verdienste bei den Vergeltungsmaßnahmen wurden Auszeichnungen wie für heldenhaftes Verhalten im Gefecht verliehen. Und so regnete es abermals Orden. An der Niederknüppelung der Matrosen hatten auch Woroschilow und sein Sekretär teilgenommen. Woroschilow bekam einen zweiten Orden und ebenso sein Sekretär. Wieder fehlt die Beschreibung der Heldentaten, es heißt nur vage, er habe »die Kämpfer inspiriert«. So wurde Chmelnizki zum zweifachen Helden. Es existiert auch eine Photographie von Lenin mit den Teilnehmern an der Niederschlagung des Aufstands. Rechts von Lenin sieht man eine grobe Physiognomie, die Brust mit zwei Orden behangen. Es ist unser Held der Revolution Rafail Chmelnizki. Hinter Lenin steht Woroschilow.

Es gab noch eine weitere Massenverleihung – nach der Vernichtung der Bauern im Gouvernement Tambow. Aber unser Held war nicht dort, sonst hätte er vermutlich noch einen dritten Orden bekommen.

Nach dem Bürgerkrieg wird Woroschilow zum Befehlshaber des Militärbezirks Nordkaukasus ernannt. Chmelnizki ist bei ihm, er wird für besonders wichtige Aufträge verwendet. Ich hatte Gelegenheit, Adjutanten und Offiziere zur besonderen Verwendung kennenzulernen. Gewiß, mitunter führen sie Aufträge von besonderer Wichtigkeit aus. Aber insgesamt ist es Lakaiendienst. Woroschilow selbst ist ein Speichellecker, und ebensolche Leute brachte er in seiner Umgebung hervor. Man mußte schon ein geborener Speichellecker sein, um sich bei Woroschilow halten zu können. Chmelnizki brachte es fertig.

1924 holte Stalin Woroschilow nach Moskau, indem er ihn zum Befehlshaber des Militärbezirks Moskau ernannte. Man wird leicht erraten, welche Veränderung Chmelnizkis Lebensweg erfuhr. Meine Leser haben richtig vermutet, im Stab des Militärbezirks Moskau fand man auch für ihn einen Platz. Einige Zeit trennt er sich von diesem Posten für den Besuch der Militärakademie – ein Diplom ist ein wichtiges Dokument –, dann kehrt er auf seinen vorherigen Posten als Woroschilows Mann zur besonderen Verwendung zurück. Schließlich bekommt Chmelnizki ein Regiment in der Moskauer Proletarier-Schützendivision. Allen ist klar, daß hier ein neuer Regimentskommandeur gekommen ist, um sich sehen zu lassen, um eine Nummer abzuhaken, damit in seiner Beurteilung der Vermerk »war Regimentskommandeur« enthalten ist. Wieviele Wochen er das Regiment geführt hat, interessiert keinen. Hauptsache, diese Funktion ist in seinem Laufbahnnachweis festgehalten. Wäre es für seine Vita erforderlich gewesen, hätte Woroschilow seinem Lakaien jedes Kommando zuschanzen können, selbst die Führung eines Kreuzers. Und Woroschilow hätte keine Bedenken gehabt, Chmelnizki nicht nur einen gewöhnlichen Kreuzer, sondern sogar den besten Kreuzer anzuvertrauen. Chmelnizki wiederum hätte auf der Kommandobrücke nicht aufzutauchen brauchen, auch keine Befehle geben müssen. Es wäre sogar ratsam gewesen, sich nicht zu zeigen. Die ihm unterstellten Schiffsoffiziere wären in dem Wissen, was für ein Vogel ihnen ins Nest gesetzt worden war, auch ohne ihn fertig geworden – sofern er sie nur nicht behinderte. Nicht anders verlief es auch beim Regiment: Jeder wußte, daß Chmelnizki nach Absolvierung seiner Kommandeurszeit wieder in seine Kreise zurückkehren würde.

Dieses System habe ich selbst unter Breschnew, als ich in Genf eingesetzt war, in voller Blüte erlebt. Da kommt aus Moskau eine Diplomatendelegation angereist. Ein paar Arbeitstiere gibt es darunter und dazwischen den Nachwuchs der Mitglieder des Politbüros. Auch das waren Diplomaten. Mit Arbeit hat man die lieben Kinder allerdings nicht überhäuft, es reichte schon, wenn sie die anderen bei der Arbeit nicht störten, und selber fühlten sie sich nicht zur Arbeit hingezogen. Doch Beurteilungen schrieb man ihnen, die zergingen wie Zucker auf der Zunge, und die sowjetische Botschafterin Soja Wassiljewna Mironowa gab ihre Unterschrift dazu her; voller Initiative seien sie gewesen, vielseitig ausgebildet usw. usf. Sieht man sich das Curriculum eines solchen »Diplomaten« an, kann man nur staunen: Er ist in Paris gewesen, in Washington, in New York, in Wien, in Genf, und dann noch die Aufgaben, mit denen man ihn betraute: Bald hat er Breschnew begleitet, dann wieder Gromyko und noch andere bedeutende Leute. Kurzum, vielversprechend, ein Hoffnungsträger, durch Erfahrung gereift, er steht zur Beförderung an . . .

Zu Breschnews Zeiten trieb das üppige Blüten. Doch in den zwanziger und dreißiger Jahren war das System erst im Entstehen begriffen. Dennoch waren die Verfahren für den Aufbau einer Karriere genau festgelegt: Chmelnizki kam zur Truppe, um seine Kommandeurszeit abzuleisten, ohne seine Moskauer Wohnung aufgeben zu müssen, ohne sich von den Regierungsdatschen zu entfernen. Zum Regiment kehrte er noch einmal zurück, wurde registriert, verbrachte dort einige Zeit als Stellvertreter des Divisionskommandeurs und als Kommandeur der Division. 1940 wurden die Generalsränge eingeführt, und Chmelnizki wurde Generalleutnant. Das ist freilich viel für einen ehemaligen Divisionskommandeur, aber er hat es überlebt. Für einen Offizier zur besonderen Verwendung ist es ebenfalls viel. Damals ging man in der Roten Armee nicht sehr großzügig mit der Vergabe von Dienstgraden um. Für die Divisionen gab es Oberste oder Generalmajore, Korpskommandeure waren Generalmajore. Es kam auch vor, daß ein Korps von einem Oberst geführt wurde, zum Beispiel galt dies für I. I. Fedjuninski, K. N. Smirnow, W. A. Sudez und N. S. Skripko. Ein Generalleutnant war entweder Befehlshaber eines Militärbezirks oder Kommandierender einer Armee, und selbst das nicht immer; einige Kommandierende von Armeen waren zu jener Zeit Generalmajore, wie zum Beispiel M. I. Potapow. Alles in allem hatte Woroschilow seinen Lakaien mit Generalssternen reichlich bedient. Und so war aus dem Helden des Bürgerkriegs ein Heerführer geworden.

3.

Nachdem mein Interesse für die Person Chmelnizkis geweckt war, blätterte ich nochmals in den Memoiren der sowjetischen Generale, Admirale, Marschälle und wunderte mich, wie es möglich gewesen war, daß ich Chmelnizki nicht früher bemerkt hatte, taucht er doch in vielen dieser Erinnerungen auf. Den Bericht über den Empfang bei Woroschilow beginnt jeder mit der Beschreibung des Vorzimmers, in dem Chmelnizki residierte. Generalmajor P. G. Grigorenko erinnert sich, wie er vor dem Krieg um eine persönliche Unterredung mit dem Volkskommissar für Verteidigung nachgesucht hatte. »Worum geht es?«, wollte Chmelnizki wissen und traf die Entscheidung, es habe keinen Sinn, Woroschilow mit einer solchen Frage zu belästigen, das könne man auch in einem Gespräch mit Tuchatschewski klären.

Hauptmarschall der Artillerie N. N. Woronow erinnert sich, wie Mussolini 1936 die italienischen Faschisten zur Eroberung Abessiniens ausschickte. Die Verabschiedung der Truppen umgab Mussolini mit einem üppigen Zeremoniell in Anwesenheit ausländischer Militärdelegationen. Die repräsentativste kam natürlich nicht aus dem faschistischen Deutschland, sondern aus der Sowjetunion. Woronow hebt das besonders hervor. Zu der sowjetischen Delegation gehörte außer Woronow, Gorodowikow und Lopatin auch unser Held Chmelnizki. (Im Kriegseinsatz. Moskau 1963, S. 76–77) Zwischen den Faschisten und uns herrschte schon damals eine Arbeitsteilung: Macht ihr in Abessinien ruhig euren Krieg, in ein paar Jahren kommen wir und führen eine solche soziale Gerechtigkeit ein, daß die Welt beim Anblick der Kinderskelette erbeben wird. Unsere sozialen Umschichtungen werden Afrika größeres Leid bereiten als die faschistische Aggression . . .

Doch kehren wir zu unserem Helden zurück. Flottenadmiral der Sowjetunion N. G. Kusnezow erinnert sich, wie er vor dem Krieg nach Spanien geschickt wurde. Am Anfang steht eine Begegnung mit Chmelnizki . . . Dann kehrt Kusnezow aus Spanien zurück, und wieder führt ihn sein erster Weg zu Chmelnizki. Bald darauf wird Kusnezow zum Stellvertreter des Kommandierenden der Pazifikflotte ernannt – und abermals begegnet er Chmelnizki. Kusnezow war mit Chmelnizki befreundet. »Weitergebracht hat mich Ruda, wie wir unter uns Chmelnizki nannten.« (Am Vorabend, S. 175) Nein, nein, nicht auf den Posten hat er ihn gebracht, aber mit Woroschilow brachte er ihn zusammen. Dennoch mußte man sich mit Ruda gut stellen: Nicht jedem vermittelte er eine Unterredung mit Woroschilow.

Auch Marschall der Sowjetunion K. A. Merezkow erinnert sich, wie ihm nach der Rückkehr aus Spanien vor allem an einem Besuch bei Chmelnizki gelegen war. Chmelnizki forderte Merezkow auf, in den großen Saal weiterzugehen, dort wurde alles zusammengeholt, was sich gerade greifen ließ. Es ging um eine wichtige Maßnahme – die Verurteilung von Feinden des Volkes, und das waren Tuchatschewski und seine Komplizen. (Im Dienst für das Volk. Moskau 1968, S. 166) Merezkow sagt nichts darüber, wie er selbst sich verhalten hat, aber nach dieser Konferenz ging es jedenfalls mit ihm steil bergauf, und bald danach nahm er den Posten eines Generalstabschefs und Stellvertreters des Volkskommissars für Verteidigung ein, das heißt genau die Stellen, die zuvor Tuchatschewski innegehabt hatte . . . Es war ungemein wichtig, seine Ergebenheit nicht nur in Gegenwart Stalins oder Woroschilows zu demonstrieren, sondern auch vor ihren Sekretären bzw. Adjutanten bzw. vor dem mit der Wahrnehmung besonderer Aufgaben Betrauten.

Und nun fliegt Schukow zum Chalchyn-gol. Noch vor der Besprechung bei Woroschilow liegt die mit Chmelnizki. Er war schon ein wichtiger Mann . . . (G. K. Schukow, Erinnerungen und Gedanken. Moskau 1969, S. 146)

4.

Dann griff Hitler an. Doch im Krieg verlor der Generalleutnant Chmelnizki weder Blut, noch riskierte er sein Leben. In der Anfangsphase des Krieges herrschte ein horrender Mangel an Generalen. Befehlshaber der West-Front (und das sind vier Armeen) ist Generalleutnant A. I. Jerjomenko, die Nordwest-Front (drei Armeen) steht unter dem Befehl von Generalmajor(!) P. P. Sobennikow. Aber Generalleutnant Chmelnizki muß sich dem Befehlshaber der Leningrader Front zur Verfügung halten, was bedeutet, daß er für nichts die Verantwortung trägt. Doch warum die Kommandierung nach Leningrad? Weil Woroschilow dorthin geschickt worden ist, und der zieht Chmelnizki hinter sich her. Chmelnizki als Offizier zur besonderen Verwendung des Volkskommissars für Verteidigung zu bezeichnen war möglich gewesen, aber als Beauftragter zur besonderen Verwendung beim Befehlshaber einer Front? Ein Generalleutnant als Laufbursche des Befehlshabers einer Front, während Rangniedrigere selbständig Fronten befehligten? Daher die gewählte Formulierung: »hält sich zur Verfügung«.

In Petersburg hat sich Woroschilow nicht mit Ruhm bekränzt. Die Front in Leningrad unterstand seinem Befehl nicht ganz sieben Tage, vom 5. bis zum 12. September, dann mußte er schnellstens durch Schukow ersetzt werden. Aber Woroschilow davonzujagen konnte Stalin sich nicht leisten. Der aufgebauschte Ruhm Woroschilows im Bürgerkrieg war zu eng mit dem aufgebauschten Ruhm Stalins verbunden. Woroschilow zum Trottel zu erklären ging schon deshalb nicht, weil man sich damit gewissermaßen ins eigene Fleisch geschnitten hätte. Und deshalb stand er fortan sozusagen Stalin zur Verfügung, das heißt, er war für nichts verantwortlich, und Chmelnizki stand Woroschilow zur Verfügung. Später dachte sich Stalin einen Posten für Woroschilow als Oberkommandierenden der Partisanenbewegung aus. Partisanen brauchen keine Führung, Partisanen wissen selbst, was zu tun ist. In Woroschilows Biographie lesen sich diese Verdienste folgendermaßen: »Er instruierte persönlich die Kommandeure der Partisanenabteilungen.« (Sowjetische Militärenzyklopädie, Bd. 2, S. 364) Wahrhaftig eine Arbeit, bei der man sich die Hände nicht schmutzig macht! Armeegeneral S. M. Schtemenko hat mit wenigen Strichen ohne kränkende Absicht den persönlichen Zug des »Proletariers« Woroschilow beschrieben: Gemütlich ausgestattete Waggons, eine mit Geschmack ausgewählte Bibliothek . . . Woroschilow unterzog Schtemenko einem ganzen Examen . . ., nein, nicht über Strategie, und auch nicht über Taktik, sondern über das Repertoire des Bolschoi-Theaters. Woroschilow hatte ein Faible für Oper und Ballett, und wenn sich die Gelegenheit ergab, zeigte er sich groß darin, einen Untergebenen als kulturlos zu entlarven. Da ist die Front, da tobt der Krieg, Menschen kommen um, das Land hungert, der Generalstab arbeitet nach einem von Stalin festgelegten Zeitplan rund um die Uhr, Offizieren und Generalen im Generalstab fallen vor Müdigkeit die Augen zu. Ein Zufall hatte Schtemenko in den Salonzug von Woroschilow geführt, und er hoffte schon, sich ausschlafen zu können, aber nein, erst kommt der Bericht für den kulturhungrigen Marschall. Und dann trägt noch in diesem gemütlichen Waggon ein liebedienernder Oberst durch Vorlesen aus den Klassikern der Literatur zur Zerstreuung des Marschalls bei: »Kitajew las gut, und auf Woroschilows Gesicht breitete sich tiefes Wohlbehagen aus«. (Der Generalstab in den Kriegsjahren. Moskau 1968, S. 207)

Stellen wir uns nun einen verdreckten, hungrigen, unrasierten Kommandeur einer Partisanenabteilung vor, der tagelang Spuren in den Wäldern und Sümpfen verwischt, um seine Abteilung den feindlichen Vergeltungskommandos zu entziehen. Und dann kommt der Befehl, sich bei dem großen Chef Woroschilow zu melden. Das erfordert eine ganze Operation: Ein Flugzeug wird hinter die Front geschickt, mit brennenden Holzstößen die Waldwiese markiert, der Kommandeur wird in das »Große Land« gebracht, dorthin, wo auf sowjetischem Boden reguläre sowjetische Truppen stehen. Schließlich ist er im Salonwagen angekommen: Teppiche, Spiegel, polierte Mahagoniflächen, funkelnde Bronze, draußen vor dem Fenster aber heult der Wind, ist es neblig trüb. Wohlig ausgeschlafen, nach reichlichem Mahl und Alkoholgenuß, weitab von der Front und den drohenden Häschern führt Woroschilow persönlich seine Instruierung durch. Anschließend heißt es für den Partisanenführer: ab in die Maschine, anschnallen, wir starten, sind jetzt über der Frontlinie, fertigmachen . . . Sprung!

Und in demselben Militärzug, Seite an Seite mit dem berühmten, kulturbeflissenen Proletariermarschall haust auch unser Held. Woroschilow ist der Oberkommandierende sämtlicher Partisanen, Chmelnizki hat im Stab der Partisanenbewegung die Stelle des Chefs der Nachschuborganisation inne. Ich will mich nicht in übler Nachrede üben, aber von sämtlichen Versorgungsaufgaben war sicherlich die beste, sich mit dem Nachschub für die Partisanen zu befassen, zumindest würde es keine Fehlbeträge geben, denn Materialwerte gehen in Tausenden von Tonnen über die Frontlinie, sie werden im Dunkeln abgeworfen, und nach einer Empfangsbestätigung wird nicht gefragt.

Am Ende des Krieges, als sich für Woroschilow schon gar kein Arbeitsgebiet mehr fand, wurde er mit diplomatischen Aufgaben betraut: Er mußte ausländische Gäste empfangen, sie begleiten, bewirten und konnte sich vor ihnen seiner Siege rühmen. General de Gaulle bestätigt, daß während des Krieges die

Empfänge in Moskau durch ihren unangebrachten Überfluß und den erdrückenden Luxus deplaziert wirkten. Auch für Chmelnizki wurde eine Beschäftigung gefunden – als Leiter der Ausstellung von Beutewaffen. Liebe Gäste von der anderen Seite des Ozeans, blicken Sie bitte nach rechts . . ., und hier links sehen Sie . . . Obwohl das auch ein gewöhnlicher Museumsführer hätte erledigen können. Entscheidend ist etwas anderes: Stalin hatte dem Sowjetsoldaten erlaubt, Europa auszuplündern. Man nannte es »Beutegut sammeln«. Und die Ausplünderung funktionierte. Alexander Twardowski hat in seinem Versepos »Wassili Tjorkin« der Plünderei in Deutschland ein ganzes Kapitel gewidmet und dafür den Stalinpreis 1. Klasse bekommen. Damals plünderten die einfachen Soldaten, die Sergeanten und Feldwebel, an den Beutezügen beteiligten sich Offiziere, Generale, Marschälle, aber am meisten heimste der Sowjetstaat ein. Der staatlichen Plünderei hatte man das Mäntelchen einer Beutegutverwaltung umgehangen. Eine Bescheinigung der Beutegutverwaltung verlieh Macht: Nicht für mich nehme ich es in Beschlag, sondern für den Arbeiter- und Bauernstaat. Die Ausstellung von Beutestücken war ein Bestandteil der Beutegutverwaltung. Ich will Chmelnizki nichts Schlechtes nachsagen, aber sein Chef, der kulturbeflissenen Woroschilow, hatte es auf die hohe Kunst abgesehen, und deshalb durchstreifte Chmelnizki Europa gerade so wie ein Partisanenführer die Wälder um Brjansk. Chmelnizkis Aufgabe war schwer, aber sie verschaffte ihm auch Befriedigung: Der Generalleutnant konnte, frei von Kampfverpflichtungen, mit einem Bataillon der »Beutegutverwaltung« Europa kreuz und quer bereisen, mit einem Papier der »Beutegutverwaltung« und Empfehlungen von Woroschilow in der Tasche . . . Kurzum, irgendwann überschritt Chmelnizki die Grenze des Anstands; er wurde von Woroschilow abgezogen und später aus Gesundheitsgründen entlassen.

5.

In dieser Heldenbiographie gibt es eine Ausnahme, um derentwillen ich die ganze Geschichte erzählen mußte.

Seit dem Augenblick der ersten Begegnung hatten sich Woroschilow und Chmelnizki nicht wieder getrennt. Ab und an ließ Woroschilow Chmelnizki über die Grenze zu den Faschisten auf Besuch reisen. Aber das beinhaltete keine andere Arbeit, es war nur ein Arbeitsbesuch. Ab und an ging Chmelnizki für kurze Zeit fort, um ein Regiment oder eine Division zu führen, aber sowohl das Regiment als auch die Division lagen in Moskau. Selbst an der Akademie studierte Chmelnizki nicht mit (behutsam ausgedrückt) vollem Einsatz seiner Kräfte, sondern behielt sich den größeren Teil seiner Zeit für seine Hauptaufgabe vor. Und nur ein einziges Mal geschah etwas, das den üblichen Rahmen sprengte. Im Frühjahr 1941 trennen sich Woroschilow und Chmelnizki zum ersten und einzigen Mal. Während Woroschilow in Moskau ist, erhält Chmelnizki das Kommando über das 34. Schützenkorps innerhalb der 19. Armee.

In der Roten Armee gab es zu jener Zeit:

29 Mechanisierte Korps (mit jeweils 3 Divisionen);

62 Schützenkorps (mit jeweils 2–3, ganz selten auch 4 Divisionen;

4 Kavalleriekorps (mit jeweils 2 Divisionen);

5 Luftlandekorps (die über keine Divisionen verfügten);

5 Fliegerkorps innerhalb der Luftstreitkräfte (mit jeweils 3 Divisionen);

2 Korps der Luftabwehr (die über keine Divisionen verfügten).

Unter diesen über einhundert Korps stellte das 34. Schützenkorps eine Ausnahme dar – es bestand aus fünf Divisionen. Erstaunlich ist an diesem Korps auch, daß an seiner Spitze ein Generalleutnant steht. Bisher konnte ich Daten zu 56 von den 62 Kommandeuren der Anfang Sommer 1941 vorhandenen Schützenkorps zusammentragen. Die Korps stehen unter dem Kommando von Generalmajoren, bisweilen können auch Oberste Korpskommandeure sein. Es gibt zwei Ausnahmen: Generalleutnant P. I. Batow steht an der Spitze des 9. Spezial-Schützenkorps und Generalleutnant Chmelnizki an der Spitze des 34. Schützenkorps. Bei Batow ist alles klar. Das 9. Spezial-Schützenkorps bereitet sich auf die Durchführung einer besonderen Aufgabe vor – das Anlanden durch Kriegsschiffe an der rumänischen Küste; deshalb galt das 9. Korps als ein Spezialkorps, und deshalb stand an seiner Spitze ein Generalleutnant. Das 34. Schützenkorps führte diese Bezeichnung zwar nicht in seinem Namen, aber es war ein Spezialkorps. Das 34. Schützenkorps nahm sowohl hinsichtlich seiner Größe als auch in seiner Zusammensetzung eine Sonderstellung ein: Außer den Schützendivisionen verfügt es auch über eine Gebirgsjägerdivision. Ungewöhnlich ist auch die besondere Geheimhaltung, die das 34. Schützenkorps und die ganze 19. Armee, der es unterstellt ist, umgibt. Im »Eisbrecher« habe ich von der getarnten Truppenverlegung auf das Territorium des Militärbezirks Odessa berichtet, die in einem solchen Maße der Geheimhaltung unterlag, daß selbst der Befehlshaber des Militärbezirks Odessa, Generaloberst Ja. T. Tscherewitschenko, nicht wußte, daß eine ganze Armee auf das Territorium seines Militärbezirks verlegt wurde. Es handelte sich gerade um jene Armee, zu der das 34. Schützenkorps unter Chmelnizki gehörte.

Kommunistische Historiker könnten die kühne Vermutung äußern, daß damals möglicherweise die 19. Armee unter Generalleutnant I. S. Konew und das ihr unterstellte 34. Schützenkorps unter Generalleutnant Chmelnizki zur Verteidigung an die Grenze verlegt worden seien. Oder hatte man vielleicht auch an Gegenangriffe gedacht? Wir melden unsere Zweifel an: Nein, es ging nicht um Verteidigung, und man hatte auch keine Gegenschläge im Sinn gehabt. Wozu brauchte man zur Verteidigung Gebirgsjägerdivisionen? Die Gebirge liegen nur jenseits der Grenze in Rumänien. Hätte man an Verteidigung oder Gegenangriffe gedacht, dann wäre das schlagkräftigste aller Schützenkorps nicht an die rumänische Front, sondern in Richtung Deutschland verlegt worden. Und hätte man eine Verteidigung oder irgendwelche in das Reich der Fabel passende Gegenschläge geplant, dann wäre auch Generalleutnant Chmelnizki in dieser Gegend nicht aufgetaucht. Er wäre im Hinterland hocken geblieben. Als Hitler dann seinen Präventivschlag führte und der Krieg sich für die Sowjetunion in einen

»Großen« und »Vaterländischen« Krieg verwandelte, gab Generalleutnant Chmelnizki noch vor der ersten Feindbegegnung sein 34. Korps auf und ließ sich auch künftig nicht mehr an der Front blicken. Für ihn war es ruhiger, wenn er dem Befehlshaber der Leningrader Front »zur Verfügung stand« oder eine »Nachschuborganisation« im tiefen Hinterland leitete.

6.

Als Heerführer hatte Woroschilow im finnischen Winterkrieg versagt, doch seine politische Karriere hatte darunter nicht gelitten. Er war seines Amtes als Volkskommissar der Verteidigung enthoben und – befördert worden. Das Geheimnis seines Überlebens ist einfach. Stalin brauchte junge, talentierte, energische, zupackende, bissige Raubtiernaturen wie Schukow, Berija, Malenkow. Aber während er diese Männer in Machtpositionen erhob, sicherte er sich zugleich gegen ihren Zugriff, ihr Talent, ihre Zähne. Stalin errichtete um sich herum eine Barriere aus der alten Garde. Am besten von allen bewährte sich Woroschilow in der Rolle eines Schutzschildes. Er erhob keine Ansprüche auf Stalins Platz, er diskutierte nicht mit Stalin und er unterstützte Stalin bedingungslos. Woroschilow war bekannt, im Inland wie auch jenseits der Grenzen, und Stalin (so wie nach ihm Chruschtschow und Breschnew) überschüttete Woroschilow mit Orden und bauschte damit dessen unverdienten Ruhm weiter auf. Aus Dankbarkeit für Woroschilows servile Ergebenheit erlaubte ihm Stalin Dinge, die er anderen nicht erlaubt und nicht verziehen hätte. Woroschilow wiederum überhäufte seine eigenen Speichellecker mit Wohltaten. 1941 rüstete man sich zur Invasion in Europa. Stalin behielt Woroschilow bei sich. Siege waren von ihm nicht zu erwarten, aber Woroschilows Lakai Chmelnizki wurde zugebilligt, sich auf dem Kampfplatz auszuzeichnen. Woroschilow wußte, wo sich das Schicksal des Krieges entscheiden würde, und genau dahin schickte er Chmelnizki – an die rumänische Front, die Stoßrichtung, die den größten Erfolg versprach. Nicht gegen die Deutschen sollte er kämpfen, sondern gegen die Rumänen.

Deutschland vom Erdöl abschneiden, das war es, was Europas Schicksal besiegeln würde. Der Auftrag war lösbar und ehrenvoll. Also fand man für Chmelnizki einen Posten nicht in der Ersten Strategischen Staffel, die bluten und Verluste erleiden würde, sondern in der Zweiten Strategischen Staffel, die über die Leichen der Ersten Staffel hinweg die Siegesfahnen zu den Bohrtürmen auf den Erdölfeldern tragen sollte. Daher wurde Chmelnizki das kampfstärkste Korps anvertraut. Daher ist in seinem Korps die Gebirgsjägerdivision vorgesehen.

Nun müßten wir Bedenken anmelden: Hat Stalin nicht Angst, Chmelnizki an einem so verantwortungsvollen Abschnitt einzusetzen? Ich meine allerdings, daß dem nicht so war. Chmelnizki sollte schließlich keine Front befehligen und auch keine Armee. Auch zum Stabschef hatte man ihn nicht gemacht. Und nicht nur Chmelnizki würde hier kämpfen. Die Aufgabe, Rumänien zu erobern, hatte Stalin Schukow persönlich übertragen. Zur Eroberung Rumäniens hatte man 15 Mechanisierte, Schützen-, Kavallerie- und Luftlandekorps zusammengezogen. Selbst wenn Chmelnizkis Korps das kampfstärkste war, so blieb es doch nur eines von 15. In der Ersten Strategischen Staffel hatte man gute Kommandeure zusammengeholt, einschließlich Malinowskis und Krylows. Die Anlandeoperation von See aus sollte unter dem Kommando von Batow stehen, zu den Fallschirmspringern gehörte die Brigade von Rodimzew. Das Ausschiffen von Landungstruppen wurde von den Kräften der gesamten Schwarzmeerflotte vorbereitet, wo eine Kreuzerbrigade unter dem Befehl von S. M. Gorschkow stand. Erst nach ihnen würde die 19. Armee unter I. S. Konew und das ihr unterstellte Korps von Chmelnizki in Rumänien eindringen. Chmelnizki brauchte kein Genie zu sein, er mußte nur Konews Befehle an seine Division weitergeben. Den Krieg zu gewinnen ist eine Sache, die Siegesfahne entsprechend hoch aufzupflanzen ist etwas völlig anderes. Chmelnizki mußte gar nicht den Krieg gewinnen, das würden Schukow, Konew, Malinowski, Krylow, Batow, Rodimzew und Gorschkow besorgen. Chmelnizki brauchte nur in dem abschließenden Siegesbericht mit der kurzen Erwähnung aufzutauchen: »Als erste drangen in Ploeşti die Truppen unter dem

Kommando von Generalleutnant Chmelnizki ein.« Mehr war nicht vonnöten. Und nur dafür war Chmelnizki in den Krieg gezogen. Sobald die Möglichkeit, sich glanzvoll darzustellen, entschwunden war, verschwand auch er selbst aus den vorgeschobenen Abschnitten.

Die Kommunisten können nicht länger leugnen, daß Stalin die Eroberung Europas vorbereitet hat. Aber sie behaupten, Stalin habe seinen Angriff für das Jahr 1942 geplant.

Wir geben den Kommunisten nicht recht: Wäre der Angriff für 1942 vorbereitet worden, dann hätte Chmelnizki den Sommer und Herbst 1941 in den Kurorten im Kaukasus oder auf der Krim zugebracht, im Winter hätte er mit dem heldenhaften Marschall Schneeballschlachten auf der Datscha bei Moskau geschlagen und an den Abenden aus spannenden Büchern vorgelesen, und er wäre erst im Frühjahr 1942 abgereist, um das kampfstärkste Schützenkorps der Roten Armee zu übernehmen.

SCHUKOWS MANNSCHAFT

G. K. Schukow kommt,
wie man wußte, nicht ohne Grund,
er taucht vielmehr nur in
außergewöhnlichen Fällen auf,
wenn die Kampfhandlungen
der Fronten in dieser oder
jener strategischen Richtung
zu koordinieren sind.
Generalleutnant N. A. Antipenko
(In der Hauptrichtung. Moskau 1967, S. 146)

1.

Auch Schukow hatte seine Leute. Und auch sie zogen in den Krieg. Von ihnen zu berichten ist interessanter. Woroschilow hatte seine Truppe aus Speichelleckern, Lakaienseelen, Adjutanten, Offizieren zur besonderen Verwendung und Sekretären zusammengesetzt. Schukow ging anders vor.

Schukow war nicht kleinlich. Er schätzte keine Bestrafungen in Form eines Verweises oder strengen Verweises. Schukows Strafmaß war die Erschießung. Ohne Formalitäten. Als er am Chalchyn-gol eintraf, ausgestattet mit unbegrenzten Vollmachten, schöpfte er diese vollständig aus, ja, er überzog sie sogar ein wenig. Schukow handelte entschlossen, rasch, mit Elan.

Generalmajor P. G. Grigorenko hat einen von vielen Fällen beschrieben. Zusammen mit Schukow war aus Moskau eine Gruppe von Hörern der Militärakademien eingetroffen – die Offiziersreserve. Schukow setzte diejenigen Truppenführer ab, die nach seiner Meinung der von ihnen bekleideten Dienststellung nicht entsprachen, ließ sie erschießen und ersetzte sie durch Offiziere aus der mitgebrachten Reserve. Die geschilderte Situation: Der Kommandeur eines Schützenregiments ist abgesetzt, aus der Reserve ruft Schukow einen jungen Offizier heran, befiehlt ihm, zu diesem Regiment aufzubrechen und die Führung zu übernehmen. Es ist Abend. Ringsum Steppe über Hunderte von Kilometern. Sämtliche Funkstationen schweigen auf Schukows Befehl. Kein Laut in der Steppe, kein Lichtpunkt – völlige Tarnung. Keinerlei Orientierungspunkte. Die Nacht bricht herein, und die ganze Nacht hindurch jagt der Offizier kreuz und quer über die Steppe auf der Suche nach dem Regiment. Begegnet er jemandem im Dunkel, erhält er keine Antwort auf seine Frage, niemand soll mehr als nötig wissen, und wenn jemand etwas weiß, ist er auf der Hut: Ein Wort – und du wirst erschossen. Auf diese Weise hatte der Offizier bis zum Morgen sein Regiment nicht gefunden. Am Morgen aber ernannte Schukow den nächsten Kandidaten für die Führung des Regiments. Den anderen, der das Regiment nicht gefunden hatte, ließ er erschießen.

Als Generalmajor P. G. Grigorenko das geschrieben hatte, wollten ihm die westlichen Experten nicht glauben – sie können unsere Sitten nicht begreifen. Also kam man zu dem Schluß, General Grigorenko sei einfach auf die kommunistische Macht schlecht zu sprechen und habe daher übertrieben.

Dann aber tauchten auch andere Aussagen auf. Im Unterschied zu den Erinnerungen von General Grigorenko gingen sie auf sowjetische, von den Machthabern mit Wohlwollen behandelte Menschen zurück. Hier ein Beispiel, das ich ausgewählt habe, weil es ebenfalls ein Generalmajor schriftlich festgehalten hat, der zum gleichen Zeitpunkt am Chalchyn-gol kämpfte, und weil die Situation ebenfalls etwas mit der Dunkelheit zu tun hat. Mein Zeuge ist Arseni Woroschejkin, zweifacher Held der Sowjetunion, Generalmajor der Flieger. Im Krieg gehörte er zu den ersten zehn der sowjetischen Fliegerasse. Damals, im Sommer 1939, war er noch ein junger Pilot. Die Situation: Es ist Abend, und er befindet sich auf dem Rückflug von einer Gefechtsaufgabe. Die Dunkelheit nimmt zu. Der Treibstoff geht zu Ende. Unter sich sieht er eine Truppenkolonne. In der Dämmerung kann er nicht unterscheiden, ob es eigene Leute oder Japaner sind. Er hat auch nicht mehr genügend Treibstoff, um über der Kolonne zu kreisen. Doch er schafft es bis zum Flugplatz. Landet. Von der gesichteten Kolonne hätte er keine Meldung zu machen brauchen, er ist dort oben in der Luft allein gewesen, hätte schweigen können, hatte nichts gesehen und basta. Aber er macht Meldung: Kolonne gesichtet, aber nicht geklärt, zu welcher Seite sie gehört, es könnten Japaner sein.

Kurz darauf wird der junge Pilot zu Schukow befohlen. Dessen Frage: Was für eine Kolonne, unsere oder Japaner?

Der Pilot antwortet, daß er das nicht habe erkennen können.

Und dann geschieht folgendes:

»Schukow sagte ruhig:

›Stellt sich heraus, daß es unsere Leute waren, werden Sie morgen erschossen. Sie können wegtreten.‹

Ich erfaßte nicht gleich den Sinn dieser Worte. Aber als mir die Drohung zu Bewußtsein kam, brachte mich die Beleidigung in Wallung. Ich nahm Haltung an und erklärte entschlossen:

›Erschießen Sie mich auf der Stelle . . .‹

Schukow ließ ein verwundertes ›Hm‹ hören, drehte sich zu dem kleinen Schränkchen um, das hinter ihm stand, holte eine angebrochene Flasche mit Kognak und ein Glas heraus, füllte es zur Hälfte und reichte es mir:

›Hier, trinken Sie, und beruhigen Sie sich.‹

›Ich trinke nie allein.‹

Er brummte noch einmal sein ›Hm‹, überlegte kurz, nahm ein zweites Glas und schenkte sich ein . . .« (»Roter Stern«, 5. August 1992)

Seine Charakterfestigkeit hatte Woroschejkin gerettet. Und er hatte Glück gehabt: Er konnte seine Charakterfestigkeit vor Schukow beweisen. Den anderen Männern, die die Schlächter aus dem Osnas-Bataillon des NKWD in der Steppe verhafteten und im Morgengrauen erschossen, half die bewiesene Festigkeit nichts mehr.

Schukows Bemühungen um Ordnung (durch Erschießen) hatten auch noch eine andere Seite. Die von ihm im Kampf Erprobten, denen er traute, stellte Schukow ohne Bedenken auf jeden Posten, ihnen vertraute er jede beliebige Aufgabe an. In der Mehrzahl der Fälle hat sich Schukows Wahl zugegebenermaßen als richtig erwiesen. Die Männer von Schukows Auslese handelten selbständig, besonnen, entschlossen und mit Festigkeit.

Wir wissen, daß Stalin seinen Leibpiloten Golowanow in den Krieg schickte und Woroschilow seinen General für Aufträge von besonderer Wichtigkeit, Chmelnizki. Es lohnt sich, auch einen Blick auf Schukows Mannschaft vom Anfang Juni 1941 zu werfen. Und natürlich auch auf Schukow selbst.

2.

Schukow war gleichbedeutend mit Angriff. An der Front wußte das jeder. Schukows Auftauchen bedeutete nicht nur einen Angriff, sondern einen plötzlichen, entschlossenen, vernichtenden Schlag. Deshalb wurden auch Maßnahmen getroffen, um Schukows Präsenz im betreffenden Augenblick, an dem betreffenden Frontabschnitt zu verbergen. Schukow tauchte ohne Rangabzeichen auf, über seine Anwesenheit zu sprechen war verboten, in verschlüsselten Funksprüchen erschien nur sein Deckname.

Diese Maßnahmen wurden auch auf andere Marschälle und Generale ausgedehnt; dennoch verbarg Stalin Schukow ganz besonders.

Oder er zeigte ihn demonstrativ vor. Im Oktober 1941 war ein für die Sowjetunion kritischer Punkt erreicht. Die deutschen Truppen rückten gegen Moskau vor. Moskau wurde von der West-Front verteidigt, deren Befehl Schukow am 13. Oktober übernahm. Der Chefredakteur des »Roten Stern« D. Ortenberg (ein Kampfgefährte Schukows vom Chalchyn-gol) schickte einen Bildberichterstatter in den Stab der West-Front mit dem Befehl, ein Bild von dem über die Karte des Schlachtfeldes gebeugten Schukow zu machen. Schukow jagte den Mann aus dem Stab, für Phototermine habe er keine Zeit. Wenige Tage später kam der Bildberichterstatter in den Stab der West-Front mit demselben Auftrag zurück, doch diesmal auf Stalins persönlichen Befehl. Das Bild erschien auf den Titelseiten der Zeitungen: Das ganze Heer, das ganze Land, die ganze Welt sollten wissen, daß Moskau nicht übergeben würde – die Verteidigung

Moskaus war Schukow übertragen worden. Natürlich verteidigte sich Schukow nicht nur, sondern er ging auch zum entschlossenen Gegenangriff über, der völlig unerwartet für die deutsche Führung kam.

Und noch ein weiteres Beispiel: Im Frühjahr 1945 bereitet sich die 1. Belorussische Front unter Schukows Befehl auf die Operation Berlin vor. Am 13. April läßt Stalin Harriman gegenüber wie zufällig die Bemerkung fallen, daß die Deutschen aus begreiflichen Gründen mit einem Angriff auf Berlin rechneten, aber man werde sie täuschen, die Hauptstoßrichtung sei nicht Berlin, sondern Dresden. Auch den enttäuschten sowjetischen Soldaten und Offizieren vor den Toren Berlins sagte man, daß der entscheidende Vorstoß an einem anderen Frontabschnitt erfolgen werde. Um alle Zweifel zu zerstreuen, wird der Befehl bekanntgegeben, daß Armeegeneral W. D. Sokolowski die Befehlsgewalt über die Front übernommen und Marschall der Sowjetunion G. K. Schukow sich an einen anderen Schauplatz begeben habe . . . Natürlich hatte sich Schukow nicht entfernt und auch den Befehl über die Front nicht an Sokolowski übergeben, es war einfach besser, vor Beginn des Angriffs dem Gegner Gelegenheit zu geben, die Spannung abzubauen und ihn erleichtert aufatmen zu lassen.

Das Prinzip ist durchschaubar: Bangt Stalin um das Durchhaltevermögen seiner Verteidigung, zeigt er Schukow demonstrativ vor, bereitet er dagegen einen Überraschungsschlag vor, dann wird Schukow versteckt.

Im Juni 1941 mußte G. K. Schukow als Chef des Generalstabs in Moskau bleiben. Aber am 21. Juni hatte man auf der Sitzung des Politbüros den Beschluß gefaßt, an der rumänischen Grenze heimlich die Süd-Front (unter dem Befehl von Armeegeneral I. W. Tjulenew) zu bilden und Schukow nach Ternopol zu entsenden, um die Kampfhandlungen der Süd-Front und der Südwest-Front zu koordinieren. Den Entschluß, Schukow nach Ternopol zu schicken, faßte Stalin nicht im Zusammenhang mit einem drohenden deutschen Angriff: Mit einer solchen Wendung der Ereignisse hatte Stalin nicht gerechnet.

Hätte sich Stalin um seine Verteidigung gesorgt, dann hätte Schukows Flug nach Ternopol nicht der Geheimhaltung zu unterliegen brauchen. Man hätte vielmehr sogar auf den Titelseiten der Zeitungen ein Bild von Schukow mit dem Koffer in der Hand auf dem Weg zum Flugzeug bringen müssen.

Aber Schukows Flug war ein absolutes Staatsgeheimnis. Es ergab sich, daß Schukow am 22. Juni nach Ternopol flog (Start um 13 Uhr 40), das heißt bereits nach Beginn der deutschen Invasion. Doch der Beschluß dazu war am Vortag gefallen. Um ganz genau zu sein: Er war im Mai gefaßt und am 21. Juni bestätigt worden. Als absolute Geheimsache.

Den Grad der Geheimhaltung bestätigt folgende Tatsache: Am 19. *Juli* hält General F. Halder im Kriegstagebuch seine Zweifel an der Existenz einer Süd-Front fest: »Wäre hier wirklich eine starke operative Führungspotenz eingeschaltet, so wäre sie uns sicher namentlich bekannt . . .« (F. Halder, Kriegstagebuch, Bd. 3, Stuttgart 1964, S. 95) Halder drückte auch seine Zweifel an dem Vorhandensein der 9. und 18. Armee aus, die zur Süd-Front gehörten. Nur die Anwesenheit der 2. Armee in diesem Raum (die weder vor noch während dieser Zeit und auch nicht nach dem Zweiten Weltkrieg im europäischen Teil der UdSSR aufgetaucht ist, da sie beständig im Fernen Osten lag) wird von Halder nicht bezweifelt.

Wenn im Verlauf des Krieges, fast einen Monat nach seinem Beginn, die deutsche Abwehr die Existenz einer Süd-Front nicht aufzuklären vermochte, dann konnte sie um so weniger etwas von Schukows Mission wissen, der am 21. Juni den Auftrag erhalten hatte, die Handlungen der Süd-Front und der Südwest-Front zu koordinieren.

Stalin verstand es, Geheimnisse zu hüten. 1940 hatte Hitler begriffen, daß die sowjetische Drohung über den rumänischen Erdölfeldern hing, aber den ganzen Ernst der Lage konnte Hitler nicht ermessen, weil es der deutschen Abwehr nicht nur nicht gelungen war, die getarnte Verlegung der Zweiten Strategischen Staffel der Roten Armee (zu der unter anderem auch die 19. Armee unter Konew mit dem 34. Schützenkorps unter Chmelnizki gehörte) an die Grenzen zu erkennen, sie hatte nicht einmal von der Tatsache Kenntnis, daß es eine Zweite Strategische Staffel gab. Die deutsche Abwehr wußte nichts von der Dritten Strategischen Staffel, ja, sie wußte nicht einmal etwas von der Existenz der gesamten Süd-Front in der Zusammensetzung der Ersten Strategischen Staffel. Deshalb möchte ich unterstreichen: Der Angriff der Süd-Front gegen Rumänien bedeutete für Deutschland eine tödliche Gefahr, weil er als absoluter Überraschungsschlag vorbereitet war, weil zu seiner Abwehr in Rumänien keine Kräfte vorhanden waren und weil ihre rechtzeitige Verlegung dorthin, noch ehe sowjetische Truppen die Erdölfelder in Brand stecken konnten, unmöglich war.

3.

Hat man erst Schukows (von Stalin gebilligte) Absicht verstanden, dann bekommen die Ernennungen und Kommandierungen der Generale aus Schukows Elite einen besonderen Sinn.

Vor Schukows Zeit sah die militärische Planung vor, den Angriff gegen Deutschland im wesentlichen mit den Kräften der West-Front durchzuführen, das heißt mit den in Belorußland stehenden Truppen. Hinter der West-Front sollte aus den Truppen und Stäben des Militärbezirks Moskau eine weitere Front gebildet werden, während im Baltikum und in der Ukraine entsprechend eine Nordwest-Front und eine Südwest-Front zur Durchführung von Unterstützungsangriffen vorgesehen waren.

Da der West-Front die Rolle der Hauptstoßrichtung zugefallen war, wurden in Belorußland vor dem Zweiten Weltkrieg die kampfstärksten und mobilsten Verbände der Roten Armee konzentriert: Kavallerie, Panzerverbände, Mechanisierte Verbände, Luftlandeverbände. Die Blüte der Roten Armee finden wir eben da: die 100. Schützen- und die 4. Kavalleriedivision, die 21. Panzerbrigade. Auch in anderen Militärbezirken gab es gute Divisionen und Brigaden, aber in Belorußland hatte man davon eine ganze Plejade zusammengezogen. Und ebenfalls hier in Belorußland dienten die »angriffsfreudigsten« Truppenführer wie Timoschenko, Rokossowski, Jerjomenko, Apanassenko, Tscherewitschenko, Kostenko, Potapow. Auch Schukow verbrachte die gesamte Zwischenkriegsdienstzeit in Belorußland.

1940 schlug Schukow ein anderes Angriffsschema vor. Als Ergebnis der Teilung Polens waren dem Molotow-Ribbentrop-Pakt zufolge an der Westgrenze zwei mächtige in den deutschen Herrschaftsbereich hineinragende Grenzvorsprünge in den Räumen Belostok und Lemberg entstanden. So hatte sich eine Situation ergeben, die die Durchführung einer klassischen Einkreisungsoperation mit Vorstößen zweier mobiler Umgehungsgruppierungen erlaubte. Mit der Durchführung solcher Manöver haben sich die größten Heerführer von Hannibal bei Cannae bis zu Schukow am Chalchyn-gol einen unsterblichen Namen gemacht. (Schukow sollte sich noch einmal Ruhm mit der Durchführung einer derartigen Operation im November 1942 bei Stalingrad erwerben.) Die Möglichkeit bot sich an, Deutschland 1941 ein Cannae zu bereiten. (Auch die deutsche Grenze hatte zwei gewaltige in sowjetisches Gebiet hineinragende Ausbuchtungen in den Räumen Suwalki und Lublin, und auch die Wehrmacht bereitete die gleiche Operation vor.)

Zur Durchführung der Invasion waren auf Schukows Befehl in den Grenzvorsprüngen von Lemberg und Belostok Stoßgruppierungen, Stäbe, Nachrichtenzentralen, Flugplätze, Vorräte von strategischer Bedeutung sowie Lazarette konzentriert worden. (Die Deutschen taten dasselbe in den Räumen Lublin und Suwalki.)

Vom Standpunkt einer Verteidigung bedeutete es ein tödliches Risiko: Die besten Armeen mit sämtlichen Vorräten waren schon in Friedenszeiten auf drei Seiten vom Feind umgeben; doch Schukow hatte Bismarck gelesen und wußte, daß Deutschland einen Zweifrontenkrieg nicht führen konnte; er kannte die Aufklärungsergebnisse des militärischen Geheimdienstes GRU und wußte, daß die deutsche Industrie weiterhin unter den Bedingungen einer Friedenswirtschaft arbeitete; ohne Umstellung auf Kriegswirtschaft aber würde ein Angriff einem Abenteuer gleichkommen. Schukow beurteilte die Situation professionell und konnte nicht davon ausgehen, daß Hitler sich auf ein Abenteuer einlassen würde.

Betrachtet man die Situation unter dem Gesichtspunkt der Vorbereitung eines Überraschungsangriffs, dann war die Konzentration der Hauptkräfte an den Flanken der beiden Grenzvorsprünge die denkbar beste Ausgangssituation – die sowjetischen Truppen waren schon im Frieden so weit vorgezogen, als stünden sie bereits auf deutschem Territorium, und sie bedrohten die Flanken und den rückwärtigen Raum der Gruppierungen des Gegners.

Von den beiden Stoßgruppierungen hatte Schukow der im Lemberger Bogen dislozierten die entscheidende Rolle zugedacht. Und das war richtig. Die Flüsse fließen von den Gebirgen Zentraleuropas zur Ostsee. Je mehr sie sich dem Meer nähern, um so breiter werden sie. Führt man den Hauptstoß aus dem Baltikum heraus, dann haben die sowjetischen Truppen die Befestigungsanlagen Ostpreußens vor sich, zudem ist an der Küste das gewaltsame Überwinden der Flüsse erschwert. Deshalb waren den sowjetischen Truppen im Baltikum (an der Nordwest-Front) begrenzte Aufgaben zugewiesen. Der Vorstoß aus dem Grenzvorsprung bei Belostok war vielversprechender: Davor lagen keine Befestigten Räume, und die Flüsse waren in ihrem Mittellauf auch nicht so breit. Den Truppen der West-Front waren deshalb entscheidende Ziele vorgegeben. Doch der Hauptstoß sollte aus dem Lemberger Grenzvorsprung heraus erfolgen: Keine Befestigungsanlagen im Vorfeld, die Flüsse sind schmal in ihrem Oberlauf, zudem ist die rechte Flanke der angreifenden sowjetischen Gruppierung durch Gebirge gedeckt. Das Gelände zwischen Lemberg und Berlin stellt aus militärischer Sicht einen einzigen strategischen Korridor dar. Einen Vorstoß aus dem Lemberger Bogen abzuwehren ist, sofern dafür ausreichende Kräfte bereitgestellt sind (und man hatte sie bereitgestellt), unmöglich. Ein solcher Vorstoß würde nicht nur die sowjetischen Truppen in die Industriegebiete Schlesiens bringen, sondern auch Deutschland von den Erdölquellen und seinen Hauptverbündeten abschneiden. Der Vorstoß aus dem Lemberger Bogen eröffnete auf einen Schlag einen Fächer von Möglichkeiten. Er würde eine Situation schaffen, von der Strategen und Schachgroßmeister träumen: nur ein einziger Zug, aber der läßt den gesamten Verteidigungsaufbau des Gegners zusammenbrechen, er durchtrennt alle Verbindungen und erzielt eine gleichzeitige Bedrohung mehrerer Objekte. Das genau hätte ein Vorstoß aus dem Lemberger Bogen bewirkt, schuf er doch die Möglichkeit, den Angriff auf Berlin oder Dresden vorzutragen. Sollte der Gegner Schlesien verteidigen, konnte man einschwenken und den Stoß in Richtung Ostseeküste unter Ausnutzung von Weichsel und Oder zur Deckung der eigenen Flanken führen. Eine solche Stoßrichtung hätte die deutschen Truppen von ihren Versorgungsbasen und den Industrieregionen abgeschnitten.

Schukow plante, wie wir wissen, noch einen weiteren Schlag, der nicht abzuwehren und tödlich war, den Angriff auf Rumänien. Zu diesem Zweck schlug er vor, anstelle einer zweiten Front hinter der West-Front eine an der Grenze zu Rumänien zu bilden.

Zusätzlich waren Nebenstöße aus dem Baltikum auf Königsberg, Angriffe von zwei Gebirgsjägerarmeen über die Karpaten und die Transsilvanischen Alpen sowie das Absetzen von fünf Luftlandekorps vorgesehen. Außerdem wurden in allen sieben inneren Militärbezirken getarnt die Armeen der Zweiten Strategischen Staffel aufgestellt, die noch vor der Invasion mit der Verlegung an die Westgrenzen in der Weise beginnen sollten, daß sie im entscheidenden Moment in die Kampfhandlungen durch Ergänzung und Verstärkung der Ersten Strategischen Staffel eingreifen konnten.

Schukow selbst übernahm dabei die Aufgabe, die Handlungen der Südwest-Front, die den Vorstoß aus dem Lemberger Bogen führen sollte, und der Süd-Front, die zur Invasion in Rumänien aufgestellt worden war, zu koordinieren.

Vor dem Hintergrund dieses Planes wollen wir nun sehen, was jene Männer taten, die Schukows Auslesekriterien genügten.

4.

Armeegeneral I. W. Tjulenew ist ein alter Kamerad Schukows. Sie hatten gemeinsam in der Kavallerieinspektion der Roten Arbeiter- und Bauernarmee gedient. In der Parteiorganisation war Schukow Sekretär, Tjulenew sein Stellvertreter gewesen. Zu Beginn des Sommers 1940 erlebten beide einen raschen Aufschwung ihrer Karriere. Stalin führte in der Roten Armee Generalsränge ein, aber nur drei unter den tausend Generalen erhielten fünf Sterne, zu diesen gehörten Schukow und Tjulenew. Schukow war zu der Zeit Befehlshaber des mächtigsten Militärbezirks – Kiew –, Tjulenew war der wichtigste Militärbezirk unterstellt – Moskau. Im Februar 1941 stieg Schukow noch höher, er wurde Chef des Generalstabs und schlug vor, Tjulenews Talente nicht gegen Deutschland zu nutzen, sondern in Rumänien einzusetzen, Führung und Stab des Militärbezirks Moskau in den Stab der Süd-Front umzuwandeln, ihn an die rumänische Grenze zu verlegen und Tjulenew zu deren Befehlshaber zu ernennen.

Auf der Sitzung des Politbüros am 21. Juni 1941 wurde dieser Vorschlag bestätigt. Aber angenommen wurde er bereits früher. Generaloberst der Pioniertruppen A. F. Chrenow war 1941 Generalmajor und Kommandeur der Pioniertruppen im Militärbezirk Moskau. Hier seine Darstellung: »Anfang Juni versammelte der Befehlshaber das Führungspersonal im Stab des Militärbezirks und teilte uns mit, daß wir den Befehl erhalten hätten, uns auf die Aufgabe der feldmäßigen Führung einer Front vorzubereiten. Welcher? Diese Frage kam über viele Lippen.

›Ich kann dem, was ich gesagt habe, nichts hinzufügen‹, antwortete Tjulenew.

Als er jedoch dazu überging, Anweisungen zum Charakter und Inhalt dieser Vorbereitungen zu geben, war es nicht schwer zu erraten, daß wir im Kriegsfall im Süden würden handeln müssen.« (Brücken zum Sieg. Moskau 1982, S. 73)

Brigadekommandeur A. S. Ustinow war am Chalchyn-gol Stabschef der gesamten Schukow unterstellten Fliegerkräfte gewesen. Ustinows Credo waren nicht Luftkämpfe, sondern der

Angriff auf die schlafenden Flugplätze. Im Juni 1941 schlägt Schukow den Generalmajor der Flieger A. S. Ustinow für die Stellung des Kommandierenden der Fliegerkräfte an der Süd-Front vor. Stalin akzeptiert den Vorschlag.

Generaloberst Ja. T. Tscherewitschenko ist ein Waffengefährte Schukows aus Belorußland; als Schukow das 3. Kavalleriekorps abgab, übernahm es Tscherewitschenko. Am 19. Juni 1941 wurde an der rumänischen Grenze die stärkste Armee in der Geschichte der Menschheit – die 9. – entfaltet. Am 21. Juni, im Augenblick der Bildung der Süd-Front, wird sie dieser Front unterstellt (zusammen mit der heimlich aus dem Militärbezirk Charkow herangeführten 18. Armee). Kommandierender der 9. Armee ist Tscherewitschenko.

Generalmajor P. A. Below war Schukows Untergebener während des Dienstes in der Kavallerieinspektion. Im April 1941 tauchte das 2. Kavalleriekorps unter Below an der rumänischen Grenze auf. Im Augenblick der getarnten Entfaltung der 9. Armee wird ihr Belows Korps unterstellt. Dabei darf der Bezug auf die Kavallerie in der Bezeichnung des Korps' nicht zu falschen Vorstellungen führen. Jede sowjetische Kavalleriedivision hatte in ihrer Zusammensetzung ein eigenes Panzerregiment. Keine einzige deutsche Motorisierte Division hatte zu jener Zeit ein Panzerregiment, auch kein Bataillon, weder eine Panzerkompanie noch einen Zug oder auch nur einen einzigen Panzer. Der Kavallerist Below liebte die Panzer und wußte sie klug einzusetzen. Er wird während des ganzen Krieges unter Schukows Führung kämpfen, von Moskau bis nach Berlin. Am Ende des Krieges ist er Generaloberst.

Die Generalleutnante I. N. Musytschenko und F. Ja. Kostenko waren seinerzeit Regimentskommandeure in Schukows Division gewesen. Anfang Juni 1941 befehligten sie dementsprechend die 6. und die 26. Armee. Beide Armeen stehen im Lemberger Bogen, der besten Position für einen Angriff. Unter dem Gesichtspunkt einer Verteidigung ist es eine katastrophale Position.

Oberst I. Ch. Bagramjan war Anfang der zwanziger Jahre wie Schukow Kommandeur eines Kavallerieregiments, anschließend in den Jahren 1924/25 nahm er zusammen mit Schukow an weiterführenden Lehrgängen für Offiziere der Kavallerie teil. Danach geriet Bagramjans weitere Laufbahn ins Stocken, er wurde in die Lehrtätigkeit abgedrängt und war zu Kriegsbeginn noch immer Oberst. 1940 beorderte Schukow Bagramjan in den Stab der 12. (Gebirgsjäger-)Armee, deren Aufgabe im kommenden Krieg darin bestehen sollte, die rumänischen Erdölfelder von dem deutschen Abnehmer abzuschneiden. Hitler kam Schukow und Bagramjan zuvor, so daß der Plan nicht realisiert werden konnte. Aber Bagramjan stieg höher und höher. Im Krieg durchlief er die erfolgreichste Karriere in der ganzen Roten Armee: Er war Oberst gewesen, als der Krieg begann, und beendete ihn als Armeegeneral in der Dienststellung eines Marschalls. Danach wurde er Marschall der Sowjetunion.

An eben diesen Lehrgängen für Kavallerieoffiziere in derselben Gruppe hatte noch ein weiterer Gefährte Schukows teilgenommen – A. I. Jerjomenko. Am 19. Juni 1941 gab Generalleutnant Jerjomenko seine Dienststellung als Kommandierender der 1. Armee im Fernen Osten auf und begab sich umgehend auf Schukows Aufforderung hin nach Moskau. Jerjomenko traf erst nach Beginn der deutschen Invasion in Moskau ein und wurde nach Belorußland abkommandiert. Aber das war nicht die Verwendung, derentwegen er nach Moskau beordert worden war. So wie Bagramjan beendete er den Krieg als Armeegeneral in der Dienststellung eines Marschalls, und nach dem Krieg wurde er Marschall der Sowjetunion.

Generalmajor K. K. Rokossowski hatte zusammen mit Schukow, Bagramjan und Jerjomenko an diesen Kavalleriekursen in ein und derselben Gruppe teilgenommen. Danach war Rokossowski lange Zeit Schukows Vorgesetzter gewesen. Während der Großen Säuberung hat Rokossowski gesessen. 1940 wurde er entlassen. Schukow holte Rokossowski zu sich. Schukow befehligte persönlich die Süd-Front, die 1940 den »Befreiungsfeldzug« nach Rumänien unternahm. Rokossowski gehörte zu Schukows Reserve und hielt sich bereit, dort eingesetzt zu werden, wo sich eine Krisensituation ergab. Im Sommer

1941 war Rokossowski Kommandeur des 9. Mechanisierten Korps in der Ukraine. Das Korps bereitete sich auf einen Überraschungsschlag vor. Anfang Juni war die gesamte Artillerie des Korps getarnt in die grenznahen Räume verlegt worden, und das ganze Korps erhielt den Befehl, heimlich zur Grenze aufzuschließen. Gewiß, nicht alles ist so eingetroffen, wie es von Schukow und Rokossowski geplant worden war . . . Sie sollten sich auf der Siegesparade wiederbegegnen: Dann wird der Marschall der Sowjetunion K. K. Rokossowski die Parade befehligen, und der Marschall der Sowjetunion G. K. Schukow wird die Parade abnehmen.

Generalmajor der Panzertruppen M. I. Potapow war ein »Genie des Überraschungsschlages«, Waffengefährte Schukows seit Anfang der dreißiger Jahre. Im Sommer 1939 war er am Chalchyn-gol Kommandeur der 21. Panzerbrigade. Während der Kämpfe lernte Schukow die Fähigkeiten Potapows zu schätzen und machte ihn zu seinem Stellvertreter. Für den Überraschungsangriff auf die 6. japanische Armee bildete Schukow drei Gruppen. »Den Hauptstoß sollte die südliche Gruppe unter Oberst M. I. Potapow führen, die aus zwei Divisionen, einer Panzerbrigade, einer Panzerwagenbrigade und mehreren Panzerbataillonen bestand.« (Geschichte des Zweiten Weltkrieges, Bd. 2, S. 217) 1940 wurde Schukow Befehlshaber des Militärbezirks Kiew, er forderte Potapow an und übertrug ihm die Aufstellung des 4. Mechanisierten Korps im Lemberger Bogen. Die sowjetischen Mechanisierten Korps waren die kampfstärksten Panzergroßverbände der Welt. Sie waren für Invasionen bestimmt und konnten nur bei Angriffsoperationen eingesetzt werden. 1941 warf Hitler gegen die Sowjetunion zehn Mechanisierte Korps in den Kampf, von denen im Durchschnitt jedes über 340 leichte und mittlere Panzer verfügte. Stalin hatte auf Verlangen Schukows 29 Mechanisierte Korps mit jeweils insgesamt 1031 leichten, mittleren und schweren Panzern aufgestellt. Nicht alle sowjetischen Mechanisierten Korps waren am 22. Juni auf etatmäßige Stärke gebracht. Das 4. Mechanisierte Korps hatte zum Beispiel nur 892 Panzer. Aber selbst ein nicht voll ausgerüstetes sowjetisches

Korps war kampfstärker als zwei deutsche Korps zusammen. Von den 892 Panzern des 4. Mechanisierten Korps waren 413 Stück T-34 bzw. KW-Panzer. Das ist wenig, sagen die Kommunisten. Es ist in der Tat nicht viel, solange man es nicht mit der Wehrmacht vergleicht, denn in allen zehn deutschen Mechanisierten Korps gab es, wie übrigens auch sonst nirgendwo auf der Welt, keinen einzigen Panzer, der auch nur entfernt an den T-34 oder KW herangereicht hätte. Das 4. Mechanisierte Korps von Potapow, das benachbarte 8. Korps (969 Panzer) und ein weiteres Nachbarkorps (das 15. mit 733 Panzern) sowie alle übrigen Mechnisierten Korps arbeiteten bei den Truppenübungen nur Operationen mit Angriffsthematik aus. Im Februar 1941 wurde Schukow befördert und mit ihm zusammen der Generalmajor der Panzertruppen Potapow, der Kommandierender der 5. Armee wurde, und zwar an der nördlichen Basis des Lemberger Bogens. Der Krieg begann nicht so, wie es von Schukow und Potapow geplant worden war, alles wurde durch den deutschen Angriff zunichte gemacht, doch die deutschen Quellen vermerken die feste, energische und kluge Führung der 5. Armee in den ersten Monaten des Krieges. (Siehe F. Halder, Kriegstagebuch, Aufzeichnungen vom 6., 12., 18., 25. Juli 1941.)

Potapow mußte für fremde Fehler büßen und geriet in Gefangenschaft. Nach der Befreiung aus der Gefangenschaft warteten auf jeden Erschießung oder Gefängnis. Bei Potapow machte sogar Stalin eine Ausnahme – er vertraute ihm die Führung derselben 5. Armee an. Nach dem Krieg brachte es Potapow bis zum Generaloberst. Soweit mir bekannt ist, war dies der einzige Fall eines Aufstiegs im Dienst bei einem General Stalins, der in Gefangenschaft gewesen war.

Generalmajor A. A. Wlassow kam erst 1940 in das Blickfeld Schukows, aber Schukow unterstützte und förderte ihn energisch. Wlassow war Kommandeur der 99. Schützendivision, die er binnen kurzer Zeit in die beste aller 300 Divisionen der Roten Armee verwandelte. Im Verlauf des Krieges wurde die 99. Schützendivision als erste mit einem Kampforden ausgezeichnet. Aber Wlassow war zu der Zeit schon nicht mehr ihr Kommandeur. Nachdem Potapow zum Kommandierenden der 5. Armee ernannt worden war, hatte Wlassow dessen Stellung als Kommandeur des 4. Mechanisierten Korps im Lemberger Grenzvorsprung übernommen. Während des Krieges erwies sich Wlassow als einer der fähigsten sowjetischen Kommandeure. Vor Moskau unter Schukow als Befehlshaber der West-Front war Wlassow Kommandierender der 20. Armee an dieser Front. Die Operation der 20. Armee an der Lama gilt noch heute als Musterbeispiel für einen Überraschungsangriff. Allerdings wird Wlassows Name dabei nicht erwähnt.

Oberst I. W. Galanin war am Chalchyn-gol Kommandeur der 57. Schützendivision. 1941 ist er Kommandeur des 17. Schützenkorps an der rumänischen Grenze. Das 17. Schützenkorps war kein gewöhnliches Korps: vier Divisionen – das ist fast so wie bei Chmelnizki. Drei der vier Divisionen sind Gebirgsjägerdivisionen. Das Korps bereitete sich auf die gewaltsame Überquerung des Grenzflusses Pruth und den Angriff über die Transsilvanischen Alpen vor.

Oberst I. P. Alexejenko hatte am Chalchyn-gol die nördliche Angriffsgruppe geführt. 1940 hatte der Generalmajor der Panzertruppen I. P. Alexejenko in Transbaikalien das 5. Mechanisierte Korps aufgestellt. Anfang Juni 1941 begann die Verlegung des 5. Mechanisierten Korps aus Transbaikalien in die Ukraine. Alexejenkos Korps hatte über 1000 Panzer. (Zentralarchiv des Verteidigungsministeriums, Fonds 209, Inventarverzeichnis 2511, Vorgang 20, S. 128) »Am 21. Juni begannen im neuen Dislozierungsraum die ersten Militärtransporte des 5. Mechanisierten Korps' einzutreffen, und das Entladen wurde aufgenommen.« (Durch Feuerstürme hindurch. Der Kampfweg der 11. Gardearmee im Großen Vaterländischen Krieg 1941–1945. Moskau 1987, S. 13) Das Korps hatte Pech (wie so viele andere Korps und Armeen). Die ersten Militärzüge wurden bereits entladen, als Hitlers Angriff begann, der Charakter des Krieges änderte sich, und so mußten auch die Pläne geändert werden. Die restlichen Militärzüge wurden nach Belorußland umgeleitet. Das Korps wurde auseinandergerissen, die Militärtransporte mit den Panzern wurden unterwegs bombardiert und erlitten

Verluste, noch bevor sie in die Kämpfe eingreifen konnten. Die einzelnen Militärzüge wurden an verschiedenen Stellen entladen, und der Kampf wurde getrennt aufgenommen.

Oberst W. A. Mischulin war am Chalchyn-gol Kommandeur der 8. Panzergrenadierbrigade gewesen. 1941 stellte er die 57. selbständige Panzerdivision in Transbaikalien auf. Die Division verfügte über mehr als 370 Panzer. Anfang Juni 1941 wurde die 57. Panzerdivision unter Mischulin heimlich aus Transbaikalien in die Ukraine verlegt. Ihr Schicksal ähnelt dem des 5. Mechanisierten Korps, obwohl Mischulins Division nicht dem 5. Mechanisierten Korps unterstellt war.

Major I. I. Fedjuninski war am Chalchyn-gol Kommandeur des 24. Motorisierten Schützenregiments der 36. Motorisierten Schützendivision. Im April 1941 traf Oberst Fedjuninski an der deutschen Grenze ein und übernahm die Führung des 15. Schützenkorps in der 5. Armee unter General Potapow. Das 15. Korps war so wie die ganze 5. Armee an die Grenze verlegt worden. Fedjuninski ist Oberst, aber untergeordnet sind ihm die Stellvertreter des Korpskommandeurs – Generale wie zum Beispiel der Stabschef Generalmajor S. S. Rogosny, und die Divisionskommandeure des 15. Korps – die Generalmajore G. I. Scherstjuk und F. F. Aljabuschew. Oberst Fedjuninski befehligt die Generale nicht ohne Grund. Schukow weiß, daß Fedjuninski bei einem Überraschungsangriff nicht aufzuhalten ist. Das ist entscheidend, und deshalb wird Fedjuninski ein Korps anvertraut. Die Generalssterne werden ihn schon einholen. Und sie haben ihn erreicht. Er wird Armeegeneral.

Der Regimentskommissar M. S. Nikischew war am Chalchyn-gol Politkommissar Schukows. Im Juni 1941 findet man ihn in der 5. Armee bei Potapow wieder. Schukows Leute waren zusammengeholt. Doch den Überraschungsschlag zu führen hat ihnen Hitler verwehrt. Armeegeneral Fedjuninski erinnert sich, wie in den ersten Kriegstagen Veteranen vom Chalchyn-gol zusammenkamen: Potapow, Nikischew und er selbst. Potapow ist verbittert, weil man die Rollen mit dem Gegner hat tauschen müssen: Nicht wir, sondern der Feind hat überraschend angegriffen. »›Wie erfolgreich haben wir damals unsere Flankenangriffe geführt‹, bemerkte General Potapow und fügte mit einem Seufzer hinzu: ›Jetzt wird daraus nichts.‹« (In Alarmbereitschaft. Moskau 1964, S. 38)

5.

Man wird mir entgegnen, jeder General ziehe auf seinem Weg nach oben seine Truppe mit sich, um seine eigenen Leute auf die Schlüsselposten zu verteilen und seine Machtposition durch Männer zu untermauern, die ihm persönlich verpflichtet sind. Das stimmt.

Aber Schukow ist Chef des Generalstabs. Er befördert keine Speichellecker auf hohe Posten, sondern Männer, die sich im Überraschungsangriff ausgezeichnet haben, die wissen, wie man Überraschungsschläge vorbereitet und wie sie durchzuführen sind. Und Schukow verteilt diese Männer nicht in den Moskauer Arbeitszimmern und nicht im ganzen riesigen Land, sondern er bringt sie alle in den Lemberger Bogen bzw. an die rumänische Grenze. Schukows Mannschaft – das sind überwiegend Kavalleristen. So wie er selbst einer ist. Ein Kommandeur vom Schlage eines Kavalleristen – das beinhaltet Überraschung, Entschlußkraft, Angriffselan, Umgehungen und Umzingelungen, keinen Stellungskrieg, sondern bewegliche Kriegsführung.

Man hat die sowjetischen Kommandeure von 1941 kritisiert. Aber kaum einer erinnert sich, daß bis 1941 und später dieselben Männer tapfere, aufgeweckte, umsichtige, entschlossene, listige Truppenführer waren. Dennoch sollen sie alle 1941 den Verstand verloren haben?

Hier sei noch angemerkt, daß heimlich in Richtung rumänische Grenze keineswegs nur Schukow-Leute zogen. Wir wissen bereits, daß Generalleutnant I. S. Konew mit der 19. Armee zur Grenze aufschloß. Und Generalmajor R. Ja. Malinowski mit dem 48. Schützenkorps . . .

Ich meine, wenn Schukow, Rokossowski, Konew, Krylow, Potapow, Malinowski sich zusammentaten und alle nach Rumänien schauten, dann ist das ernst zu nehmen.

6.

Generalleutnant A. A. Wlassow, der 1942 in Gefangenschaft geriet, hat bei seiner Vernehmung bemerkt, daß »die Truppenkonzentration im Raum Lemberg darauf hinweist, daß ein Angriff gegen Rumänien in Richtung der Erdölquellen geplant war«. Wlassow beharrte darauf, daß Stalin einen Angriff gegen Deutschland und Rumänien vorbereitet habe, daß die Ausbildung der Roten Armee ausschließlich auf den Angriff orientiert und eine Verteidigungsoperation weder vorbereitet noch überhaupt in Betracht gezogen worden sei. (Vernehmungsprotokoll vom 8. August 1942, in: »Roter Stern«, 27. 10. 1992)

Die Zeitung »Roter Stern« erklärte dazu, Wlassow habe sich bei Hitler anbiedern wollen, er habe, um dessen Wohlwollen zu erlangen, die Lügen der Goebbelspropaganda wiederholt. Mit diesen Aussagen habe er sein wahres Gesicht vollkommen entlarvt.

Doch sehen wir uns an, was ein Jahr zuvor in demselben »Roten Stern« der Stellvertreter des Generalstabschefs der Streitkräfte der UdSSR Armeegeneral M. Garejew schrieb: »Die Richtung, in der sich die Hauptanstrengungen konzentrierten, wurde von der sowjetischen Führung nicht im Interesse einer strategischen Verteidigung gewählt (eine derartige Operation war einfach nicht in Betracht gezogen und auch nicht geplant worden . . .), sondern im Hinblick auf gänzlich andere Möglichkeiten des Handelns . . . Der Hauptstoß im Südwesten führte über ein vorteilhafteres Gelände und schnitt Deutschland von seinen Hauptverbündeten und dem Erdöl ab und brachte unsere Truppen in die Flanke und den Rücken der Hauptgruppierungen des Gegners . . .« (27. Juli 1991)

Vergleichen wir die Ansichten der beiden Generale. Sie sprechen von ein und demselben Vorgang: keine Verteidigungsvorbereitungen, nur Angriff, und zwar ein Angriff an der Südwest-Front, das heißt aus dem Lemberger Bogen heraus mit dem Ziel, Deutschland vom Erdöl und seinen Hauptverbündeten abzuschneiden.

Wenn Andrej Andrejewitsch Wlassow mit solchen Aussagen Hitler zum Munde reden wollte, wessen Wohlwollen trachtete dann Garejew damit zu gewinnen? Wenn wir zustimmen, daß Wlassow einfach Goebbels' Lügen wiederholt habe, dann müßten wir auch den »Roten Stern« zu einem Sprachrohr der faschistischen Propaganda deklarieren.

Garejews Äußerung ist in der Sowjetunion im zentralen Organ des Verteidigungsministeriums veröffentlicht worden und hat keinerlei Proteste weder von seiten der Militärhistoriker noch von seiten des Generalstabschefs oder des Verteidigungsministers oder seitens des Präsidenten der Sowjetunion ausgelöst.

Es hat niemand protestiert, weil Armeegeneral Garejew genauso wie Generalleutnant Wlassow die Wahrheit ausgesprochen hat. Wenn aber einer meiner Leser von sich aus auf einer Karte die sowjetischen Invasionsarmeen markiert, die Mechanisierten und die Luftlandekorps, die Flugplätze, Stäbe und Schukows Generale, dann wird er selbst ohne das Zeugnis von Wlassow und Garejew bestätigen müssen: Hier war eine Angriffsoperation von beeindruckender Perfektion vorbereitet worden.

DIE DRITTE STRATEGISCHE STAFFEL

Gewalt ist nützlich und notwendig.

Lenin (Vollständige Werkausgabe XXXVIII, S. 43)

Seien Sie überzeugt, daß unsere Hand nicht zittern wird.

Stalin (Werke IV, S. 118)

1.

Die Erste Strategische Staffel der Roten Armee umfaßte 16 Kaderinvasionsarmeen und mehrere Dutzend selbständiger Korps und Divisionen. Ihre Aufgabe bestand darin, gleichzeitig mehrere Stöße zu führen.

Die Zweite Strategische Staffel bestand aus sieben erst vor kurzem aufgestellten Armeen, die durch Reservisten – darunter auch Häftlinge (siehe Der Eisbrecher, S. 341 ff.) – ergänzt worden waren. Sie hatte den Auftrag, die Erfolge der Ersten Strategischen Staffel auszubauen.

Nach der Zweiten Strategischen Staffel aber erfolgte die Entfaltung der Dritten Strategischen Staffel. Ursprünglich umfaßte sie drei Armeen – die 29., 30. und die 31. Auf den ersten Blick waren es gewöhnliche Invasionsarmeen. Bei näherer Berachtung stellt sich jedoch heraus, daß es sich sogar um sehr ungewöhnliche Armeen handelte.

Offiziell entstand die Dritte Strategische Staffel in den letzten Junitagen 1941 als Reaktion auf den deutschen Angriff, allerdings verdächtig schnell. Drei Armeen aufzustellen ist sogar im Frieden nicht einfach, es erfordert viel Zeit, viele Waffen, Mannschaften und Offiziere, viele Fahrzeuge, viel Munition, Verpflegung und Treibstoff und schließlich viele Stiefel. Diese Armeen aber waren binnen weniger Tage Ende Juni 1941 in einer Situation von Panik und allgemeinem Durcheinander entstanden, doch die Panik und das Durcheinander berührte sie nicht. Das Geheimnis bestand darin, daß dic Armeen der Dritten Strategischen Staffel nach Plänen aus Friedenszeiten aufgestellt wurden, daß der Mechanismus bereits vorhanden und noch vor der deutschen Invasion in Gang gesetzt worden war, und er arbeitete störungsfrei, unbeeindruckt von dem Chaos ringsum und der Tatsache, daß Stalin in den ersten Kriegstagen dem Ruder der Staatsführung fernblieb.

Aus was für Armeen war die Dritte Strategische Staffel zusammengesetzt? Wenn man in der Zweiten Strategischen Staffel ganze Divisionen und sogar Korps aus Häftlingen aufgestellt hatte, sollten wir erraten können, wer in der Dritten Strategischen Staffel hinter den Häftlingen stand.

2.

Richtig.

Die Dritte Strategische Staffel – das waren die Tschekisten. Alle drei Armeen.

Die 29. Armee unterstand dem Befehl des Stellvertreters des Volkskommissars für Innere Angelegenheiten NKWD-Generalleutnant I. I. Maslennikow, die 30. Armee dem ehemaligen Chef der Grenztruppen des Ukrainischen Grenzbezirks NKWD-Generalmajor W. A. Chomenko, die 31. Armee dem ehemaligen Chef des Baltischen Grenzbezirks NKWD-Generalmajor K. I. Rakutin, danach dem ehemaligen Chef des Karelofinnischen Grenzbezirks NKWD-Generalmajor W. N. Dolmatow. Drei Armeen sind eine ganze Front. Die Gesamtführung der drei Armeen lag in den Händen des ehemaligen Chefs der Grenztruppen im Belorussischen Grenzbezirk, des NKWD-Generalleutnants I. A. Bogdanow, sein Politkommissar war der Stellvertreter des Volkskommissars für Staatssicherheit (NKGB) Kommissar der Staatssicherheit 3. Ranges S. N. Kruglow.

Seit Jahren trage ich mosaikartig Daten über die sowjetischen Truppen und ihre Kommandeure im Jahr 1941 zusammen. Darunter auch über die drei Tschekistenarmeen. Alles bisher Gefundene bestätigt mir: In der Dritten Strategischen Staffel waren nicht nur sämtliche Armeekommandierenden, die Kommandeure der Divisionen, Regimenter und Bataillone

Tschekisten aus dem NKWD und NKGB, auch alle Kompaniechefs, Zugführer und Gruppenführer stammten aus denselben Behörden. Ausnahmen sind mir nicht begegnet.

Je mehr Informationen über die Dritte Strategische Staffel zusammenkamen, um so mehr Fragen ergaben sich. Wofür war diese ganze Tschekistenfront bestimmt? Wie konnten die Grenzsoldaten zu vielen Tausenden am 22. Juni dem Feuer der angreifenden deutschen Truppen entkommen, wie schafften sie den Sprung in das tiefe Hinterland (die Bahnstrecken waren verstopft), und wie konnten sie sich dort nur wenige Tage nach dem Beginn der deutschen Invasion zu einer festen Struktur formieren mit einer Front- und drei Armeeführungen, mit Stäben der neuen Divisionen, Regimenter und Bataillone, mit einem funktionierenden Nachrichten- und Versorgungsdienst? Schließlich hatte sich der Stab des Ukrainischen Grenzbezirks im Lemberger Grenzvorsprung befunden. Wie war der Tschekistengeneral Chomenko mit seinem Stab dieser Hölle entronnen? Der Stab des Belorussischen Grenzbezirks befand sich an einem für die Evakuierung noch ungeeigneteren Ort – in Belostok. Dort gerieten alle in den Kessel. Mit Ausnahme des Tschekistengenerals Bogdanow, seines Stabes und Tausender Angehöriger der Grenztruppen, vom einfachen Soldaten bis hinauf zu den Generalen. Bogdanow war es gelungen, mit seinem Stab dem Kessel zu entkommen, er tauchte im Hinterland auf und trat an die Spitze der gesamten Tschekistenfront. Angenommen, Bogdanow wurde aus dem Kessel ausgeflogen, wo aber kamen die drei Tschekistenarmeen her? Hätte man überhaupt sämtliche Grenzsoldaten von der Westgrenze am 22. Juni mit Flugzeugen abtransportieren können? Und doch stellen gerade diese Grenzsoldaten von der Westgrenze die Grundlage der drei Tschekistenarmeen dar, und auch die gesamte Führung kam von dieser Grenze. Geschehen noch Wunder?

Kommunistische Historiker haben massenweise Bücher über die heldenhaften Tschekisten und ihre mutigen Taten in den ersten Tagen des Krieges geschrieben, aber die Bücher schweigen sich darüber aus, wie diese Tschekistenfront entstand. Auf die Frage gaben die Historiker nicht nur keine Antwort, sie fanden es nicht einmal nötig, diese Frage überhaupt zu stellen.

3.

Um die Frage nach der Herkunft der Dritten Strategischen Staffel zu beantworten, müssen wir zur Ersten Strategischen Staffel zurückkehren, und zwar an die rumänische Grenze. Über diese Zeit sind viele Bücher geschrieben worden, und wir wollen eines davon aufschlagen. Zum Beispiel das Buch des Helden der Sowjetunion Generalmajor A. A. Swiridow »Die Bataillone nehmen das Gefecht auf«; es wurde 1967 vom Militärverlag herausgebracht. Das Buch durchlief die allgemeine und die gesonderte militärische Zensur. Die angeführten Tatsachen wurden ebenso wie die Tatsachen in jedem anderen Buch des Militärverlags von Experten des Instituts für Militärgeschichte geprüft und führten zu keiner Beanstandung. Das Buch haben Tausende von Menschen gelesen, einschließlich führender sowjetischer und ausländischer Historiker, das Buch haben Teilnehmer jener Ereignisse gelesen – Untergebene von General Swiridow und seine Kommandeure. Niemand hat Einspruch erhoben.

Der Autor war im Juni 1941 Hauptmann, Kommandeur des 144. selbständigen Aufklärungsbataillons der 164. Schützendivision im 17. Schützenkorps der 12. Armee im Lemberger Bogen. Das 17. Korps ist nur dem Namen nach ein Schützenkorps, in Wirklichkeit handelt es sich um ein Gebirgsjägerkorps. Korpskommandeur ist der von Schukow geförderte Generalmajor I. W. Galanin. Die ganze 12. Armee ist, wie wir wissen, nur dem Namen nach eine gewöhnliche Armee, in Wirklichkeit aber eine Gebirgsjägerarmee. In dieser Armee hatte I. Ch. Bagramjan auf persönlichen Befehl Schukows seine Experimente zur schnellen Einnahme von Gebirgspässen durchgeführt. (Siehe: Der Eisbrecher, S. 185 ff.)

Swiridows Buch ist deswegen von Interesse, weil es eben diese Armee beschreibt, aber sein Blick geht nicht von oben nach unten, sondern in der umgekehrten Richtung. Begeben wir uns also von der Ebene des Korps bzw. der Armee hinunter zum 144. Aufklärungsbataillon unter der Führung von Hauptmann A. A. Swiridow. Der Bericht beginnt am 19. Juni 1941. Ich schlage die erste Seite auf und zitiere aufs Geratewohl, beginnend mit der ersten Zeile: »Am Pruth löste unsere Division die Grenztruppen ab. Beim Verlassen der Staatsgrenze übergaben sie uns das befestigte Ufer und hinterließen uns etwas ungewöhnliche Souvenire – Angeln aus Haselruten, ein unbrauchbares Maschinengewehr und einen alten Schäferhund . . .«, »Als die Grenztruppen uns die Grenze übergaben . . .«, »Der Wald, in dem wir lagen . . .«, von der rumänischen Seite »drang Weinen aus dem rumänischen Dorf herüber: Die Bauern wurden umgesiedelt, weg von der Grenze« . . . »Wir alle machten uns als sowjetische Soldaten bereit, den Feind nur auf seinem eigenen Boden zu schlagen« . . . »Der Schwadronschef, Oberleutnant Korobko, bat nach seiner Meldung um die Erlaubnis, das andere Ufer des Flusses aufzuklären. ›Wart' es ab, übereil' nichts. Deine Zeit kommt noch. Bis dahin aber halte die Augen offen, und streng' deine Ohren an.‹«

Machen wir uns klar, was hier berichtet wird. Die 164. Schützendivision hat von den Grenztruppen das befestigte Ufer übernommen, aber sie hat es nicht eilig damit, diese Befestigungen zu nutzen – die Division verbirgt sich im Grenzwald. Alle sowjetischen Divisionen im Grenzstreifen handelten ebenso. Sie hatten zur Grenze aufgeschlossen, aber nicht um der Verteidigung willen. Am anderen Ufer gehen die Deutschen nach demselben Szenario vor, auch sie verbergen sich in den Wäldern. Auch das geschieht nicht zur Verteidigung.

Erstaunlich sind die eigentümlichen Gehörqualitäten dieses sowjetischen Hauptmanns und Kommandeurs eines Aufklärungsbataillons: Das Weinen aus dem rumänischen Dorf, das auf der anderen Seite des Grenzflusses ausgesiedelt wird, hat er gehört, aber auf unserer Seite scheint ihm das Weinen zu entgehen. Dabei haben die sowjetischen Grenztruppen vom 13. bis zum 20. Juni die Operation Zwangsaussiedlung der Menschen aus dem Grenzstreifen vom Weißen Meer bis zum Schwarzen Meer durchgeführt. Die Deutschen schafften die Bevölkerung in einem Geländestreifen von 20 km Tiefe fort, auf unserer Seite waren es 100 km. Die Deutschen siedelten in der Hauptsache die Menschen um. Unsere verbanden die Umsiedlung mit Ausrottung. Zu dem geschilderten Zeitpunkt ging die NKWD-Operation zur Säuberung des Grenzstreifens ihrem blutigen Höhepunkt entgegen. Doch unseren »Helden« berührt das nicht. Das Weinen unserer Sowjetmenschen vernimmt er nicht, und er will es auch nicht hören. Er dünkt sich ein Befreier Europas zu sein, und deshalb hört er auch nur das Weinen von der anderen Seite.

Nachdem meine ersten Artikel über die wahre Bedeutung des TASS-Kommuniqués vom 13. Juni 1941 erschienen waren, veröffentlichte eine Gruppe amerikanischer Experten einen zornigen offenen Brief: das TASS-Kommuniqué sei einfach eine Dummheit von Stalin gewesen, sie, die Historiker, hätten das schon lange festgestellt. Vielleicht ist für Sie, meine Herren, das TASS-Kommuniqué eine Dummheit, aber der Tag, an dem dieses Kommuniqué in der Presse erschien, ist ein nationaler Trauertag für viele Völker, denn an diesem Tag haben unsere heldenmütigen Tschekisten viele tausend Menschen in die Tundra jenseits des Polarkreises geschickt, und nur wenige von ihnen kehrten später unter den heimatlichen Himmel zurück.

Nach Abschluß der Zwangsaussiedlung dieser Menschenmassen beseitigten die heldenhaften Grenzwächter nicht nur die Minenfelder und Stacheldrahtverhaue an den sowjetischen Grenzen (siehe Der Eisbrecher, S. 105 ff.), sondern zogen sich auch selbst von der Grenze zurück. Die Bestätigung durch General Swiridow ist nur ein Beleg von vielen. Jeder interessierte Leser kann solche Zeugnisse in hinreichender Menge sowohl in den Memoiren sowjetischer Generale wie auch in den deutschen Archiven finden. Völlig eindeutig geht aus diesen Zeugnissen hervor, daß in Geländeabschnitten von mehreren Dutzend, mitunter auch Hunderten Kilometern Breite (nämlich dort, wo die sowjetischen Vorstöße vorbereitet wurden) die Grenze offen war, das heißt, daß die Grenztruppen abgerückt waren und die Grenze der Roten Armee zu deren Verfügung überlassen hatten. Hier muß man die Antwort auf die Frage suchen, weshalb sich die Grenztruppen in den ersten Tagen des Krieges im tiefen Hinterland befanden: Alles Nötige für die Aufstellung der drei Tschekistenarmeen war rechtzeitig vorbereitet worden, das Personal jedoch, von den Generalen bis hinunter zu den einfachen Soldaten, ganze Grenzsicherungswachen, Kommandanturen, Abteilungen und Stäbe der Grenzbezirke, war *vor* dem deutschen Angriff in das Hinterland verlegt worden.

4.

In meinem Leben habe ich nur einmal erlebt, daß Grenztruppen die Grenze öffnen: Im Sommer 1968 zogen ebendort in den Karpaten, wo unsere braven Soldaten ihre Lederstiefel erhielten, die Grenzwachen ihre Posten ab und überließen die Grenze unseren Divisionen.

1941 war alles nach demselben Drehbuch abgelaufen.

Als sich die Tschekisten am 18./19. Juni von den Grenzen zurückzogen, wußten sie, daß dies Krieg bedeutete. Jedem Sowjetmenschen hat man von Kindesbeinen an eingebleut, daß die Grenze geschlossen ist. Die Existenz jedes Grenzsoldaten basierte auf dieser Weisheit. Beim Abrücken von der Grenze am 19. Juni 1941 erkannte jeder Führer einer Grenzwache und jeder einfache Grenzsoldat die Bedeutung dieses Abzugs. Erinnern wir uns an ein unscheinbares Detail auf der ersten Seite von General Swiridows Memoiren: Die Grenzsoldaten lassen bei der Übergabe der Staatsgrenze ein unbrauchbares Maschinengewehr zurück. Jeder, der in der Roten Armee, in der Sowjetarmee, bei den Grenztruppen, beim NKWD oder beim KGB gedient hat, wird mir bestätigen: In Friedenszeiten ein Maschinengewehr – und sei es ein unbrauchbares – wegzuwerfen ist unmöglich. In jedem Fall ist der beschädigte Ausrüstungsgegenstand – erst recht, wenn es um eine Waffe geht – abzuliefern, und zwar unter Anfertigung eines Protokolls über den Vorgang. Die beschädigte Sache (ganz gleich, ob es sich dabei um eine geheime Karte oder einen zerrissenen Soldatenmantel handelt) ist vorzuweisen: Hier ist das Stück und hier das Protokoll zu meiner Entlastung – ich bitte um Abzeichung. Dann gibt es auch keine weiteren Probleme. Aber versuche einmal, vor einer Kommission zu bestehen, wenn zwar das Protokoll existiert, aber kein abgerissener Mantel vorgewiesen werden kann, dann versuche einmal zu beweisen, daß du ihn nicht gestohlen oder in Wodka umgesetzt hast. Aus zwei zu Bruch gegangenen Maschinengewehren kann man in 15 Minuten ein funktionsfähiges neues zusammensetzen. Aus dem weiteren Text von General Swiridow geht sogar hervor, daß seine Leute das weggeworfene Maschinengewehr schnell repariert hatten, ohne Ersatzteile oder ein zweites unbrauchbares Maschinengewehr zur Verfügung zu haben, das man für die Ersatzteile hätte ausschlachten können. Wie ist das Verhalten des Führers der Grenzwache und des Hauptfeldwebels zu deuten, bei deren Teileinheit dieses Maschinengewehr registriert war? Wie gedachten sie wohl für das fehlende Maschinengewehr geradezustehen? Wer würde ihnen glauben, daß sie das Maschinengewehr nicht den Feinden der Sowjetmacht überlassen hatten? Wer würde ihnen glauben, daß das Maschinengewehr unbrauchbar war?

Aber es ist ganz einfach, das Verhalten der abrückenden Grenzwächter zu verstehen, wenn man vor Augen hat, daß der Frieden zu Ende ist und alle einschließlich des Führers der Grenzwache begriffen haben, daß der Krieg schon begonnen hat. Denn so wird im Krieg verfahren. Immer. Da wird zum Beispiel die 1. Gardepanzerarmee aus dem Gefecht herausgelöst, und der Befehl lautet, nur das Nötigste mitzunehmen. Es wäre sinnlos, aus der vordersten Linie Waffen, Munition und Kampftechnik abzuziehen, die unter so vielen Mühen dorthin gebracht worden sind. Deshalb erfolgt das Herauslösen eines Truppenteils aus dem Gefecht häufig in der Weise, daß die Vorräte und die gesamte nach den erbitterten Kämpfen noch einsatzbereite Bewaffnung samt Munition an die frischen Verbände übergeben wird, während die in den rückwärtigen Raum verlegten Verbände nichts unnötig Belastendes mit sich führen; im rückwärtigen Raum wird man sie auffüllen und mit fabrikneuer Bewaffnung ausrüsten. Genauso war am 19. Juni 1941 die Ablösung durch die sowjetischen Truppen an der Grenze verlaufen: nicht mehr nach den Vorgaben aus Friedenszeiten, sondern so, wie es im Krieg gehandhabt wird.

5.

Erstaunlich ist die Stimmung bei den Kampftruppenteilen der Roten Armee, die sich in den Wäldern an der Grenze verbergen. Auch in dem als Beispiel angeführten 144. selbständigen Aufklärungsbataillon von Hauptmann Swiridow.

Dieses Bataillon sollte ich im übrigen beschreiben; die Organisationsform entspricht dem Standard: Führung und Stab; eine Panzerkompanie; eine schwere Panzerwagenkompanie; eine Motorisierte Schützenkompanie; eine Kavallerieschwadron; Sicherungseinheiten bzw. -teileinheiten. Die Grundbewaffnung des Bataillons besteht aus 16 Schwimmpanzern und 13 schweren Panzerwagen. Stalin hatte allein in der Zusammensetzung der Schützendivisionen 207 komplett ausgerüstete und mehrere Dutzend noch nicht voll ausgerüstete Bataillone dieser Art. Wir wollen versuchen, dies richtig zu würdigen. Betrachten wir zu diesem Zweck nur das 144. Aufklärungsbataillon. Es verfügt in seiner Zusammensetzung über 16 Panzer, aber in sämtlichen deutschen Infanteriedivisionen insgesamt gibt es nicht einen einzigen Panzer. Das gleiche gilt für alle deutschen Motorisierten Divisionen. Stalin dagegen hat in jeder Schützendivision ein Aufklärungsbataillon mit Panzern. Allein schon in der Zusammensetzung der Aufklärungsbataillone der Schützendivisionen Stalins gibt es mehr Panzer als in der ganzen Wehrmacht an der Ostfront. Zudem sind es keine gewöhnlichen Panzer, sondern Schwimmpanzer. Stalin hat davon 4000 Stück. Die ganze Wehrmacht verfügt über keinen einzigen. Auch in der übrigen Welt gibt es zu der Zeit noch keine Schwimmpanzer.

Demnach verfügt der Bataillonskommandeur Hauptmann Swiridow an der rumänischen Grenze über 16 Schwimmpanzer, während kein einziger deutscher General oder auch

Feldmarschall auch nur einen einzigen Schwimmpanzer zur Verfügung hat. Und ebensowenig die Generale und Feldmarschälle aller übrigen Länder. Und nun erbittet der untergebene Schwadronschef von dem Kommandeur eines *solchen* Bataillons die Erlaubnis, einen Aufklärungstrupp auf die andere Flußseite schicken zu dürfen . . . Ich stelle mir dieselbe Situation im Jahre 1970 vor: Ein junger Aufklärungsoffizier bittet den Kommandeur eines Aufklärungsbataillons um die Erlaubnis, einen Aufklärungstrupp auf die andere Flußseite, angenommen auf das westdeutsche Ufer, schicken zu dürfen. Ich stelle mir vor, ich selbst hätte diese Frage an meinen Bataillonskommandeur gerichtet . . . Man würde mich auf der Stelle mit Laken verschnürt und unter Sirenengeheul in die angemessene Anstalt transportiert haben. Aber 1941 stellte der Oberleutnant diese Frage seinem Hauptmann, und der zeigte keinerlei heftige Reaktion: Die Frage ist angebracht, aber noch ist die Zeit nicht reif dafür. Bald wird sie es sein.

In die Aufklärungseinheiten und -verbände werden keine Dummköpfe gesteckt. Der Oberleutnant wird als ein sachlicher, energischer, unternehmungsfreudiger Mann geschildert. Auch der Autor ist ein guter Kommandeur, vom Hauptmann hat er es bis zum Generalmajor und Helden der Sowjetunion gebracht. Im vorliegenden Fall hat der Oberleutnant eine ablehnende Antwort erhalten, aber er hat seine Frage in dem Wissen gestellt, daß eine positive oder negative Entscheidung über die Entsendung einer bewaffneten Gruppe auf das angrenzende Territorium bereits nicht mehr von dem Genossen Stalin und auch nicht von dem Genossen Molotow, nicht von Schukow und nicht vom Chef der GRU Generalleutnant Golikow abhängt, sondern von seinem Hauptmann, der dort steht, wo eigentlich die Grenzposten hätten stehen müssen.

In diesem Fall hat der Hauptmann nicht erlaubt, einen Erkundungstrupp auf das Territorium des Gegners zu entsenden, aber es sind Hunderte von Fällen bekannt, in denen sowjetische Hauptleute und Majore ihre Einwilligung gaben. Wir sind gewöhnt, uns darüber zu empören, daß deutsche Aufklärungsflugzeuge über sowjetischem Territorium kreisten, daß deutsche Aufklärungsgruppen sich auf unserem Boden herumtrieben. Dabei vergessen wir seltsamerweise unsere eigenen Flugzeuge, die über dem deutschen Territorium flogen, unsere Aufklärungsgruppen, die sich auf deutschem Boden zu schaffen machten.

Wenn ich diese Zeilen überfliege, muß ich an B. M. Schaposchnikow denken. Viele Jahre vor 1941 hat Schaposchnikow darauf hingewiesen, daß »die Umstellung einer Armee auf den Kriegszustand einen Anstieg des Kampfgeistes bewirkt, daß sie das moralische Niveau der Armee hebt.« (B. M. Schaposchnikow, Erinnerungen. Moskau 1974, S. 545) Schaposchnikow hatte darauf hingewiesen, daß eine in den Kriegszustand versetzte Armee, die zur Grenze aufgeschlossen hat, unter einer nervlichen Anspannung steht, deren Entladung nicht mehr verhindert werden kann. Schaposchnikow hatte darauf hingewiesen, daß man eine Armee nicht lange an den Grenzen halten kann, daß man sie handeln lassen muß.

Stalin hatte Schaposchnikows »Das Gehirn der Armee« aufmerksam gelesen, er kannte es und zitierte daraus. Stalin hielt seine Hand über Schaposchnikow. 1940 ist das Jahr von Schaposchnikows Aufstieg, im Mai wird er zum Marschall der Sowjetunion ernannt. Offiziell ist er Stellvertreter des Volkskommissars für Verteidigung, in Wirklichkeit aber Stalins entscheidender militärischer Berater. Mitte Juni 1941 schließen die sowjetischen Invasionsarmeen zur Grenze auf. Die oberste sowjetische militärische Führung weiß, daß Kommandeure wie Soldaten schon auf den Kampf brennen, daß ihr Angriffsdrang nicht mehr zu zügeln ist. Aber sie versuchen auch gar nicht mehr, ihn zu zügeln. Bis zum alles zermalmenden Krieg sind es nur noch zwei Wochen . . . Vom Gegner trennt die Rote Armee nicht einmal mehr die dünne Kette der Grenzwächter des NKWD. Aber weder Schukow noch Timoschenko noch Schaposchnikow besaßen solche Machtbefugnisse, daß sie den Grenzwächtern den Befehl zum Abzug von der Grenze hätten geben können. Die Grenzsoldaten fallen nicht in ihren Amtsbereich. Die Grenzer sind Berijaleute. Und Berija besaß seinerseits nicht die Macht, den Armeedivisionen zu befehlen, seine

Leute an der Grenze abzulösen. Den Befehl an den Volkskommissar für Innere Angelegenheiten, seine Grenzsoldaten von den Grenzen abzuziehen, und den Befehl an den Volkskommissar für Verteidigung, die Divisionen der Roten Armee zu den Grenzen aufschließen zu lassen, konnte nur ein Mann erteilen – der Vorsitzende des Rates der Volkskommissare, Genosse Stalin.

Stalin befahl den Tschekisten, sich in den rückwärtigen Raum zurückzuziehen, und den Verbänden der Roten Armee, zu den Grenzen vorzurücken. Stalin wußte, daß man anschließend die Rote Armee von der Kette lassen mußte . . .

Andernfalls würde sie sich selbst losreißen.

6.

Aber dann geschah das, womit keiner gerechnet hatte. Die deutsche Wehrmacht führte den ersten Schlag.

Betrachten wir die Folgen dieses deutschen Angriffs am Beispiel der 164. Schützendivision, in der unser Hauptmann Swiridow Dienst tat. In diesem Raum gibt es zwei Flüsse: den Grenzfluß Pruth und parallel dazu auf sowjetischem Gebiet den Dnjestr. Hätte sich die Division auf eine Verteidigung eingestellt, dann hätte sie nicht in das Gelände zwischen beiden Flüssen einrücken dürfen, sondern man hätte Schützengräben und Laufgräben am Ostufer des Dnjestr graben müssen, unter Nutzung beider Flüsse als natürliche Hindernisse. Die Brücken hätte man zur Sprengung vorbereiten müssen. In dem Raum zwischen beiden Flüssen hätte es weder Lager noch Lazarette noch Stäbe oder große Truppenverbände geben dürfen, sondern lediglich kleine Abteilungen und Gruppen von Sprengpionieren und Scharfschützen. Aber die 164. Division hatte sich (so wie die übrigen Divisionen) auf den Angriff vorbereitet und deshalb den Dnjestr überschritten, dabei in die Grenzwälder Hunderte Tonnen an Munition, Treibstoff und Versorgungsgütern, Stäbe, Lazarette und Nachrichtenzentralen mitgeführt und war an der äußersten Grenze – am Grenzfluß – zum Stehen gekommen. Die Division besteht aus 15 000 Soldaten. Vielen

Kanonen. Vielen Granaten. Vielen Fahrzeugen. Neben ihr lagen andere Divisionen. Und das alles zwischen den beiden Flüssen. Hinter ihnen der Dnjestr, vor ihnen der Grenzfluß Pruth. Die Deutschen starteten ihren Angriff, sie eroberten die Brücke über den Grenzfluß, die nicht vermint worden war, und begannen ihre Verbände überzusetzen, während die Brücken im Rücken der sowjetischen Divisionen zerbombt wurden. Nördlich von diesem Abschnitt war der deutschen 1. Panzergruppe der Durchbruch gelungen; in einem gewaltigen Bogen umging sie die sowjetische Front und schnitt die sowjetischen Truppen von den rückwärtigen Räumen ab. Die sowjetischen Divisionen saßen in der Falle. Massen an Menschen und Bewaffnung (hier stand auch die 96. Gebirgsjägerdivision mit 13 000 Soldaten), doch eine Verteidigung hatte niemand vorbereitet, niemand hatte Laufgräben und Schützengräben angelegt. Ein Rückzug war unmöglich, der Dnjestr im Rücken hatte keine Brücken mehr. Und die Vernichtung begann. Einige entkamen der Mausefalle über Schwimmbrücken, aber man versuche einmal, über eine einzige, unter Bombenangriffen stehende Brücke auch nur 10 000 Solaten und ein paar tausend Tonnen Munition aus dem Kampf zurückzuführen . . .

Doch kehren wir zu Swiridows Bericht zurück. Er blickt auf die Grenzbrücke über den Pruth, über die in nicht enden wollendem Strom die deutschen Truppen übersetzen: »Die Brücke! Wir hatten sie für den Angriff bewahrt, und jetzt gibt es absolut keine Möglichkeit zur Sprengung.« . . . »Es war einfach so, daß meine ganze militärische Ausbildung im Grunde unter der Devise stand: Es gibt nur den Angriff! Rückzug galt als Schande, also hatte man uns ihn nicht gelehrt. Jetzt, da wir uns zurückziehen mußten, besaß niemand Erfahrung darin. Wir mußten diese Weisheit erst unter harten feindlichen Schlägen begreifen lernen.«

An diesem Beispiel werden die Gründe für die Niederlage aufgedeckt: Für einen Verteidigungskrieg gerüstet zu sein und das Bereitsein zum Angriff sind zwei verschiedene Dinge; die 164. Division hatte sich auf einen Angriff vorbereitet, und deshalb war alles so gekommen. . . . Nach dem Erscheinen des

»Eisbrechers« haben sich bekannte Historiker dazu geäußert und erklärt, meine Version sei nicht neu, es sei einfach eine Wiederholung dessen, was schon die Faschisten behauptet hätten. Ich rufe meine Leser als Zeugen auf: Habe ich etwa begeistert Faschisten zitiert? Meine Bücher sind getränkt mit Zitaten aus Marx, Engels, Lenin, Trotzki, Stalin, Frunse, Chruschtschow, Breschnew, Schaposchnikow, Schukow, Rokossowski, Konew, Wassilewski, Jerjomenko, Birjusow, Moskalenko, Merezkow, Kusnezow und noch vielen anderen dazu. Wer von diesen allen ist ein Faschist? Ist Marx etwa ein Faschist? Oder Lenin? Oder vielleicht Trotzki? Das vorliegende Kapitel beruht fast ausschließlich auf Zitaten aus dem Buch von Generalmajor A. A. Swiridow, einem Helden der Sowjetunion. Und es könnte ebenso auf Zitaten aus den Büchern von Generalmajor I. S. Kaljadin »Um jeden Fußbreit Boden« (Moskau 1983), Generalmajor G. N. Kuprijanow »Hinter der Linie der Karelischen Front« (Petrosawodsk 1975), Generalmajor A. L. Schepelew »Am Himmel und auf der Erde« (Moskau 1974) und noch vielen anderen aufbauen. Wenn es die Version der Faschisten ist, dann darf man nicht mir den Vorwurf machen, sondern muß dies den sowjetischen Marschällen und Generalen vorhalten, ich wiederhole nur deren Worte. Mir ist der zornige Eifer meiner Kritiker schwer begreiflich. Warum zieht man gegen mich zu Felde? Warum haben sie geschwiegen, als die Bücher von Schukow und Rokossowski, Bagramjan, Jerjomenko und das des hier zitierten Swiridow erschienen? Auf deren Köpfe sollte sich ihr edler Zorn entladen. Ich trug nur in aller Bescheidenheit Zitate zusammen.

Einige Historiker haben erklärt, daß man meine Version nicht bestreiten könne, doch akzeptieren könne man sie vorerst auch nicht, weil Dokumente aus einer geheimen Verschlußsache über die Vorbereitung des sowjetischen Angriffs noch nicht gefunden seien.

Meine Herren Historiker, die Dokumente zu der geheimen Verschlußsache wird man finden. Sogar ganz bestimmt.

Wenn der Wille dazu da ist.

Aber will man es überhaupt? Versetzen wir uns in die Lage

eines angesehenen Professors, der für seine Arbeit weltweite Anerkennung gefunden, wissenschaftliche Grade und Ehrentitel erworben hat, Prämien, Datschen, Orden erhielt, der Dutzende von Büchern und Hunderte von Artikeln über Stalin als unschuldiges Opfer geschrieben hat. Wird nur ein einziges Dokument aufgefunden und veröffentlicht, dann erfährt die ganze Welt, daß dieser hervorragende Gelehrte, gelinde ausgedrückt, einem Irrtum erlegen ist, daß Prämien und Orden unverdient waren, daß er sein Leben und seine Fähigkeiten im Dienst für die Kommunisten verbraucht hat. Und nun lassen Sie uns überlegen, ob unser Mann der Wissenschaft sich wünschen kann, ein solches Dokument zu finden und sich selbst bloßzustellen? Und zahlreiche seiner Kollegen befinden sich in derselben Lage: Ein einziges Blatt kann alle ihre Theorien, Arbeiten und bisherigen Anstrengungen zunichte machen. Werden sie danach gieren, solch ein Blatt unter Archivstaub auszugraben und der Öffentlichkeit zu unterbreiten?

Versetzen wir uns an die Stelle der Generale und Marschälle: Werden sie darauf brennen, ein derartiges Dokument zu finden, das aus Helden blutrünstige Eroberer macht?

Versetzen wir uns an die Stelle des russischen Präsidenten. Nach dem Zusammenbruch des Kommunismus erhielten alle Städte ihre historischen Namen zurück, die Stadt Kalinin zum Beispiel ist wieder zu Twer geworden, nur Kaliningrad mag man nicht wieder in Königsberg umbenennen. Will unser Präsident wirklich, daß ein solches Dokument mit dem Beweis gefunden wird, daß die Schuld Iossif Stalins an der Entfesselung des Zweiten Weltkrieges keineswegs geringer als die von Adolf Hitler ist? Wenn sich nur ein kleines Blatt mit Stalins Plan fände, dann müßte Kaliningrad wieder seinen richtigen Namen erhalten und die Stadt selbst ihrem rechtmäßigen Besitzer zurückgegeben werden. Stellen wir uns vor, man habe dem Präsidenten gemeldet, solche Dokumente hätten sich gefunden. Ich wüßte gern, was unser Präsident über den weiteren Umgang mit solchen Dokumenten verfügen würde.

Bei uns werden nur Dokumente gefunden, die man braucht. 50 Jahre lang haben wir die Ermordung der polnischen Offiziere bei Katyn bestritten und die Zeugen der Ermordung getötet. Sogar Zeugen, die sich in den Händen unserer westlichen Verbündeten befanden, wußten wir auszuschalten. (Wie zum Beispiel Iwan Kriwoschorzew aus dem Dorf Gruschtschenka in der Nähe der Bahnstation Gnesdowo, der zu den ersten Einwohnern gehörte, die einen Hinweis auf das Schicksal der polnischen Offiziere bei Katyn gaben, und der 1947 unter ungeklärten Umständen in einem DP-Lager in England starb.) Jeder, der es wagte, sich in dieser Frage seine eigene Meinung zu bilden, wurde umgehend mit dem Etikett »Faschist« versehen. Später war es dann einfach unanständig geworden, das Verbrechen weiter zu leugnen. Alle Welt wußte, welcher Hände Werk es war. Also erging der Befehl, das Verbrechen zuzugeben und die entsprechenden Dokumente zu finden. Und sie fanden sich im Nu.

Ohne diesen Befehl wären sie allerdings nicht aufgetaucht. Unsere Historiker finden nur, was man auch finden darf.

Doch selbst wenn sich Stalins Pläne auffänden, würde unseren Historikern eine geheime Notiz aus einem Archiv helfen? Das Buch von General Swiridow erschien vor 25 Jahren in einer Auflage von 65 000 Exemplaren. Man kann es in den Regalen wissenschaftlicher Bibliotheken in Moskau und London, in Paris, Rom oder Katmandu finden. In Swiridows Buch ist alles im Klartext gesagt, der General erklärt ehrlich und in verständlicher Form sowohl die Absichten der sowjetischen Führung, ihre Pläne als auch die Ursachen für die schwere Niederlage. Die angeführten Tatsachen sind unwiderlegbar. Interessehalber entschloß ich mich, die von General Swiridow erzählten Fakten anhand anderer Quellen zu überprüfen, und fand 28 voneinander unabhängige Bestätigungen einschließlich der Berichte der deutschen Abwehr. Alle stimmen in dem einen Punkt überein: Die 164. Schützendivision lag zwischen den Flüssen Dnjestr und Pruth, und außer dieser gab es dort noch andere Divisionen im Überfluß. Es gibt aber nur eine Erklärung dafür, warum diese Divisionen an einen für Verteidigungszwecke so ungeeigneten Ort gerieten: Es war der Bereitstellungsraum für einen Angriff. Was für geheime Verschlußsachen erwarten unsere Historiker also noch? Was hoffen sie darin zu entdecken? Ich sage es voraus: Wenn sie diese streng geheimen Dokumente finden, werden sie dieselbe Information enthalten: Die 164. Schützendivision lag zwischen dem Pruth und dem Dnjestr ... Für jede Division, jedes Korps, jede Armee werden sie Dokumente in einer geheimen Verschlußsache finden und daraus ersehen, daß sie sich nicht auf eine Verteidigung einrichteten, sondern zum Angriff vorbereiteten. Wären General Swiridow und Tausende anderer Kriegsteilnehmer von der historischen Wahrheit abgewichen, dann hätte man sie vor 25 Jahren entlarven müssen, dann hätte man ihre Darstellung als faschistische Version enthüllen und Material, das sie widerlegt, publizieren müssen. Aber das hat bisher niemand unternommen, und es wird auch weiterhin nicht geschehen. Die Memoiren unserer Generale stehen in den Regalen und werden von niemandem gelesen. Tausende von Historikern schreiben Bücher und Dissertationen über den Krieg, aber niemand erübrigt die Zeit, sich für die Fakten zu interessieren. Hier ist die Geschichtswissenschaft, und da sind die Fakten, und beide führen ihr Eigenleben. Die Aussagen derjenigen, die damals an den Kämpfen teilgenommen haben, werden von unserer Geschichtswissenschaft ignoriert. Als ich noch in der Sowjetunion lebte, trug ich mir eine viele tausend Bände umfassende Bibliothek an Literatur über den Krieg zusammen. Alle diese Bücher sind Erinnerungen an die Vorbereitung für die »Befreiung«. Und das alles wird ganz offen verbreitet – in der Buchhandlung »Das Kriegsbuch« in Moskau am Arbat. In der GRU war meine Sammlung an Kriegsbüchern immerhin soweit bekannt, daß noch zwanzig Jahre später GRU-Chef Generaloberst Jewgeni Leonidowitsch Timochin ihrer im »Roten Stern« (29. April 1992) gedenkt. Es ist bedauerlich, daß ich diese Sammlung in Moskau der Sowjetmacht als Andenken hinterlassen mußte. Hier im Westen habe ich mir in fünfzehn Jahren eine neue Bibliothek angelegt, um die mich viele wissenschaftliche Institutionen beneiden. Und ich möchte betonen: Zugang zu Geheimarchiven zu erlangen ist der Traum eines jeden Historikers, aber auch in offen zugänglichen Publikationen sind reichlich Informationen für eine Analyse der Handlungen der Roten Armee sowie der Pläne und Absichten ihrer Führung enthalten. Genauso wie allein das, was in der »Prawda« veröffentlicht worden ist, ausreicht, um die Kommunistitsche Partei zu einer verbrecherischen Organisation zu erklären. Genauso wie die veröffentlichten Arbeiten Lenins ausreichen, um ihn zu einem Feind der Menschheit zu erklären.

Ich habe damals Bücher gesammelt, sammle noch heute und wundere mich, daß alles, was die sowjetischen Generale und Marschälle schrieben, stets nur von dem einen handelt: »Wir Sowjetmenschen bereiteten uns darauf vor, den Gegner auf dessen eigenem Territorium zu schlagen«, und dann folgen Schicht auf Schicht Materialien über die Vorbereitung des sowjetischen Angriffs. Verzeihung – des Befreiungsfeldzugs. Sollte all das außer mir niemand gelesen haben? Womit beschäftigen sich dann unsere Massen von Historikern? Gegenwärtig befinden sich allein in meiner Bibliothek 4130 Bücher (oder deren Photokopien), die nach Inhalt und Geist an das Buch von General Swiridow erinnern. Den »Eisbrecher« könnte ich auf hundert Bände ausdehnen und würde doch nicht alles berichtet haben. In den Memoiren sowjetischer Generale wird jede Division von vielen Autoren behandelt. Der ehemalige Divisionskommandeur schreibt seine Memoiren, dasselbe tut der einstige Stabschef derselben Division, die Regimentskommandeure und die Bataillonskommandeure schreiben, die Kommandeure der Nachbardivisionen schreiben und der Kommandeur des Korps, dem die Division unterstellt gewesen ist, und der Armeekommandierende und der Frontbefehlshaber, aber auch der einfache Soldat erinnert sich, und alles fügt sich ineinander! Heute kann jeder historisch Interessierte Informationen über alle sowjetischen Divisionen (mit Ausnahme der NKWD-Einheiten und -verbände) sammeln. Jeder kann selbst alle vorausgegangenen Überlegungen und Verlegungen studieren und eine Situation in ihrer Entwicklung verfolgen, schließlich ist alles über die Bewegungen der Brigaden, Divisionen, Korps und Armeen im Februar, März, April, Mai und Juni 1941 bekannt. Sollten wir nicht mit dem vollständigen Bild vor

Augen in der Lage sein, die Planung des Großmeisters nachzuvollziehen? Mußte wirklich er uns die Verzeichnisse seiner geheimen Vorhaben als geheime Verschlußsache hinterlassen? Stalins Plan war genial und einfach. Es genügt, die Divisionen auf der Karte wie die Figuren auf dem Schachbrett aufzustellen, und der Plan funkelt in seiner Brillanz vor unseren Augen.

Und ganz so streng waren die Archive gar nicht sekretiert. Gewiß wird uns in den Memoiren der Generale Stalins Plan nicht als ein geschlossenes Dokument vorgelegt, sondern in Millionen von glitzernden Splittern. Armeegeneral K. N. Galizki beschreibt zum Beispiel in seinem Buch »Jahre harter Prüfungen« (Moskau 1973, S. 33) ein ebensolches Aufklärungsbataillon wie das von Swiridow geschilderte, jedoch nicht im Lemberger Bogen, sondern in dem von Belostok. Dieses Bataillon ist der 27. Omsker Schützendivision »Italienisches Proletariat« unterstellt, die heimlich in die Grenzwälder verlegt worden war. Das Bataillon war bereit zur Aufklärung auf dem von den deutschen Truppen besetzten Territorium. Um die Glaubwürdigkeit dieser Aussage zu unterstreichen, führt Armeegeneral K. N. Galizki einen Archivverweis an. Mit anderen Worten – man befand sich in Kriegsbereitschaft, nur auf den »Großen Vaterländischen Krieg« war man nicht vorbereitet.

Wer hinderte die Historiker daran, diese unbezahlbaren Zeugnisse mit Archivverweisen zu sammeln und heute, da die Türen zu den Archiven ein wenig weiter geöffnet sind, ihre Korrektheit zu überprüfen?

Unsere Historiker sind immer darauf bedacht, zwischen den Zeilen zu lesen. Mir aber war der Gedanke gekommen, das zu lesen, was in den Zeilen steht, das zu lesen, was der Text offen hergibt. Fünfzig Jahre warten die Historiker darauf, daß sich ihnen die Tore der Archive weit öffnen. Können die Archive wirklich helfen, wenn man sich doch nicht einmal die Zeit zum Studium dessen genommen hat, was offen in den Bücherregalen steht?

8.

Die Frage nach der Herkunft der Dritten Strategischen Staffel ist, wie ich hoffe, geklärt: *Vor der deutschen Invasion war die Grenze an vielen Stellen geöffnet worden*, und viele tausend Grenzsoldaten hatte man in den rückwärtigen Raum zurückgezogen, wo die Aufstellung der drei Armeen mit Vergeltungs- bzw. Straftruppen erfolgte.

Geblieben ist die Frage nach der Bestimmung dieser ganzen Front von Tschekisten. Waren es Genickschüsse für die angreifenden Truppenteile, um die Desinteressierten aufzumuntern?

Mag sein. Aber dafür gab es die Sperrabteilungen, die noch vor dem deutschen Angriff in allen sowjetischen Armeen und Korps aufgestellt worden waren. Die Sperrabteilungen des NKWD waren organisch in die Truppenverbände und Einheiten sowohl der Ersten als auch der Zweiten Strategischen Staffel integriert. Um die Stärke dieser Sperrabteilungen zu demonstrieren, möchte ich eine Statistik anführen. Es ist eine als geheime Verschlußsache eingestufte an den »Volkskommissar für Innere Angelegenheiten der UdSSR, Generalkommissar der Staatssicherheit Genossen Berija« gerichtete Mitteilung. Insgesamt nur drei Schreibmaschinenseiten, die Informationen über die Exekutierungen in der Roten Armee in nicht ganz vier Monaten zu Beginn des Krieges enthalten. Hier geht es nicht um sämtliche Erschießungen, sondern nur um die Erschießungen jener Militärangehörigen, die von den operativen Sicherungseinheiten und Sperrabteilungen aufgegriffen wurden. Die Mitteilung beginnt mit den Worten: »Vom Beginn des Krieges bis zum 10. Oktober d. J. wurden durch die Sonderabteilungen des NKWD und die Sperrabteilungen der NKWD-Truppen zum Schutz des rückwärtigen Raumes 657 364 Militärangehörige, die ihre Einheiten verlassen haben und von der Front zurückgeflohen sind, aufgegriffen. Davon wurden von den operativen Sicherungseinheiten der Sonderabteilungen 249 969 Mann und von den Sperrabteilungen der NKWD-Truppen zum Schutz des rückwärtigen Raumes 407 395 Mann gestellt. Von den Sonderabteilungen wurden 25 878 Mann arretiert, aus den übrigen wurden Kampftruppenteile aufgestellt, die an die Front geschickt wurden. Aufgrund von Beschlüssen der Sonderabteilungen und Urteilen der Kriegsgerichte wurden 10201 Mann erschossen, davon 3321 Mann vor angetretener Mannschaft.« Danach folgt eine Aufstellung der Verhaftungen, Erschießungen insgesamt sowie der Erschießungen vor angetretener Mannschaft, aufgeschlüsselt nach den einzelnen Fronten. Aus dieser Aufstellung wird ersichtlich, daß die meisten Verhaftungen an der West-Front erfolgten – jeweils 1000 Mann pro Monat –, insgesamt 4013 Mann in vier Monaten. An dieser Front gab es auch die meisten Erschießungen – 2136 Mann. Die Wahrscheinlichkeit, nach der Verhaftung zu überleben, betrug weniger als 50 %. Die Erschießungen vor angetretener Mannschaft erfolgten am häufigsten an der Nordwest-Front – 730 Mann in nicht ganz vier Monaten seit Beginn des Krieges.

Die Mitteilung ist unterschrieben vom Stellvertreter des Leiters der Sonderabteilung beim NKWD der UdSSR Kommissar der Staatssicherheit 3. Ranges Milschtejn. Dieses Dokument ist dem Verfassungsgericht Rußlands als eines der Beweisstücke der Anklage für die verbrecherischen Aktivitäten der Kommunistischen Partei vorgelegt worden.

Aus dem Dokument geht hervor, daß an jedem der ersten 111 Kriegstage an der Front 92 Militärangehörige erschossen wurden, davon täglich 30 Mann vor ihren angetretenen Einheiten und Teileinheiten. In dieser Aufstellung sind nur Militärangehörige enthalten, die von den Sonder- und Sperrabteilungen aufgegriffen wurden. Die Statistik erfaßt all diejenigen nicht, die auf ihren Gefechtsposten verhaftet worden sind. Da wurde zum Beispiel am 22. Juni im Raum Grodno ein Flugzeug des 207. Bombenfliegergeschwaders abgeschossen, die Besatzung kam um, nur der Bordschütze und Funker, Unteroffizier A. M. Schtscheglow, überlebte. Am 28. Juni traf er wieder bei seinem Geschwader (in der Fliegergarnison Borowskoje im Gebiet Smolensk) ein, »wurde von den NKWD-Organen verhaftet und wegen Vaterlandsverrats erschossen«. (»Roter Stern«, 26. Juni 1991) Das ist bereits ein völlig anders geartetes Verbrechen und gehört in eine ganz andere Statistik, die nichts zu tun hat mit den Sperrabteilungen und den operativen Sicherungseinheiten der Sonderabteilungen. Dieser Fall (und Tausende ähnlich gelagerter Fälle) gehört nicht mehr zur Kategorie derjenigen Militärangehörigen, die »ihre Einheiten verlassen haben und von der Front zurückgeflohen sind«, hier liegt das direkte Gegenteil vor – ein Unteroffizier hat die Rückkehr zu seinem Heimatgeschwader geschafft.

Irgendwann einmal wird die Statistik der Erschießungen jener Militärangehörigen veröffentlicht werden, die zu ihren Einheiten zurückgekehrt sind. Aber selbst die Statistik der Erschießungen von jenen Soldaten, die ihre Einheiten verlassen haben, beweist eindeutig, daß die operativen Sicherungseinheiten und die Sperrabteilungen des NKWD den ihnen übertragenen Pflichten gewachsen waren und selbst in der kritischen Lage von allgemeinem Rückzug, ausgebrochener Panik und Chaos ringsum einer Unterstützung durch die Dritte Strategische Staffel nicht bedurften. In einem »Befreiungs«-Krieg aber hätten die Sonder- und Sperrabteilungen erst recht ohne die Hilfe der Dritten Strategischen Staffel ihren Auftrag erfüllt. Aufgrund der vorgelegten Statistik gehe ich davon aus, daß die Dritte Strategische Staffel aus drei Armeen NKWD-Truppen nicht zur Erschießung sowjetischer Soldaten aus der Ersten und Zweiten Strategischen Staffel aufgestellt worden war.

War die Tschekistenfront vielleicht zur Unterdrückung des Widerstands in den »befreiten« Territorien gedacht? Das wäre nicht ausgeschlossen. Doch zu diesem Zweck gab es in der Ersten und Zweiten Strategischen Staffel Dutzende von Motorisierten Schützendivisionen des NKWD mit Panzern, Haubitzenartillerie und allem, was zur Installierung sozialer Gerechtigkeit erforderlich ist.

Die Hauptaufgabe der Dritten Strategischen Staffel war eine andere. Vor jedem »Befreiungs«-Feldzug in den Jahren 1939/40 teilten sich die Grenzsoldaten in zwei ungleiche Gruppen auf: Die einen blieben an der Grenze und wurden in der ersten Angriffsstaffel als Elitediversionsabteilungen und -gruppen eingesetzt, die übrigen zogen sich in den rückwärtigen Raum zurück und wurden erst in der letzten Etappe des »Befreiungs«-Feldzuges ins Gefecht geführt; sie stellten den von den Formationen der Roten Armee errungenen Erfolg sicher und übernahmen den Schutz der neuen Grenze. In derselben Weise waren die sowjetischen Grenztruppen auch Mitte Juni 1941 aufgeteilt worden.

Nicht anders machten es die Deutschen. Der Aufklärungsbericht des Stabes der Nordwest-Front 02 vom 21. Juni 1941 informiert über die Aktivitäten der deutschen Truppen an der ostpreußischen Grenze. »Der Grenzschutz und die Überwachung unserer Grenze ist der regulären Armee übertragen worden . . . Der Zivilbevölkerung wurde die Evakuierung in den Raum 20 km hinter der Grenze nahegelegt.« (Zentralarchiv des Verteidigungsministeriums Fonds 221, Inventarverzeichnis 1362, Vorgang 5, S. 27)

Bei den Deutschen geschieht alles so wie bei uns; aber mich wunderte nicht der Inhalt des Dokuments, sondern seine Ziffer. Die Null wird für vertrauliche Verschlußsachen gebraucht. Zwei Nullen sind für geheime Verschlußsachen üblich. Mit Anfang eines jeden Jahres beginnt eine neue Zählung. Wie kommt es, daß am 21. Juni erst der zweite Aufklärungsbericht vorgelegt worden ist? Der Chef der Aufklärung eines Militärbezirks legt einmal wöchentlich den neuen Aufklärungsbericht auf den Tisch des Befehlshabers des Militärbezirks, und bei Zuspitzung der Situation geschieht dies in täglichem Rhythmus. Weshalb ist die obengenannte Ziffer so niedrig? Weil am 19. Juni aus dem Militärbezirk Baltikum bereits die Nordwest-Front ausgegliedert worden war mit einem eigenen Stab, eigener Aufklärung und den anderen Führungsebenen, weil sie ihr Eigenleben entfaltet und die Numerierung der Befehle, Aufklärungsberichte und anderer Dokumente mit neuer Zählung von 01 an aufwärts begonnen hat. Bereits am 21. Juni 1941 setzt Oberst Karlin seine Unterschrift unter Dokumente als Stabsoffizier des Befehlshabers der Nordwest-Front für den Bereich der Luftverteidigung. (Zentralarchiv des Verteidigungsministeriums Fonds 344, Inventarverzeichnis 5564, Vorgang 1, S. 62) Auch in allen anderen Militärbezirken wiesen die Evakuierung der Menschen, der Abzug von Grenztruppen und ihr Ersatz durch Feldtruppen darauf hin, daß sich die Rote Armee bereits im

Kriegszustand befand, daß sie Fronten entfaltet und die Grenzen mit Ausnahme einiger Abschnitte und Passierstellen übernommen hatte.

Admiral Ju. A. Pantelejew erinnert sich, daß man ihm einige Tage vor dem 22. Juni über die Lage in Finnland gemeldet hatte: »Die finnischen Grenzsoldaten und die gesamte örtliche Bevölkerung hat sich in das Hinterland zurückgezogen . . . Die Grenze steht offen . . . das bedeutet doch Krieg!« (Die Seefront. Moskau 1965, S. 27)

Eine vollkommen richtige Situationsanalyse. Aber ging, mit Verlaub, auf unserer Seite nicht genau dasselbe vor sich? Ein Unterschied bestand nur insofern, als die finnische Bevölkerung freiwillig die Grenzregionen räumte.

Die Zwangsdeportation von Hunderttausenden Menschen aus den Grenzräumen, die Zerstörung der eigenen Grenzbefestigungen, der Abzug von Grenztruppen und die Aufstellung von drei Tschekistenarmeen hinter den beiden strategischen Staffeln der Roten Armee sind nicht nur Anzeichen eines bevorstehenden Krieges, das ist bereits der Krieg selbst in seiner ganzen überwältigenden Unausweichlichkeit, mit den ersten Tausenden Opfern unter den friedlichen sowjetischen Bewohnern des Grenzstreifens.

Die heimliche Mobilmachung war schon zu weit fortgeschritten. Unausweichlich und bald mußte nach dem Abzug der Grenztruppen von der Staatsgrenze der Tag »M« anbrechen.

HAT STALIN HITLER GETRAUT?

Ich glaube keinem.
Ich glaube nicht einmal mir selbst.
Stalin (Berichtet von Chruschtschow, in: »Ogonjok« 1989, Nr. 36, S. 17)

1.

Vor dem Morgengrauen des 22. Juni 1941 ratterte ein mit Getreide beladener Güterzug bei Brest friedlich über die Grenzbrücke von der sowjetischen auf die deutsche Seite, und wenige Minuten später dröhnten vom deutschen Ufer die Abschüsse der Artilleriebatterien und rollten die Panzer von Guderian. Man sagt uns, dies habe geschehen können, weil Stalin Hitler vertraute. Jahrzehntelang wurde es wiederholt, daß Stalin Hitler vertraut hätte. Und man führt Fakten an. Wir glauben es. Unser Glaube ist schwer zu erschüttern, er basiert auf unserem Wissen von dem, was am 22. Juni geschah.

Aus dem Blickwinkel unseres Wissens wirken Stalins Handlungen dumm, Hitlers Handeln heimtückisch.

Aber wir wollen versuchen objektiv zu sein. Dazu müssen wir für einen Augenblick auf unser Wissen über die nachfolgenden Ereignisse verzichten. Wir müssen uns in die Jahre 1939, 1940 und in die erste Hälfte des Jahres 1941 versetzen und die Ereignisse mit den Augen der Menschen jener Tage betrachten. Zu jener Zeit aber wurden die uns bekannten Tatsachen ganz anders aufgenommen, weil niemand wissen konnte, wohin dieses sowjetisch-faschistische Komplott führen, wie alles enden würde. Interessant ist ein Blick auf die Karikaturen jener Tage. Die Karikaturisten stellten Stalin und Hitler beim Austausch von Küssen dar: Hitler hat Stalin umschlungen und hält ein Messer stoßbereit gegen seinen Rücken gezückt, Stalin hat Hitler umfangen und tut dasselbe. Oder – Stalin und Hitler in enger Umarmung, doch während jeweils ein Arm den anderen umfangen hält, greift die freie Hand zur Pistole. Dann änderte sich die Situation, Hitler ist in den Krieg gegen den Westen verstrickt, und auch die Karikaturen haben sich verändert: Beide Hände Hitlers sind beschäftigt, aber Stalin hat seine Hände frei, und er nimmt mit den Augen Maß für den Griff zur Axt . . . Oder – der deutsche Adler rauft mit dem britischen Löwen, hinter den beiden aber betrachtet ein großer Bär mit Stalins Schnauzbart abschätzend die Keilerei.

Versetzt man sich in jene Zeit zurück, dann sind Stalins Handlungen gar nicht so dumm. Stalin versorgt Hitler mit Getreide. Gewiß. Aber auch uns ist es nicht leid um den Käse für die Mäusefalle. Unsere Großzügigkeit wird nicht von der Sorge um ein glückliches Leben der Mäuse diktiert, sondern von durchaus anderen Überlegungen.

Stalin sandte Hitler freundschaftliche und beschwichtigende Botschaften. Aber auch der Schinder fährt dem Stier mit der Hand beruhigend über den Hals, bevor er mit dem Messer zustößt. Der deutsche Stier nahm den Schinder auf die Hörner, aber daraus folgt noch nicht, daß die streichelnde Hand des Schinders nur von Naivität und Güte gelenkt worden ist. Der Stier war dem Schinder nur um einen Augenblick zuvorgekommen.

2.

Man kann die sowjetisch-deutsche Freundschaft auch noch von einer anderen Seite betrachten. Dazu muß man sich ins Gedächtnis rufen, daß Hitler ständig und gründlich Stalin, die Stärke der Roten Armee und die Sowjetunion insgesamt unterschätzte. Hitler hatte begriffen, daß Stalin eine Invasion vorbereitete, aber er schätzte das ganze Ausmaß von Stalins Vorbereitungen nicht richtig ein. Obendrein war es der sowjetischen Aufklärung gelungen, die deutsche Abwehr über die Termine des sowjetischen Angriffs in die Irre zu führen. Ein großer Teil der deutschen Experten von damals (und heutige Historiker) gingen von der Annahme aus, daß der sowjetische Angriff für 1942 vorbereitet worden sei. Hitler war sich nicht klar darüber, wie groß und wie nah die Gefahr war. Er verschob mehrere

Male den Termin für den Beginn des Krieges gegen die Sowjetunion. Stellen wir uns vor, Hitler hätte den Krieg gegen Stalin noch ein weiteres Mal hinausgezögert, und Stalin hätte am 6. Juli 1941 den ersten Schlag geführt und gleichzeitig die allgemeine Mobilmachung – den Tag »M« – erklärt. Sehen wir Stalins Aktionen unter diesem Gesichtspunkt, dann büßen sie den Anschein der Dummheit ein.

Bleiben wir bei dem Beispiel der Getreidelieferungen. Außer mit Getreide hatte die Sowjetunion Deutschland mit Erdöl, Holz und vielen Arten strategischer Rohstoffe versorgt. Ab März 1941 kamen aus der Sowjetunion sogar Beschwerden, daß die deutsche Seite nicht genügend Waggons für das sowjetische Getreide bereitstelle . . . Eine naive Dummheit und weiter nichts. Ich richtete dabei allerdings mein Augenmerk auf folgende Kleinigkeit: Im März, April, Mai und Juni 1941 konnte Stalin kein Getreide des Erntejahres 1941 an Deutschland liefern. Es war das Getreide von 1940. Die Lagerung von Millionen Tonnen Getreide ist aufwendig und kostspielig zugleich. Es ist unbegreiflich, warum nach Einbringung der Ernte 1940 das Getreide nicht direkt nach Deutschland geliefert worden war; statt dessen hatte man es in sowjetischen Getreidespeichern aufgeschüttet und bis zum Frühjahr gelagert. Wie sich herausstellte, war es von Deutschland im Herbst 1940 angefordert worden, doch die sowjetische Seite hatte Gründe gefunden, das Getreide nur in kleinen Mengen zu liefern. Ab Frühjahr 1941 begann man jedoch plötzlich Getreide und viele andere Arten von Lebensmitteln und Rohstoffen in steigenden Mengen und immer schneller nach Deutschland zu befördern und immer mehr Waggons anzufordern. Das Thema schien interessant, ich griff zur deutschen Statistik und mußte tief Luft holen. Die strategische Hauptrichtung in einem sowjetisch-deutschen Krieg verläuft in jedem Fall entlang der Achse Moskau – Smolensk – Brest – Warschau – Frankfurt (an der Oder) – Berlin (oder umgekehrt). Und nun war Anfang Juni 1941 die strategische Eisenbahnhauptstrecke im Raum Frankfurt nahezu völlig verstopft durch Züge mit sowjetischem Holz und Erz. Genau das ist die liebevolle Umarmung, mit der man den Freund von gestern erstickt. Einerseits demonstrieren wir unsere anrührende Naivität, aber im Endergebnis ist die Durchlaßfähigkeit der deutschen Hauptstrecke einschneidend reduziert. Bei einem sowjetischen Angriff würde die deutsche Führung die Strecke nicht im vollen Umfang für Evakuierungsaufgaben, das Heranführen von Verstärkungen und die Bewegung der Reserven nutzen können. Demnach waren diejenigen, die in Moskau die Lieferungen nach Deutschland geplant hatten, doch nicht so einfältig gewesen.

3.

Die Sowjetunion lieferte Kohle, Koks, Mangan und vieles andere mehr nach Deutschland. Daran erinnert man sich, darüber wird gelacht. Warum aber erinnert man sich nicht, daß diese Lieferungen nicht umsonst erfolgten?

Den ganzen Krieg hindurch und noch viele Jahre danach arbeitete im Ural die gewaltige Stahlpresse einer deutschen Firma mit einer Kraft von 15 000 Tonnen. (W. Tschalmajew, Malyschew. Moskau 1978, S. 207) Die glühenden Stahlbarren von 160 Tonnen Gewicht wurden von einem (deutschen) Kran zur Presse befördert, dessen Haken und Ketten allein 100 Tonnen wogen. Nach dem Preßvorgang kamen die Barren als funkensprühender stählerner Monolith auf die (ebenfalls deutsche) Walzstraße. Ohne diese Presse wäre die Panzerproduktion in der Sowjetunion wesentlich niedriger ausgefallen, ohne eine genügende Zahl von Panzern aber wären die Siege vor Moskau, in Stalingrad und bei Kursk nicht möglich gewesen. Die Schmiedepresse war zu einem Zeitpunkt aus Deutschland geliefert worden, als die Sowjetunion noch »neutral« gewesen war, Deutschland jedoch bereits gegen ganz Europa kämpfte. Hätte Stalin Hitler angegriffen, würden wir heute über den naiven, vertrauensseligen Hitler lachen. Aber selbst ohne Stalins Angriff scheint mir persönlich der Verkauf eines so einzigartigen Aggregats nicht der vernünftigste Schritt zu sein.

Hitler war es nicht gelungen, Leningrad zu erobern. Es gibt viele Gründe dafür. Unter anderem die Stärke der Uferbefestigungen, die seit Peter dem Großen bis zu Stalins Zeit rund um die Stadt angelegt worden waren. 1940 waren die Batterien am Ostseeufer (Geschütztürme mit einem Gewicht von mehreren hundert Tonnen) mit Hilfe deutscher Schwimmkräne der Firma »Demag« eingesetzt worden.

Man könnte ein ganzes Buch mit dem füllen, was Stalin von Hitler in der Periode des Bündnisses erhielt. Das alles läßt sich kurz zusammenfassen: Vom ersten Kriegstag an stießen die deutschen Soldaten und Offiziere auf den Schlachtfeldern auf unbekannte sowjetische Waffentypen, deren Charakteristiken den weltweiten Standard übertrafen. Beispiele gibt es viele, angefangen beim T-34. Dagegen traf die Rote Armee 1941 auf keinerlei technische Überraschungen. Sämtliche Waffentypen, über die die Wehrmacht 1941 verfügte, waren Stalin wenige Monate oder auch Jahre vor dem Angriff verkauft worden. Die deutsche Seite hatte Stalin damit noch einen weiteren Dienst erwiesen: Da die sowjetische militärische Aufklärung über Muster der deutschen Bewaffnung und die gesamte einschlägige technische Dokumentation verfügte, kontrollierte sie auch die Informationen ihrer Geheimagenten und konnte abklären, wer von diesen Agenten korrekte Informationen lieferte und wo dies nicht der Fall war, das heißt, auf wen man sich in Zukunft würde verlassen können und auf wen nicht.

4.

Der sowjetische Volkskommissar für die Eisen- und Stahlindustrie I. F. Tewosjan besuchte im Mai 1941 die deutschen Panzerproduktionsstätten, und man zeigte ihm *alles*. (Aber es beeindruckte ihn nicht; als Tewosjan feststellte, daß man in Deutschland weder Panzer mit geschoßsicherer Panzerung noch solche mit Dieselmotoren oder Panzer mit breiten Ketten geschweige denn welche mit starken Kanonen besaß, weigerte er sich, das zu glauben.) Wie würden wir wohl heute den Besuch des sowjetischen Volkskommissars in den streng bewachten Panzerbetrieben beurteilen, bei dem man nichts vor ihm verbarg, hätte Stalin Hitler im Juli 1941 angegriffen?

Bei den Flugzeugen aber verkaufte Hitler nicht nur das, was zur Ausrüstung der Luftwaffe gehörte, sondern auch, was sich noch in der Entwicklung befand. Hitler verkaufte die Flugzeuge so, daß der sowjetischen Seite noch ein Jahr Zeit blieb, um sie zu studieren. Zum Studium und Kauf der deutschen Flugzeugtechnik hatte Stalin seine besten Testpiloten und Flugzeugkonstrukteure einschließlich seines persönlichen Referenten für Fragen der Luftfahrt, A. S. Jakowlew, auf wiederholte und lange Dienstreisen geschickt. Und so lautete dessen Kommentar: »Ich muß zugeben, daß mich auch die Offenheit bei der Vorführung des geheimsten Gebietes der Bewaffnung verblüffte.« (Das Ziel eines Lebens, S. 220) »Stalin beschäftigte wie auch früher schon sehr die Frage, ob uns die Deutschen beim Verkauf der Flugzeugtechnik nicht hintergingen. Ich meldete, daß ich jetzt, als Ergebnis dieser meiner dritten Reise, zu der schon festen Überzeugung gekommen sei (auch wenn das nur schwer vorzustellen ist), daß die Deutschen uns den wahren Stand ihrer Flugzeugtechnik vorgeführt hätten.« (Ebenda, S. 247) Und sogleich folgte Stalins Reaktion: »Organisieren Sie das Studium der deutschen Flugzeuge durch unsere Leute. Vergleichen Sie das mit unseren neuen Maschinen. Lernen Sie, wie man sie schlagen kann.« (Ebenda)

Auch Stalin hatte einiges im Bereich des Flugzeugbaus aufzuweisen. Die sowjetischen Bombenflugzeuge Jer-2 und Pe-2 übertrafen in sämtlichen Merkmalen die entsprechenden deutschen Maschinen. Aber nicht nur, daß Stalin sie nicht verkaufte, er zeigte sie Hitler auch nicht.

Wer hat also wem mehr getraut?

Der von Deutschland verkaufte schwere Kreuzer »Lützow« war noch nicht fertiggestellt. Aus diesem Grund wird gesagt, die deutsche Seite habe ihren Auftrag nicht korrekt ausgeführt. Das hatte auch ich geglaubt. Aber dann fand ich Belege dafür, daß fast alles zu den in den Verträgen ausgehandelten Terminen geliefert worden war. Und wenn nicht alles geliefert werden konnte, so hatten es die Umstände verhindert. Von den acht Geschützen des Hauptkalibers waren vier geliefert und montiert worden. Während des Krieges wurde der Kreuzer als unbewegliche schwimmende Batterie eingesetzt. Aber genauso wurden alle anderen Schiffe der Baltischen Flotte, die im Finnischen Meerbusen eingeschlossen waren, verwendet. Wie gewissenhaft sich die deutschen Firmen bei der Ausführung der Aufträge verhielten, bezeugt der »Rote Stern« vom 7. Januar 1989. Die Deutschen hatten alles nur irgend Machbare geliefert, sogar das komplette Geschirr für über tausend Mann Besatzung. Auf jedem Teller und jedem Krug befand sich, wie es sich gehörte, ein Hakenkreuz. Die sowjetischen Genossen, die den Kreuzer übernahmen, beschlossen, »aus Versehen« das gesamte Geschirr zu zerschlagen und neues Geschirr ohne Hakenkreuze zu verlangen. Dafür wurde eine Überprüfung der »ordnungsgemäßen Verpackung« durchgeführt. Die Kisten mit den Tellern wurden geschüttelt und geworfen, aber kein einziger Teller wollte dabei zu Bruch gehen. Alles war mit deutscher Genauigkeit und Akkuratesse ausgeführt und gewissenhaft verpackt worden. Die Sachen mußten mit dem Hakenkreuz übernommen werden.

5.

Man kann zwar unablässig wiederholen, daß Stalin Hitler vertraut habe, aber diejenigen Menschen, die Stalin in jenen Jahren nahestanden, bestätigen diese Legende nicht.

Flottenadmiral der Sowjetunion N. G. Kusnezow: »I. W. Stalin glaubte nicht besonders an die Wirksamkeit des Vertrages mit Deutschland und hegte insgesamt nur wenig Vertrauen gegenüber Hitler.« (Am Vorabend, S. 241)

Marschall der Sowjetunion G. K. Schukow: »Was den mit Deutschland abgeschlossenen Nichtangriffspakt anbelangt, . . . so gibt es keinerlei Gründe für die Annahme, I. W. Stalin habe sich darauf verlassen.« (Erinnerungen und Gedanken, S. 236)

Nikita Chruschtschow berichtete, Stalin habe nach der Unterzeichnung des Vertrages fröhlich ausgerufen, er habe Hitler hinters Licht geführt. Der Pakt war eine Falle für Hitler gewesen. Stellen Sie sich vor, ein Krimineller habe eine ganze Nacht an der Fälschung eines Wechsels gearbeitet und diesen Wechsel Ihnen am Morgen präsentiert. Kann der Verbrecher selbst daran glauben, daß dieser Wechsel echt sei? Der Molotow-Ribbentrop-Pakt war von Stalin dazu gedacht, durch Hitlers Hand den Zweiten Weltkrieg entfesseln zu lassen, Europa – und in diesem Zusammenhang auch Deutschland – zu verwüsten und zu schwächen. Konnte Stalin einem solchen Pakt vertrauen, wenn doch sein eigentlicher Zweck die Überlistung Hitlers war?

Wenn dies nicht überzeugt, kehren wir zur Statistik zurück.

Am 21. Juni 1939 verfügte Stalin über 94 Schützen- und Gebirgsjägerdivisionen. Genau zwei Jahre später, am 21. Juni 1941, hatte er 198 Schützen- und Gebirgsjägerdivisionen. Außerdem waren die Vorbereitungsarbeiten für die Aufstellung von weiteren mehr als 60 Schützendivisionen, die nach den ersten Überraschungsschlägen und nach der Ausrufung des Tages »M« in Erscheinung treten sollten, abgeschlossen und die entsprechenden Befehle dazu erteilt.

In diesen zwei Jahren war die Zahl der Motorisierten Schützendivisionen und der Motorisierten Divisionen von eins auf 31 angestiegen.

Die Anzahl der Panzerdivisionen war von null auf 61 angewachsen. Weitere Dutzende Panzerdivisionen befanden sich im Stadium der Aufstellung, die nach Bekanntgabe des Tages »M« abgeschlossen werden sollte.

Die Anzahl der Fliegerdivisionen wuchs in zwei Jahren von null auf 79, die der Schützenkorps von 25 auf 62, die der Artillerieregimenter (ohne Flak-Artillerie) von 144 auf 900, und die Entfaltung von mehreren hundert Regimentern nach den Erstschlägen der Roten Armee wurde vorbereitet.

Die Zahl der Mechanisierten (Panzer-)Korps stieg von vier auf 29, die der Luftlandebrigaden von sechs auf 16, die der Luftlandekorps von null auf fünf, und weitere fünf sollten am Tag »M« und in den unmittelbar darauffolgenden Tagen entfaltet werden.

Die Zahl der Armeen im europäischen Teil der UdSSR stieg in diesen zwei Jahren von null auf 26.

Fünfzig Jahre lang haben uns die Kommunisten zu überzeugen versucht, daß Stalin Hitler vertraut habe. Von der Statistik werden diese Beteuerungen nicht untermauert.

Die Sache verhielt sich vielmehr genau umgekehrt. Hitler hatte Stalin vertraut und einen Pakt unterzeichnet, der für Deutschland bewußt die Verlierersituation in einem Krieg gegen ganz Europa und die gesamte Welt herbeiführte. Der Pakt vesetzte Deutschland in die Situation, der einzige Urheber dieses Krieges zu sein. Am 19. August 1939 begann Stalin die heimliche Mobilmachung der Roten Armee, wonach der Zweite Weltkrieg völlig unvermeidlich wurde. Aber Hitler schenkte den Ereignissen in der Sowjetunion keine Beachtung. Noch früher hatte Stalin die Mobilisierung der Industrie, des Verkehrswesens, des Staatsapparates sowie der Menschenreserven eingeleitet. Hitler beachtete dies alles nicht und traf auch keine entsprechenden Maßnahmen in Deutschland.

Hitler vertraute Stalin zu lange. Mit Stalin im Rücken führte Hitler unbesorgt Krieg gegen Frankreich und Großbritannien, warf dort all seine Panzer in den Kampf, seine gesamten Kampffliegerkräfte, seine besten Generale und den größten Teil seiner Artillerie. Im Sommer 1940 waren an der Ostgrenze Deutschlands insgesamt zehn Divisionen verblieben, ohne einen einzigen Panzer und ohne Deckung durch Fliegerkräfte. Dies bedeutete ein tödliches Risiko, aber Hitler war sich dessen nicht bewußt.

Zu dieser Zeit bereitete Stalin seine Streitaxt vor.

Hitler ging zu spät ein Licht auf.

Hitlers Angriff konnte Deutschland nicht mehr retten. Stalin besaß nicht nur mehr Panzer, Kanonen und Flugzeuge, mehr Soldaten und Offiziere, sondern Stalin hatte auch schon seine Industrie auf Kriegswirtschaft umgestellt und konnte seine Bewaffnung in beliebigen erforderlichen Mengen produzieren.

Stalin war ein Krimineller. Zu Beginn des Jahrhunderts war unter seiner Führung und mit seiner persönlichen Beteiligung die Bank in Tiflis überfallen und ausgeraubt worden – ein Verbrechen, das Europa aufhorchen ließ. Die Vorbereitung für den Angriff auf Deutschland wurde von Stalin ebenso sorgfältig wie der berühmte Banküberfall durchgeführt. Allerdings war es

Stalin nicht gelungen, die heimliche Mobilmachung abzuschließen. Hitler führte seinen Schlag in dem Augenblick, als sich die Rote Armee und die ganze Sowjetunion in der ungünstigsten Lage für die Abwehr eines Angriffs befand – weil man selbst inmitten von Angriffsvorbereitungen stand. Es war das eingetreten, was sich auf dem Platz vor der Bank hätte ereignen können, wenn einer der Wächter das, was da geschah, erkannt und zuerst geschossen hätte . . .

Im letzten Augenblick vor dem eigenen Angriff war die Rote Armee ebenso verwundbar wie die Bankräuber auf dem offenen Platz, wenn ihr Plan von den Wächtern entdeckt wird und diese zu schießen beginnen. Stalin hatte alles einkalkuliert, jeden Schritt, jede Sekunde, doch der plötzlich aufgewachte Hitler hatte alles verdorben . . . Stellen Sie sich vor, Sie, meine Leser, und ich hätten gemeinsam die Stricke, die Leitern, das Dynamit zum Sprengen der Wände, die Schlüssel und die Dietriche vorbereitet, und plötzlich nach dem ersten Schuß der Wächter wird das alles nutzlos, und wir müssen unser Heil in der Flucht suchen . . .

Hitler hatte den ersten Schlag geführt, und deshalb waren für Stalin die Kriegsvorbereitungen zur Katastrophe geworden. Am Ende des Krieges hatte Stalin nur Polen, Ostdeutschland, Ungarn, Jugoslawien, Rumänien, Bulgarien, die Tschechoslowakei, China, das halbe Korea und das halbe Vietnam bekommen. Hatte Stalin mit einem so bescheidenen Resultat gerechnet?

Fassen wir zusammen.

Der Beginn der heimlichen Mobilmachung bedeutete faktisch den Eintritt in den Zweiten Weltkrieg. Stalin hatte dies gewußt und den Befehl zum Beginn der heimlichen Mobilmachung bewußt am 19. August 1939 erteilt. Von diesem Tag an war – wie auch immer die Ereignisse sich entwickeln würden – der Krieg nicht mehr aufzuhalten.

Deshalb ist der 19. August 1939 der Tag, an dem Stalin den Zweiten Weltkrieg auslöste.

Die heimliche Mobilmachung sollte mit dem Angriff auf

Deutschland und Rumänien am 6. Juli 1941 abgeschlossen werden. (Siehe: Der Eisbrecher, S. 429 f.) Gleichzeitig sollte in der Sowjetunion der Tag »M« ausgerufen werden – der Tag, an dem die heimliche Mobilmachung zur offenen und allgemeinen Mobilmachung wird.

Die heimliche Mobilmachung war zur Vorbereitung eines Angriffskrieges bestimmt, für die Verteidigung des Landes wurde nichts unternommen. Die heimliche Mobilmachung hatte so kolossale Ausmaße erreicht, daß sie sich nicht mehr tarnen ließ. Hitler war nur noch die eine Möglichkeit geblieben, sich durch einen Präventivschlag zu retten. Hitler kam Stalin damit um zwei Wochen zuvor.

Das ist der Grund, weshalb es zum »Tag ›M‹« nicht kam.

Ende des zweiten Bandes.

1968–1993

ANHANG:

Territoriale Gliederung von Roter Armee und NKWD-Grenztruppen

Auf dem Territorium der Sowjetunion gab es gleichzeitig zwei voneinander unabhängige militärische Strukturen – die der Roten Armee und die des NKWD.

An der Spitze der Roten Armee stand der Volkskommissar für Verteidigung. Das gesamte Staatsterritorium war in 16 Militärbezirke und eine Front (die Fernost-Front) unterteilt. Dabei handelt es sich um riesige territoriale Einheiten; so umfaßte zum Beispiel der Militärbezirk Sibirien eine größere Fläche als alle europäischen Staaten zusammengenommen. An der Spitze der Militärbezirke standen, jeweils abhängig von ihrer militärischen Bedeutung, Befehlshaber vom Generalleutnant (damals ein Drei-Sterne-General) aufwärts bis zum Armeegeneral (damals ein Fünf-Sterne-General). Die Militärbezirke waren unmittelbar dem Volkskommissar für Verteidigung unterstellt. acht Militärbezirke grenzten an Nachbarstaaten und wurden deshalb *Grenz*militärbezirke genannt (Militärbezirk Leningrad, Militärbezirk Baltikum, Militärbezirk West, Militärbezirk Kiew, Militärbezirk Odessa, Militärbezirk Transkaukasien, Militärbezirk Turkestan, Militärbezirk Transbaikalien). Die drei stärksten unter ihnen führten die offizielle Bezeichnung »Sondermilitärbezirk«. Die acht anderen Militärbezirke grenzten nicht an ausländische Staaten und wurden deshalb *innere* Militärbezirke genannt (Militärbezirk Moskau, Militärbezirk Orjol, Militärbezirk Charkow, Militärbezirk Archangelsk, Militärbezirk Nordkaukasus, Militärbezirk Wolga, Militärbezirk Ural, Militärbezirk Sibirien). Die Unterscheidung von Grenzbezirken und inneren Bezirken hat keinen offiziellen Charakter. Die offizielle Bezeichnung lautet: Sondermilitärbezirk Kiew, Militärbezirk Moskau, Militärbezirk Odessa.

An der Spitze des NKWD stand der Volkskommissar für Innere Angelegenheiten. Ihm standen die Grenztruppen, die

Inneren Truppen, die Konvoi-Truppen sowie die Bewachungstruppen zur Verfügung.

Die NKWD-Truppen hatten ihre eigene Struktur, zu der auch die Grenzbezirke zählten. Das ist ihre offizielle Bezeichnung. Seit Lenins Zeiten bis zum Beginn des Zweiten Weltkrieges gab es 6 Grenzbezirke. 1939 wurde ihre Anzahl auf 18 erhöht. Während die Militärbezirke der Roten Armee das gesamte Territorium der Sowjetunion erfaßten, erstreckten sich die NKWD-Grenzbezirke von der Grenze aus nur mehrere Dutzend Kilometer in die Tiefe des eigenen Staatsgebietes. Diese Bezirke waren sowohl in territorialer Hinsicht als auch in Bezug auf die zahlenmäßige Stärke der Truppen wesentlich kleiner als die Militärbezirke. An der Spitze der Grenzbezirke standen in der Regel Generalmajore des NKWD (damals Zwei-Sterne-Generale). Die Grenzbezirke des NKWD lagen auf demselben Territorium wie die Militärbezirke. In den Westregionen des Landes sah das folgendermaßen aus:

Der Murmansker, der Karelofinnische und der Leningrader Grenzbezirk befanden sich auf dem Gebiet des Militärbezirks Leningrad.

Der Baltische Grenzbezirk befand sich auf dem Gebiet des Sondermilitärbezirks Baltikum.

Der Belorussische Grenzbezirk befand sich auf dem Gebiet des Sondermilitärbezirks West.

Der Ukrainische Grenzbezirk befand sich auf dem Gebiet des Sondermilitärbezirks Kiew.

Der Moldawische und der Schwarzmeer-Grenzbezirk befanden sich auf dem Gebiet des Militärbezirks Odessa.

Das Funktionieren dieser zweierlei Strukturen im gleichen Raum ist etwa dem Wirken von Kirchen verschiedener Konfessionen auf ein und demselben Territorium vergleichbar, deren administrative Grenzen ebenfalls nicht übereinstimmen müssen.

In Friedenszeiten standen die NKWD-Truppen vor den Truppen der Roten Armee und bewachten die Grenzen. Ergaben sich Komplikationen, hatte die Rote Armee die Grenztruppen zu unterstützen. Im Krieg zogen sich die Grenztruppen hinter die Truppen der Roten Armee zurück und bildeten eine Barriere, gewissermaßen eine zweite Front. Im Rücken der kämpfenden Verbände der Roten Armee hatten die NKWD-Truppen folgende Aufgaben zu erfüllen: Bewachung besonders wichtiger Objekte einschließlich wichtiger Stäbe, Nachrichtenzentralen, Brücken usw., Festhalten fliehender Militärangehöriger mit Waffengewalt (das beim Verfassungsgericht vorgelegte Dokument ist so ein Nachweis der von den NKWD-Truppen in den ersten vier Kriegsmonaten auf diesem Gebiet geleisteten Arbeit), Säuberung des Raumes von »unerwünschten Elementen« bei Angriffsoperationen, Begleitung von Gefangenentransporten, Bewachung der Gefangenenlager. Bei jeder beliebigen Operation terrorisierten die NKWD-Truppen die Rote Armee und waren permanent mit ihrer »Säuberung« befaßt. Grundsätzlich existierten auch während des Krieges auf ein und demselben Territorium zweierlei militärische Strukturen: die Armeeverbände und in ihrem Rücken die Verbände des NKWD.

ABKÜRZUNGEN

Die Umschrift der russischen Abkürzungen erfolgt in Dudentranskription, die Wiedergabe der russischen Abkürzungsauflösungen in der wissenschaftlichen Transliteration der deutschen Bibliotheken.

DP	Displaced Persons
GPU bzw. OGPU	Ob-edinennoe gosudarstvennoe političeskoe upravlenie pri Sovete Narodnych Komissarov SSSR – Vereinigte staatliche politische Verwaltung beim Rat der Volkskommissare der UdSSR. Sie löste 1922 die 1918 zur Bekämpfung sowjetfeindlicher Strömungen geschaffene Außerordentliche Kommission (Tscheka) ab und unterstand dem NKWD
GRU	Glavnoe razvedyvatel'noe upravlenie – Hauptverwaltung Aufklärung (militärischer Geheimdienst)
GULag	Glavnoe upravlenie lagerej – Hauptverwaltung der Straflager; heute auch als Bezeichnung für das Lagersystem, den Lagerbereich, das Leben im Lager gebräuchlich
KGB	Komitet gosudarstvennoj bezopasnosti pri Sovete Ministrov SSSR – Komitee für Staatssicherheit beim Ministerrat der UdSSR, Bezeichnung der geheimen Staatspolizei ab 1954
NKGB	Narodnyj komissariat gosudarstvennoj bezopasnosti – Volkskommissariat für Staatssicherheit, 1941 eingerichtete, vom NKWD unabhängige neue Organisationsform der geheimen Staatspolizei GPU bzw. OGPU als selbständiges Volkskommissariat
NKWD	Narodnyj komissariat vnutrennich del – Volkskommissariat für Innere Angelegenheiten, dem bis 1941 die geheime Staatspolizei GPU bzw. OGPU unterstand
OGPU	s. GPU

Osnas	Osobogo naznačenija – »zur besonderen Verwendung«, Bezeichnung von Spezialeinheiten der NKWD-Truppen
Osoawiachim	Obščestvo sodejstvija oborone i aviacionno-chimičes-komu stroitel'stvu SSSR – Gesellschaft zur Förderung der Verteidigung, des Flugwesens und der Chemie in der UdSSR (1927–1948)
RKP(b)	Rossijskaja Kommunističeskaja partija (bol'ševikov) – Russische Kommunistische Partei (der Bolschewiken), Bezeichnung der Russischen Kommunistischen Partei von 1918–1925, danach WKP(b), d. i. Vsesojuznaja Kommunističeskaja partija (bol'ševikov) – Kommunistische Allunionspartei (der Bolschewiken) bis 1952, von da an KPSS, d. i. Kommunističeskaja partija Sovetskogo Sojuza – Kommunistische Partei der Sowjetunion
Speznas	Special'nogo naznačenija – »zur speziellen Verwendung«, Bezeichnung von Spezialeinheiten innerhalb der Roten Armee, die dem militärischen Geheimdienst (GRU) unterstellt sind
TASS	Telegrafnoe agentstvo Sovetskogo Sojuza – Telegrafenagentur der Sowjetunion, 1925 gegründete sowjetische Nachrichtenagentur
WKP(b)	s. RKP(b)

LITERATUR

Die alphabetische Anordnung der Autorennamen richtet sich nach der hierbei verwendeten Dudentranskription der kyrillischen Buchstaben, während die Wiedergabe der russischen Titel in der wissenschaftlichen Transliteration der deutschen Bibliotheken erfolgt.

Die Zitate im Text wurden in der Regel (auch wenn deutsche Übersetzungen nachgewiesen sind) den russischen Ausgaben entnommen.

Die Achtzehnte in den Schlachten für die Heimat. Der Kampfweg der 18. Armee

= Vosemnadcataja v sraženijach za Rodinu. Boevoj put' 18-j armii. Moskva: Voenizdat 1982

ALEXEJENKO (Alekseenko), I. P., s. Sammelband »Durch Feuerstürme hindurch«

ANTIPENKO, N. A., In der Hauptrichtung

= N. A. Antipenko, Na glavnom napravlenii. Vospominanija zam. komandujuščego frontom. Moskva: Nauka 1967

ANTONOW-OWSEJENKO, A., Porträt eines Tyrannen

= A. Antonov-Ovseenko, Portret tirana. New York: Chronika 1980

AWTORCHANOW, A., Der Ursprung der Partokratie

= A. Avtorchanov, Proischoždenie partokratii. Frankfurt a. M.: Posev 1973

BAGRAMJAN, I. Ch., So gingen wir dem Sieg entgegen

= I. Ch. Bagramjan, Tak šli my k Pobede. Moskva: Voenizdat 1977

Bilanz des Zweiten Weltkrieges. Erkenntnisse und Verpflichtungen für die Zukunft. Oldenburg-Hamburg: Stalling 1953

BRESCHNEW, L., Kleines Land

= L. Brežnev, Malaja zemlja. Moskva: Politizdat 1978; deutsch: München: Damnitz 1978

CHRENOW, A. F., Brücken zum Sieg
= A. F. Chrenov, Mosty k Pobede. Moskva: Voenizdat 1982
Durch Feuerstürme hindurch. Der Kampfweg der 11. Gardearmee im Großen Vaterländischen Krieg 1941–1945. Sammelband
= Skvoz' ognennye vichri. Boevoj put' 11-j gvardejskoj armii v Velikoj Otečestvennoj vojne 1941–1945 gg. Sbornik. Moskva: Voenizdat 1987
Die Entfaltung der Rückwärtigen Dienste der Sowjetischen Streitkräfte. 1918–1988
= Razvitie tyla Sovetskich Vooružennych Sil. 1918–1988. Moskva: Voenizdat 1989
FEDJUNINSKI, I. I., In Alarmbereitschaft
= I. I. Fedjuninskij, Podnjatye po trevoge. 2. verb. Aufl. Moskva: Voenizdat 1964
FRUNSE, M. W., Ausgewählte Werke
= M. V. Frunze, Izbrannye proizvedenija, Bd. 1–2. Moskva: Voenizdat 1957
GALIZKI, K. N., Jahre harter Prüfungen
= K. N. Galickij, Gody surovych ispytanij. 1941–1944. Zapiski komandarma. Moskva: Nauka 1973
GALLAI, M., Die dritte Dimension
= M. Gallaj, Tret'e izmerenie. Moskva: Sovetskij pisatel' 1973
Geschichte des Großen Vaterländischen Krieges der Sowjetunion 1941–1945
= Istorija Velikoj Otečestvennoj vojny Sovetskogo Sojuza 1941–1945, Bd. 1–6. Moskva: Voenizdat 1960–1965; deutsch: Berlin (Ost): Deutscher Militärverlag 1962–1968
Geschichte des Zweiten Weltkrieges
= Istorija Vtoroj Mirovoj vojny, Bd. 1–12. Moskva: Voenizdat 1973–1982; deutsch: Berlin (Ost): Deutscher Militärverlag 1975–1983
GREGORY, B., BATCHELOR, J., Airborne Warfare 1918–1941. Leeds: Petty & Sons Ltd. 1978
Der Große Vaterländische Krieg 1941–1945. Enzyklopädie
= Velikaja Otečestvennaja vojna 1941–1945. Ėnciklopedija. Moskva: Sovetskaja ėnciklopedija 1985

HALDER, F., Kriegstagebuch. Tägliche Aufzeichnungen des Chefs des Generalstabes des Heeres 1939–1942. Hrsg. Arbeitskreis für Wehrforschung Stuttgart. Bd. 1–3. Stuttgart: Kohlhammer 1962–1964; insbesondere Bd. 3: Der Rußlandfeldzug bis zum Marsch auf Stalingrad (22. 6. 1941–24. 9. 1942)
Hallo, Himmel! Sammelband
= Zdravstvuj, nebo! Sbornik. Moskva: Voenizdat 1966
IDASCHKIN, Ju. W., Der Himmel seiner Träume
= Ju. V. Idaškin, Nebo ego mečty. O Glavnom maršale aviacii A. E. Golovanove. Moskva: Politizdat 1986
ISSERSON, G. S., Die Entwicklung der operativen Gefechtsführung
= G. S. Isserson, Ėvoljucija operativnogo iskusstva. Moskva: Voenizdat 1937
ISSERSON, G. S., Neue Formen des Kampfes
= G. S. Isserson, Novye formy bor'by. Moskva: Voenizdat 1940
JAKOWLEW, A. S., Das Ziel eines Lebens
= A. S. Jakovlev, Cel' žizni. Moskva: Politizdat 1968
JASOW, D. T., In Treue zum Vaterland
= D. T. Jazov, Verny Otčizne. Moskva: Voenizdat 1988
JEPISCHEW, A. A., Die Partei und die Armee
= A. A. Epišev (obšcaja redakcija), Partija i armija. 2. erg. Aufl. Moskva: Politizdat 1980
KALJADIN, I. S., Um jeden Fußbreit Boden
= I. S. Kaljadin, Za každuju pjad' zemli . . . Moskva: Voenizdat 1983
KERBER, L. L., Tu – Mensch und Flugzeug
= L. L. Kerber, Tu – čelovek i samolet. Moskva: Sovetskaja Rossija 1973
KERBER, L. L., s. auch Sammelband »Die Spur am Himmel«
KESSELRING, A., Gedanken zum Zweiten Weltkrieg. Bonn: Athenäum 1955
KOSCHEWNIKOW, M. N., Führung und Stab der Luftstreitkräfte der Sowjetarmee im Großen Vaterländischen Krieg 1941–1945
= M. N. Koževnikov, Komandovanie i štab VVS Sovetskoj Armii

v Velikoj Otečestvennoj vojne 1941–1945 gg. Moskva: Nauka 1977
Die KP der Sowjetunion und die Streitkräfte. Dokumente 1917–1968
= KPSS o Vooružennych Silach Sovetskogo Sojuza. Dokumenty 1917–1968. Moskva: Voenizdat 1969
KRASSOWSKI, S. A., Ein Leben bei den Fliegern
= S. A. Krasovskij, Žizn' v aviacii. 2. verb. und erg. Aufl. Moskva: Voenizdat 1968
KRASSOWSKI, S. A. (Hrsg.), Luftfahrt und Raumfahrt in der UdSSR
= Aviacia i kosmonavtika SSSR. Rukovoditel' avtorskogo kollektiva S. A. Kraskovskij. Moskva: Voenizdat 1968
Kriegstagebuch des Oberkommandos der Wehrmacht (Wehrmachtsführungsstab) 1940–1945. Geführt von Helmuth Greiner und Percy Ernst Schramm. Im Auftrag des Arbeitskreises für Wehrforschung hrsg. von P. E. Schramm in Zusammenarbeit mit H.-A. Jacobsen, A. Hillgruber, W. Hubatsch. Bd. 1–4. Frankfurt a. M.: Bernard und Graefe 1961–1965
KUPRIJANOW, G. N., Hinter der Linie der Karelischen Front
= G. N. Kuprijanov, Za liniej Karel'skogo fronta. Petrozavodsk: Karelija 1975
KURKOTKIN, S. K. (Hrsg.), Die Rückwärtigen Dienste der sowjetischen Streitkräfte im Großen Vaterländischen Krieg 1941–1945
= S. K. Kurkotkin, Tyl Sovetskich Vooružennych Sil v Velikoj Otečestvennoj vojne 1941–1945 gg. Moskva: Voenizdat 1977
KUSMINA, L. M., Generalkonstrukteur Pawel Suchoi
= L. M. Kuz'mina, General'nyj konstruktor Pavel Suchoj. Moskva: Molodaja gvardija 1983
KUSNEZOW, N. G., Am Vorabend
= N. G. Kuznecov, Nakanune. Moskva: Voenizdat 1966
KUSNEZOW, W. A., Silberne Schwingen
= V. A. Kuznecov, Serebrjanye kryl'ja. Moskva: Voenizdat 1972
LAPTSCHINSKI, A. N., Die Luftarmee
= A. N. Lapčinskij, Vozdušnaja armija. Moskva: Voenizdat 1939

LENIN, W. I., Vollständige Werkausgabe
= V. I. Lenin, Polnoe sobranie sočinenij. 5. Aufl. Bd. 1–55. Moskva: Politizdat 1958–1965; deutsch (nach der 4. russischen Aufl.): Bd. 1–40. Berlin (Ost): Dietz 1955–1964, 2 Erg.-Bände 1969 und 1971
LJUDNIKOW, I. I., Durch Gewitter hindurch
= I. I. Ljudnikov, Skvoz' grozy. Doneck: Donbass 1973
LJUDNIKOW, I. I., Ein Weg so lang wie das Leben
= I. I. Ljudnikov, Doroga dlinoju v žizn'. Moskva: Voenizdat 1969
MELIKOW, W. A., Die strategische Entfaltung
= V. A. Melikov, Strategičeskoe razvertyvanie (Po opytu pervoj mirovoj imperialističeskoj vojny 1914–1918 gg. i graždanskoj vojny v SSSR). Moskva: Voenizdat 1935
MEREZKOW, K. A., Im Dienst für das Volk
= K. A. Mereckov, Na službe narodu. Moskva: Politizdat 1968
MIDDELDORF, E., Taktik im Rußlandfeldzug. Erfahrungen und Folgerungen. Darmstadt: Mittler und Sohn 1956
Der mit dem Leninorden ausgezeichnete Militärbezirk Transbaikalien
= Ordena Lenina Zabajkal'skij. Istorija Zabajkal'skogo voennogo okruga. Moskva: Voenizdat 1980
MOSKALENKO, K. S., An der Südwest-Front
= K. S. Moskalenko, Na Jugo-Zapadnom napravlenii. Moskva: Nauka 1969
MÜLLER-HILLEBRAND, B., Das Heer 1933–1945. Entwicklung des organisatorischen Aufbaus. Bd. 1–3. Darmstadt–Frankfurt a. M.: Mittler und Sohn 1954–1956
NEMECEK, V., The History of Soviet Aircraft from 1918. London: Willow Books 1986
Der Neunte Kongreß der Russischen Kommunistischen Partei (B). Protokolle
= Devjatyj s-ezd RKP(b). Protokoly. Moskva: Gospolitizdat 1960
OSEROW, G., Tupolews Sonderlager
= G. Ozerov, Tupolevskaja šaraga. Frankfurt a. M.: Posev 1971
PANTELEJEW, Ju. A., Die Seefront
= Ju. A. Panteleev, Morskoj front. Moskva: Voenizdat 1965

PICKER, H., Hitlers Tischgespräche im Führerhauptquartier 1941–1942. Hrsg. P. E. Schramm mit A. Hillgruber und M. Vogt. 2. Aufl. Stuttgart: Seewald 1965
PONOMARJOW, A. N., Bezwinger des Himmels
= A. N. Ponomarev, Pokoriteli neba. Moskva: Voenizdat 1980
REINHARDT, K., Die Wende vor Moskau. Das Scheitern der Strategie Hitlers im Winter 1941/42. Stuttgart: DVA 1972 (= Beiträge zur Militär- und Kriegsgeschichte, Bd. 13)
RJABTSCHIKOW, Je. I., MAGID, A. S., Der Aufbau
= E. I. Rjabčikov, A. S. Magid, Stanovlenie. Moskva: Znanie 1978
ROKOSSOWSKI, K. K., Soldatenpflicht
= K. K. Rokosovskij, Soldatskij dolg. Moskva: Voenizdat 1968
ROSLY, I. P., Letzter Halt in Berlin
= I. P. Roslyj, Poslednij prival – v Berline. Moskva: Voenizdat 1983
Die Rückwärtigen Dienste der sowjetischen Streitkräfte im Großen Vaterländischen Krieg 1941–1945 s. Kurkotkin, S. K.
SCHAPOSCHNIKOW, B. M., Erinnerungen
= B. M. Šapošnikov, Vospominanija. Voenno-naučnye trudy. Moskva: Voenizdat 1974
SCHAPOSCHNIKOW, B. M., Das Gehirn der Armee
= B. M. Šapošnikov, Mozg armii. Bd. 1–3. Moskva–Leningrad: GIZ (otdel voennoj literatury) 1927–1929
SCHAWROW, W. B., Geschichte der Flugzeugkonstruktionen in der UdSSR 1938–1950
= V. B. Šavrov, Istorija konstrukcij samoletov v SSSR 1938–1950 gg. 2. verb. Aufl. Moskva: Mašinostroenie 1988
SCHEPELEW, A. L., Am Himmel und auf der Erde
= A. L. Šepelev, V nebe i na zemle. Moskva: Voenizdat 1974
SCHOLDUJEW, L. W., Die stählerne Staffel
= L. V. Žolduev, Stal'naja ėskadril'ja. Moskva: Voenizdat 1972
SCHTEMENKO, S. M., Der Generalstab in den Kriegsjahren
= S. M. Štemenko, General'nyj štab v gody vojny. Moskva: Voenizdat 1968
SCHUKOW, G. K., Erinnerungen und Gedanken
= G. K. Žukov, Vospominanija i razmyšlenija. Moskva:

APN 1969; deutsch: Stuttgart: Deutsche Verlagsanstalt 1969
SCHUMICHIN, W. S., Die sowjetischen Fliegerkräfte 1917–1941
= V. S. Šumichin, Sovetskaja voennaja aviacia 1917–1941. Moskva: Nauka 1986
SIWKOW, G. F., Höchste Bereitschaft
= G. F. Sivkov, Gotovnost' nomer odin. Moskva: Sovetskaja Rossija 1973
SOKOLOWSKI, W. D. u. a., Militärische Strategie
= V. D. Sokolovskij, Voennaja strategija. 2. verb. und erg. Aufl. Moskva: Voenizdat 1963
Sowjetische Militärenzyklopädie
= Sovetskaja voennaja ėnciklopedija. Bd. 1–8. Moskva: Voenizdat 1976–1980
Die sowjetischen Streitkräfte
= Sovetskie Vooružennye Sily. Moskva: Voenizdat 1978
Die Spur am Himmel. Sammelband
= Sled v nebe. Sbornik. Moskva: Politizdat 1971
STALIN, I. W., Werke
= I. V. Stalin, Sočinenija. Bd. 1–13. Moskva: Ogiz 1946–1952; deutsch: Berlin (Ost): Dietz 1946–1955
STALIN, I. W., Stenographische Mitschrift des Rechenschaftsberichts auf dem 14. Parteikongreß
= I. V. Stalin, XIV s-ezd VKP(b). Stenografičeskij otčet. Moskva: Institut Marksa, Ėngel'sa, Lenina 1926
STEFANOWSKI, P. M., Dreihundert Unbekannte
= P. M. Stefanovskij, Trista neizvestnych. Moskva: Voenizdat 1968
SUTTON, A. C., National Suicide: Military Aid to the Soviet Union. New Rochelle (N. Y.): Arlington 1973
SUVOROV, V., Spetsnaz. The Inside Story of the Soviet Special Forces. New York–London: Norton 1988
SUWOROW, V., Der Eisbrecher. Hitler in Stalins Kalkül. Stuttgart: Klett-Cotta 1989
SWIRIDOW, A. A., Die Bataillone nehmen das Gefecht auf
= A. A. Sviridov, Batal'ony vstupajut v boj. Moskva: Voenizdat 1967

TAYLOR, W. R. (Hrsg.), Combat Aircraft of the World. London 1969
TJULENEW, I. W., Nach drei Kriegen
= I. V. Tjulenev, Čerez tri vojny. Moskva: Voenizdat 1960
TRIANDAFILLOW, W. K., Die Operationsweise moderner Armeen
= V. K. Triandafillov, Charakter operacij sovremennych armij. Moskva-Leningrad: Gosizdat 1929
TSCHALMAJEW, W., Malyschew
= V. Čalmaev, Malyšev. Moskva: Molodaja gvardija 1978
USTINOW, D. F., Im Namen des Sieges
= D. F. Ustinov, Vo imja Pobedy. Zapiski narkoma vooruženija. Moskva: Voenizdat 1988
WORONOW, N. N., Im Kriegseinsatz
= N. N. Voronov, Na službe voennoj. Moskva: Voenizdat 1963
WOSNESSENSKI, N. A., Die Kriegswirtschaft der UdSSR während des Vaterländischen Krieges
= N. A. Voznesenskij, Voennaja ėkonomika SSSR v period Otečestvennoj vojny. Moskva: Gospolitizdat 1947

Zeitungen, Zeitschriften, Reihen

Auf der Wacht
= Na straže: vom Zentralrat des Osoawiachim von Mai 1927 bis Dezember 1941 herausgegebene Zeitung
Bulletin der Opposition
= Bjulleten' oppozicii, Nr. 1–87: mit aufeinanderfolgenden Erscheinungsorten: Paris – Berlin – Zürich – Paris – New York 1929–1941, enthält fast alle Artikel Trotzkis seit seiner Exilierung im russischen Originaltext
Fragen der Geschichte
= Voprosy istorii: vom Institut für Geschichte der Akademie der Wissenschaften der UdSSR/Rußlands herausgegebene Zeitschrift
Internationales Leben
= Meždunrodnaja žizn': von der Gesellschaft zur Verbreitung

politischer Bildung und wissenschaftlicher Erkenntnisse in Moskau ab 1954 herausgegebene Zeitschrift

Iswestija (Nachrichten): vom Präsidium des Obersten Sowjets herausgegebene Zeitung

Komsomolskaja prawda: Zeitung der sowjetischen Jugendorganisation »Komsomol«

Krieg und Revolution

= Vojna i revoljucija: vom Volkskommissariat für Verteidigung in Moskau von Januar 1925 bis Dezember 1936 herausgegebene Zeitschrift

Militärhistorische Zeitschrift

= Voenno-istoričeskij žurnal: vom Volkskommissariat für Verteidigung bzw. vom Verteidigungsministerium der UdSSR/Rußlands herausgegebene Zeitschrift

Neues Leben

= Novaja žizn': in St. Petersburg vom 27. 10. bis 3. 12. 1905 erschienene Zeitung

Neue Zeit

= Novoe vremja: seit 1945 in Moskau erscheinende Zeitschrift (auch in anderen Sprachen; deutsche Ausgabe: »Neue Zeit«)

Ogonjok (Feuerchen): in der UdSSR/Rußlands erscheinende Zeitschrift zur Unterhaltung mit hoher Auflage

Prawda (Die Wahrheit): vom ZK der KPdSU herausgegebene Zeitung

Roter Stern

= Krasnaja zvezda: Zentralorgan des Volkskommissariats für Verteidigung bzw. des Verteidigungsministeriums der UdSSR/Rußlands

Wirtschaftsprobleme

= Problemy ėkonomiki: vom Institut für Wirtschaftswissenschaften der Akademie der Wissenschaften der UdSSR von 1929 bis 1941 herausgegebene Zeitschrift

GEOGRAPHISCHES REGISTER

PERSONENREGISTER